U0554121

高柏　甄志宏 等／著

中巴经济走廊的
政治经济学分析

THE POLITICAL ECONOMY OF
THE CHINA-PAKISTAN ECONOMIC CORRIDOR

社会科学文献出版社
SOCIAL SCIENCES ACADEMIC PRESS (CHINA)

目　录

前　言　中巴经济走廊与中国"一带一路"倡议 ……………… 高　柏 / 1

第一章　影响中巴经济走廊的国际关系结构性因素 ………… 钱雪梅 / 1

第二章　巴基斯坦政治体制对中巴经济走廊的
　　　　影响 ……………………………………… 何　演　黄　瑶 / 23

第三章　双边政治关系视角下巴基斯坦制度风险与中国
　　　　在巴直接投资的关系研究 ……………………… 李东坤 / 80

第四章　财政制度与俾路支民族主义运动发展研究
　　　　——兼论中巴经济走廊的影响 ………………… 谢宇航 / 105

第五章　巴基斯坦家族政治对中巴经济走廊建设的
　　　　潜在风险和对策思考 ……………………………… 焦若水 / 129

第六章　中巴经济走廊产业空间布局研究 …………………… 汤庆园 / 145

第七章　巴基斯坦物流通道建设的空间演化分析
　　　　——以中巴经济走廊"喀什—瓜达尔"
　　　　　线路选址为例 …………………………………… 赵　放 / 162

第八章　巴基斯坦的媒体、政治与中巴经济
　　　　走廊……〔巴基斯坦〕阿里·阿克巴（Ali Akber）　甄志宏 / 182

第九章　巴基斯坦的非政府组织：一个概览
　　　　…………〔巴基斯坦〕阿里·阿克巴（Ali Akber）　甄志宏 / 219

第十章 "恐怖→贫穷→修路"：中巴经济走廊的基建

　　　　逻辑及其风险辨析 ……………………………… 程中兴 / 253

第十一章 中巴经济走廊建设中的

　　　　新疆（喀什）………………………… 姑丽娜尔·吾甫力 / 267

第十二章 民生援疆经验及其对中巴经济走廊建设的启示

　　　　——基于上海对口援助喀什地区的分析 ………… 王　斌 / 287

中巴经济走廊大事记……………………………………………… 310

鸣　谢……………………………………………………………… 321

前言　中巴经济走廊与中国
"一带一路"倡议

高　柏[*]

中巴经济走廊是中国"一带一路"倡议的开山之作。之所以说它是开山之作是因为它是中国在提出"一带一路"倡议后对丝绸之路沿线国家的第一项大规模投资、全方位地帮助他国发展经济的国家级项目。由于中巴经济走廊是中国在海外的第一个大规模投资项目，中国政府和企业在一个政治、经济、文化、宗教环境截然不同的邻国帮助推进经济发展时，必然要经历与投资受入国各种运作逻辑差别巨大的制度和机制之间的磨合。分析中巴之间在推进这个项目的过程中经历的磨合，对后续的"一带一路"项目有重大的借鉴意义。

建设中巴经济走廊涉及的五个问题对"一带一路"而言具有一定的普遍意义。第一个问题是：为什么要建设中巴经济走廊。这个问题的实质在国际层面是中国的国家利益与帮助邻国经济建设到底有什么关系，在国内层面是巴基斯坦发展经济与其政治与社会稳定以及国家安全到底是什么关系。第二个问题是：帮助巴基斯坦这样的伊斯兰国家发展经济是否能够消除宗教极端势力支持的恐怖主义。在当前，宗教极端主义驱动的恐怖主义活动成为许多国家的国家安全的重要课题，在国际上已经引起极为广泛的关注。从某种意义上来说，这是在 21 世纪对公共政策有直接影响的、最重要的学术问题之一。第三个问题是：建设中巴经济走廊会不会导致穆斯林移民蜂拥而至，对中国的国家安全产生重大威胁。近来随着西方国家在逆

---

*　高柏，西南交通大学中国高铁发展战略研究中心主任，美国杜克大学社会学系终身教授。

全球化的浪潮中在移民问题上出现民粹主义立场，中国的互联网上也有人撰文担心中巴经济走廊的建设，特别是中巴之间公路和铁路的建设，会导致巴基斯坦人大批涌入中国，进一步改变穆斯林人口的比例，对中国的国家安全造成威胁。第四个问题是：中国在推进中巴经济走廊的过程中如何处理与投资受入国各种制度和机制之间的关系。这个问题的实质是：如果单纯依靠投资受入国国内的制度和机制，中国的对外投资运作出现与投资初衷相反的结果时，中国应该通过何种方式进行调节。第五个问题是：在推进中巴经济走廊和其他"一带一路"项目时，是否应该以投资者的身份推动在投资受入国实现经济发展利益由社会各阶层的共享。

当中国通过"一带一路"开始对外进行大量投资，这种投资开始在发展中国家推动经济发展时，我们必须面对一个严肃的问题：完全不问投资在受入国产生的社会后果的投资模式是否会影响这种投资的正当性。从目前发达国家正在出现的逆全球化趋势的背后成因来看，经济发展过程中的利益共享和分配中的公平正义是决定全球化在政治上具有可持续性的重要因素。如果继续实行那种只问短期政治效应，不问长期社会后果的投资模式，从长期的视角来看很有可能引起投资受入国的政治反弹，从而产生与建设"一带一路"初衷相反的结果。中国在推进中巴经济走廊和其他"一带一路"项目，以此对抗正在出现的逆全球化趋势，并塑造未来的国际经济秩序时，必须大力推动社会公平和发展成果共享的原则。

在这个引言中，我集中讨论这五个问题。

第一，我们为什么要建设中巴经济走廊。

反对中巴经济走廊有很多理由：巴基斯坦地质条件恶劣，无论是建设铁路还是建设公路，地震与泥石流都是很大的威胁。由于这些原因，中巴经济走廊的公路、铁路以及油气管道，无论是建设，还是建成后的维护和保养，成本都不会低，而且它们的运行与海运相比都很没有效率。有些人也许还会指出，国内还有大量的落后地区等待发展，还有各种社会保障制度尚未健全，为什么不在国内投资而要去别的国家大笔投资。

这些说法都有一定的道理。但是，中巴经济走廊和"一带一路"倡议对中国的价值显然远远要超过这些关于经济成本和其他国内因素的考虑。

讨论为什么建设中巴经济走廊要从为什么建设"一带一路"开始。在"一带一路"成为国家倡议前的早期讨论中，建设"丝绸之路经济带"的出发点有两个：一个是在2008年全球金融危机对发达国家造成较大冲击，传统的出口市场无法再吸纳足够的中国产品，中国在过去 30 年里以依靠向西方国家出口来支撑国内经济发展的蓝海战略难以为继；另一个是中国的一些邻国利用美国重返亚太的机会强化与中国的领土领海之争，一时间中国在亚太地区面临的巨大战略压力随时可能激发国内的民族主义情绪。正是在这样一种复杂的历史背景下，向西开放，推动欧亚大陆经济整合，建设"新丝绸之路经济带"就成为中国继续推动自由贸易和维护世界和平的重要选择。① 换言之，我们认为"一带一路"倡议的实质是以对冲的手段在世界经济进入困境的条件下，以开拓国际新市场寻找世界经济新的增长点的方式来捍卫自由贸易原则，以及在亚太地区出现国际紧张局势的条件下尽量避免直接的冲突，继续寻找维持世界和平的新路。

传统的地缘政治以零和博弈的观点看待国际关系，重视国与国之间利益的冲突，强调他们之间的竞争；而地缘经济则以双赢的观点看待国际关系，重视国与国之间利益的重合，强调他们之间的合作。从地缘经济的观点来看，只要各国合作把市场做得更大，每个国家在其中的机会就会更多。"一带一路"的实质在于对冲。对冲不是友好外交，更不是对抗，而是在面临美国与其盟国在亚太地区的战略压力面前展现中国的另外选项，以使对方看到这个另外选项对自己的不利之处，吸引他们回到合作的轨道。②

中国的地理位置具有十分优越的战略优势。她既有漫长的海岸线，又有广阔的陆地纵深。中国的西部与中亚和南亚相连，与中东的陆上距离也不远，那里是世界上石油、天然气，以及其他多种矿物的主要产地。铁路和公路等交通基础设施经过欧亚大陆的能源、资源、人口、资本和技术大国，就会使这些生产要素开始具有高度的流动性。这将改变这些沿线国家在世界经济中的地位，而这些国家地位的改变最终有可能导致整个国际政治经济秩序的改变。③ "利用建设高铁来推动欧亚大陆经济整合将帮助中国用其独特的地理优势建立一个与环太平洋经济整合之间的对冲，这将使中国在国际政治经济的大格局中处于一个十分有利的地位。对中国而言，21世纪既可以是一个太平洋世纪，也可以是一个欧亚大陆的世纪，更可以是二者并存的世纪。如果环太平洋国家对中国有敌意，中国就西进，致力于

---

① 高柏：《高铁与中国 21 世纪大战略》，《经济观察报》2011 年 3 月 11 日，第 41 ~ 42 版。
② 高柏：《高铁与中国 21 世纪大战略》，《经济观察报》2011 年 3 月 11 日，第 41 ~ 42 版。
③ 高柏：《高铁与中国 21 世纪大战略》，《经济观察报》2011 年 3 月 11 日，第 41 ~ 42 版。

欧亚大陆的经济整合；如果欧亚大陆国家对中国有敌意，中国就东进，致力于环太平洋的经济整合。如果两边都对中国展现善意，中国可以同时推动两边的发展。"①

我们可以看出中国选择中巴经济走廊作为"一带一路"倡议的开山之作有两个理由。

其一，与其他邻国相比，巴基斯坦有别国不具备的支持中巴经济走廊的政治条件。首先，中国与巴基斯坦是全天候的战略合作伙伴，与中国的合作在巴基斯坦国内有强烈的政治上的支持。巴基斯坦与中国友好是该国跨党派一致拥护的国策，巴基斯坦政府与军方都同中国有长期的合作关系。其次，巴基斯坦与其他主要大国的关系都没有她与中国的关系紧密，因此巴基斯坦在推动中巴经济走廊建设时受其他国家影响的可能性相对较小。同时巴基斯坦国内普遍认为中巴经济走廊是该国经济发展千载难逢的机遇。"一带一路"建设从欧亚大陆桥的南线开始，无论是从国际政治的角度，还是从巴基斯坦国内政治的角度而言，在巴基斯坦都可以获得足够的政治支持。

其二，巴基斯坦的地理位置对中国十分重要。中国推行"一带一路"倡议成功与否和中国与相邻国家是否能够建立并维持良好的关系，取得他们的支持有直接的关系。"地理位置"之所以重要是因为无论是地缘政治还是地缘经济，都以地理位置为前提。之所以要在"给定的国际政治经济环境中"进行讨论，是因为离开具体的国际政治经济环境，无论是通道，还是与其他大国的关系都无从谈起。举例而言，如果在一个中美关系平稳的国际环境里，无论是巴基斯坦作为中国进入印度洋的通道，还是哈萨克斯坦作为中国在欧亚大陆上的陆上通道的意义都会大幅度下降。这是因为当中国不需要花费力气去保证海上通道时，中国既没有必要在巴基斯坦找一条印度洋的入海口，也没有必要去打造一条陆上通道。同样的道理，如果中国与俄罗斯结成战略同盟，这些通道的意义也会大幅度下降，因为有了俄罗斯的陆上通道通往欧洲市场对中国而言足矣。

中国之所以把周边外交视为重中之重，就是因为这些国家的地理位置十分重要。因此，在讨论对这些国家投资时的标准不应该使用单纯的经济标准，而是应该以全局上的综合得失为判断标准，单独地看在具体项目上

---

① 高柏：《高铁与中国 21 世纪大战略》，《经济观察报》2011 年 3 月 11 日，第 41 ~ 42 版。

是否赔钱则无法理解这些邻国的价值。从地理的意义上而言，优先在邻国投资除了有地缘经济和地缘政治上的意义，还有另外一个好处：当中国的投资受到威胁时，要容易保护得多。

巴基斯坦的地理位置对中国的"一带一路"倡议有独特的意义。巴基斯坦位于南亚，处在喜马拉雅山的另一端，它既是中国通往印度洋的重要出海口，也是连接南亚与中亚以及南亚与西亚的重要陆上通道。瓜达尔港离波斯湾只有 400 公里左右的距离，这个港口与中东和非洲近在咫尺。这条物流通道可以大大缩短将中国货物运往南亚、西亚、中东和非洲市场，以及将从这些市场进口的能源和原材料运回中国的距离。当中巴经济走廊建成，中巴两国的经济联系进一步加强后，瓜达尔港对中国经济的意义就类似于中国"在西部的上海港或者宁波港"。如果巴基斯坦与中国的经济联系达到越南与中国，甚至是韩国与中国经济联系的程度，中国就可以在巴基斯坦的支持下变成一个名副其实的印度洋国家，加强与该地区各国的合作。这对中国经济实现东西部双极驱动具有十分重要的意义。中巴经济走廊不仅为新疆和西部地区，而且也为全国的制造业扩大海外需求。这些需求将为中国经济发展模式实现从外需驱动向内需驱动的转变赢得一定的时间缓冲。①

巴基斯坦作为欧亚大陆桥的南线通道，对俄罗斯代表的北线和哈萨克斯坦代表的中线潜在的风险有明显的对冲作用。虽然中国与欧洲之间的欧亚大陆桥有多条通道，但是每一条的沿线国家都有其各自的风险。要减少这些风险，最有效的办法就是保持各条线路的畅通，使它们处于相互竞争、相互制衡的状态。在乌克兰危机后，俄罗斯被西方经济制裁，哈萨克斯坦受到很大冲击。在生存的压力下，哈萨克斯坦以更大的努力为中欧班列的通过提供各种方便。目前中国经哈萨克斯坦、里海通往阿塞拜疆和格鲁吉亚，经黑海再通往乌克兰的水陆联运线，以及中国经哈萨克斯坦通往土库曼斯坦再到伊朗的班列都已通车，中国经哈萨克斯坦，再经里海到阿塞拜疆，再到土耳其的班列正在试运行。在这种情况下，中巴经济走廊代表的南部陆上通道的价值相对下降。但是它同时也从反面显示，如果哈萨克斯坦出现障碍，保证中巴经济走廊的畅通，经巴基斯坦再进伊朗将是中国在南线仍然可以从陆路去中东和欧洲的一个选项。与此同时，中巴经济走廊

---

① 高柏：《高铁与中国 21 世纪大战略》，《经济观察报》2011 年 3 月 11 日，第 41~42 版。

既可以成为对印度企图联合日本和越南在印度洋杯葛中国的海上丝绸之路的有效对冲,也为中国与印度的利益进行捆绑提供一个平台。中巴铁路修通后,可以向西连接伊朗、土耳其和欧洲,向南连接印度和东南亚,向北为印度与中亚提供陆上通道。

巴基斯坦可以成为中国与伊斯兰世界沟通的重要渠道。中国要在欧亚大陆建设丝绸之路不可回避两个地缘板块,一个是前苏联势力范围,另一个就是伊斯兰世界,尽管两者在中亚重叠。在中东地区,巴基斯坦与阿联酋和沙特阿拉伯长期以来有着极为紧密的关系。巴基斯坦在这两国有大量移民。目前沙特阿拉伯经济面临的一个挑战是,本国产业结构如何在里海和美国成为新能源产地的竞争环境中生存下来,并保证本国的社会稳定。阿联酋是巴基斯坦重要的援助提供国,沙特阿拉伯雇佣军的主要来源地之一就是巴基斯坦。[1] 如果中国修通瓜达尔港—喀什铁路,就有可能把铁路向西延伸进伊朗。如果沙特和阿联酋能投资建设伊朗与安曼之间在霍尔木兹海峡的海底隧道,在也门与吉布提之间架设一座大桥,中巴铁路就能经伊朗,通往阿拉伯半岛,直达非洲大陆。如果这些铁路都建成,将成为重要的亚非大陆陆上通道。[2]

既然中巴经济走廊是"一带一路"倡议的开山之作,其成败对其他国家有重要的启示。如果中国通过大笔投资成功地推动巴基斯坦的经济发展,其他印度洋地区的国家,如斯里兰卡、孟加拉国和缅甸与中国合作的信心也会大幅度增加。[3] 正因为如此,中巴经济走廊是"一带一路"项目一个国家级别的试验场所。中国在历史上从来没有过像推动"一带一路"倡议这样的大规模地深度卷入国际事务的经验。虽然中国有很长的对外援助的历史,但是那些项目很少超越一个国家的视野。迄今为止,中巴经济走廊是中国第一个在经济上大幅度支持另一个国家,在各领域全面投资的国家级项目。深入分析这个项目可以为中国提供很多的经验。

第二,帮助巴基斯坦这样的伊斯兰国家发展经济能否根除恐怖主义。

中巴经济走廊引起的一个争议点是中国带去的 460 亿美元的投资是否能

---

① 高柏:《高铁与中国 21 世纪大战略》,《经济观察报》2011 年 3 月 11 日,第 41~42 版。
② 高柏:《沙特问题的中国解决方案》,《西南交通大学学报》2014 年 7 月。另载观察者网,2016 年 1 月 20 日,网址:http://www.guancha.cn/gaobai1/2016_01_20_348597_s.shtml。
③ 高柏:《沙特问题的中国解决方案》,《西南交通大学学报》2014 年 7 月。另载观察者网,2016 年 1 月 20 日,网址:http://www.guancha.cn/gaobai1/2016_01_20_348597_s.shtml。

减少甚至根除恐怖主义。这个问题在学术界内部和媒体以及政策制定者中间有完全不同的看法。在宗教极端主义驱动的恐怖主义活动成为对许多国家的国家安全的主要威胁时，这个问题已经引起国际上的广泛注意，是一个在21世纪有重大现实意义的社会科学研究课题。一方面，在英语文献中有很多记者基于深入调查撰写的研究报告，他们聚焦贫困与恐怖主义之间的关系。各国政府都在积极反恐的同时也都注重在恐怖主义多发地区发展经济或者是提供人道主义援助，以铲除孕育恐怖主义的温床。美国政府在"9·11"事件之后的反恐战争中也在强调对这些国家的援助。部分学术研究也认为恐怖主义活动与经济发展有相关性。另一方面，在学术文献中有很多研究采用定量分析方法来检验贫困与恐怖主义的相关性，许多研究得出的结论是经济发展水平与恐怖主义之间的相关性并不是很强。从英语的学术文献导出对"一带一路"倡议，或者是中巴经济走廊的怀疑，并不困难。

然而，我们面对以上二者的巨大反差必须要问，为什么学术文献得出的结论与每天在现实生活中做第一线报道的记者们的感觉和每天面对现实中挑战的政府决策者采取的公共政策有这么大的鸿沟。是这些第一线的人们的直觉和制定政策的逻辑出了问题，还是学者们的研究出了问题？

根据学术界已有的反思，学术界得出的经济发展与根除恐怖主义没有关系的结论可能有几个潜在的问题。首先，这些跨国的定量分析经常整合从不同渠道获得的二手数据，并不是通过一个事先设计好的研究而统一采集的完整数据。这些从各种渠道找到的、互相并不匹配的数据凑在一起做成的数据库，虽然与没有相比有其价值，但其准确性是一个问题。其次，这些定量研究常见的做法是计算恐怖主义活动和一国的国内生产总值（GDP）水平，或者是人均国内生产总值水平的相关性，这样一种假设本身就有问题。恐怖主义活动无论是在人数还是在地域的分布方面，都只涉及社会中很小的群体。把这种小群体的行为与通常测量更大的分析单位（民族、国家）的经济发展水平混在一起推导，理论的逻辑就会出问题。再次，像维克多奥夫（Victoroff）质疑的那样，虽然这些定量研究显示经济发展水平本身与恐怖主义的相关性并不紧密，但是它们却仍然无法回答以下问题：如果在财富的占有上，一国内部或者国与国之间的不平等急剧减少，我们是否还会看到同等数量的恐怖主义活动？换句话说，如果巴勒斯坦人和以色列人的平均收入和对未来收入的预期相似，恐怖主义活动是否还能吸收和动员那么多愿意献身的巴勒斯坦人?[1]

皮亚扎(Piazza)进一步指出这些跨国的定量分析严重忽略了社会学、人类学和犯罪学的主流文献使用的,用个人经历的族群、种族和阶级歧视来预测他们富于侵略性的行为和未来的暴力犯罪的基本理论。从 20 世纪 80 年代起,一批以定性分析手段深入一国或单个恐怖主义运动内部进行调查的文献早已指出了这一点,但是这些发现在目前的定量跨国分析中则被完全忽视,这些使用跨国样本的定量分析不去检验少数群体在经济方面受到的歧视与恐怖主义的关系。皮亚扎认为被社会边缘化的群体困境是恐怖主义的重要根源,恐怖主义正是利用群体困境去招募参与者。他特别把群体困境操作化为少数群体面临的经济社会方面的歧视,通常包括就业、教育、医疗和社会服务方面的歧视,正式的和非正式的隔离居住,与社会其他群体相比缺少经济机会。这些不平等成为少数群体反对政府、经济现状、主流社会和多数群体的群体困境心态的催化剂。恐怖主义组织正是利用了这些群体困境去动员和吸收成员的。[2] 总之,经济发展与恐怖主义之间的关系比这些跨国定量分析想象的要复杂得多。经济发展可能从来就不是消灭恐怖主义的充要条件,但它是一个十分重要的必要条件。"一带一路"倡议首先要解决的是国与国之间,或者是地区与地区之间的经济发展不平衡,其次是一国内部或者一个地区内部的经济发展不平衡。

建设中巴经济走廊也等于是在加强中国西部边疆的国家安全屏障。恐怖主义一直是过去这 10 年困扰巴基斯坦的难题,过去巴基斯坦一直反恐不力。中国通过帮助巴基斯坦发展经济就等于是在换取巴基斯坦在反恐方面的全面合作。从这层意义上来说,巴基斯坦局面的改善不仅仅为中国在阿富汗和中亚国家采取同样的策略提供经验,更从源头上制衡宗教激进主义和恐怖主义活动在中国周边国家的蔓延。建设中巴经济走廊是一种积极地走出去把恐怖主义控制甚至消灭在源头的策略,它与过去守在家里被动地反恐相比是一个重大的改变。[3] 中国学者最新的调研表明,中巴经济走廊开

---

[1] Jeff Victoroff, "Introduction: Managing Terror: The Devilish Traverse from a Theory to a Plan," in Victoroff, ed., *Tangled Roots: Social and Psychological Factors in the Generis of Terrorism*, IOS Press, 2006, p.10.

[2] James Piazza, "Poverty, Minority Economic Discrimination, and Domestic Terrorism," *Journal of Peace Research*, 2011, 48(3): 339–353.

[3] 高柏:《中巴铁路是中国陆权战略之纲》,观察者网,2015 年 4 月 21 日,网址: http://www.guanbai.cn/gaobai1/2015_04_21_316648_s.shtml。

始建设的 4 年以来，巴基斯坦的政局再未发生过大的动荡，出现了 18 年以来少有的稳定局面。中国大笔投资巴基斯坦，使中国的利益与巴基斯坦的安全绑在一起。巴基斯坦打击恐怖主义更为积极，巴基斯坦军方意在剿灭恐怖势力的"利剑行动"大大降低了恐怖袭击的次数、频率和伤亡人数。[1]本书极力主张的一个观点是中国作为出资方应该，而且必须同时实现两个目标：促进沿线国家经济发展，大力推动这些国家解决发展不平衡和收入不平等的问题。只有这样，才有可能使经济发展通过成果共享减少极端势力的号召力这一因果机制，抑制或者减少恐怖主义活动。

第三，建设中巴经济走廊是否会导致大量的穆斯林人口来华，对中国国家安全形成重大威胁。

最近在互联网上广泛流传的一篇文章力陈建设中巴铁路将会导致大量的穆斯林人口来华，多达数亿的穆斯林人口将与中国穆斯林人口结成同盟，对国家安全构成重大威胁。这种民粹主义观点表面看好像有点道理，但是它经不起用社会科学的基本常识进行推敲。

交通的互联互通固然为人口的流动提供便利条件，但是和经济增长与恐怖主义之间的关系一样，交通条件便利是大规模移民的必要条件，但是并不是充要条件。换言之，便利的交通条件并不一定会导致大规模移民，大规模移民即使没有便利的交通条件仍然能够实现。即使修建中巴铁路，也仍然是以货运为主。中欧班列已经运行上千列，从来没有听说中国人利用货运列车作为偷渡欧洲的手段。

在现实生活中大量移民进入一国有三种情况：一种是合法入境，合法居留；另一种是非法入境，非法滞留；还有一种是合法入境后逾期非法滞留。非法入境、非法滞留和合法入境、逾期非法滞留都不是合法移民。无论是合法入境、合法居留，还是合法入境、非法滞留或者非法入境、非法滞留，都是一个国家的移民政策和边境管理要处理的问题，而不是交通便利条件要处理的问题。换言之，导致大规模移民的不是交通便利条件，而是政府的移民政策。

首先看外国人的进入。人口的跨国境流动必然涉及边境管理。外国人合法入境需要有效护照和签证，而签证的发放各国都有严格的标准。很难想象，中国会给任何一个国家的人不计标准地发放大量签证。除非中国的

---

[1]　周戎、陈晓晨：《中巴经济走廊建设进展超预期》，《第一财经》2017 年 4 月 26 日。

边境彻底失控，那种大群穆斯林人口坐着火车或汽车蜂拥而至的情景只是一种想象而已，没有任何现实可能性。中国今天虽然人均国内生产总值已经高达 7000~8000 美元，中国人成为各国旅游业争相吸引的重点对象，中国的普通护照持有者至今也仍然没有获得大多数国家的免签待遇，更谈不上移民。当然，严格控制进入国境并不能保证不出现外国人合法入境后逾期不归和非法进入。这与一国政府以何种政策对待非法居民有关，但是与两国之间是否有铁路和公路相连没有直接关系。世界第一人口大国中国与欧洲早已经通了火车，欧洲各地并没有出现被中国人占领的局面。中国与巴基斯坦之间的公路早已经修通 40 多年，如果上述担忧成立，应该早已经有大量的巴基斯坦人来到中国。同样的道理，中美之间隔着太平洋也没能阻挡跳船的非法移民，中国与非洲远隔千里，根本没有陆上交通，但是广州仍然聚集着大量逾期不归者。

其次，移民，即允许外国人在本国合法永久居住，必须要有一国政府相应的政策支持。目前欧洲出现的令许多人担心的穆斯林人口急剧增长的现象，并不是由于交通，而是欧洲各国政府移民政策支持的结果。以法国为例，第二次世界大战后为了应对经济重建过程中的劳动力短缺，法国政府大力从前殖民地招收移民。第一次石油危机后，来自非欧盟国家的劳动力移民完全被叫停，但是仍然保留家庭团聚这一移民通道。在 2005 年，70% 进入法国的移民是因家庭团聚，只有 7% 的人是工作移民。同时，大约 70% 进入法国的移民来自其在北非和西非的前殖民地，其中阿尔及利亚和摩洛哥又是这些移民的最大来源国。这才是穆斯林人口增加的根本原因。正是由于法国自身政策的原因，穆斯林人口不断增加，已经在法国人口总数占了 7%，成为欧盟成员国中穆斯林人口比例最大的国家。①

如果以法国为参照系的话，中国应该采取一个正好相反的政策。法国是在移民问题上比较开放，引进非洲的穆斯林移民时比较宽松。然而在帮助移民融入主流社会时又比较保守，所做的远远不够，使得穆斯林移民的二代和三代的积怨越来越深。中国应该在移民问题上持保守立场，控制紧一些，但是与此同时应该积极帮助邻国的经济发展，把问题消灭或者控制在国境之外。通过积极推进交通的互联互通，积极帮助巴基斯坦发展经济，

---

① Sally Marthaler, "Nicolas Sarkozy and the Politics of French Immigration Policy," *Journal of European Public Policy*, 2008, Vol. 15, Issue 3, p. 383.

消解不平等，让巴基斯坦人民安居乐业，就不会有很多人非要移民中国。

第四，在推进中巴经济走廊建设时如何处理与巴基斯坦国内体制与机制的关系。

本书各章对中巴经济走廊的研究均呈现了一个共性的结论：如果让"一带一路"的项目完全任凭投资受入国内部的政治经济原理运作，其产生的政治后果很有可能与中国推进"一带一路"的初衷相左。本书各章均分析巴基斯坦内部各种制度和机制自身运行的逻辑，以及如果完全按这种逻辑来推进中巴经济走廊的项目可能产生的政治后果。从政治上看，在巴基斯坦的各省中，旁遮普族是巴基斯坦第一大族群，旁遮普省是人口第一大省。巴基斯坦的选举制度按人口比例分配国会议员的名额，人口第一大省旁遮普省自然在巴基斯坦政治中有最重要的影响力。加上旁遮普人自古重视习武，他们是巴基斯坦陆军的中坚力量。同时，家族政治在巴基斯坦政治中扮演重要的角色。无论是人口的因素，还是家族政治的因素，都会影响在国家层面的资源分配上向东部倾斜。从经济上看，信德省是巴基斯坦国内生产总值第一大省，它濒临印度洋，有巴基斯坦第一大港口城市卡拉奇。凭借濒临印度洋的优势，卡拉奇也是巴基斯坦最主要的商业中心。从地理上看，巴基斯坦的东部是平原，宜于人居和建设各种交通基础设施；而西部是山脉，虽然矿藏丰富，却不宜于人居和建设各种交通基础设施。综合以上各种因素，巴基斯坦的东部远比西部发展。因此，无论是中央政府在决定分配财政资源的时候，还是私人企业依靠市场的力量决定其发展战略的时候，只要中巴经济走廊的推进依靠这些巴基斯坦国内运作的基本逻辑，中巴经济走廊会很自然地向东部集中。单纯从资源配置效率的角度看，在东部的旁遮普省和信德省进行投资比在西部的开伯尔－普什图省（又称西北边境省）和俾路支省投资要有效率得多。因为无论是从生产要素的配置，还是从交通物流体系的发达程度看，东部都是巴基斯坦最发达地区。

然而，本书的各个章节也显示，一旦中巴经济走廊的项目集中向东部的旁遮普省和信德省倾斜，在巴基斯坦内部可能产生与建设中巴经济走廊的初衷完全相反的后果。建设中巴经济走廊和中国在巴基斯坦投资面临的最大威胁是宗教极端主义和俾路支分离主义驱动的恐怖主义袭击。宗教极端主义和俾路支分离主义的组织和活动集中在巴基斯坦的西部和西南部。这些地区的经济发展水平与东部和东南部相比严重落后，因此给宗教极端主义势力和俾路支分离主义势力吸纳参与恐怖主义活动的成员提供了条件。这些地区急需进入经济发展过程，分享建设中巴经济走廊的成果。在这个过程中发展经济，同时解决不平等的问题，这些地区才能摆脱长期以来的困境。如果让巴基斯坦内部的政治经济自行按自身的逻辑运作，把中巴经济走廊的资源向东部倾斜，必然加剧巴基斯坦内部地区之间的经济发展不平衡，使本来就已经成为重大挑战的不平等，使中央与地方，以及族群之间的矛盾和冲突更加激烈。这只会进一步激化恐怖主义活动，对中巴经济走廊形成更大的威胁。与此同时，巴基斯坦国内媒体的运作与中国国内有重大区别。巴基斯坦媒体受英语媒体的影响很大，在中国对外以英语发布信息能力严重不足的情况下，基本上在巴基斯坦涉及中巴经济走廊的公共讨论中没有话语权。巴基斯坦的非政府组织受外国势力的影响也很深。一旦发生纠纷，中国无法指望像在本国内部一样将事态控制在一定范围之内。

第五，逆全球化趋势对建设"一带一路"与中巴经济走廊的启示。

2016 年国际政治经济中逆全球化趋势的标志性事件之首当属英国脱欧与美国总统大选中特朗普一路击败共和党内的建制派成为总统候选人，而后又一鼓作气击败民主党的建制派主要代表克林顿，当选为美国总统。

在关于英国脱欧的辩论中，除了全球化引起的两极分化之外，反移民是重要的议题之一。在竞选过程中以及当选后，特朗普针对目前的国际贸易体制发表的一系列言论成为使世界陷入混乱的导火索。他不仅要退出 TPP，重新谈判北美自由贸易协定，甚至威胁退出 WTO，而且还要把中国定为货币操纵国，对美国从中国的进口商品课以 45% 的关税。特朗普不仅支持英国脱欧，而且还认为欧盟是德国的工具，并预测还会有更多的国家退出欧盟。

如果说发达国家出现的逆全球化趋势是因为它们在全球化过程中长期积累的社会矛盾达到了一个爆发点，那么"一带一路"沿线的许多国家因为过去一直被全球化过程排除在外，由于打开本国经济大门而产生的社会矛盾则刚刚开始积累。正因为如此，逆全球化才不至于成为一个全球性的普遍趋势，中国才得以依靠推进"一带一路"倡议在日益缩紧的国际经济困局面前有一个回旋余地。

发达国家出现逆全球化趋势的重要原因之一是长期忽视使全球化产生的利益在社会各阶层之间共享，在开放本国后不仅产生工作机会流失的问题，而且还产生日益严重的收入不平等问题。① 中国经济本身近年来的一个十分突出的现象是，资产收入增加的速度远远超过工资收入增加的速度。尤其是一线城市的房地产价格过热，在客观上大大加剧了有房阶层与无房阶层在财产上的鸿沟。这些教训提醒我们，中国不仅在建设中巴经济走廊时，而且在推进其他一切"一带一路"项目时，必须从一开始就未雨绸缪，避免各国已经走过的弯路。如果对发展中国家对外国投资开放后可能面临的社会矛盾视而不见，不加预防，不用长远的眼光看问题，中国的对外投资不仅不会发展投资受入国的利益，而且很有可能加剧投资受入国的社会矛盾导致的各种危机而损害这种利益。尽管中巴经济走廊在开始时获得了巴基斯坦国内各党派、各种利益集团的一致支持，被认为是巴基斯坦千古难逢的发展机遇，但是如果中国不注意防范中巴经济走廊的项目在巴基斯坦造成不平等的加剧，就无法减弱，甚至可能加剧其境内的恐怖主义威胁。

　　产能合作在短期内固然能够帮助缓解中国经济需求下滑引起的阵痛。然而，在与他国进行产能合作的时候，如果只顾投资的便利或者经济发展的一般测量指标，而不注意对分配问题和不平等问题的掌控，就会为日后留下危机的伏笔。这一点从欧美近来民粹主义的兴起中可以得到证明。按理说，发达国家是全球化的最大受益者。全球生产和外包为发达国家的资本提高了生产效率，同时自由贸易也为发达国家的消费者提供了廉价的消费品。但是全球化的利益在社会各阶层之间分配的不公平，由此产生的社会矛盾最后还是爆发出来，形成民粹主义反全球化的浪潮。发展中国家在缺少资本投资、经济停滞时会欢迎任何一种投资。然而如果投资者不注意长期的政治后果，一旦经济条件好转或者政权更替，原来隐含的问题就会爆发出来。

　　"一带一路"项目本身由于涉及 60 余国，明显地已经超越简单的多边合作项目，由此衍生的各种制度性安排必将成为未来国际经济秩序的重要组成部分。要塑造一个新型的国际秩序不能没有具有普遍意义的原则的指导。当中国在逆全球化趋势变得明显后引导建立后全球化时代的新型国际经济秩序时，身上肩负的责任已经远远超出以往的地区经济合作的范畴。在新的国际经济秩序中，中国当然要捍卫自由贸易的原则，但是与此同时

---

① 高柏：《为什么全球化会逆转——逆全球化现象的因果机制分析》，《文化纵横》2016 年 12 月号。

中国也应该旗帜鲜明地主张在国际经济合作中实现各国之间和一国内部各社会阶层之间经济发展的利益共享，重视分配中的公平正义。中国的"一带一路"倡议为欧亚大陆"新丝绸之路经济带"的沿线国家提供经济发展急需的交通基础设施等公共物品，但这只是在一定程度上缓解国与国之间经济发展机遇不平衡的问题。与此同时，中国也在沿线各国进行投资，为这些国家的经济发展提供资金，中巴经济走廊就是其中的一个典型。要想把"一带一路"作为一个在21世纪可持续发展的，并能塑造未来的国际经济秩序的大项目，中国必须积极主张并在力所能及的范围内，通过自己的投资给予的谈判筹码，推动投资受入国扩大该国内部社会各阶层之间的发展经济机会和利益的共享，依靠推动分配中的公平正义来增强"一带一路"项目在这些国家各社会阶层获得的政治支持。

总之，建设中巴经济走廊遭遇的挑战对中国以后推进其他"一带一路"倡议项目有两点重要的启示。其一，"一带一路"项目的建设不仅有一个经济发展的侧面，还有一个推动社会公平正义的侧面。如果以为经济发展可以自动解决一切社会问题，在投资受入国推动全球化和经济发展的同时不注意推动全球化成果和经济发展成果在社会各阶层之间共享，"一带一路"项目的建设肯定会在投资受入国遇到政治上的抵抗。中国有必要在"一带一路"的项目中明确地提出经济发展成果共享这一普适价值并以此为推动"一带一路"的原则。这一点在后全球化的时代尤为重要。其二，如果要在帮助他国参与全球化过程和实现经济发展的同时实现其成果在各阶层之间的共享，从而保证中国投资的长久利益和"一带一路"倡议的可持续性，中国应该准备好在投资受入国自身的国内体制无法实现成果共享的目标，或者遇到重大政治障碍时，以合适的方法施加自己的影响，而不应该推卸自己的政治责任。

第一章　影响中巴经济走廊的国际关系结构性因素

北京大学国际关系学院

钱雪梅[*]

【内容提要】中巴经济走廊项目是中国和巴基斯坦友谊的表现，也是中巴友好的阶段性成果。巴国许多评论家称之能"扭转乾坤"。它能否顺利建成，首先取决于中巴两国的政治意志和能力。与此同时，在全球化时代，已经没有绝对的、不受第三方影响的国内政治和双边关系，国家的政治实践总是受到现实政治的制约。中巴经济走廊亦然，它降生在一个复杂的国际政治生态环境中。本文主要从地缘政治、能源政治、联通政治、认知评价政治等几个方面，分析中巴经济走廊建设中需要注意的国际关系问题。本文的对策建议包括：①改变宣传的重点和焦点，让中巴经济走廊重新回到中巴双边友好合作的本色，使之与"一带一路"倡议脱钩。②加强与伊朗和阿富汗等相关国家的沟通，实现该地区能源管线和联通计划的整合，探索互利多赢、共同发展的切实道路，促进地区和平与繁荣。③除非印巴关系发生戏剧性改变，克什米尔问题得到彻底解决，否则不要指望印度会支持中巴经济走廊。要做好思想准备应对印度各种形式的抗议和掣肘。④切实着手解决中巴之间对走廊的认知差距，关注走廊对巴基斯坦国内政治产生的影响。

---

* 钱雪梅，西南交通大学中国高铁发展战略研究中心特聘研究员，北京大学国际关系学院比较政治学系副教授。研究领域为中亚、南亚地区研究，民族问题和宗教问题等。

【关键词】 中巴经济走廊　国际关系　地缘政治　认知政治　巴基斯坦

中巴经济走廊（China-Pakistan Economic Corridor，以下简称 CPEC）① 的构想可追溯到 1990 年代末巴基斯坦军方的建设国内环形公路计划。21 世纪初，穆沙拉夫总统向中国提出建设经济走廊的建议。② 但中巴经济走廊正式提上两国间议事日程，是在 2013 年 5 月李克强总理访问巴基斯坦期间。2013 年 7 月 5 日中巴签署《中巴经济走廊谅解备忘录》。2015 年 4 月习近平访问伊斯兰堡，双方签署了 51 项合作协议和备忘录。据巴方测算，项目总投资金额约为 460 亿美元。

巴基斯坦许多人期待这条规划为 3000 公里长的走廊能扭转乾坤，称之为 game changer 乃至 fate changer。但是，它是否真的能够或将在什么意义上"扭转乾坤"，是有待建成以后再行评估的问题。目前的现实问题是，中巴经济走廊是否会顺利成功？

很难用简单的"是"或"否"来回答这个问题。毫无疑问，中国和巴基斯坦是全天候战略伙伴，两国政府都有建成走廊的意志和决心，但中巴经济走廊不是建在真空中，项目的落实受内外诸多因素的影响，而且衡量成功的标准可能见仁见智。从目前已有的主要成果看，几乎没有讨论如何衡量走廊是否成功的文献，大多数研究都在讨论走廊建设中可能遇到的困难相障碍，而且对内因的研究多于对外部因素的研究。所谓内因主要包括中巴两国的经济状况、政治局势、安全局势、社会文化环境等，以及恐怖主义、地方主义、社会团结的挑战等。外因理论上是走廊的国际关系环境，但现有讨论主要集中于个别国家，特别是印度、美国等国的作用。

中巴经济走廊的成功至少涉及三个方面。①相关项目如期顺利落实，

---

① 按现有规划，中巴经济走廊全长约 3000 公里，北起中国新疆喀什，向西南连接巴基斯坦俾路支省的瓜达尔港；以能源和交通基础设施为支柱，建成公路、铁路、油气管线、光缆等"四位一体"通道。2015 年 4 月两国政府签订的有关中巴经济走廊的 30 多个项目中，公路铁路交通基础设施建设项目 8 个，各类电力工程建设项目 15 个，煤炭开发和能源管线项目 4 个，还有工业园区、港口、医院、通信等基础设施项目。

② 根据伊斯兰堡地区研究所研究员里兹万·泽布的记述，大约 10 年前穆沙拉夫在向中国提出今天中巴经济走廊的最初构想时曾说，喀喇昆仑公路在建成时被世界称为"第八大奇迹"，如果建成连接中巴的能源管线和铁路通道，那么中巴将联手创造第九大和第十大奇迹。Rizwan Zeb, "Pakistan-China Relations: Where They Go From Here?" *UNISCI Discussion Papers* 29 (May 2012), pp. 45 – 58.

不是停留在文本层面，也不是无疾而终。②相关项目能够帮助巴基斯坦突破当前的困境，改善其社会经济和政治状况，带动巴基斯坦步入稳定和发展的快车道。③走廊建设及其运转最终有利于进一步巩固中巴双边友好关系，更高的标准是走廊能够促进和带动中南亚地区的和平与发展。因为主题和篇幅所限，本文对此不展开讨论。本文的主要任务是，研究已经和即将影响中巴经济走廊建设的国际关系结构性变量。

一　影响中巴经济走廊的国际关系结构性变量

理解国际关系中的结构性力量对中巴经济走廊的影响，首先需要澄清三点。

第一，中巴经济走廊与国际关系结构之间的关系有两大维度：局部与整体的关系，互动关系。一方面，中巴经济走廊本身属于国家间关系的范畴，是中巴友好关系的产物和象征，从属于中国、巴基斯坦各自的对外关系。作为一个局部，它承载着国际关系结构的 DNA，相关国家之间的合作、竞争和较量，伴随其始终。另一方面，中巴经济走廊也在参与塑造现有的国际关系体系。不过，本文只集中论述国际关系环境对中巴经济走廊的影响。至于中巴经济走廊对国际关系的影响，他日另文再述。

第二，变动不居的国际关系是否有一种相对稳定的结构？本文预设为"有"。主流的国际关系理论一般认为国际社会是无政府状态，但无政府状态不等于混乱无序状态，因而不等于无结构状态。实际上，无政府状态只意味着在国际社会不存在正式的国际政府和真正的全球掌控者。即便是无政府主义理论，也认为社会建立在自组织、志愿者协会和相互帮助的基础上。① 而这些组织、协会及其相互间关系，本身就是一种结构。

中巴经济走廊诞生在双重结构中。其一，在全球层面，中国兴起为第二大经济强国，对于中国的海外存在及其行为，世界各国给予不同程度的关注。其二，南亚地区自 1947 年以来便已形成以印巴敌对为基调的稳定的国际关系结构。南亚政治舞台上的其他国家行为体莫不在此框架内活动：或是选边站队巩固敌对格局，或是试图从中调和，或是尽力维持某种平衡。冷战时期美苏的对抗和博弈也不例外。20 世纪五六十年代，巴基斯坦加入

---

① Cynthia Weber, *International Relations Theory*：*A Critical Introduction*, Routledge 2014, p. 240.

美国组建的中央条约组织和东南亚条约组织，印度则亲近苏联。1970 年代末到 1980 年代，美国通过巴基斯坦积极介入阿富汗抗苏战争。冷战结束和反恐战争依然没有改变这一基本结构。就此而言，无论人们如何畅想中巴经济走廊可能具有扭转乾坤的功效，但在可预见的将来，它将只能在南亚政治既有的框架内生存和发展。此外，无论在全球国际关系舞台还是在南亚政治经济舞台，中巴经济走廊都不是唯一剧目。这意味着它必然受相关国家间关系的影响。

从中巴双边友好关系的角度看，与此前数以百计的友好合作项目相比，中巴经济走廊的特殊之处在于，走廊将成为一个地理事实和经济通道长期存在下来，之前被巴基斯坦称为世界第八大奇迹的喀喇昆仑公路，也将在中巴经济走廊框架内进一步改造和提升。作为中巴经济走廊重点建设项目的电力工程和工业园区，将可能重塑南亚地缘经济关系。地理事实的塑造本身是重大地缘政治事件。不过，在这方面，中巴经济走廊并非开创者，而是类似构想的后来者。印度、美国、俄罗斯和伊朗等国各有自己的中南亚能源管线和道路交通设施发展战略规划。不同之处在于，中巴经济走廊立足于双边合作，有良好的双边政治关系作为支撑，因而是类似构想中开始付诸实施的先行者，但它并不能超越和摆脱南亚地缘政治经济的既有结构和惯性。

更进一步来看，可把影响中巴经济走廊的结构性国际关系因素分为三类。一是历史因素，包括历史记忆、长期关系的友好或敌对等。二是主要行为体之间相对稳定的关系状态，包括双边、三边、多边等不同层面。三是若干功能性问题，比如地缘政治和地缘经济利益、大国关系框架、非传统安全等。① 其中，历史因素是后两类因素的底色和塑造力量，体现在后两者之中，并且通过后两者不断更新和延续。为此，本文主要讨论两类因素：国家间关系、功能性问题。具体有五大主要变量：国家间关系、地缘政治、能源政治、联通政治、认知政治。

第三，需要说明的是，非国家行为体在南亚也相当活跃，包括跨国公司、次国家层面的族群和地方武装，以及跨国恐怖主义力量等。对此本文暂时不予讨论，因为在某种程度上，非国家行为体对中巴经济走廊的影响

---

① 讨论国际关系结构，并不意味着这种结构是固定不变的。相反，随着国际政治生活的变化，这三大支柱都在变动之中。

还勉强可"包容"在国家之中。现有"包容"机制主要有以下两类。

·非国家行为体作为"内因",从属于中国、巴基斯坦两国政府同其各自的反政府力量之间的关系。比如活跃在中巴经济走廊沿线地区的分裂主义、恐怖主义、极端主义力量。对它们来说,中巴经济走廊是它们同本国政府斗争的"新战场",因而可能设法加以阻挠和破坏,但其原动力并不在走廊,而在它们同各自政府之间的关系。在这个过程中,不排除两国各类反政府力量联手的可能,出现以中巴政府为一方,以若干反政府力量联合为另一方的斗争。

·非国家行为体从属于国际关系范畴。有一些跨国激进主义、极端主义和恐怖主义力量长期寄居在巴基斯坦,这些力量的构成和背景复杂。中巴经济走廊为它们谋利提供了新机遇,其中一些力量可能附着或从属于第三国,演变为第三国的战略工具或代理人。这一点在俾路支省已初露端倪。近来人们集中关注的达伊什(DAESH, IS)① 在巴阿地区的力量扩展,大体也属于这一类。根据笔者的观察,达伊什虽然在 2014~2015 年提出"呼罗珊省"和哈里发建国计划,但它目前在阿富汗和巴基斯坦的爪牙,更多是巴基斯坦和阿富汗当地武装分子主动投诚效忠的结果,而不是它有组织的规划和发展所致。投诚达伊什的当地武装分子以巴基斯坦塔利班(TTP)发言人阿布·穆罕默德·阿德南(Abu Muhammad al-Adnani)和指挥官哈菲兹·赛义德·汗(Hafiz Saeed Khan),以及乌兹别克斯坦伊斯兰运动(IMU)领导人吾斯曼·加齐(Usmon Ghazi)为代表;它们不是巴阿武装分子的主力。实际上,阿富汗塔利班和巴基斯坦塔利班的主流力量都反对达伊什在当地的扩张,为此已经同达伊什发生多次武装冲突。

二　国家间关系

国家间关系的基本结构先于中巴经济走廊而存在,是中巴经济走廊建设和运转的基本环境和框架。其主要有两类:中巴双边关系和由第三方加入所构成的若干三边关系。

---

① 人们更常把 IS 直接翻译为"伊斯兰国"。基于笔者对政治学和极端主义的有限研究,更倾向用 DAESH。名称绝非简单的名号,还包含着自命名者的一种价值追求。接受其名号,相当于对它自诩身份的承认。身份及其承认是政治学范畴的重要问题。本文采用"达伊什"的音译。

中巴双边关系

中巴友好关系是中巴经济走廊的核心推动力量，是中巴经济走廊建设能否成功的决定性因素。这看似正确的废话，但近来的讨论更多集中于建设过程中存在的各种挑战和风险，常常忽略了这个决定性的因素。时事观察家和评论家一般倾向于关注矛盾和风险，或者关注收益和成效。于是有不计其数的分析家或者强调中巴经济走廊将破解中国的马六甲困局、缩短中国联通波斯湾的距离、输出剩余产能、扩大海外市场、获得瓜达尔港等，或者强调中巴经济走廊将给长期停滞的巴基斯坦经济注入强心针、改变巴基斯坦经济状况、带动巴基斯坦经济起飞等。

脱离中巴双边友好的总体框架和目标，单纯讨论中巴经济走廊，至少有两个方面的危险。其一，片面强调中巴经济走廊给中国或者巴基斯坦各自带来的政治经济收益，将中巴经济走廊视为各有所图的权宜之计的合作。其二，相应地，人们会把发展私人部门的关系置于维护和发展政府间关系之上，片面强调加强经济关系而忽视继续维护和巩固政治关系。① 虽然我们不能否认长期可持续的双边经济合作必须建立在现实可见的互利双赢的基础上，但是如果把中巴双边关系简化为普通的双边经济合作，那从长期看将会有害而非有利于双边友好关系，因为那样实际上把中巴特殊关系降格成了普通的双边关系。

所以有必要重申，中巴双边关系是决定中巴经济走廊的真正核心变量，它是对中巴经济走廊具有终极决定性影响的唯一变量。两国政府的政治意志和决心是中巴经济走廊的最终保障和必要条件，也是克服内部和外部各种困难继续推进中巴经济走廊并完成建设的决定性因素。但在当今复杂的世界和地区局势中，中巴关系始终处于第三方的关注和影响之下，中巴双边友好关系并非自然而然、一劳永逸的，而是需要双方的自觉维护；中巴经济走廊本身有一个重要的目标，即进一步巩固双边友好。如果走廊建成，而中巴关系的属性和味道发生重大变化，那么不能说中巴经济走廊是成功的。

---

① 这是 2016 年 5 月底笔者到访巴基斯坦伊斯兰堡所观察到的一个迹象。巴基斯坦某企业家在一个会议发言中说："中巴关系的未来出路不在于政府之间的关系，而在于私人部门之间的关系。"目前还难以评估这种观点在巴基斯坦是一种普遍共识还是个别现象。

第三方力量和三边关系

从经济地理学来看，中巴经济走廊的主干部分是建在南亚地区。南亚政治舞台上有许多重要国家存在，中国和巴基斯坦都与世界各国建立了亲疏不同的外交关系。就此而言，无论是总体的中巴关系，还是中巴经济走廊的建设和未来运转，都不能避免第三方力量的影响。

过去几十年，三角关系是南亚地区国际关系的一个重要景观，其内核是印巴关系。基于印度与巴基斯坦的长期敌对，次大陆其他国家很难在印巴之间保持真正的中立和平衡；进入南亚的域外国家则或多或少地进入包括印度和巴基斯坦的三边关系乃至三角关系中。加上区域外国家之间的复杂关系，在当前的南亚舞台上，巴基斯坦、印度、中国、美国、俄罗斯、日本、阿富汗、伊朗、沙特阿拉伯之间形成的三角关系，数量几乎等于数学排列组合公式计算出来的结果，其中大多与中巴经济走廊有现实或潜在的关联。

如果说中巴双边关系是中巴经济走廊的决定性力量，中巴友好是中巴经济走廊的保障和引擎，那么，第三方力量和三边或三角关系对中巴经济走廊的影响，则要复杂得多，也很难简单地称之为"积极"或者"消极"因素。

一方面，第三方的影响不是决定性的。除非选择发动战争来阻挠中巴经济走廊，否则任何第三方力量都无法从根本上改变中巴经济走廊的建设进程。目前还看不到有国家打算为阻挠中巴经济走廊而发动战争的可能性。另一方面，相关第三国可能通过多种方式影响中巴经济走廊建设的成本和代价。其主要方式至少有三种：一是通过双边外交分别对中国和巴基斯坦施加影响；二是在中巴两国内部寻找和培植其利益代表；三是与中国和巴基斯坦构成三角关系。此外，非南亚地区的国家也可能通过借力于某南亚国家（不包括巴基斯坦）来影响中巴经济走廊。

在诸多可能影响中巴经济走廊的第三方力量中，印度位居榜首。无论是基于地缘政治，还是基于其实际拥有的行动能力，印度施加影响的可能性都远远超过美国、伊朗、俄罗斯、日本等国。对于美国、日本、俄罗斯等域外大国而言，南亚只是其全球若干利益领域中的一个。第二次世界大战结束后，美国在南亚地区多次重复进入—离开—再进入—再离开的舞步。地理距离遥远是一个重要的客观原因。麦金德早就强调过自然地理对人类活动能力的强制局限,① 即便 21 世纪的交通、通信和运载技术已有重大进步,但太平洋和印度洋在未来一段时期还是"巨大的地理界限",对人类活动还是有一定限制。迄今为止,美国主要是在亚洲东部地区"平衡"或者"再平衡"中国。但近两年印度和美国关系明显加深。种种迹象显示,今后美国将主要通过印度来影响南亚乃至全亚洲的力量对比。2015 年印美两国首脑联合声明表示,两国决心加强全球伙伴关系,特别是加强双方在印度洋 - 太平洋地区的战略合作。② 虽然印度至今还没有公开放弃"不结盟"的外交立场,但印美关系的新进展已促使俄罗斯调整其对南亚尤其是对巴基斯坦的政策。③

若干三角或三边关系中,对中巴经济走廊影响力最大的当数中国 - 巴基斯坦 - 印度关系。主要原因有三点。第一,中巴经济走廊建设需要总体和平、至少总体可控的地区环境。在这方面印度和巴基斯坦缺一不可。第二,中巴经济走廊与孟中印缅走廊(以下简称 BCIM)同属"一带一路"倡议的六大走廊,④ 而且都是"先行项目"。虽然印度对参加和启动孟中印缅走廊和"一带一路"没有兴趣,但它对中巴经济走廊的密切关注和担心随处可见。第三,印度是南亚头号大国,随着其经济持续强劲增长,它在世界政治经济事务中的地位将进一步巩固,这也是美国和日本等地理上离南亚较远的世界大国近年来在地区事务中日益倚重印度的基本背景。

印度的影响力正在向全球扩展,是世界大国竞相交好的对象,是南亚舞台上多个三角关系的连接点,处理好中 - 印 - 巴三边关系无疑将极大地有利于中巴经济走廊。20 世纪末以来,印度同中国的关系已经有了长足进展。但是,要处理好中印巴三边关系并不容易,受地缘政治的影响,中巴经济走廊必须承受印巴长期敌视和中印互不信任所滋养的诸多成见。

---

① 麦金德提出,美国在 19 世纪末已足够强大,但仍主要通过俄国来影响欧洲的力量对比〔英〕哈·麦金德:《历史的地理枢纽》,林尔蔚、陈江译,商务印书馆,2013,第 50~51、69 页。

② "U. S-India Joint Statement", Jan 25, 2015, https://www. whitehouse. gov/the-press-office/2015/01/25/us-india-joint-statement-shared-effort-progress-all.

③ 俄罗斯"南下"梦想可以追溯到 19 世纪初,只是由于各种原因而未能真正如愿。2012 年以来,俄罗斯明显加快"南下"步伐,积极发展同巴基斯坦和阿富汗的关系。印度依然是俄罗斯南亚战略的支点,但印美关系升温与莫斯科加强与伊斯兰堡、喀布尔关系的努力平行发展。2014~2015 年,俄罗斯不顾印度反对,向巴基斯坦出售米格 35 战斗机和 Klimov RD - 93 发动机,并达成双边防务合作协定。俄罗斯不断扩大对巴经济和基础设施投资,其中包括 CASA - 1000 和卡拉奇—拉合尔管线。

④ 所谓孟中印缅走廊,计划从云南出发,连接中国、孟加拉、印度、缅甸四个国家。其余四条走廊是:中蒙俄、新亚欧大陆桥、中国 - 中亚 - 西亚、中国 - 中南半岛走廊。国内舆论称之为"一带一路交响乐的第一乐章"。

三　地缘政治

地缘政治作为影响中巴经济走廊的结构性变量,至少包含三大内容:南亚本身的地缘战略价值、印巴对抗、克什米尔争端。在某种意义上,克什米尔问题是印巴对抗冲突的症结和集中体现,但它对中巴经济走廊的影响又超出了印巴关系的范畴,因为按照规划,中巴经济走廊将穿过有争议的吉尔吉特-巴尔蒂斯坦地区。

南亚的地缘战略价值

南亚西北部地区与世界石油天然气资源宝库中东接壤,临近波斯湾,扼守阿拉伯海。次大陆南端是印度洋和太平洋交界,向东连接东南亚,这种地缘政治资源本身是中巴经济走廊的重要推动力。

但是,重要的地缘战略价值同时也使得中巴经济走廊难以摆脱外部环境的压力,包括大国对中国战略意图的猜忌,以及大国力量在南亚的战略博弈。实际上,近代以来,大国对南亚的觊觎和明争暗斗几乎没有间断过。冷战期间,美国遏制苏联的中央条约组织和东南亚条约组织在巴基斯坦交汇。穆沙拉夫当政时,美国政府施压阻止他把瓜达尔港交给中国运营。[1] 近几年美国尽心培育同印度的全球伙伴关系,视之为亚太再平衡战略的支柱。在俄罗斯方面,自彼得大帝开始便意图南下。苏联一直与印度交好。当前俄罗斯一面保持同印度友好,一面加紧拓展同巴基斯坦的关系,2014 年解除了对巴基斯坦的武器禁售令,双方经济合作明显加强。[2]

理论上,世界大国在任何一个地区都可以和平共处。中国近年来也在大力推广"互利共赢"的外交理念。但今天所谓"冷战思维"其实并非起源于美苏争霸和对抗,而是根深蒂固的"零和"观念的延续。虽然经济全球化已经把世界各国紧密联系在一起,但中国提倡的"命运共同体"构想首先要克服大国间战略互疑的政治障碍。

---

[1] Kiyya Baloch, "Can China's Gwadar Port Dream Survive Local Ire?" Dec. 17, 2014, http://thediplo-mat. com/2014/12/can-chinas-dream-of-a-pakistan-port-survive-local-ire/. 新加坡港务局（PSA）在 2007 年 2 月获得瓜达尔港 40 年的管理运营权,但由于严重亏损,2013 年 1 月 30 日,PSA 主动退出,瓜达尔港的运营权交给中国海外港口控股有限公司,为期 40 年。

[2] Farhan Bokhari, "Pakistan Buys Initial Batch of Four Mi - 35s", Aug 23, 2015, http://www. jan es. com/article/53758/pakistan-buys-initial-batch-of-four-mi - 35s.

印巴对抗

南亚次大陆地缘政治的突出特点是，在地域、人口、经济实力和发展势头等方面，印度均为"老大"。与此同时，地区第二大国巴基斯坦坚决不承认印度的主导地位。双方敌视和对抗了半个多世纪，目前还看不到关系正常化的内在动力。过去几十年，印巴在对抗和彼此拆台方面可谓极尽所能，覆盖社会政治和经济生活的方方面面。中巴经济走廊刚刚启动不久，有关印度在巴基斯坦俾路支省暗中破坏的报道便不绝于耳，巴基斯坦政府多次公开谴责印度的此类行为并加以警告。①

过去几十年，印巴之间的这类口水战屡见不鲜。但这可能不完全是出于阴谋论的臆想和抹黑对方的需要。印度在处理中印关系时，目前还没有真正摆脱 1962 年战争的阴影，也没有罔顾巴基斯坦的敌视，因而对中巴友好关系一向心存戒备警惕。印度有一种战略定见，认为巴基斯坦总是设法通过同区外国家结盟的方式，平衡印巴力量差异，破坏南亚的"天然均势"。② 透过这个棱镜，中巴友好的基础被认为是对印度的共同仇视。1960年代后期"巴中轴心"（Pakistan-China Axis）论在印度流行，冷战结束后这种观念衍生出著名的"珍珠链"说，认为中国意图围困印度。中巴经济走廊问世后，印度舆论再次因"中巴轴心"而沸腾。③

巴基斯坦对印度也心存戒备，并尽力在军事、经济和外交等方面与之竞争。近年来，巴基斯坦的经济困境和停顿，在印度经济高速增长的映照下格外醒目，政府面临巨大压力。1999 年中巴两国把发展经济贸易合作作为双边关系的重点，2003 年签订了《最惠贸易贸易协定》，2006 年签订《自由贸易协定》。双边贸易也迅速增长。2000 ~ 2014 年，中巴贸易额从7.94 亿美元增至 160 亿美元，④ 增长超过 19 倍。同一时期，中印贸易额从

---

① "India Criticized for Opposing CPEC", June 3, 2015, http://www.dawn.com/news/1185887/india-criticised-for-opposing-cpec.

② Gary K. Bertsch, Seema Gahlaut and Anupam Srivastava, (eds.), *Engaging India: US Strategic Relations with the World's Largest Democracy*. New York: Rutledge, 1999, p. 223.

③ G. L. Sharma, *The Pakistan-China Axis*. Calcutta: Asia Publishing House 1968. 关于中巴经济走廊以后的"新论"可见 Andrew Small, *The China-Pakistan Axis*, London: Hurst 2015。

④ Musleh-ud Din, Ejaz Ghani, Usman Qadir, "Recent Experience and Future Prospects of Pakistan's Trade with China, *The Lahore Journal of Economics*, *Special Edition* no. 14, Spet. 2009, pp. 87 - 110. 2014 年数字来自中国驻巴基斯坦使馆经商参处:《2014 年 1 - 12 月中巴双边经贸合作简况》，2015 年 2 月 5 日，http://pk.mofcom.gov.cn/article/zxhz/hzjj/201502/20150200890010.shtml。

29 亿美元提升到 716 亿美元，[1] 增加了 23.6 倍，其主要原因是印度经济体量和实力更强大。但这依然在巴基斯坦媒体和学界引起一些担忧，他们强烈呼吁中巴关系应迅速改变重战略和政治、轻经济的状况，加强中巴经贸合作，缩小巴基斯坦同印度之间的经济差距。[2] 在一定意义上，中巴经济走廊是这一要求的反映和回应。460 亿美元相当于巴国一年 GDP 的 20%，是其 2008 年以来获得外国直接投资总额的两倍多，其中约 370 亿美元将用于巴基斯坦国内的电力基础设施建设，[3] 帮助巴基斯坦突破经济发展的资金和电力瓶颈。

克什米尔争端

"政治区划"是地缘政治的重要内容。按照麦金德所论边界的形成方式，[4] 南亚除了马尔达夫和斯里兰卡以外，其他国家的边界线都是"专断的"。由此形成各种地缘政治纠纷：领土主权纠纷、水资源分配矛盾、武装力量跨国活动、经济要素流动的边界障碍，等等。其中同中巴经济走廊关系最为密切的矛盾是克什米尔问题[5]。

1947 年独立以来，印巴便相互指责对方在克什米尔地区的"非法占领"，为此已发生两次大规模军事冲突。过去 10 多年，印度不停责怪巴基

---

[1] 2000 年数字来自《中国海关统计》，转引自李天华《中国与印度经贸关系发展分析》，《国际贸易问题》2004 年第 1 期，第 49～54 页。2014 年数据来自中国商务部《2014 年 12 月印度贸易简讯》，http://countryreport. mofcom. gov. cn/new/view110209. asp? news_id = 43252。

[2] 巴基斯坦媒体的相关评论很多。巴学者的学术分析比如 Farrukh Nawaz Kayani, Mumtaz Ahmed, Tahir Ali Shah, Umar Nawaz Kayani, "China-Pakistan Economic Relations: Lessons for Pakistan," *Pakistan Journal of Commerce and Social Sciences*, Vol. 7, iss 3 (2013), pp. 454 – 462。印度智库的战略分析可参见 Sumita Kumar, "The China-Pakistan Strategic Relationship: Trade, Investment, Energy and Infrastructure," *Strategic Analysis*, vol 31, iss. 5, pp. 757 – 790, (DOI: 10.1080/09700160701662278)。

[3] S. Mahmud Ali, "Pakistan's Year of Mixed Fortunes", Dec. 21, 2015, http://www. eastasiaforum. org/2015/12/21/pakistans-year-of-mixed-fortunes/.

[4] 〔英〕哈·麦金德：《历史的地理枢纽》，林尔蔚、陈江译，商务印书馆，2013，第 30～38 页。

[5] 英印殖民政府时期，克什米尔土邦享有较大的自主权。1945 年英国工党通过的印巴分治决议规定，土邦有权决定自己的未来：或者加入印度，或者加入巴基斯坦，或者保持独立地位。独立前夕，印度国大党和领导巴基斯坦运动的穆斯林联盟都希望得到克什米尔。克什米尔王公是印度教徒，但该地区居民大多数是穆斯林，1947 年双方在加入哪个国家的问题上发生冲突，导致印度和巴基斯坦政府的介入，于是发生了第一次印巴战争。1965 年印巴在克什米尔问题上再起冲突，形成了今天的实际控制线（LoC）。

斯坦支持克什米尔恐怖主义活动，美国也介入其中，把克什米尔反印度的"纯洁军"（LeT）① 认定为外国恐怖主义组织（FTO）。目前印巴两国按1965 年停火线分界而治。

中国在克什米尔问题上保持中立，认为这属于印巴之间的历史遗留问题，希望两国通过协商方式和平解决。但按规划，中巴经济走廊从新疆红旗拉甫出境，经吉尔吉特－巴尔蒂斯坦（Gilgit-Baltistan, GB）到达伊斯兰堡，② 之后往南连接瓜达尔港。在吉尔吉特—巴尔蒂斯坦地区，中巴经济走廊的建设规划包括扩建升级喀喇昆仑公路、铺设铁路、建设工业园区和水电能源设施等。对此，印度反应强烈。2014 年，印度政府专门向中国提出正式外交抗议。2015 年 5 月印度总理莫迪访华时，也表达了不安和担心。印度国内战略分析人士指出，这些建设项目意味着中国作为"更加直接的、有更大利益的第三方"正式介入克什米尔争端。③

实际上，自 1963 年中巴签订边境协定后，"抗议中国和巴基斯坦在克什米尔的行动"几乎成为印度政府宣示其对克什米尔主权的日常动作：先是反对中巴在克什米尔地区确定国界线，继而就喀喇昆仑公路建设"严正交涉"，之后多次抗议中国参与克什米尔地区的水坝和道路等基础设施建设。未来几年印度政府抗议的重点将转移到中巴经济走廊。④ 不能低估印度在克什米尔问题上的意志和决心，莫迪在竞选期间对边界领土问题多次表达强硬立场。他在提到藏南（印度所谓"阿鲁纳恰尔邦"）问题和克什米尔问题时，抨击中国的"扩张主义"，誓言"地球上没有任何力量能够夺占印

---

① Lashkar-e-Toyba，国内又译为"虔诚军"。

② 以前称为"北部地区"（Northern Areas），2009 年巴基斯坦立法将其改名为吉尔吉特－巴尔蒂斯坦，巴国内又称为"特区"。去年以来巴国内热闹的东线、西线和中线之争，是指从伊斯兰堡连接瓜达尔港的路线，而非伊斯兰堡往北连接红其拉甫的部分。

③ "Q. NO. 260. Projects of China and Pakistan in Neighbouring Countries", Dec. 10, 2014, http://www.mea.gov.in/lok-sabha.htm? dtl/24458/QNO260PROJECTS + OF + CHINA + AND + PAKISTAN + IN + NEIGHBOURING + COUNTRIES. Editorial, "India's Objections to CPEC", June 3, 2015, http://www.dawn.com/news/1185779/indias-objections-to-cpec. Rumel Dahiya and Jagannath P. Panda, "A Tale of Two Disputes: China's Irrationality and India's Stakes", June 29, 2015, http://www.idsa.in/policybrief/ATaleofTwoDisputesChinasIrrationalityandIndiasStakes _ rdahiya _ 290615.

④ 有趣的是，印度一家智库发现，印度政府对克什米尔问题的表态似乎在变弱：1960 年代是"严正交涉"，现在则变成了轻描淡写的外交抗议和"保留意见"。Priyankan Singh, "The China Pakistan Economic Corridor and India", May 7, 2015, http://www.idsa.in/idsacomments/TheChinaPakistanEconomicCorridorandIndia_ psingh_070515.

度的一寸土地"。① 莫迪政府表达抗议的方式和风格也不同于印度以往一些首脑。之前新德里对华表达抗议的渠道主要是政府外交部门，但 2015 年他直接把问题提到了两国最高政治层面。

中巴经济走廊在建设过程中既要应对印度的外交抗议，还要提防其可能在公开抗议之外的其他措施和行动。2013 年以来巴基斯坦媒体公开抨击印度蓄意暗中破坏中巴经济走廊，俾路支省某些分裂主义力量受到印度指使和支持。② 并非巧合，2011 年以来，印度一面抗议中国援助巴基斯坦在吉尔吉特—巴尔蒂斯坦地区建设民生项目，一面则"应越南邀请"在南中国海争议海域进行油气勘探开发等活动。③ 总之，随着中巴经济走廊的展开，印度可能开发出更多用于公开或隐秘制衡的砝码。

四　能源政治④

南亚在地理上紧邻伊朗和波斯湾富油区，是土库曼斯坦、哈萨克斯坦、俄罗斯等能源出口国理想的出海口，同时连接东亚和东南亚这两大能源消费和进口地区，南亚把能源产地和大市场连为整体，正在形成"大中南亚能源政治"舞台。已经登台亮相的主角包括南亚和中亚各国、俄罗斯、中国，伊朗、卡塔尔和阿曼，以及无处不在的美国。能源管线是中巴经济走廊的重要内容，中巴经济走廊是南亚能源政治舞台的后来者。这个大舞台的核心支柱是：以南亚为通道，进口国想要靠近产地、出口国想要联通市场。进口国和出口国自然接近是市场规律作用的自然产物。但由于美国的介入和干预，能源供需双方的联系可能被阻断和改变；能源经济学演变为能源政治学。

---

① John C. K. Daly，"India Unsettled by Proposed China-Pakistan Economic Corridor Through Kashmir"，*China Brief*，vol. 14，iss. 5（March 6，2014），http://www. jamestown. org/single/？ tx_ttnews［swords］＝8fd5893941d69d0be3f378576261ae3e&tx_ttnews［any_of_the_words］＝CPEC&tx_ttnews［tt_news］＝42052&tx_ttnews［backPid］＝7&cHash＝2adf983d9d4ec272df948c627b9f517e#. VpiGOlLk3ME.

② "India Criticized for Opposing CPEC"，June 3，2015，http://www. dawn. com/news/1185887/india-criticised-for-opposing-cpec.

③ Jyananth Jacob，ReshmaPatil，"Beijing Says Keep Off S China Sea，Delhi Unmoved"，Sept. 16，2011，http://www. hindustantimes. com/delhi/beijing-says-keep-off-s-china-sea-delhi-unmoved/story-gtmH6WhDtbB6ODwlLKkucI. html.

④ 本文所说的"能源"不包括核能、煤炭、页岩气和各种清洁能源，而专指石油和天然气。

这方面的典型案例是伊朗—巴基斯坦—印度天然气管线（IPI）。这条管线建设的原动力是：印度和巴基斯坦需要进口能源，伊朗想要出口天然气。1995 年三方开始商谈共建天然气管线的问题，称之为"和平管线"。按照设想，IPI 能够把长期敌对的印巴两国联系起来，印巴分享伊朗出口天然气，巴愿意为印度进口天然气提供过境，印度也愿意把能源进口通道托付给巴基斯坦。但是，IPI 显然不符合当时美国制裁伊朗的总体战略目标。于是美国公开全力干涉。对巴基斯坦，美国施加压力，同时以资金援助成功地拖延了伊斯兰堡的脚步。对印度，经过无数次交涉谈判，华盛顿最终以 2006 年民用核设施协定作为"交换条件"，换取印度在 2009 年退出该项目。表面上，美印民用核设施协定是替代 IPI 管线的完美方案，因为它既维持了美国制裁伊朗的"大局"，又解决了印度能源短缺的燃眉之急。然而，这个协定所具有的战略价值远远超出了能源政治领域：该协定实际绕过了《全面禁止核试验条约》（CTBT），给予印度有核国家的待遇，为印度未来拥有核武器大开方便之门，也为印美全球战略伙伴关系奠定了基础。

印度退出后，IPI 管线变为伊朗—巴基斯坦管线（IP）。美国继续以制裁相威胁，向巴基斯坦施压。对巴国电力短缺的真实困境，美国则画饼充饥，劝说巴基斯坦加入"新丝绸之路"框架内的两大能源项目：一是土库曼斯坦—阿富汗—巴基斯坦—印度天然气管线（TAPI），二是中亚—南亚输变电项目（CASA-1000）。但因为资金无保障、阿富汗局势动荡等障碍，这两个项目不知何时才能完成。由于急缺能源，加之来自伊朗方面要求履行协定的压力，2013 年 3 月 11 日，扎尔达里总统终于举行了 IP 管线巴基斯坦境内工程的开工仪式，[①] 美国公开表示谴责。实际上，巴基斯坦并没有资金能力独自完成这个需要投资 15 亿~18 亿美元的工程，所以开工仪式之后，IP 建设工作并未真正展开。

中巴经济走廊启动之后，巴基斯坦希望中国提供帮助。IP 连接的是世界最大的天然气田南帕尔斯（South Pars），设计输气能力为每天 2150 万立方米。2015 年，中国已经承诺参与 IP 管线建设。巴境内 700 公里长的管线分为两个部分，中国完成从信德省纳瓦布沙阿（Nawabshah）到俾路支省瓜达尔港部分（600 多公里），巴基斯坦完成瓜达尔连接伊朗边境的约 80 公里

---

① 当时伊朗境内的 1100 公里管线已经铺设完成。Sajjad Ashraf, "The Iran-Pakistan Gas Pipeline: Pakistan's Energy Lifeline", March 27, 2013, http://www.eastasiaforum.org/2013/03/27/the-iran-pakistan-gas-pipeline-pakistans-energy-lifeline/.

管线。项目所需资金的 85% 由中国提供贷款，巴方负责其余 15%。① IPI 管线由此变成 IPC 管线（伊朗—巴基斯坦—中国）。有分析认为 IPC 是中巴经济走廊的延展。② 目前还看不到印度重新加入 IP 管线的征兆。

实际上，伊朗核问题谈判出现转机以后，印度积极谋求加强同伊朗关系的其他途径。在能源关系方面，印度重新探索建设伊朗—阿曼—印度（又称中东—印度）深海天然气管线的可行性，积极谋划土库曼斯坦—伊朗—印度之间新的天然气贸易机制。这两大能源通道都绕开了巴基斯坦，其地缘政治考虑不言而喻。它们是否能建成，以及建成后同 IP 管线和中巴经济走廊之间的关系，还有待进一步观察。

五　联通政治

中巴经济走廊包含大量道路交通基础设施建设项目，意在深化中巴之间的"联通"。但是在这方面，中巴经济走廊不是先行者和独行者。过去 20 多年，相关主要国家提出了多个"联通"（connectivity）构想，基本都是各自独立的联通体系。

印度联通中亚的梦想由来已久，这正好契合俄罗斯和中亚各国南下获取出海口的愿望。在印巴敌对的状况下，印度北进的所有构想都离不开伊朗，特别是伊朗的阿巴斯港和恰巴哈尔港，这得到俄罗斯的积极支持。2000 年 9 月，印度、伊朗、俄罗斯签订共建"国际南北走廊"（the International North-South Transport Corridor，以下简称 INSTC）的协定，意在推动三国间货运联通与贸易合作。由于各种原因，"国际南北走廊"建设步伐十分缓慢，2005~2012 年基本停顿。2012 年重新启动。现已扩大到 14 个国家，覆盖印度洋、波斯湾、里海盆地、欧洲北部的广大地区，③ 包含水、陆多种交通模式。按照规划，"国际南北走廊"从孟买出发，在伊朗阿巴斯港转陆路，往北横贯伊朗，到达里海南岸的安扎利港（Anzali），之后依靠轮渡横穿里海到达俄罗斯的阿斯特拉罕（Astrakhan），继而经铁路通往中亚和欧洲其他国

① "China to Build Pakistan-Iran Gas Pipeline: Report", April 9, 2015, http://tribune.com.pk/story/866893/china-to-build-pakistan-iran-gas-pipeline-report/.
② Andrew Korybko, "Pakistan Is the Zipper of Pan-Eurasian Integration", Sept. 15, 2015, http://en.riss.ru/analysis/18882/.
③ 新加入 INSTC 的 11 个成员是：阿塞拜疆、亚美尼亚、哈萨克斯坦、吉尔吉斯斯坦、塔吉克斯坦、土耳其、乌克兰、白俄罗斯、阿曼、叙利亚。保加利亚是观察员国。

家。预计"国际南北走廊"建成后，欧亚货运路程将缩短40%，成本相应降低30%。目前从欧洲经苏伊士运河到东南亚需要45～60天，经"国际南北走廊"则只需25～30天。[1]

在印度诸多联通中南亚地区的努力中，[2]值得一提的是经伊朗恰巴哈尔港往北联通阿富汗的计划。印度、伊朗和阿富汗对这个联通项目的态度都很积极，印度政府称之为"战略必需"，[3]阿富汗急切地想要摆脱目前以卡拉奇为唯一出海口而受到钳制的困境。伊朗则希望借此机会开发相对较为落后的锡斯坦－俾路支斯坦省，同时有意把恰巴哈尔建成欧亚大陆的门户和交通枢纽。阿富汗战争期间，联通印度－伊朗－阿富汗三国的干道建设已有重大进展。印度已完成在阿富汗西南部尼姆鲁兹省内从迪拉腊姆（Delaram）到边境城市扎兰季（Zaraji）的高速路，全长218公里。由扎兰季往南，经伊朗的米拉克、扎博勒、扎黑丹联通恰巴哈尔港长约900公里的铁路、公路项目也正在推进。

从长远看，各种联通计划都会给地区经济带来积极影响，经济要素的流动会加快，将孕育更多发展机会，最终推动地区共同繁荣。但印度媒体和政府把南北走廊和联通中亚的努力视为"中亚新博弈"的一部分，称之为"一场争夺权力、霸权、利润和资源的战斗"。[4]在这种背景下，中巴经济走廊被视为竞争对手。2015年，印度战略分析人士建议政府发起一个直接联通中国的印度－中国丝绸之路走廊（India-China Silk Route Corridor, ICSRC）项目，以"抵消中巴经济走廊的影响"。[5]巴基斯坦有学者认为，

---

[1] Meena Singh Roy, "International North-South Transport Corridor: Re-energising India's Gateway to Eurasia", Aug 18, 2015, http://www. idsa. in/issuebrief/InternationalNorthSouthTransportCorridor_msroy_180815.

[2] 除了南北走廊以外，印度政府还关注另外三条经过伊朗联通中亚的运输路线。一是把哈萨克斯坦—土库曼斯坦—伊朗铁路通道同印度连接，形成哈—土—伊—印走廊。二是把著名的"北方运输网络"（NDN）向南延伸，同阿富汗—伊朗—印度交通网连接起来。三是印度—伊朗—阿富汗干道网络。

[3] "India Accelerates Iranian Port Project after US-Iran Thaw", Nov. 29, 2013, http://indianexpress. com/article/business/business-others/india-accelerates-iranian-port-project-after-usiran-thaw/.

[4] IndraniBagchi, "India to Spread Tentacles into Central Asia via Iran", March 13, 2012, http://timesofindia. indiatimes. com/india/India-to-spread-Tentacles-into-Central-Asia-via-Iran/articleshow/12239197. cms.

[5] P. Stobdan, "The Need for Haste on Pakistan-occupied Kashmir: China Pakistan Economic Corridor Needs a Counter Strategy", Oct. 7, 2015, http://www. idsa. in/policybrief/TheNeedforHasteonPakistanoccupiedKashmir_ pstobdan_071015.

印度、伊朗和中亚国家担心中巴经济走廊会给恰巴哈尔港和南北走廊带来负面影响，"这种担心可能会促使他们采取一些不利措施"。①

恰巴哈尔港同瓜达尔港的"竞争"是印度媒体近两年的热门话题之一。② 恰巴哈尔港距离瓜达尔港仅 72 公里（44 海里），也是一个优质深水港。2003 年伊朗政府就邀请印度参与开发恰巴哈尔港，但 2013 年之前，印度在恰巴哈尔的建设主要是企业和公司行为，不是政府行为。中巴经济走廊问世以后，印度开发恰巴哈尔港的热情和速度明显提升。联通也成为莫迪政府的首要政策。③ 2014 年 10 月，印度政府正式表示参与恰巴哈尔开发，随即从财政经费划拨 8500 万美元用于建设恰巴哈尔的两个泊位和集装箱终端。印度媒体对这一行为的解释是，印伊"两国政府都认为恰巴哈尔是提升两国对巴基斯坦的地缘政治砝码、推进两国在阿富汗和中亚共同利益的重要手段"。2015 年 3 月，两国政府签署了开发恰巴哈尔港的谅解备忘录，项目总价值 1.95 亿美元，除了已经投入的 8500 万美元之外，印度还将投入1.1 亿美元。2016 年 5 月，莫迪访问德黑兰期间，签署了共同开发恰巴哈尔港的双边协定，印度将投资 5 亿美元用于建设港口，④ 以加快联通阿富汗、中亚和俄罗斯的步伐。

中南亚地区的各种管线和道路联通方案最大的障碍是资金短缺，美国支持的 TAPI 和CASA-1000、印度、俄罗斯、伊朗联合倡导的"国际南北走廊"、印度通过伊朗联通俄罗斯和阿富汗的计划等，都是如此。相比较而言，中巴经济走廊有一定优势。同有 10 多个成员国的"国际南北走廊"相比，中巴经济走廊的协调力和行动力更强，建设资源和力量更集中。相较于印伊恰巴哈尔港建设计划，⑤ 中巴经济走廊的资金投入力度更大，且中巴

① SaimaPerveen, Jehanzeb Khalil, "Gwadar-Kashgar Economic Corridor: Challenges and Imperatives for Pakistan and China," *Journal of Political Studies*, vol 22, iss 2 (Winter 2015), pp. 351 – 366.

② Muhammad ZarrarHaider, "Maritime Compulsions of China Pakistan Economic Corridor," *Defence Journal* vol. 18, iss 11 (June 2015), pp. 20 – 23.

③ "Iran Offers India a Bigger Role in Chabahar Port: Report", July 18, 2015, http://indianexpress. com/article/india/india-others/iran-offers-india-bigger-role-in-chabahar-port-reports/.

④ C. Raja Mohan, "Iran and India's Road to Afghanistan", Oct. 20, 2014, http://indianexpress. com/article/opinion/columns/iran-and-indias-road-to-afghanistan/. Ashok K. Behuria and M. MahtabAlam Rizvi, "India's Renewed Interest in Chabahar: Need to Stay the Course", May 13, 2015, http://www. idsa. in/issuebrief/IndiasRenewedInterestinChabahar_ BehuriaRizvi_130515. BBC News, "India and Iran Sign 'Historic' Chabahar Port Deal", May 23, 2016, http://www. bbc. com/news/world-asia-india – 36356163.

⑤ 俾路支反抗和分裂力量在伊朗锡斯坦 – 俾路支省同样长期存在，近几年有上升趋势。

直接接壤，建设运输成本较低。实际上，2015 年 7 月，伊朗总统向印度提出的是一个价值 80 亿美元的联通项目建议，[①] 沉默将近一年之后，莫迪政府的回应是 5 亿美元的恰巴哈尔协议。

六 认知政治

认知政治在外表现为各方对中巴经济走廊的认知差异，其实质则是各方对中巴经济走廊的不同态度和相应的对策。对同一事物存有不同看法原本是自然的，但在"中国威胁论"和"修昔底德困境"的语境中，误解、误读或过分解读，则可能导致严重的政治后果。国际政治中充斥着类似案例。[②] 各国对中巴经济走廊的认知和态度，有复杂的成因，包括现实利益目标、实力对比、历史记忆、文化和价值观等。"认知"作为一种复杂的主观现象，不一定完全符合现实。但它一经形成，也是一种结构性的力量，以定见的方式发生作用。

有关中巴经济走廊，目前主要存在两个层面的认知偏差。一是中巴之间的不同理解，二是国际社会的过分解读。中国媒体客观上参与了第二类偏差的建构。

中巴两国对中巴经济走廊的不同理解，目前至少表现在两个方面。其一，巴方民众对中巴经济走廊期望值很高，仿佛中巴经济走廊是全部希望所在，但在中国方面，中巴经济走廊被定位为"一带一路"倡议的一部分；无论是旗舰还是样板，终归是附属于"一带一路"，其独立价值相对较弱。其二，巴基斯坦民众普遍为 460 亿美元的投资以及中巴经济走廊建成以后的理想成果而激动，但中国民众关注和讨论更多的，是走廊建设可能遇到的困难。关于走廊建设资金，巴方根据 50 多个项目计算出 460 亿美元，政府和媒体都直接把它当作走廊"既定的"总投资额。但是在中国政府方面，50 多个项目合作协定是确定的，但项目资金的来源和构成，并没有一个明确的说法。

这两点差异彼此相连，影响深远，在某种程度上正在重构巴基斯坦国

---

① "Iran Offers India a Bigger Role in Chabahar Port: Report", July 18, 2015, http://indianexpress. com/article/india/india-others/iran-offers-india-bigger-role-in-chabahar-port-reports/.

② 相关论述可参见〔美〕罗伯特·杰维斯：《国际政治中的知觉与错误知觉》，秦亚青译，世界知识出版社，2003。

内政治，进而可能对中巴关系的长远未来产生重大影响。460 亿美元的期许，已经激活了巴国内各种社会政治力量。政党之间、各省之间、企业与政府之间、政府与军队之间，争夺利益的行动和矛盾正在铺开，旧的政治矛盾和新的政治挑战，不断冲击着联邦政府原本不够强大的治理能力。老百姓也满怀期待，希望走廊能够从此改变巴基斯坦的"命运"。甚至有政府官员乐观地对笔者表示，只要走廊建成，包括俾路支问题、极端主义和恐怖主义问题在内的所有问题都能够得到解决。换言之，中巴经济走廊被当成了万应灵药。然而，中国和其他许多国家的实践已经证明，经济发展不能解决一切。在某些情况下，经济社会发展过程中产生的新挑战，比它所能解决的问题更多、更复杂。

国际社会和中巴两国国内都普遍存在过分解读中巴经济走廊的现象。就其诞生之初的本来身份而言，中巴经济走廊最初是双边经济合作项目，目标是促进两国投资经贸合作的发展，实现互联互通和共同繁荣。[①] 2013 年秋天，中国提出"丝绸之路经济带"和"21 世纪海上丝绸之路"构想后，中巴经济走廊才有了一个新的身份："一带一路"倡议的旗舰和示范。

之后，中巴经济走廊的新身份在很大程度上淹没了它最初的身份。因为被置于"一带一路"这个更加宏大的框架之中，人们不再从中巴双边友好的角度去看待中巴经济走廊，而片面强调它是"一带一路"倡议的一部分。国际舆论普遍把"一带一路"解读为中国新的外交战略。于是，不少战略分析人士致力于挖掘、想象和建构中巴经济走廊背后隐藏的所谓中国战略意图，仿佛中巴经济走廊是中国方面蓄谋已久的努力。即便在巴基斯坦国内，不少评论家单纯强调中国通过中巴经济走廊能够得到什么战略收益，却极少有人谈论走廊的创意其实来自穆沙拉夫将军。中国许多学者也是如此。在"中国威胁论"的语境中，这种讲述是否真的有利于中巴经济走廊的落实和中巴双边关系的进一步发展？答案或许是否定的。因为国际社会大多数成员原本早已习惯了中巴友好，对巴基斯坦经济的现状和改善前景也并不十分关注，但自从中国舆论高调地把中巴经济走廊宣传为"一带一路"的旗舰和示范以后，引起许多额外关注。

虽然中国和巴基斯坦政府多次声明中巴经济走廊不针对任何第三方，

---

① 《李克强访巴基斯坦：打造经济走廊，寻求双赢合作》，中国网，2013 年 5 月 24 日，http://news. china. com. cn/live/2013 - 05/24/content_20149644. htm。

但显然并没能说服国际舆论。罗伯特·杰维斯曾经指出，一个自认为不会对别人构成威胁的行为体，往往假定别人会明白他没有敌意，但别人未见得真的会明白和相信这一点。① 尤其是那些对中国原本就缺乏战略信任、对巴基斯坦充满敌意的国家。它们的怀疑和猜测是中巴经济走廊必须面对的环境。关键在于，在国际政治中，认知政治的影响力绝不仅存在于认知的层面；主观的怀疑和猜测，往往可能转化为各种预防或先发制人的政策行动。这一点在俾路支省已经初露端倪，未来还会进一步扩大。

对策建议

2015 年 3 月 28 日，国家发展改革委员会、外交部和商务部联合发布《推动共建丝绸之路经济带和 21 世纪海上丝绸之路的愿景与行动》，阐述了"一带一路"倡议的背景、原则、框架、重点和中国的行动等相关内容。这份文件呼吁以共商、共建、共享的原则，欢迎世界各国和国际、地区组织积极参与，共创美好未来。② 开放、包容的环境和命运共同体的共识，目前看来还只是一种愿景。但中巴经济走廊已经正式全面启动，围绕中巴经济走廊，相关主体间的合作竞争和明争暗斗正在拉开帷幕。

必须承认，南亚地区国际关系的结构性因素有其历史惯性，难以在朝夕之间彻底改观。但是，任何一种社会关系结构都是可塑造的，国际关系也不例外。所以，中国能够而且必须有意识地加强这种塑造的努力，积极改善中巴经济走廊的国际关系环境。不过，改善环境不能靠空洞的辩白和解释，也不必对有意阻挠破坏的力量做出无底线的让步和妥协。基于前面的分析，本文提出如下建议。

第一，在宣传中，把中巴经济走廊同"一带一路"脱钩，让中巴经济走廊回归其双边友好合作项目的本色。此举可服务于三个目标。

1）重申并加强在诸多变量中唯一完全有利于走廊建设的因素，即中巴双边友好关系。从根本上固化动力，不忘初心，方得始终。

2）确保中巴经济走廊最终能进一步巩固中巴友好关系。笔者认为这是衡量中巴经济走廊成功的标尺之一。当务之急是防止中巴经济走廊在中巴

---

① 〔美〕罗伯特·杰维斯：《国际政治中的知觉与错误知觉》，秦亚青译，世界知识出版社，2003，第 372 页。

② 《推动共建丝绸之路经济带和 21 世纪海上丝绸之路的愿景与行动》，http://www.mofcom.gov.cn/article/h/zongzhi/201504/20150400929559.shtml。

两国人民心中变味，尤其是在巴基斯坦民众的心中被扭曲为中国宏大国际战略的工具，或变异为中国解决自身剩余产能问题的方略。当前已有迹象表明，围绕中巴经济走廊的一些评论，中巴朋友关系正在局部被变异为纯粹的利益关系，发展援助被改写为纯粹的战略投资。如果不扭转这一形象，将贻害无穷。最终即便中巴经济走廊建成，也无助于乃至有损于中巴友好。因此必须重新突出走廊的双边友好属性。

3）剥离中巴经济走廊与"一带一路"的关系，有助于减少国际社会对中巴经济走廊的过分疑虑和干扰，减少中巴经济走廊的外部阻力。把中巴经济走廊同"一带一路"绑在一起，实际上并没有增进人们对"一带一路"的信心和理解，反而引起国际社会对中巴经济走廊的过分关注，以及相关国家对中国战略意图的猜忌。这不仅不利于走廊的建设，而且有害于中巴长期友好，也有害于"一带一路"倡议本身。

第二，加强与伊朗、阿富汗等同中巴经济走廊建设直接相关的国家之间的沟通和协调。可考虑适当参与这两个国家的能源交通基础设施建设，促进该地区未来能源管线和联通路线的整合，以便带动地区共同繁荣、发展与和平，以实际行动去探索和推广互利共赢、开放包容、欢迎搭便车等新的国际关系理念，塑造和改善地区国际关系。

第三，在印巴关系正常化之前，不必指望印度能够改变它对中巴经济走廊和"一带一路"的态度。

如果能够争取到印度的理解和支持，无疑是最优状况。但必须正视愿望与能力之间的差距。印巴敌对是南亚地缘政治结构中根深蒂固的内核，短期内恐怕难以改变。实际上，随着中巴经济走廊推进，中国想要在印度和巴基斯坦之间保持平衡外交的难度也将越来越大。对此要有思想准备。

印度必然会继续表示它对中巴经济走廊的抗议。未来几年，它的公开抗议将主要集中在吉尔吉特－巴尔蒂斯坦问题、跨界河流修建大坝、生态环境等问题。暗中掣肘则可能以任何方式发生在任何地方。总之，在2030年之前，中巴经济走廊必定会是中印关系中的一个重要问题。需要做好应对新德里公开抗议的准备，要适应莫迪的外交风格。同时要加强同巴基斯坦的合作，协力应对包括"印度塔利班"等在内的各种挑战，确保中巴经济走廊的建设稳步推进。

另外，在中国已经主动提出孟中印缅走廊（BCIM）和海上丝绸之路倡议，但印度不予理睬的情况下，中国对印度方面未来可能提出的意在替代或者弱化中巴经济走廊的各种方案，比如前述印度—中国丝绸之路走廊（India-China Silk Route Corridor，ICSRC）之类，需要保持高度的战略清醒。

中印之间的关系是有历史负担的，而且不是在真空中运行的。实际上，即便不考虑美国和日本等国际关系因素，中国也很难改变印度对1962年战争的记忆，不可能真正改变印度国内相信"龙象之争"论者的观念。历史已经一再证明，两国关系从来不是单行道，单行道是走不远的。

当然，我们不能和巴基斯坦一道敌视印度。建设中巴经济走廊并不意味着中国要主动与印度为敌。印度是我们重要的邻国。中印之间双边关系还需要正常发展，双方经贸关系成长和社会文化交流已有其内在的强大生命力。

第四，基于中巴两国对走廊的认知差异，要加强沟通，达成谅解和共识。

特别要密切关注巴基斯坦社会力量（包括企业）的要求，设法加强中巴企业的相互了解与合作，要让走廊植根于中巴人民友好的土壤，同时让走廊滋养中巴友谊之树。鉴于走廊在巴国已经激发的高期盼和政治动员，需要关注中巴经济走廊对巴基斯坦国内政治的影响，研究可能出现的各种状况和应对方案。

第二章　巴基斯坦政治体制对中巴经济
走廊的影响

何　演　黄　瑶*

【内容提要】 中巴经济走廊面临的最大挑战是恐怖主义威胁，正是由于这种挑战的必然存在，中国投资方在中巴经济走廊建设过程中要学会规避风险，减少消极影响。本文对巴基斯坦的政治运作过程进行分析，展示其中央集权、一省独大和委任制的政治特征，并且这种政治机制影响了财政分配模式，导致联邦中央与各省份之间、省份与省份之间的资源分配不均衡。本文进而介绍财政资源分配不均与恐怖主义之间高度相关的关系，以阐明人口大省因占据政治主导权从而获取更多财政资源，导致西部地区贫困落后的事实，同时也造就了恐怖主义和分离主义赖以生存的温床，最终解释巴基斯坦内部政治体制可以对中巴经济走廊建设产生影响。而中巴经济走廊的建设，不只是中国的单方投资，还需要巴基斯坦在资源分配上向西部倾斜，配套设施上给予足够支持，才能最终顺利建成和达到预期目标。

---

* 何演，男，西南交通大学中国高铁发展战略研究中心特聘研究员，清华大学社会科学学院国际关系学系 2014 级博士研究生，研究兴趣集中在国际政治、比较政治学、南亚区域研究等。黄瑶，女，西南交通大学中国高铁发展战略研究中心特聘研究员，美国杜克大学（Duke University）东亚研究项目硕士研究生，于 2016 年毕业获得文学硕士学位，研究方向为中国对外投资、巴基斯坦、中巴经济走廊等。两位作者在合作撰写本文的过程中，多次获得杜克大学社会学系高柏教授的指导，同时，上海财经大学甄志宏教授也对本文提出了宝贵的修改意见，作者对两位教授致以由衷的谢意。本文撰写于美国留学期间，感谢清华大学和国家留学基金管理委员会为作者何演提供赴美深造机会，也感谢杜克大学多位教授对作者黄瑶的学术指导和帮助。

【关键词】 中巴经济走廊　政治结构　财政资源分配　恐怖主义

　　巴基斯坦是中国推进实施"一带一路"倡议的重要合作伙伴。2015 年 4 月中国国家主席习近平访问巴基斯坦，带去了 460 亿美元投资大礼，中巴经济走廊的建设正式提上议程。但是，即使中方描绘了美好蓝图，巴方内部仍然问题不断。在习近平主席访问结束后，中巴经济走廊路线之争达到白热化，2015 年 4 月底至 5 月初，西部两省集中爆发规模不等的游行示威活动，指责并抗议执政党穆斯林联盟谢里夫派（PML－N）执意将原设路线由西线（经俾路支省和开伯尔－普什图省）变更为东线（经信德省和旁遮普省）。然而，该年 5 月的全政党会议作为一个新的转折点，使事件发生了戏剧性的变化。该年 5 月 28 日，在中方催促下，巴基斯坦总理谢里夫主持召开全政党会议，讨论中巴经济走廊路线走向、相关项目落实和各省利益分配等事宜，最终各方妥协达成共识，全会通过了多线建设的折中方案，并决定优先建设西线。① 显然，从这种戏剧性的转变中可以窥探出一系列重大问题，针对中国的 460 亿美元投资，巴基斯坦政府依据怎样的政治逻辑来进行分配？若依赖巴基斯坦内部政治体制运作，该走廊的建设能否满足中国回避恐怖主义威胁和实现中巴共赢的利益要求？中巴经济走廊在建设和运营过程中涉及相关矛盾和冲突时，还能否实现其预期目标？如若不能，中方应如何解决这一问题？

　　巴基斯坦的政治特点决定了其处理中巴经济走廊问题的局限性。根据巴基斯坦的政治特点，东部人口大省对经济资源的占有比例远超过西部弱势省份，以简单多数原则为基础的民主选举制度更为人口大省提供了政治权力保障。因此，在面对走廊的路线选择时，东部大省不遗余力地将走廊项目揽入囊中。然而，这种权力失衡所产生的结果极易招致西部省份不满。俾路支省的分离主义和开伯尔－普什图省的恐怖主义盛行，当西部两省无法实现利益诉求时，恐怖袭击等活动便成为他们宣泄不满情绪的主要途径，同时也成为中巴经济走廊的致命威胁。显然，中国政府在巴基斯坦的巨额投资面临极高的利益风险和安全挑战。

　　此外，恐怖主义和经济贫困紧密相关。各省份经济资源的配给受制于高度集权的联邦中央体制和失衡的政治权力结构。多年来，失衡的政治权

---

① Adnan Aamir. 2015. CPEC：the Way Forward. The Nation.

力结构影响着财政资源分配模式，从而使东部人口优势省份与西部人口弱势省份的地区间经济不平等状况进一步加剧，给恐怖主义的滋生提供了生存土壤。

恐怖主义和经济落后吞噬着巴基斯坦的发展前景，中方该如何应对？以往的对外投资路径是否仍顺畅？根据中国海外投资惯例，中方一贯主张在不干涉他国内政的原则下从事经贸往来，通常负责提供资本和技术支持，不附加政治条件，较少考虑投资为当地所带来的社会经济效果。那么，依据中方这一路径并结合巴方政治逻辑，中巴经济走廊的项目和资金将很有可能大量投入巴基斯坦东部两省的建设中，从而使西部两省获益较少，其直接结果是进一步扩大东部和西部的贫富差距。而西部的不满情绪和由经济发展不均衡所引起的恐怖活动将成为中巴经济走廊的威胁。因此，中方这一投资原则在应用于巴基斯坦时的可行性值得商榷。

本文认为，若完全依靠巴基斯坦内部政治体制运作对走廊项目进行分配，则中巴经济走廊很难实现预期目标，还会加剧贫富分化并导致恐怖活动上升，这与中国投资中巴经济走廊的初衷相悖。为了解决这一冲突，中国应该充分认识到巴基斯坦在资源分配不均问题上的体制不足，并且中方投资者应承担更多的社会责任，增加在社会公共服务领域的投资，以切实改善民生和促进两国和平发展。

本文接下来通过四部分内容展开分析。首先，通过分析巴基斯坦政治体制的运作逻辑，揭示巴基斯坦政治的三个鲜明特征：高度中央集权、由人口大省——旁遮普省主导国家事务以及注重裙带与政商关系的委任体制。其次，对这种政治体制影响下的财政关系进行分析，论述巴基斯坦如何因不平衡的政治结构引起资源分配不均，进而引发各省级政府对争取公平的财政资源分配方式的斗争。第三，阐释资源分配不均和恐怖主义二者之间的关系，指出财政资源分配不均衡致使西部地区难以摆脱经济发展困境，因此产生的贫困难题又与恐怖主义相关，从而说明弱势省份的长期经济停滞和社会发展落后为巴基斯坦的动荡和混乱提供了温床。文章最后探讨走廊能够为中巴双方带来的发展红利与其面临的恐怖主义挑战，并指出中国投资对缓解巴基斯坦社会不稳定状况发挥的积极作用。

一　巴基斯坦的政治结构特征

巴基斯坦的政治运作在中巴经济走廊的建设中发挥着桥梁和纽带的作

用，厘清其体制运作过程对中方具有现实意义。巴基斯坦还是个高风险的国家，为了规避相应的政治和安全风险，有必要对巴基斯坦的政治运作过程进行分析和阐释。中巴经济走廊绝大部分项目设立在巴基斯坦境内，中方利益的保障离不开巴基斯坦政府的合作与支持，而巴方进行合作与支持的形式、方向和程度又取决于巴方的政治意志，因此，本章着重研究巴基斯坦的政治结构特征。

巴基斯坦经历了一个极为复杂的政治发展过程。由于地缘政治、族群冲突和教派对立等因素的影响，巴基斯坦饱受战争与动荡之苦。更严重的是，军队对政权的干预加剧了巴基斯坦混乱不堪的发展困境。多年的军人主导使军队获得了凌驾于其他国家机构之上的权力，同时，巴基斯坦的政治体系也因军人政权的存在而不断地发生转变——从独立后的总统制，到军人统治，再到半总统制。政体的不断变更体现了巴基斯坦政治发展的不稳定性。无论是何种形式的政体，军人集团都试图在国家事务管理上施加影响，阻碍民主建设的进程。此外，多年的军人专政对巴基斯坦的经济增长和社会发展也产生了消极的影响，作为人口大国，巴基斯坦经济发展十分缓慢，与其近邻印度相比尤为明显。2008 年，巴基斯坦政治发展的民主进程迈出了重要一步，开始实行全民普选并由此产生了新一届民选政府和领导人。在民选政府执政的环境下，2010 年巴基斯坦进行了宪法修订，通过了宪法第 18 次修订案，使巴基斯坦从半总统制向议会制转变。这标志着国家权力回归议会，更确切地说，回到了代表选民利益的议员手中。这一修订案具有重大的历史意义，它对巴基斯坦的政治格局产生了革命性的影响。尽管如此，巴基斯坦的政治特征仍然表现在三个方面：高度中央集权、一省主导和委任制（Patronage System）。

（一）中央集权

巴基斯坦在国家结构形式上虽为联邦制，但在政治运作过程中仍然表现出高度的联邦中央集权的特征。联邦制国家实行中央与地方分权，宪法对两者的权力划分起了法律保障作用。而反观巴基斯坦宪法发展历程和宪法条文，因其不完善而使联邦中央的权力获得了充足的保障。因此，该部分主要从宪法的角度出发，讨论宪法的发展过程及宪法对中央和省份关系的影响，明确联邦中央的权力高度集中的观点。

宪法为一个国家或者政治实体的治理提供了法律框架，它定义了一个国家的基本准则、政府的运作程序和法律的制定方式。厘清巴基斯坦的宪法发展脉络及宪法内容，有助于更好地理解其政治发展依据和政治特点，进而为化解中巴经济走廊建设过程中遇到的难题提供可靠的参考。

在巴基斯坦，其宪法制定开始较晚，主要有以下几个原因。首先是联邦体制结构的失衡。巴基斯坦自独立以来就是一个联邦制国家，但在议会席位分配问题上，次大陆东部的东孟加拉省（1955 年改为东巴基斯坦，现为孟加拉国）在人口上占有优势，而中央政权由次大陆西部的精英主导，双方利益产生了冲突，在席位分配的问题上争执不下。次大陆西部的四个省份于 1955 年与部落地区组成西巴基斯坦，以在人口上与东巴抗衡，解决在议会中议席的平衡问题。其次，巴基斯坦独立后由穆斯林联盟（Muslim League）执政，头十年国家动荡，在某种程度上导致了"一些地区政党的兴起，这些政党要求中央给予省份更多的权力以及更充分的宗教自由"。[1] 不同的政治实体有不同的立场和诉求，需要一定时间才能达成一致，以制定出一部符合多方政治经济利益的宪法。第三，巴基斯坦立国领袖、第一任总统穆罕默德·阿里·真纳（Muhammad Ali Jinnah）在建国一年后逝世，而第一任总理利亚格特·阿里·汗（Liaquat Ali Khan）于 1951 年遭暗杀，重要领导人的离世导致国家政治动荡，推迟了宪法的制定。[2]

巴基斯坦宪法完善之路曲折，被执政者多次变更。第一部宪法制定于 1956 年，采用了总统制以替代之前的总督制，而总理应由掌握实权的议会直接选举产生，但是这样的局面并未持续很久，该宪法于 1958 年被穆罕默德·阿尤布·汗（Muhammad Ayub Khan）将军废除。第二部宪法制定于 1962 年，该宪法加强了总统的权力。[3] 实际上，这两部宪法都未能发挥宪法该有的作用，因此，宪法危机一直持续。其后，1971 年东巴基斯坦脱离联邦成为独立国家，两年后的 1973 年，第三部宪法在国民议会获得全票通过。

1973 年宪法：民主发展的基石

相比前两部宪法，1973 年宪法更加完善和全面，为过去 40 多年来巴基斯坦的政治发展奠定了基础，对现有政治框架产生了深远的影响。究其原因，在于它重新确立了总理主导的政治体系。该宪法的第 90 条规定，联邦

---

① Nuri, M. H., Hanif, M. & Khan, M. N. (Eds.). *Eighteenth Amendment Revisited*, Islamabad: Islamabad Policy Research Institute. 2012. pp. i – ii.

② *Ibid*. pp. i – ii.

③ Cohen, S. P. *The idea of Pakistan*. Washington, DC: Brookings Institution Press. 2004. p. 58.

政府行使行政权，而总理作为最高行政长官享有任命联邦部长的权力，总统无权在议会中指定议员任命为总理；并且根据第 48 条规定，总统的权力受到内阁和总理的约束。换句话说，总理作为国民议会中的多数党或执政联盟领袖，在宪法中被规定为联邦政府的首脑并享有很大的实权。而总统只作为象征性的国家元首，相对弱势。1973 年宪法对总理在国家中的作用、权力范围和责任做出了具体的规定，这对于巴基斯坦的民主发展具有重要意义。

然而，即使在巴基斯坦的宪法框架下，民主的发展也遭遇了挫折。1973 年宪法遭受了政治动荡，在齐亚哈克和穆沙拉夫两任军政权统治下，该宪法被多次废除和恢复。① 此外，统治者根据自己的既得利益，将很多不民主条款纳入宪法中。2010 年以前，1973 年宪法共经历了 21 次修订，使巴基斯坦的政治体制"混合了总统制和议会制的特征，背离了最初 1973 年宪法设立联邦结构的设想"②。在这些修订案中，1985 年的第 8 次修订案，使巴基斯坦的政治体制转变成联邦议会制，规定总统作为国家元首，而总理是政府首脑；③ 但它又赋予了总统任命总理、军队统帅、大法官、解散国民议会甚至联邦政府的权力，使总统成为国家最高权力的掌控者。

联邦制：中央和省份的擂台

宪法导致了中央和省份关系出现许多问题。1973 年宪法规定了，联邦中央和省份之间的立法权分配采取"联邦立法项目表"（Federal Legislative List）和"共辖立法项目表"（Concurrent Legislative List）的分配方法。前者包括了 67 个项目，仅中央有权对这些项目进行立法，而后者包含 47 个项目，中央和省份都有权对它们进行立法。最重要的是，宪法规定，当中央和省份就某个"共辖立法项目"存在争议时，不论立法时间先后，省份必须服从联邦中央法律。因此，从纵向关系来看，联邦在法律上的至高无上很大程度上限制了省份的自主权，这也能够解释为何省份对联邦中央的积怨颇深。

此外，在文官治理方面，也体现出巴基斯坦是一个高度中央集权的国

---

① Nuri, M. H., Hanif, M. & Khan, M. N. （Eds.）. *Eighteenth Amendment Revisited*. Islamabad：Islamabad Policy Research Institute. 2012. p. ii.

② *Ibid.*, p. 11.

③ Blood, P. R. *Pakistan：A country study* (6th ed.). Washington, DC：Library of Congress. 1995. p. 210.

家。穆罕默德·瓦西姆（Mohammad Wassem）在其《巴基斯坦联邦制度》（Federalism in Pakistan）一文中写道："联邦政府控制了政府官员的招录、培训、上岗、调动、提拔和降职。并且，省级政府在人事任免上不占据主动权，因为中央政府主管人事安排的官僚总是优先考虑联邦的利益。"[1]

（二）一省独大的政治结构

在宪法框架下，联邦中央与省份之间关系十分紧密，而这种关系在旁遮普省一省独大的结构中尤为突显。巴基斯坦旁遮普省在国家事务中占主要地位的局面由来已久，而1973年宪法及其18次修订案是对这种局面的巩固和加强。第18次修订案使议会重新成为国家权力的核心，从议员选举过程及其席位占有情况可以窥探出各省的政治权力对比，进而明确巴基斯坦一省独大的政治结构现状。理解一省独大的政治结构，对窥探巴基斯坦的整体政治格局具有重要意义。

旁遮普省一省独大的局面可以追溯到19世纪。谭泰勇（Tan Tai Yong）在其书中指出，在1880年代末至1947年，作为英属印度军队的主要兵源，旁遮普人在当时拥有极高的社会地位。旁遮普人极高的参军率使他们享有"英属印度持剑臂"（Sword Arm of the Raj）的盛名，而且使旁遮普省比其他省份更有影响力。[2] 在巴基斯坦独立后，1973年宪法的制定和颁布进一步为巴基斯坦政治的旁遮普化铺平了道路。1971年以前，东孟加拉省拥有占联邦总人口约55%的人口数量，但是统治精英并不来自东孟加拉省，而是主要集中在次大陆西部的省份，他们在经济、政治和管理上具有绝对的优势，因此这些统治精英代表的次大陆西部省份欲和东孟加拉省在议会中获得相等的代表席位。尽管遭到信德省、西北边境省（现开伯尔-普什图省）和俾路支省强烈反对，这些统治精英在1955年仍决定将次大陆西部四个省和其他地区组成一个大省，名为"单元地"（One Unit）[3]。在东巴基斯坦独立以前，旁遮普省已在巴基斯坦内占主导地位，这样的主导地位使巴基斯坦其他民族群体产生怨恨情绪。分离主义运动不仅在东巴基斯坦十分活跃，

---

① Waseem，M. *Federalism in Pakistan*，2010. p. 12.

② Tan，T. Y. *The garrison state*：*the military*，*government and society in colonial Punjab*，*1849 – 1947*. Sage Publications India. 2005. pp. 17 – 18.

③ Waseem，M. August. *Federalism in Pakistan*，2010，pp. 6 – 7.

还在信德省、俾路支省和西北边境省逐渐兴起。① 在东巴基斯坦于 1971 年
12 月宣布独立后，旁遮普省作为占西巴基斯坦联邦总人口 57.36% 的大省，
获得了绝对主导权。② 这样一省独大的局面对议会造成了极大的影响，按照
1973 年宪法的设计，"旁遮普省获得了国民议会的大多数席位，而四个省份
在参议院都拥有相等的席位。在此情况下，上议院对下议院本应具有一定
的平衡作用"。③ 但是，由于参议院和国民议会政策管辖范围的不对等，即
使人口较少的省份在参议院拥有和大省相等的席位，也不能发挥太大作
用。④ 除了在国民议会有绝对的主导权外，旁遮普省还是受教育程度和经济
发展水平最高的省份，同时政府机构和军队高级官员也多为旁遮普人。⑤ 因
此，基于巴基斯坦的联邦制度和宪法框架，旁遮普人成为权力的主导群体。

第 18 次修订案：议会精神的回归

1973 年后政治体制的不断变更给巴基斯坦带来了许多负面的影响，但
2010 年 4 月通过的第 18 次修订案，在这个国家历史上是一个重要的转折
点。除了将政体从半总统制转变为联邦议会共和制，⑥ 这个修订案最显著的
特征是，废除了总统单方面解散议会的权力，总统在国家中扮演象征性的
角色，议会重新成为国家权力的中心。因此，1973 年宪法的联邦议会精神
得以恢复。⑦ 此外，激化联邦中央和省份矛盾的"共辖立法项目表"基本被
废除：47 个项目中，有 40 个项目的立法权被分到省份。自此，省级政府有
权征收服务类营业税，可以在国内外借贷，为省份的统一基金进行授权抵
押担保，以及和联邦平等共享矿产资源的所有权。⑧ 这些举措表明，第 18
次修订案的另一个显著特征是财政分权。与此同时，诸如提供教育和健康
公共服务等社会部门的责任也被转移到省级政府手中。并且，西北边境省
更名为开伯尔－普什图省，俾路支省（Baluchistan）和信德省（Sind）也分

---

① Cohen, S. P. *The idea of Pakistan*. Washington, DC: Brookings Institution Press, 2004. p. 201.

② Cohen, S. P. *The idea of Pakistan*. Washington, DC: Brookings Institution Press, 2004. p. 75.

③ Stephen, 1991, pp. 22 – 23.

④ Waseem, M. *Federalism in Pakistan*. 2010. p. 8.

⑤ Cohen, S. P. *The idea of Pakistan*. Washington, DC: Brookings Institution Press, 2004. pp. 223 – 224.

⑥ Nuri, M. H., Hanif, M. & Khan, M. N. (Eds.). *Eighteenth Amendment Revisited*, Islamabad: Islamabad Policy Research Institute, 2012. p. 31.

⑦ Ibid.

⑧ Waseem, M. *Federalism in Pakistan*. 2010. p. 11.

别更名为 Balochistan 和 Sindh。① 第18次修订案不但提高了议会的地位和权力，也让省份获得了更多的资源和自主权。

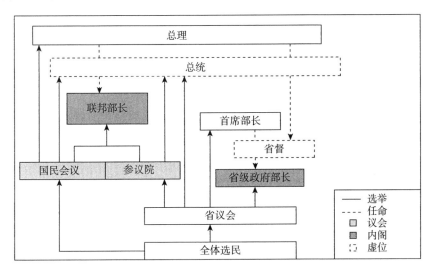

图 2 - 1　巴基斯坦政府管理结构图
资料来源：基于巴基斯坦 1973 年宪法 (最新修订为 2010 年第 18 次修订案)。

如图 2 - 1 所示，根据 1973 年宪法，巴基斯坦在中央层面实行两院制，包括参议院 (上院) 和国民议会 (下院)。② 总统由国民议会、参议院和省级议会共同直接选举产生，总统必须年满 45 周岁。总理作为国民议会多数党或执政联盟的领袖，负责任命内阁，以及从两院的议员中挑选出部分议员任命为联邦部长。参议院共有 104 个席位，根据比例代表制的选举方法，参议院议员由省级议会以及直辖地区间接选举产生，使各省在参议院有平等的代表权。③ 然而，因为参议院议员是经历二次选举产生的，所以他们相对而言具有较少的代表性④。实际上，参议院对政策决定过程影响甚微。

在省级层面，省级议会也是经由选民直接选举产生的，选出首席部长 (Chief Minister) 作为省级政府行政长官。首席部长和省级部长 (Provincial Minister) 共同行使各省份的行政权力，并对省级议会负责。各省的总督由

---

① National Assembly of Pakistan, 2011, p. 2.

② Shaheen, F. (Ed.). *Election guidebook*. Karachi: Women Media Center-Pakistan, 2012. p. 9.

③ Central Intelligence Agency. *The World Factbook*. 2015.

④ Waseem, M. *Federalism in Pakistan*, 2010. p. 9.

总理提名并经总统任命，像总统在联邦中的地位一样，发挥象征性的作用。但是，由于巴基斯坦复杂的联邦中央集权制度，关于总督的职能问题，也发生过一些特例，总督打破常规，插手省内事务，甚至取代首席部长行使实际的行政权力。

正如上文所提及的，根据 1973 年宪法，国民议会的大多数席位由旁遮普省获得，其原因在于议会席位分配所实行的方法对旁遮普省有利。宪法第 50 条明确规定，国民议会中的席位根据最新发布的官方人口普查数据及各地人口比例，分配到各省、联邦管辖部落区和联邦首都。由于最近的一次人口普查年份是 1998 年，[①] 最新一次全国人口普查于 2017 年 3 月进行，截至本文写作完成，2017 年普查结果仍未公布，所以过去的几次选举结果都相差无几。表 2 - 1 展示了巴基斯坦国民议会中的席位分配情况。

表 2 - 1　巴基斯坦国民议会席位分配表

		旁遮普省	信德省	开伯尔 -普什图省	俾路支省	联邦直辖部落区	联邦首都	总数
一般席位		148	61	35	14	12	2	272
预留席位	妇女	35	14	8	3	0	0	60
	非穆斯林	—	—	—	—	—	—	10
总数		183	75	43	17	12	2	342

数据来源：http://www.na.gov.pk/en/composition.php。

在国民议会 342 个席位中，272 席是一般席位，从单一席位选区中根据简单多数制（FPTP）原则直接选举产生。[②] 因此，一般席位的分配结果为，旁遮普省得到 148 席，信德省获 61 席，开伯尔 - 普什图省获得 35 席，俾路支省得到 14 席，联邦直辖部落区（FATA）获得 12 席，联邦首都得到 2 席。在余下的 70 席中，60 个席位保留给女性议员，10 个席位分给宗教少数群体，根据比例代表制进行分配。图 2 - 2 清楚展示了各省份地区在国民议会中政治代表数量上的差异。

在宪法框架下，旁遮普省占据国民议会过半席位，信德省议员代表所占的比例为 22%，居第二位；开伯尔 - 普什图省议员代表数量多于 10%，

---

①　Haider, M. "17 years and no census in Pakistan-A country running on guesswork." *Dawn*. 2015.

②　National Democratic Institute for International Affairs and the Asian Network for Free Elections. *The 2013 National and Provincial Assembly elections in Pakistan*. 2013. p. 14.

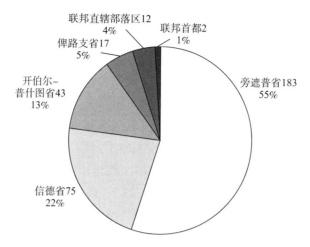

图 2 - 2　巴基斯坦国民议会席位在各省和各地区的分布

来源：http://www.na.gov.pk/en/composition.php。

俾路支省议员代表数量只有 5%，相当于联邦直辖部落区（FATA）和联邦首都总数之和。在巴基斯坦的政党构成中，几大主要政党分别是各自省份和族群利益的代表，如执政党穆斯林联盟谢里夫派（PML-N）代表旁遮普族，人民党代表信德族，正义运动党代表普什图族，而唯独没有全国性的俾路支族政党，这就使俾路支族在巴基斯坦的政治地位上陷入困境，其政治和经济权益也难以得到足够的照顾。① 旁遮普省的人口优势使其在国家决策过程中拥有最大的话语权，其他三个省份，尤其是开伯尔 - 普什图省和俾路支省不得不顺从人口大省的意志。这种没有制衡的权力分配现状，会导致个别省份将自身利益等同于国家利益。

（三）委任体系与亲缘关系

巴基斯坦政治中的第三个显著特征是委任制，其是通过亲缘关系联结起来的委任范式。在巴基斯坦，委任制和亲缘关系有着紧密的关系，前者是机制，后者是桥梁和纽带。在这种机制和纽带的作用下，巴基斯坦既得利益团体或个人可将他们的权力和利益在可控的范围内扩散，在一定程度上对中央集权和一省独大的政治结构起巩固作用。然而，其负面影响也不

---

① 中国人民大学重阳金融研究院《财经》合作研究课题组：《中巴经济走廊实地调研报告》，《人大重阳研究报告》第 19 期（2016 年 12 月 20 日），第 17 页。

可低估，是对民主发展进程的一项阻碍，降低了政府公信力，同时也会刺激分离主义和恐怖主义的增长。

如英国著名学者安那托尔·列文（Anatol Lieven）所言，在巴基斯坦的政治体制中，亲缘和委任的关系就像是氧化氢和水。与西方民主政权的常规模式不同，"大部分巴基斯坦议员的身份是地主、宗教学者、政治投机者（想要在政治活动中获得权力和财富）以及实业家等，而他们当中只有实业家具备管理政府的经验和能力"[1]。议员们从不同政党中脱颖而出进入议会，在理论上本应是知识渊博之士，但实际上，他们中的多数都是从父母或者亲属那里继承职位和影响力的，甚至仅是权贵的追随者。同时，他们也想将这些既得权益传承给下一代。由于在民族、宗教和区域之间存在长期的争端，一个政党不论它是否获得军队的支持，都很难在国民议会中获得绝对多数席位。即使某个政党赢得了多数席位，这种状况也难以长久。基于此，政客们通常都忠于自身或派系利益，而不是忠于某个政党。[2]

委任制也会滋生腐败和刺激腐败增长。巴基斯坦是一个腐败现象比较突出的国家，人民在合法致富之路上往往会面临各种困难。巴基斯坦在自身创造财富上举步维艰，国家精英们也难以通过商业贸易来赚取可观的收益。因此，他们通常会寻求另一种方式改变这种局限。为了获得更多的利益，人们通过互相竞争来获取对于国家政权的影响力，换言之，他们寻求在国家政治体系内获得一定的职位。但是，获得政治权力也就意味着他们需要赢得相当数量的支持者，这些支持者包括"有权势的亲属朋友、军方势力、在选举中为自己投票的普通民众，以及一些需要给予回报的追随者"。当这些候选人在选举中获胜并开始掌权，他们会将上台后所获得的利益资源重新分配给他们的亲属和支持者，或者利用职务为他人牟利。[3] 巴基斯坦前财政部长梅赫布·亚·哈克（Mehboob-up-Haq）曾披露，一些政客和官员将工业和银行业里的"肥差"分给了他们的支持者。另一个例子是，当一个村子里有人在政府里任职时，这个村子更易获得供水、供电和道路交通的项目建设。[4]

官员通过获取国家资源使自己和亲属朋友在经济上获得利益以超越其

---

[1]　Afnan Ullah Khan, *Pakistan: The way forward.* Lahore: Jumhoori Publications, 2014. p. 26.

[2]　Anatol Lieven, *Pakistan: A hard country.* New York, NY: Public Affairs. 2012. pp. 206 – 207.

[3]　*Ibid.*, p. 215.

[4]　*Ibid.*, pp. 212 – 213.

他竞争者，这种现象在巴基斯坦似乎已经长期存在。然而在这样的体系下，国家资源就像"被一群硕鼠逐渐蚕食"[1]，使资源的公平分配难以实现。对于贫穷落后的地区，如果没有直系亲属或宗亲在政府任职，他们可能一直无法获得需要的资源。而那些已经通过委任获得资源投入的地区，则更有可能继续争取到国家项目的支持而得以发展。简而言之，在巴基斯坦，政客能够通过委任与亲属分享他们的利益网络。

委任体系给巴基斯坦社会发展带来了许多问题。一方面，这种政治关系减少了国家税收，主要体现在：地主对于政治的影响力使农业几乎不纳税；商人所支持的政客和政党上台后，商人获得的回报是向国家借贷后可以违约；有报道称，大约60%的议员都未申报个人所得税，许多富人也都没有被强制纳税。另一方面，每一届巴基斯坦政府都会将大量的国家资金和就业机会分配给他们的支持者，这就意味着，国家财政没有足够资金可以投入到长期项目建设中，而且议员和政府官员从财政中挪用大量公款，[2] 这些现象的直接结果是，基础设施建设和教育等公共领域的发展常年受限。

每一届巴基斯坦政府都会对选民做出很多承诺，如提高人们生活水平、降低失业率、促进经济发展，但是这些承诺并未兑现。中央的高度集权，一定程度上对联邦制度构成了挑战，使各省份的不满日益加深。省份间的政治权力分配失衡，加剧了族群冲突和省份偏见问题的复杂性。个人权力凌驾于国家机构之上，通过操控选举而为个人和家庭牟取利益。巴基斯坦拥有一个民主的联邦制度框架，但仍然存在很多问题，这些问题不仅导致政权不断变更，而且还会在地方主义和分离主义的作用下使国家分裂。

二　财政资源分配方式

高度集权的联邦中央政府对财政资源的分配起了限制作用。以人口为基础标准的政治权力结构使东部大省占据政治主导权，而联邦中央的高度集权使各省份的自主发展活力相对受限，主要体现在财政资源分配方式上。这种财政资源分配方式令联邦与省份之间关系紧张，同时也使东部大省和

---

① *Ibid.*, p. 213.

② *Ibid.*, p. 212; Jawad, S. H. *A search of Pakistan-what happened and why*. Karachi: Ushba Publishing International, 2015. pp. 336 – 337.

西部弱省之间差距拉大。若中巴经济走廊的投资交由巴基斯坦内部政治运作，则其对应的财政配套资金将如何安排才能更切合走廊建设的需求，成为摆在眼前的一个棘手问题。理解巴基斯坦财政资源分配方式，可以为中巴经济走廊的投资提出一个更合理的分配方案。

　　基于本文第一部分的政治特征分析，巴基斯坦的权力分配机制受制于中央与省份间的关系、议会席位分配的一省独大特征以及委任体系，这种政治机制影响了财政分配模式。因此，在探讨各省份的自主发展活力（纵向关系）和各省份间的实力对比（横向关系）时，就需要关注巴基斯坦的财政分配模式，本部分主要从以下三点展开分析：机制、关键标准和新变化。

　　历史上，早在殖民时期，为了安抚作为主要兵源地的旁遮普地区，英属印度政府将大量经济资源分配给旁遮普地区。自那时起，旁遮普地区就在资源分配上占据有利地位。[①] 巴基斯坦独立后，旁遮普人凭借其军队实力和政治权力为自己量身定制了一套资源分配模式。

（一）机制：省份依赖联邦中央

　　在中央集权的政治权力分配结构下，联邦中央政府负责统筹各省份的财政分配，因此各省份在财政资源上高度依赖于联邦中央政府，同时各省份之间也需要通过实力对比来争取联邦政府的财政资源。于是，国家财政委员会（National Finance Commission）成为巴基斯坦资源分配中最为重要的一环，也是从纵向和横向上平衡联邦中央与省份之间、各省份之间的资源分配杠杆。

　　由于高度的中央集权，巴基斯坦约 90% 的税赋由联邦政府负责征收，其中包括个人所得税、商品消费税、关税和国内消费税等。而省级政府只负责征收少于 10% 的国家税赋，如农业所得税、服务消费税和机动车税等。[②] 按照国家财政委员会（NFC）制定的分配方案，联邦政府还负责在联邦和省份之间（纵向）、各省份间（横向）进行财政资金的分配，而省份则

---

① Tan, T. Y. *The garrison state: the military, government and society in colonial Punjab, 1849 – 1947.* Sage Publications India. 2005.

② National Finance Commission Secretariat. *Report of the National Finance Commission 2009*, 2009. p. iii.; Ghaus, K. & Sabir, M. Intergovernmental fiscal transfers and gender-sensitive education financing. *Southern Voice Occasional Paper, 13.* 2014. p. 8.

根据省级财政委员会（Provincial Finance Commission）的分配方案，负责将从联邦获得的资源向下分配给其辖区内的地方政府。[1] 此外，还会有一些资源将从联邦直接分配至地方政府，再从地方政府逐级分配到下一级政府，比如从县政府（District Government）分配到乡政府（Tehsil Municipal Administration）。因此，巴基斯坦的内部资源分配可分为系统方法（Systematic Method）和随机方法（Random Method）。系统方法有相应的分配标准，包括国家财政委员会（NFC）、省级财政委员会（PFC）、中央到地方和地方到地方的具体分配方案。而随机方法由特别拨款（Special Grants）、议会和行政的选择性拨款（Discretionary Funds）组成。[2] 图 2 - 3 是巴基斯坦财政资源分配的结构图。

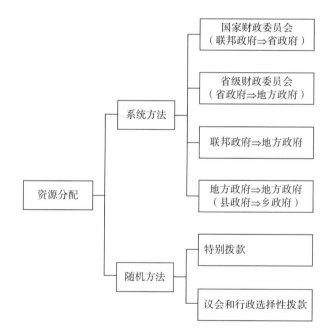

图 2 - 3　巴基斯坦财政资源分配结构图

资料来源：Ijaz Nabi and Hina Shaikh.（2010）. Fiscal federalism in Pakistan：A radical departure and some new challenges. Development Policy Research Center。

① Ahmed, I., Mustafa, U. & Khalid, M. *National Finance Commission Awards in Pakistan：A historical perspective*. Pakistan Institute of Development Economics. 2007.

② Nabi, I. & Shaikh, H. *Fiscal federalism in Pakistan：A radical departure and some new challenges*. Development Policy Research Center, 2010. p. 6.

对于省份来说，一方面，由于税收范围有限，他们只获得少量税收收入，而在创造非税收入方面也表现欠佳；另一方面，省级财政支出大，占全国总支出的 30%（联邦政府支出占 70%）[①]。因此，省级政府面临财政赤字压力，这种情况使省级财政高度依赖国家财政委员会（NFC）的联邦财政转移支付和拨款。

作为纵向和横向的政府间财政分配基本机制，国家财政委员会扮演着极其重要的角色。宪法第 160 条规定，总统必须每五年组建一次新的国家财政委员会，其中委员会成员由联邦政府财政部长、各省政府财政部长以及与各省总督协商后派出的代表组成。他们共同对财政资源分配提出意见，在达成一致后，即可签署新的分配方案。国家财政委员会主要对以下几项内容的分配加以规定：共享池转移支付（Divisible Pool of Taxes）、直接转移支付（天然气、水电、石油特许费等）、拨款/补助（每届数量不一）和贷款。其中共享池转移支付是最主要的转移支付路径。

多年来，联邦与省份和各省之间的税收收入分配一直是一个非常棘手的问题。由于省份对于联邦转移支付和拨款高度依赖，各省政府遂寻求获得更大份额的共享池转移支付；然而，联邦政府坚守自身利益，寸步不让。此外，共享转移池支付的分配也导致了省份之间的冲突与不满，原因在于，几十年来"人口"一直被作为唯一的分配标准，而人口最多的旁遮普省才是最大的获益者，其次是信德省。一直到 2009 年第 7 届国家财政委员会时，人口作为唯一标准的分配方式才被打破。从 1974 年起，尽管法律上规定每五年组建一届国家财政委员会，但是由于各省在分配方案上存在严重分歧，只有四次国家财政委员会达成了一致，签署并发布了新的分配方案。关于资源分配方案的无休止争论和方案的长期滞后，对省份经济、联邦稳定甚至国家统一都构成威胁。

（二）最关键标准：人口

人口在巴基斯坦政治中作为一项重要指标而独立存在，无论是政治权力分配，还是经济或财政资源分配，都离不开人口这一衡量标准。旁遮普省是人口大省，无论是英属殖民地时期，还是巴基斯坦独立后东巴、西巴

---

① National Finance Commission Secretariat. *Report of the National Finance Commission 2009*. 2009. p. iii.

纷争时期，旁遮普省因人口数量占优而获取大量财源，此外，一省独大的政治结构使其能够获得相当丰厚的财政资源。而国家财政委员会制定的分配机制，更凸显人口数量决定财政资源的规律。回顾多届国家财政委员会方案的历程，鲜有新方案成功出台，其原因就是关于人口作为最关键标准的争论。为更好理解人口这一标准的成果和历史意义，本节将重点阐释人口在历届国家财政委员会方案中的影响效果，为中巴经济走廊的政策选择提供历史借鉴。

　　巴基斯坦学者法西赫丁（Fasihuddin）指出，现行的联邦与省级之间的财政分配机制源于英国殖民时期的分配方式。[①] 独立前，政府间的转移支付依照 1935 年印度政府法案下的尼迈耶方案（Niemeyer Award）运行。消费税由省政府征收，个人所得税作为唯一的共享池来源由联邦政府负责征收，其中的 50% 由联邦分配给各省。[②] 在巴基斯坦独立后，尼迈耶法案继续实行，直至 1952 年，杰里米·雷斯曼（Jeremy Raisman）提出新方案，将 50% 的消费税收入分配给联邦政府，而省份在个人所得税收入分配中的总份额不变（东孟加拉省占 45%，旁遮普省 27%，信德省 12%，西北边境省 8%，俾路支省 8%）。[③] 1955 年，次大陆西部的四省组成"单元地"（One Unit）并更名为西巴基斯坦，东孟加拉省更名为东巴基斯坦，东巴与西巴对共享池的收入比例仍保持为 45∶55。[④] 随后，1961 年出台的方案将东巴和西巴在共享池中的分配比例调整为 54∶46，这样的分配方式一直持续至西巴基斯坦在 1970 年再次恢复为四个省，而西巴基斯坦所获的 46% 的共享池资金，参照 1961 年人口普查结果，[⑤] 也分别被旁遮普省、信德省、西北边境省和俾路支省以 56.5%、23.5%、15.5% 和 4.5% 的比例分摊。[⑥]

　　然而，1971 年东巴基斯坦独立，改变了巴基斯坦的财政分配机制。自东巴分裂后，西巴基斯坦四省的财政分配比例依旧制持续了几年，直至 1974 年，根据 1973 年宪法组建了第一届国家财政委员会。但是，以人口为唯一标准的共享池转移支付方法得以留存，并在后续的财政分配方案中继

① Fasihuddin. *Seventh NFC Award implications for Balochistan*. 2010. p. 114.

② UNDP, *Development Advocate Pakistan. Islamabad*：*Agha Jee.* 2015，p. 2.

③ Fasihuddin. *Seventh NFC Award implications for Balochistan*, 2010. p. 115.

④ UNDP, *Development Advocate Pakistan. Islamabad*：*Agha Jee.* 2015，p. 2.

⑤ Fasihuddin. *Seventh NFC Award implications for Balochistan*. 2010.

⑥ Ahmed, I., Mustafa, U. & Khalid, M. *National Finance Commission Awards in Pakistan*：*A historical perspective*. Pakistan Institute of Development Economics, 2007. p. 4.

续沿用。颇具讽刺意味的是，在东巴独立前，西巴基斯坦在关于财政资源分配问题上一直提倡平等原则，因为若按照人口进行分配，则会使人口数量占优的东巴基斯坦获取更多的财政资源，这对西巴基斯坦来说显然是不利的。但是在 1971 年后，西巴基斯坦转而提倡以人口作为分配的唯一标准。在资源分配上的不公平待遇，使东巴基斯坦人十分不满，"致使东巴基斯坦人最后抵抗以西巴基斯坦人为主导的联邦中央政府"①，这也是东巴基斯坦寻求独立的原因之一。

资源分配原则上的改变与议会席位分配原则的变化非常相似。为了防止人口占优势的东巴基斯坦在议会中获得更多席位，西巴基斯坦一直致力于推动东西巴平等的政治代表权。而在东巴独立后，西巴基斯坦却开始采纳按照人口比例分配席位的原则，这显然有利于旁遮普省在议会中占据主导地位。同样地，由于 2009 年以前的共享池转移支付中人口一直是唯一的划分标准，旁遮普省在财政资源分配中凭借其人口数量优势获益最多。

然而，甲之蜜糖，乙之砒霜。旁遮普省在政治和财政资源分配中都是最大获益者，而其他省份则要承受不公平的结果。联邦的财政转移支付和拨款，可以说是省级政府的财政生命线，信德省、西北边境省和俾路支省多年来不断地要求实行一个更加公平的财政分配方案。在分配标准问题上，四省各有主张，争执不下。旁遮普省人口数量最多，俾路支省人口最少但地理面积最广，信德省港口贸易发达且创收丰厚，西北边境省贫穷落后并常受恐怖主义袭扰。它们都有关于自身的需求和利益的考量，使财政分配更复杂。因此，每届国家财政委员会都会因资源分配问题而争吵不休。

国家财政委员会（NFC）方案回顾

国家财政委员会制定的方案实行多年，人口因素是制订方案过程中最关键的参考标准，该标准引起各省争论，阻碍了多届国家财政委员会方案的成功颁布和执行。

现行的财政分配机制由 1973 年宪法确立，宪法规定，每五年须组建新一届国家财政委员会，第一个国家财政委员会方案由布托政府在 1974 年颁布生效。这一方案里的共享池转移支付只包括个人收入所得税、消费税和

① Mustafa, U. *Fiscal federalism in Pakistan: The 7ᵗʰ National Finance Commission Award and its implications*. Pakistan Institute of Development Economics, 2011. p. 12.

出口税，并按照 20∶80 的比例分配给联邦政府和省级政府。以人口作为唯一的分配标准，在省份所获的总份额中，旁遮普省得到 60.25%，信德省、西北边境省和俾路支省分别获得 22.50%、13.39% 和 3.86%。与此同时，由于财政拮据，西北边境省和俾路支省每年还分别获得额外的 1 亿卢比和 5000 万卢比的特别拨款。[1] 第二届国家财政委员会由总统齐亚·哈克（Zia-ul-haq）将军在 1979 年组建，第三届则建成于 1985 年。但是这两届国家财政委员会都未能成功颁布新的分配方案，因此，1974 年的第一个分配方案一直被沿用至 1990 年。其间，因 1981 年进行新一轮人口普查，省际分配比例有小幅变化，旁遮普省、信德省和俾路支省的份额分别调整为 57.97%、23.34% 和 5.30%，而西北边境省的份额保持不变。[2]

1990 年，第四届国家财政委员会成功颁布新的分配方案，共享池的范围有所扩大，增加了烟草和糖的国内消费税，但纵向维度上联邦和省份的分配比例不变。虽然各省要求共享池转移支付的横向分配标准多元化，但是省际分配仍然以人口为唯一标准。该分配方案还设立了"从联邦到省级政府的直接转移支付，包括天然气发展附加费、天然气和原油国内消费税、水电项目的净收益"。[3] 此举承认了省份有权获得国家在使用省份资源后的回报。因此，省份获得的财政转移支付增加到了 640 亿卢比，占联邦总税收的 45%。[4]

第五届国家财政委员会于 1996 年组建，经历多次磋商后，其方案在 1997 年签署并发布。由联邦政府征收的个人所得税、财产税、资本价值税、销售税和购置税、棉花出口税、关税、除去天然气井口消费税的联邦消费税，已有其他一些联邦政府征收的税种，都被纳入共享池转移支付中。其结果是，纵向上，四省的总份额跌至 37.5%，而联邦政府则可获得 62.5%；横向上，分配标准和分配比例保持不变。尽管省级政府得到了原油特许费、天然气发展附加费、特别拨款（主要拨给西北边境省和俾路支省）以及等额补助，但由于省份共享池转移支付中纵向的总份额下降，加之内外经济

---

[1] Ahmed, I., Mustafa, U. & Khalid, M. *National Finance Commission Awards in Pakistan: A historical perspective.* Pakistan Institute of Development Economics, 2007. p. 5.

[2] Fasihuddin. *Seventh NFC Award implications for Balochistan.* 2010. p. 16.

[3] Ghaus-Pasha, A., Pasha, H. A., and Zubair, A. Fiscal equalisation among provinces in the NFC Awards. *The Pakistan Development Review*, 49 (4), 2010. p. 570.

[4] Mustafa, U. *Fiscal federalism in Pakistan: The 7th National Finance Commission Award and its implications.* Pakistan Institute of Development Economics, 2011. p. 6.

形势严峻，各省本就脆弱的经济遭受到严重打击。表 2 - 2 展示了历届国家财政委员会共享池转移支付分配情况。

表 2 - 2　不同 NFC 方案下巴基斯坦各省财政占可分池份额情况

单位：%

国家财政委员会（NFC）	联邦：省份	旁遮普省	信德省	开伯尔 -普什图省	俾路支省	总数
1st 1974	20：80	60. 25	22. 50	13. 39	3. 86	100
2nd 1979	20：80	57. 97	23. 34	13. 39	5. 30	100
3rd 1985	20：80	57. 97	23. 34	13. 39	5. 30	100
4th 1990	20：80	57. 88	23. 28	13. 54	5. 30	100
5th 1996	62. 5：37. 5	57. 88	23. 28	13. 54	5. 30	100
6th 2006*	58. 5：41. 5	57. 36	23. 71	13. 82	5. 11	100
7th 2009	44：56**	51. 74	24. 55	14. 62	9. 09	100

资料来源：Usman Mustafa. (2011). Fiscal federalism in Pakistan：The 7th National Finance Commission Award and its implications. Pakistan Institute of Development Economics。

* 因各省未能协商一致，2006 年穆沙拉夫总统颁布了特别总统令，实行新的分配方案。

** 在第七届国家财政委员会方案下，在 2010 ~ 2011 财年，省份分配到的份额占总数的 56%，自 2011 ~ 2012 财年起，省份的份额上升并稳定在 57%；相应地，在 2010 ~ 2011 财年，联邦分配到的份额占共享池总份额的 44%，而从 2011 ~ 2012 财年开始，联邦份额下降至 42.5%。

第六届国家财政委员会最初组建于 2000 年，并在 2003 年重组。由于四省立场不同，该届国家财政委员会未能提出新的方案。一方面，四省在纵向扩大省份分配份额的问题上未能达成一致，另一方面，四省在分配标准上也持不同意见。

在谈判过程中，俾路支省除了关注天然气发展附加费外，还提出在共享池转移支付分配中引入诸如地理面积、贫困落后状况、天然气生产和人口等指标。由于在 1998 年人口普查中，俾路支省人口从全国总人口的 5.3% 缩减至 5.1%，俾省一直抨击将人口作为唯一标准的资源分配方式。[1] 此外，据新闻媒体报道，俾省参议员萨娜乌拉·俾路支（Sanaullah Baloch）在 2005 年 10 月竭力批评联邦政府无法让各省在分配问题上达成一致，"使人口较少的省份，尤其像俾路支省产生一种被剥夺感"[2]。

---

[1]　NFC：No consensus over distribution formula. *Dawn*. 2004.

[2]　Wasim, A. Uproar in Senate over NFC. *Dawn*. 2005.

信德省在天然气发展附加费上与俾路支省有不同的立场，但它支持俾路支省关于共享池转移支付分配中纳入不同指标的提议。信德省的财政部长塞义德·萨达尔·艾哈迈德（Syed Sardar Ahmad）称："如果联邦不给予省份50%的共享池转移支付，我决不会在国家财政委员会分配方案上签字，而且省际横向分配标准应该包含省份创收能力这一衡量指标。"① 信德省认为，省份创收能力应被纳入分配标准，因为其首府卡拉奇的港口贸易为巴基斯坦创造了可观的收入，但是这些收入却流向了其他省份，尤其是旁遮普省，所以信德省并未获得公平的财政分配。

西北边境省作为主要的水力发电大省，它要求获得更多的水电能源净利润，反对信德省提出的创收能力指标，并认为，若采纳这一指标将会使富裕的省更加富裕。②

尽管三个省都提出不同主张，但旁遮普省拒绝除人口标准之外的其他分配标准。各省意见无法达成一致，谈判陷入僵局。因此，2006年，总统穆沙拉夫（Pervez Musharraf）获得四省授权，对方案进行最后裁定，并签署了《关于2006年财政收入与中央拨款分配的总统令》（*Distribution of Revenues and Grands-in-Aid Order 2006*）。根据总统令安排，四省总份额在2006～2007财年提高到47.5%，并将在2010～2011财年增至46.25%。在省际的共享池转移支付分配中仍然以人口为唯一标准，分别给予旁遮普省、信德省、西北边境省和俾路支省57.36%、23.71%、13.82%和5.11%的份额。但是，结合人口数量以及1998～1999财年的货物入市和专区税的审计结果，省份可获得与1/6的一般销售税净利润数值相当的财政资金。此外，各省都有权利获得中央拨款，在2006～2007财年中，它们共享277.5亿卢比，此后每年可共享的财政资金还会不断增加。③

尽管国家财政委员会已经组建多届，但鲜有方案成功出台，主要有以下三个原因。

一是，国家财政委员会的一票否决制增加了达成共识的难度。签署新方案的前提是需要各方一致同意，而各省在利益分配上分歧严重，各利益

①　Decisive NFC moot next week. *Dawn*. 2004.
②　NFC award likely in two weeks; advisor. *Dawn*. 2005.
③　United Nations Development Programme. *Development Advocate Pakistan*. Islamabad: Agha Jee, 2015. pp. 2 - 3; Finance Department of Khyber Pakhtunkhwa. *Revenue distribution through NFC Awards*.

相关者之间的意识鸿沟成为最大障碍，这种情况致使多届国家财政委员会新方案"难产"。①

二是，失衡的财政资源分配与政治权力结构密切相关。在两院制中，尽管四省在参议院都有相同的席位数量，但是参议院只被赋予讨论资源分配的资格而不能影响资源分配机制。对这一过程有影响力的是国民议会又因人口大省在国民议会占据主导权，导致了旁遮普省左右资源分配规则的局面出现。在联邦与地方关系中，由于长期的中央集权，各省份长期高度依赖联邦的财政转移支付和拨款，对于联邦而言，将财政权力把控在自己手中并保持现状最为有利。若给予省份更多的财政资源，则会弱化联邦对省份的控制。此外，财政分配制度设计有所欠缺，国家财政委员会多次未能如期出台新方案，却没有相应的惩罚措施，其结果是导致一些省份在原有方案中继续获利。

三是，省内政治操纵约束了其代表在国家财政委员会谈判中的灵活度。通常来说，政客们通过获得选民支持而赢得选举，在他们上台后则通过委任来回报其支持者，这就需要适当的资源来实现他们的承诺。以 2005 年信德省为例，当时的信德省政府是在一个政党联盟基础上建立的，为了实现自己辖区内的经济社会发展以回报选民，联盟内部的政客们都要求省政府给予更多资金支持，而省内阁则对民众承诺创造四万个新的就业岗位和机会。这种情况下，信德省财政资源的需求直线上升，反向增加了省财政部长从联邦争取更多财政资源的压力。② 政客的物质需求会推动国家财政委员会的各省代表不惜一切代价来争取更多的财政资金，代表们也必须在国家财政委员会会议上表现得特别强硬以争取利益，否则将会影响到他们的政治前途。

（三） 新变化：第七届国家财政委员会 （NFC） 的博弈之路

第七届国家财政委员会对财政资源分配具有重要意义，其方案的成功出台归因于其在分配方程中增加了其他参考标准，改变了以往人口标准是唯一标准的传统方法，它以一种崭新的模式实现了中央与省份之间和各省份之间的关系缓和。然而，后续发展道路仍然曲折，第八届和第九届国家

---

① Mustafa, U. *Fiscal federalism in Pakistan: The 7ᵗʰ National Finance Commission Award and its implications.* Pakistan Institute of Development Economics, 2011. p. 6.

② Sindh yet to name candidate for NFC. *Dawn.* 2005.

财政委员会方案未能及时颁布，各省与联邦中央之间的财政资源分配竞争更加激烈。

目前巴方建设中巴经济走廊所需的配套设施和资源，需要通过第七届国家财政委员会方案的运行才能得以实现。因此，分析第七届国家财政委员会方案对中巴经济走廊建设起指导性作用。

第七届国家财政委员会组建于 2005 年，并在 2009 年重组，委员会共有 9 名成员，其中包括四省财政部长和四名各省代表，联邦财政部长担任委员会主席。据报道，在协商中，各方针对纵向资源分配比例进行了激烈讨论。信德省和俾路支省要求联邦政府在共享池中只保持 40% 的份额，并将余下的资源分配给各省。但西北边境省的代表则提出了 20∶80（联邦∶省份）的纵向分配比例。然而，旁遮普省则认为，省份应该获得 65% 的份额，联邦保留 35%。联邦财政部长则认为："联邦政府希望给省份提供更多的资源，但联邦政府为了平稳运行，需要保留多于 50% 的份额。"[1]

在横向分配比例上，各省据理力争，辩论更为激烈。旁遮普省重申人口标准是唯一标准的立场。信德省认为它为国家贡献了 68% 的税收资源，但只在横向分配中获得 23% 的共享池转移支付，[2] 因此，税收分配应以各省的创收能力为基础。但是旁遮普省认为信德省的主张并不成立，原因在于，一些在信德省被征收关税的产品实际上是在旁遮普省生产，因此，信德省的财政收入并不都是其自己的功劳。[3] 俾路支省坚持认为，分配应该基于地理面积和经济落后程度，并要求给予更多天然气生产利润的补偿。西北边境省的代表们表示："国家财政委员会要想实现公平分配必须将贫穷指数、水电项目特许费和难民等纳入考虑范围。"[4]

经过激烈谈判后，各方都做出一定程度的让步，最终达成一致。2009 年 12 月 31 日，在总理和各省首席部长的见证下，委员会全体成员在瓜达尔港就国家财政委员会报告进行签字。2010 年 5 月，总统阿西夫·阿里·扎尔达里（Asif Ali Zardari）签署了最终的财政分配方案。[5]

这届国家财政委员会方案的颁布在巴基斯坦历史上具有里程碑式的意

---

①　Abro, R. NFC award in final stages: No consensus on resource distribution yet. *Daily Times*. 2009.

②　Alwani, H. Reconstituting the NFC award. *Dawn*. 2009.

③　"Working with interim NFC Award". *Dawn*. 2009.

④　Panhwer, G. Sindh's stand on NFC award. *Dawn*. 2009.

⑤　Fasihuddin. *Seventh NFC Award implications for Balochistan*, 2010. p. 117.

义。第一，这次成功是民主协商的结果，各方达成空前的政治共识。[1] 第二，在纵向分配上，省份总份额超过 55%，各省获得了更多的共享池转移支付，而联邦政府的份额缩减。第三，由于引入了多元化的分配标准，省际横向分配更加平衡。另外，人口不再是单一指标，其比重缩减至 82%，而贫困落后、创收能力和人口密度下降程度的比重分别为 10.3%、5.0% 和 2.7%。第四，联邦政府税收托收手续费（Collection Charges for the revenue）从 5.2% 下降至 1%。[2] 第五，对所有省份的选择性拨款（Discretionary Grants-in-Aid）被废除，但每年省份总份额中的 0.66% 会拨给信德省，以补偿它由于 1/6 的一般消费税（GST）被纳入共享池而承受的损失；[3] 西北边境省会额外获得共享池直接转移支付的 1% 作为它在反恐前沿的补偿，[4] 以及水电产出的收益。第六，应俾路支省的要求，天然气发展附加费（GDS）的计算方法有所修改，且联邦会保证俾省每年都会获得省份总份额中的 9.09%。[5]

2009 年的国家财政委员会分配方案，体现出财政资源分配更加合理的趋势。联邦政府和旁遮普省都在分配问题上做出了以下让步：联邦政府在第一个财年的共享池转移支付份额下降至 44%，并在随后的几年降到 42.5%；旁遮普省在横向分配所占的比例降至 51.74%。与此同时，其他省份可获得对自然资源使用的补偿，还可获得符合自身需求的特殊补助。简而言之，这个分配方案不仅让各省得到了更多财政资源，也使横向省际分配更加公平，因此它对调节好中央和省份关系、省际关系发挥了重要作用。

联邦中央在财政分配上受到削弱，对吉尔吉特—巴尔蒂斯坦（Gilgit - Balgistan）、巴控自由克什米尔（Azad Jammu and Kashmir）和联邦直辖部落区（FATA）而言却不是一件好事，因为这三个地区都依赖联邦的财政支持。从宪法的角度看，无论是巴控自由克什米尔还是吉尔吉特—巴尔蒂斯

---

[1] UNDP, *Development Advocate Pakistan*. Islamabad：Agha Jee. 2015，p. 1.

[2] *Ibid.*，p. 1.

[3] Sabir, M. *Agenda for the 8th NFC：Lessons from the 7th NFC Award, post - 7th NFC developments and emerging issues*. Social Policy and Development Center. 2014. p. 2.

[4] Mustafa, U. *Fiscal federalism in Pakistan：The 7th National Finance Commission Award and its implications*. Pakistan Institute of Development Economics. 2011. p. 8.

[5] National Finance Commission Secretariat. *Report of the National Finance Commission 2009*, 2009. p. 20.

坦，都未被承认为联邦的一部分，这就意味着它们在议会里没有席位，并且在国家财政委员会里也没有代表权。在联邦直辖部落区，由于部落势力强大和宗教纷争，尽管它在联邦两院都有议席，但是议会通过的法律并不适用于这个地区，联邦也不对它直接征税。作为巴基斯坦最贫困的地区之一，FATA 遭受多年恐怖主义袭扰，经济发展十分落后，几乎无税可征。[①]因此，这三个地区都不在国家财政委员会的分配范围内。

另外，2010 年通过的宪法第 18 次修订案对这三个地区的财政造成了进一步的影响。由于许多权力从中央下放至地方，相应的责任也由地方政府转接。各省政府需要开始承担一些领域的社会公共服务职能。但是这种改变影响了在这三个地区内由中央政府直接拨款的发展项目，例如，2011 年后，巴控自由克什米尔地区的一些关于食物、农业和牲畜的项目无法再获得中央的财政支持，而一些关于教育、健康、交流和社会福利领域的社会发展项目也出现类似问题。[②]

在联合国开发计划署一份关于巴基斯坦社会发展状况的报告里，这三个地区的领导人都表达了希望国家财政委员会将这三个地区纳入分配范围的意愿。因为若能获得国家财政委员会的财政资金，这三个地区的发展状况将会有所改变。[③] 但是，四个联邦省份对这一问题持不同态度，有些省份认为每个地区都有权利获得发展和财政支持的机会；而有些省份则拒绝将这三个地区纳入国家财政委员会，原因是他们担心要牺牲自己的财政资源来补贴这三个地区。例如，开伯尔 - 普什图省（原西北边境省）政府明确反对将这三个地区纳入横向财政资源分配范围，他们认为，联邦政府应贡献出自己的份额来扶持这三个地区。[④]

资源分配的坎坷之路：持续争论

在第七届国家财政委员会和宪法第 18 次修订案后，省份确实获得了更多的财政资源和自主权，在横向分配上，多元化标准的采纳对弱势省份十分有利。但是，关于未来分配方法的分歧和争论仍无休止。第八届国家财政委员会组建于 2010 年 7 月，但并未得出任何成果。随后，第九届国家财政委员会在 2015 年 4 月组建，其分配方案仍在商讨之中。在此期间，各省

① Widening the NFC's scope. *Dawn*. 2009.
② Butt, Q. G – B and AJK：No longer federal wards, not yet full provinces. *Tribune*. 2015.
③ UNDP, *Development Advocate Pakistan*. Islamabad：Agha Jee. 2015, pp. 28 – 37.
④ Khan, Mubarak Z, PTI's vision of fiscal federalism. *Dawn*. 2016.

要求增加省份在共享池转移支付中的总份额，"但中央就此事作出回应，呼吁各省与联邦共同承担反恐、自然灾害、扶持巴控自由克什米尔等三个地区的责任"。[1]

除了在纵向分配上争论不断外，各方关于横向分配问题亦存在严重分歧。据联合国开发计划署报告[2]，信德省的国家财政委员会代表候选人萨利姆·曼德维瓦拉（Saleem Mandviwalla）曾控诉，发放给信德省的财政预算从来都没有按照国家财政委员会方案执行，并且现行的分配方式中人口的比重仍然占主导，这对人口较少的省份而言并不公平。俾路支省的参议员杰罕泽布·贾玛尔迪尼（Jehanzeb Jamaldini）指出，"俾路支省在第七届国家财政委员会方案中所获份额很少，俾路支的代表们也无法使国家财政委员会做出对俾路支省有利的决议，"并且警告俾路支省有可能会走向与东巴基斯坦一样的道路，因此，联邦必须"停止剥削俾路支省的剩余利益，与俾路支省合作，不让历史再次重演"。另外，俾路支省首席部长财政顾问也认为，俾路支省土地面积占巴基斯坦国土面积的 43.6%，因此，它需要承担基础设施建设的高额成本。开伯尔-普什图省财政部长穆扎法尔·赛义德（Muzaffar Said）表示，需要更加关注该省因恐怖主义而遭受的损失，要求获得更多水电和原油开发的利润分成，并恳请联邦政府给予特别拨款以刺激该省的能源生产。

信德省、开伯尔-普什图省和俾路支省要求在横向分配计算方式上降低人口比重，向旁遮普明确表示其不会像第七届国家财政委员会方案那样做出任何妥协。对此，旁遮普省财政部长阿耶沙·戈斯·帕沙（Ayesha Ghaus Pasha）指出："旁遮普省一直在充当'老大哥'角色，在照顾其他省的同时，无法全力投入到自己的社会发展和经济增长上。我们希望其他的省份能换位思考，也考虑一下旁遮普有自身的利益需求。"旁遮普省还敦促其他省份履行他们的义务以更好地促进国家发展。[3]

按原计划，第七届国家财政委员会给出的方案有效期至 2015 年 6 月，但是，目前四省就第九届国家财政委员会分配方案仍未达成一致，因此第七届国家财政委员会方案时效将被延长。

---

[1] Khaleeq Kiani, Move for extensions of NFC award. *Dawn*, June 29th 2015.

[2] UNDP, *Development Advocate Pakistan*. Islamabad: Agha Jee. 2015, p. 34.

[3] Jamal, N. How long will Punjab be expected to sacrifice? *Dawn*. 2015.

三　恐怖主义和社会经济发展

不均衡的政治权力结构和财政资源分配方式，造就了巴基斯坦经济落后和社会不安的发展困境。中巴经济走廊面临的最大威胁是恐怖主义，而中巴经济走廊同时也为缓解恐怖主义的紧张态势提供了一个新选择。恐怖主义困扰巴基斯坦多年，其滋生和发展的原因是多方面的，但是经济因素是本文分析的一个主要侧重点。基于人口数量的政治权力分配对巴基斯坦政治产生了一系列影响，其中财政资源分配不均表现最明显。财政资源分配不均导致了西部与东部省份的落差，西部地区的动荡和贫穷未获得可观的改善，恐怖主义在这种环境下发展壮大。要破解中巴经济走廊的危险困局，就需要找到问题的症结，因此，有必要对巴基斯坦恐怖主义与社会经济发展的关系进行深入探究。该部分从恐怖主义发展的背景、恐怖活动现状，以及恐怖主义发展的经济解释三方面进行论述，强调巴基斯坦恐怖主义的持续发展与财政资源上的分配不均之间的密切关系。

巴基斯坦的财政资源分配结构可以体现联邦中央与省份之间的摩擦与矛盾。这种相对独立且相互竞争的关系基于这样一种模型：一省人口比例决定了其在国家政治权力结构中的地位，进而影响联邦与各省的资源分配。从当前的分配状况来看，人口数量居多的旁遮普省和信德省在国家财政委员会中占优势。但是，两个人口弱势省份——开伯尔－普什图省和俾路支省——的人民却生活在困苦之中，因财政资金短缺和暴力冲突横行，他们一直在跟贫困和落后做斗争。当前的分配方案已经实行了6年多，虽然它增加了多项指标，实现了分配参考标准的多元化，但不可掩盖的事实是，开伯尔－普什图省和俾路支省的面貌并未发生太大的改变。

巴基斯坦近年来遭受的恐怖袭击越来越多，从恐怖主义活动的地理分布来看，大部分的恐怖活动发生在开伯尔－普什图省和俾路支省，而这两个省恰是巴基斯坦经济最落后的地区。巴基斯坦恐怖主义的兴起有多方面原因，如教派冲突、宗教极端主义、阿富汗的动荡局势和外部势力介入等，而经济因素也是解释其安全局势恶化的一个重要方面。

数十年来，各省份都依赖联邦资源的分配，而旁遮普省则在有限资源中占有了多数。弱势省份急需资源而其诉求却不被重视，他们对联邦的不满日益加深。这些省份的人民常年生活困苦，他们以暴力的方式发泄对政府的愤恨，但这种行动反而使本就脆弱不堪的社会经济遭到致命打击。欠发达地区的动荡，使这两省更难以创造财富和收益，可用资源也更为有限。此外，这两省还将大量的财政资源投入反恐中，忽视了社会经济发展的重要性。由此可见，开伯尔－普什图省和俾路支省的真实写照是：越贫困、越动荡不安，也就越难以实现经济发展。由此陷入了安全危机与经济困境的恶性循环。

（一）动荡的国度和恐怖主义的摇篮

巴基斯坦恐怖活动的兴起主要与宗教因素有关，包括领导人对伊斯兰教教义的态度和教派冲突。同时，国内的政治斗争和邻国的动乱局势也为恐怖主义发展提供了条件。在这种背景下，巴基斯坦面临着恶劣的生存和发展环境。

伊斯兰教是巴基斯坦国家政权建设的基石，宗教在巴基斯坦建国之初扮演了重要角色。为了摆脱英属印度政府的统治，实现穆斯林地区的独立，穆罕默德·阿里·真纳（Muhammad Ali Jinnah）于20世纪40年代发动"印巴分治"的政治运动，并成功建立了穆斯林国家政权。史蒂芬·菲利普·科恩（Stephen Philip Cohen）在其著作《巴基斯坦理念》（The Idea of Pakistan）一书中写道："巴基斯坦独立运动突出了穆斯林作为受害者的观念，它是穆斯林对遭受印度教徒歧视的一次抗争行动。"[1] 建立巴基斯坦的最初目标，是为穆斯林提供一个没有教派歧视的庇护所。因此，这个新建立的国家不断强调穆斯林的身份认同，以凝聚支持者的力量，与印度划清界限。

在20世纪70年代中期以前，巴基斯坦把自身定位成一个独立的穆斯林世俗国家，而不是一个严格的伊斯兰主义国家。独裁者齐亚·哈克（Muhammad Zia-ul-Haq）在20世纪70年代末上台后开始在巴基斯坦社会推行伊斯兰化，作为军队统帅，他在1977年发动军事政变，废黜民选总理佐勒菲卡尔·阿里·布托（Zulfikar Ali Bhutto），并利用宗教狂热使其军政权具备合法性。自那时起，"伊斯兰化的种子开始在巴基斯坦的政治和社会中生根发芽"[2]。

和其他伊斯兰国家不同，巴基斯坦在历史上教派关系相对融洽，并不

---

① Cohen, S. P. *The idea of Pakistan*. Washington, DC: Brookings Institution Press. 2004. p. 161.

② Javaid, U. *Pakistan fights extremism and terrorism*. Lahore: Vanguard. 2013. p. 1.

存在大规模的教派冲突。[①] 逊尼派和什叶派确实发生过摩擦，但并不严重，可以说，这两个教派和平共处，他们有着共同的利益和共同的敌人，但这种教派和谐局面在 20 世纪 70 年代末被彻底打破。为了赢得美国和沙特阿拉伯的政治经济支持，齐亚·哈克欣然接受了沙特阿拉伯的瓦哈比主义，营造了敌对什叶派和其他逊尼教派的社会环境。巴基斯坦学者赛义德·哈桑·贾瓦德（Syed Hasan Jawad）描述道："当时国家有意向社会宣扬一种对其他观念不宽容的宗教思想，这种思想隐含着圣战和恐怖主义的危险气息。"[②] 作为沙特阿拉伯和伊朗竞争过程中的受害者，巴基斯坦的什叶派受到沉重打击，许多教徒受到压迫甚至惨遭杀害。为了反击和报复，这些什叶派教徒在伊朗的帮助下也创建了自己的恐怖组织，教派间的冲突被迅速激化。

不只是教派冲突，政治矛盾也加剧了局势的混乱。比如，在阿里·布托被处决后，他的儿子组建了一个名为"阿尔—佐勒菲卡尔"（Al－Zulfikar）的恐怖组织以报复齐亚·哈克领导的军政权。而齐亚·哈克为了打击这个敌对组织，创建了一个名为"移民民族运动"（Muhajir Qaumi Movement）的政党，后更名为"统一民族运动党"（Muttahita Qaumi Movement）。据报道，在全盛时期，这个政党策划了在卡拉奇和海德拉巴的约 90% 的暴力袭击，以及在巴基斯坦其他地区的约 40% 的恐怖活动。[③]

阿富汗的长期动乱也影响到了巴基斯坦的安全局势。在 20 世纪 80 年代初，为了对抗苏联入侵阿富汗，巴基斯坦选择与美国政府结盟。除了在官方层面进行合作外，巴基斯坦政府还允许激进分子（其中大部分是原教旨主义者）在其境内集结，并跨越国境和苏联作战。[④]"成千上万的来自阿拉伯、亚洲和阿富汗的人员，他们训练有素且装备精良，可随时准备为圣战而献身"[⑤]，在 1989 年苏联撤军后，他们留在阿富汗，给巴基斯坦甚至是全

① Jawad, S. H. *A Search of Pakistan-What Happened and Why.* Karachi：Ushba Publishing International. 2015. *p.* 285.

② Jawad, S. H. *A Search of Pakistan-What Happened and Why.* Karachi：Ushba Publishing International. 2015. pp. 292 – 293.

③ Estrada, Park, Kim, and A. Khan, The economic impact of terrorism：A new model and its application to Pakistan. *Journal of Policy Modelling*, 37, 2015, p. 1067.

④ *Ibid.*

⑤ Weaver, 2002, *Pakistan：In the Shadow of Jihad and Afghanistan.* New York, NY：Farrar Strus & Giroux. p. 1.

世界制造了许多麻烦。

美军入侵阿富汗也对巴基斯坦境内的宗教极端主义和恐怖主义产生了深远的影响。2001 年 9 月 11 日上午,针对世贸大厦的恐怖袭击给巴基斯坦带来了一系列的安全问题。布什政府对塔利班政权宣战,并让穆沙拉夫政府在关于支持美国还是塔利班的问题上做出抉择。显然,穆沙拉夫政府别无选择,只能抛弃塔利班政权,在巴基斯坦内外打击原教旨主义组织。[①] 巴基斯坦政府对塔利班态度的转变,激怒了普什图激进组织,也进一步促使恐怖主义活动增长。

(二) 恐怖主义活动的增长与地理分布

上文已经提到,巴基斯坦恐怖主义的兴起与领导人决策和外部动乱密切相关。巴基斯坦政治的伊斯兰化为教派冲突埋下隐患,随着其近邻阿富汗局势恶化,巴基斯坦也逐渐成为极端恐怖主义组织的目标。近年来,巴基斯坦的恐怖主义发展态势愈发恶劣,通过恐怖袭击事件趋势与各省的恐怖袭击数据可以看到巴基斯坦的恐怖主义发展现状,以及巴基斯坦在应对恐怖主义问题上面临的严峻挑战。

从全球恐怖主义数据库 (Global Terrorism Database) 选取的 2001 年至 2015 年数据来看,直到 2004 年,巴基斯坦境内的恐怖袭击数量都一直保持在较低水平,如图 2 - 4 所示。但从 2005 年开始,恐怖袭击数量开始逐年上升,并在 2010 年达到 700 起以上。恐怖主义持续发酵,至 2013 年才略有下降。在恐怖主义高峰期,恐怖袭击事件一年超过 2000 起,是 2005 年的 28.4 倍。不断兴起的恐怖主义严重威胁到了巴基斯坦的稳定和发展。

和图 2 - 4 显示的恐怖袭击事件多年的发展趋势相似,图 2 - 5 中各省份遭遇恐怖袭击的事件数量从 2005 年起明显上升。2007 年以前,各省的恐怖事件数量皆在 100 起以下;2006 年至 2007 年,开伯尔 - 普什图省 (西北边境省) 的恐怖事件异军突起,增长势头超越俾路支省,从这一年开始,西北边境一带成为恐怖主义的阵地和前沿;而 2008 年起,各省的恐怖事件陆续多发,小有起伏,但是上升态势基本保持不变。

---

① Javaid, *Pakistan fights extremism and terrorism*. Lahore: Vanguard. 2013, p. 21.

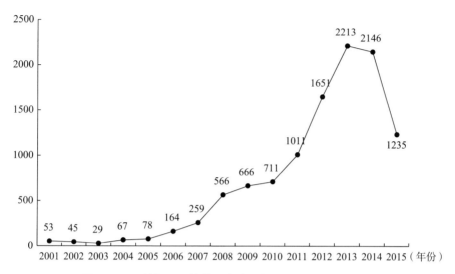

图 2 - 4　巴基斯坦恐怖袭击事件趋势图（2001 ~ 2015 年）
数据来源：全球恐怖主义数据库（Global Terrorism Database）。

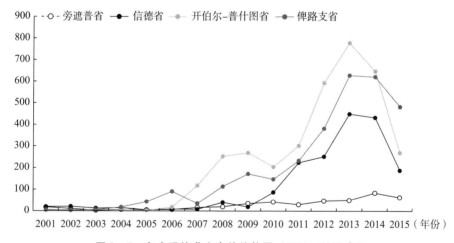

图 2 - 5　各省恐怖袭击事件趋势图（2001 ~ 2015 年）
数据来源：全球恐怖主义数据库（Global Terrorism Database）。

　　按地理分布的总量来看，2001 ~ 2015 年各省发生恐怖事件的数量差异明显，如图 2 - 6 所示。开伯尔 - 普什图省在过去 15 年里发生 3472 起袭击事件并居首位，其次是俾路支省 2983 起，信德省 1782 起，相比之下，旁遮普省是受影响最小的地区，仅发生 438 起恐怖袭击事件。

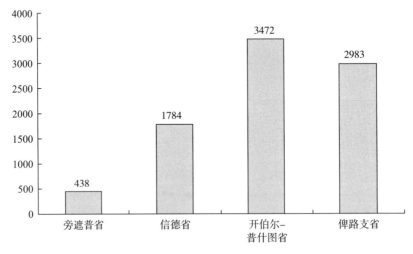

图 2 - 6　各省恐怖袭击事件总量图（2001 ~ 2015 年）

数据来源：全球恐怖主义数据库（Global Terrorism Database）。

无论从时间趋势，还是从地理分布看，位于巴基斯坦西部的开伯尔－普什图省和俾路支省都是受恐怖主义威胁最严重的地区。

（三）资源分配不均与恐怖主义

巴基斯坦的恐怖主义持续上升与财政资源分配不均是高度相关的。多方面原因造成恐怖主义兴起，这一过程是动态的，在巴基斯坦尤为凸显。不可否认，教派冲突和极端主义等原因是解释恐怖主义增长的主要范畴，但本节将重点讨论经济因素与恐怖主义的相关性问题。巴基斯坦各省的财政资源分配高度依赖联邦中央政府，而旁遮普省一省独大占据多数财政资源，因而削减了西部两省的财政资源，这使西部两省面临着"拿不到"财政资源的困境；又因联邦中央政府高度集权，西部两省自身创收能力低下，遭遇了"产不出"税收的难题。在"拿不到"和"产不出"这种财政资源紧缺的窘境下，西部两省经济发展持续缓慢，政府在教育、医疗、基础设施等社会公共服务上的投入十分有限，影响了人力资本的生成和经济生产力的提升，进而导致普遍贫困，而贫困又与恐怖主义高度相关。然而，随着第七届 NFC 分配方案的改变，省政府财政状况有了一定的改善，但是社会发展水平仍未获得提高。

亚斯特拉达等人在研究中指出："恐怖主义对经济发展造成了影响，但经济问题也是引发恐怖主义活动的原因之一。"① 因此，要进一步了解恐怖主义兴起的根源，必须探讨经济因素对社会稳定的影响这一问题。

2015 年全球恐怖主义指数（Global Terrorism Index）的分析报告指出："巴基斯坦恐怖主义组织有不同类型，有一些奉行伊斯兰激进主义，也有一些服务于俾路支民族、普什图贝塔尼部落（Bettani Tribe）或信德民族的分离主义运动。"② 在巴基斯坦，分离主义组织猖獗，策划了许多恐怖主义袭击事件。史蒂芬·菲利普·科恩研究发现，分离主义的起因包括发展失衡、资源分配不公、缺乏代表各族利益的政治机构以及政府压迫。③ 从政治的角度看，俾路支省、开伯尔－普什图省甚至是信德省在国家决策权力中由于人口标准限制而缺少话语权，并且在中央－省份事务中他们常被以旁遮普省为主导的联邦中央压迫，缺乏政治代表权使这些省份感到被边缘化；从经济的角度看，无论是分离主义还是其他的极端主义，它们的形成和发展与不合理的财政资源分配、不均衡的社会经济发展有密切关系。

本文研究发现，作为最主要的财政资源转移支付路径，国家财政委员会（NFC）对此负有重要责任。由于联邦中央在财政上集权，省份依赖中央财政资金，这意味着，一旦财政分配不公平或不合理，那么有些省份就会缺少发展所需的财政资源。如本文第二部分所述，巴基斯坦的财政资源依照国家财政委员会的分配方案进行划拨，西部的开伯尔－普什图省和俾路支省因人口较少，比东部的旁遮普省和信德省获得的财政份额少很多。

表 2－3 展现了过去几年各省份所获得的共享池转移支付数额，开伯尔－普什图省和俾路支省在横向共享池转移支付的分配中得到的具体财政资金数额远少于东部两省。2007～2010 年，西部两省获得的份额比例相加不到省份总份额的 20%。信德省所获份额超过西部两省，但远低于旁遮普省。从 2010～2011 财年起，由于第七届 NFC 方案的颁布，人口较少的省份获得更多的份额，比如俾路支省在 2013～2014 财年获得了 1233 亿卢比的财政资金，比 6 年前多出了 935 亿卢比。尽管如此，分配参考标准的调整并未撼动旁遮普省在财政上的主导地位，而西部两省获得的系统性

---

① Estrada et al. 2015, The economic impact of terrorism: A new model and its application to Pakistan. *Journal of Policy Modelling*, 37, p. 1066.

② Global Terrorism Index, Institute for Economics and Peace. 2015, p. 23.

③ Cohen, *The idea of Pakistan*. Washington, DC: Brookings Institution Press. 2004, p. 291.

财政支持虽保持在 25%~26% 的范围，却只占省份总量的 1/4。这样的财政分配并不符合公平原则，在发展经济和社会服务方面，人口较少的省份与人口大省相比缺少很多资源，所以引发了弱势省份对联邦中央和旁遮普省的不满。

联邦政府在财政上的集权还对省份形成另外一种权力约束，即限制税收权。联邦政府负责征缴大部分税收，只剩下部分空间留给省份自主征税。① 多年来，省份一直要求财政自主权，但由于联邦并未做出让步而毫无进展。因此，省级政府创收能力有限，而西部的开伯尔-普什图省和俾路支省的处境则更艰难。

表 2-4 选取了巴基斯坦财政部的经济调查数据，对比分析宪法第 18 修订案生效前后俾路支省和开伯尔-普什图省的财政变化。2007~2008 财年以及 2008~2009 财年，俾路支省自己的税收及非税收入总和只占其财政总预算的 6.6%~6.7%，而开伯尔-普什图省自己的创收约占总预算的 7%。宪法第 18 修订案生效后，联邦政府下放更多收税权力，省份税收得以增加。但是，这两个省的创收能力还是很低。

表 2-3 历年联邦政府财政收入中分配给各省的转移支付额

财年	转移支付					
	旁遮普省 (10 亿卢比)	信德省 (10 亿卢比)	开伯尔- 普什图省 (西北边境省) (10 亿卢比)	俾路克省 (10 亿卢比)	总计 (10 亿卢比)	开伯尔-普什图省 和俾路克省 占四省份总份额 的比例（%）
2007~2008	225.8	141.6	56.7	29.8	453.8	19.0
2008~2009	289.6	168.9	72.2	34.2	564.9	18.8
2009~2010	322.4	187.3	79.4	39.7	628.8	18.9
2010~2011	463.6	277.9	156.9	99.3	997.7	25.7
2011~2012	540.5	256.5	171.1	95	1063.1	25.0
2012~2013	568.2	269.6	179.9	114.2	1131.9	26.0
2013~2014	649.9	308.4	205.7	123.3	1287.3	25.6

数据来源：Pakistan Economic Survey, Ministry of Finance (Pakistan)。

---

① Fasihuddin, *Seventh NFC Award implications for Balochistan*. 2010, p. 114.

表 2 - 4　俾路支省和开伯尔 - 普什图省税收预算表

单位：10 亿卢比

	俾路支省				开伯尔 - 普什图省			
	2007 ~ 2008	2008 ~ 2009	2012 ~ 2013	2013 ~ 2014	2007 ~ 2008	2008 ~ 2009	2012 ~ 2013	2013 ~ 2014
总税收	48.8	52.5	166.7	182.1	79.7	100.4	250.5	300.7
联邦税收再分配份额	29.8	34.2	114.2	123.3	56.7	72.2	179.9	205.7
省份税收	0.9	1	1.2	2.8	2.4	3.9	8.1	11.7
省份非税收入	2.3	2.5	15.8	17.8	3.1	3.5	32.1	46.9
其他所有收入	15.8	14.8	34	36.7	17.5	20.7	26.1	36.4
占比 * （%）	6.6	6.7	10.2	11.3	6.9	7.4	16.0	19.5

数据来源：Pakistan Economic Survey, Ministry of Finance (Pakistan)。

* 指该省所创造的税收占其总收入的百分比。

　　此外，弱势省份虽然拥有丰富的自然资源，但是他们并未因此受益。作为巴基斯坦最大的天然气产地，信德省生产的天然气占巴基斯坦天然气总产量的 70% 以上，但信德省天然气消耗量大约只占其产量的 46%，[1] 而它获得的天然气特许费只占总利润的 12.5%。[2] 作为最大的水电能源产地，开伯尔 - 普什图省到 1991 年才收到联邦支付的资源使用费，目前所获得的使用费也寥寥可数。[3] 俾路支省则更为极端，该省虽人烟稀少却坐拥丰富的自然资源，如天然气、煤和矿产等，但它却并未因此而享受到任何收益。例如，在生产销售方面，俾路支省产出的天然气大部分都以极低的价格被售卖给其他省份，省内天然气消耗量仅占其产出量的 17%；在供应方面，俾路支省省内供应范围有限，仅有 1/6 的区域可实现天然气供应；在财政支持方面，联邦支付给俾路支省的天然气特许费只占应付总额的 10%。这让俾路支省人民非常愤怒，为了不让联邦政府和其他省份继续剥夺俾路支省的自然资源，他们曾袭击破坏天然气管道，尤其是针对向旁遮普省输送天然气的管道系统，致使管道沿线的产业园被迫停工。[4]

---

[1]　Rasheed, "Sindh is rich-why aren't its people." *The Nation*, 2015.

[2]　Nabi & Shaikh, *Fiscal federalism in Pakistan: A radical departure and some new challenges*. Development Policy Research Center. 2010, p. 18.

[3]　*Ibid*.

[4]　Alaiwah, *Constitutional distribution of natural gas & hydroelectric power*, 2008.

　　弱势省份缺乏税收能力且无法享受资源开发的红利，这严重限制了其经济发展，也体现了财政分配不均问题的严重性，因此，矛盾日积月累而恐怖袭击层出不穷。事实上，由自然资源问题引发的民愤只是发动恐怖袭击的部分原因，俾路支省的领导人曾指出，缺乏发展才是引起该省民怨沸腾的关键因素，[①] 并可归因于资源分配不均。不充足和不规律的财政拨款导致省份经济发展缓慢且无法提供良好的社会公共服务。

　　巴基斯坦社会政策和发展中心（Social Policy and Development Center）在其2012年的报告《巴基斯坦社会发展》（Social Development in Pakistan）中分析了社会发展的减贫特征并指出："在教育、医疗等社会服务领域的公共支出，有助于形成人力资本和提升劳动者素质，但是巴基斯坦在这些领域的投入十分有限。"[②]

　　这份报告还提到，医疗健康是经济生产力的关键因素，但巴基斯坦在这方面仍然表现欠佳：5岁以下儿童普遍发育不良，其中31%体重不达标；全国疟疾和肺结核高发；[③] 省与省之间的健康医疗水平差异大，如旁遮普省12~23个月的儿童完全免疫接种率最高，在2001~2002年为57%，9年后达到86%，而信德省和开伯尔-普什图省接种率紧随其后，俾路支省的接种率最低，在2001~2002年只有24%的儿童进行完全免疫接种，而在2010~2011年接种率才达到53%。[④]

　　该报告还分析了衡量经济生产力的另一个重要指标：基础教育。在巴基斯坦，小学净入学率很低。旁遮普省拥有最高的入学率，在2001~2002年只有45%，而在2007~2008年和2010~2011年都达到61%；信德省居第二位，其入学率在上述的三个学年分别为40%、51%和53%；开伯尔-普什图省与信德省基本持平，分别为41%、49%和51%；而俾路支省的情况最不容乐观，在这三个学年，分别只有32%、41%和47%的儿童有机会接受基础教育。[⑤]

　　教育落后问题影响了巴基斯坦的就业情况。缺乏高质量的教育体系，

---

① Ibid.

② SPDC, 2012, Initial impact of the 7th NFC Award on social development. in *Annual review of social development in Pakistan 2011 - 2012*. p. 98.

③ Ibid. , pp. 104 - 105; p. 108.

④ Ibid. , p. 107.

⑤ SPDC, Initial impact of the 7th NFC Award on social development. In *Annual review of social development in Pakistan 2011 - 2012*. 2012, p. 106.

使劳动力供给跟不上经济发展需求。工业领域是最好的例证。作为巴基斯坦经济的第二产业，工业为巴基斯坦创造了 19% 的国家收入。工业需要大量劳动力资源，但实际上只有少部分劳动力具备工业生产所需的相应技能。[1] 教育发展不均衡还引发了其他就业问题。联邦中央政府在俾路支省设立了若干基础设施项目以促进当地经济发展，但当地居民因缺乏从业知识和技能，与来自其他省的工人相比缺乏竞争力，所以当地劳工不仅难以应聘上岗，而且通常只能从事一些非技术性工作。于是，俾路支人认为，他们在经济发展中被边缘化，无法从这些投资项目中获取实际利益，最终将愤怒的矛头指向联邦政府。[2]

省级政府因缺乏财政资金而无力进行基础设施建设，供电短缺问题尤为突出。巴基斯坦的经济发展受制于电力能源不足，而供电短缺致使其每年经济增速减少两个百分点。在 2011 年，电力能源缺口超过 7000 兆瓦，不仅影响了人们的日常生活，也阻碍了工业生产发展。政府对能源系统的投资不足是引发这种能源危机的重要原因。[3] 事实上，联邦政府没有集中精力解决这个问题，而省份对此也无能为力，它们无法承受基础设施建设的高昂成本。美国和平研究所（The United States Institute of Peace）一份关于巴基斯坦电力危机的报告曾分析，供电危机除了给国家经济发展带来威胁，这种能源短缺还带来了负面的政治和社会影响，"针对供电短缺而引起的抗议和游行示威通常会发展成暴力运动，动摇了巴基斯坦国内安全和稳定"[4]。

关于巴基斯坦贫困指数的地理分布[5]，可进一步说明资源分配不均对恐怖主义的影响程度。

政府在社会发展领域的低投入是这个国家普遍贫困的重要原因。巴基斯坦超过一半的人口生活在贫困线下，1/3 的家庭濒临贫困边缘。[6] 地图 2-1 表明开伯尔 - 普什图省和俾路支省的贫困状况更为突出，而全国发展最落后的地区也位于这两个省份。俾路支省的综合贫困率在 2005 年、

---

① 　M. Khan, A few reasons of growing unemployment in Pakistan. *News Pakistan*, 2011.

② 　Alaiwah, *Constitutional distribution of natural gas & hydroelectric power*, 2008.

③ 　Aziz & Ahmad, *Pakistan's power crisis: The way forward*, 2015.

④ 　*Ibid.*

⑤ 　Arif Naveed & Nazim Ali. (2012). Clustered deprivation: District profile of poverty in Pakistan。

⑥ 　Arif Naveed and Nazim Ali, *Clustered deprivation: District profile of poverty in Pakistan*. Sustainable Development Policy Institute. 2012, p. 27.

2009 和 2011 年分别达到了 80.67%、78.25% 和 76.76，而开伯尔 - 普什图省则分别为 60.33%、59.65% 和 58.32%。至于东部两省，信德省贫困率高于旁遮普省，但是他们在上述三年的贫困率都低于 50%。[1] 综合巴基斯坦全国四个省来看，俾路支省贫困状况最严重，其次是开伯尔 - 普什图省。

在贫困与恐怖主义的问题上，有学者认为二者具有相关性。[2] 巴基斯坦人口年龄结构为年轻型：15 岁以下人口占总人口的 39%，19 岁以下人口占总人口的 50.4%。[3] 但是，巴基斯坦年轻人口的高失业率，尤其是在开伯尔 - 普什图省年轻人失业率达到 13.6%（2008 ~ 2009 年），[4] 经济发展停滞和社会财富分配不均，降低了年轻人参加恐怖活动的机会成本。[5] 由于过度贫困而看不到生活的希望，又因当地宗教学校能提供食宿等物质保障和精神寄托，年轻人就很容易为其所吸引。而当宗教学校有激进组织背景时，这些年轻人就极有可能被灌输极端思想，日后参与到恐怖主义活动中。[6] 巴基斯坦社会政策和发展中心在 2011 年的一篇政策简报（Social Impact of the Security Crisis）中指出，大量的激进分子来自社会底层，同时巴基斯坦的大部分恐怖活动都是由男性策划和实施。因此，可以推断，经济贫困为恐怖主义的滋生创造了条件，这就可以解释为何西部的开伯尔 - 普什图省和俾路支省恐怖活动高发。

巴基斯坦恐怖主义兴起与不公平的资源分配、经济发展停滞密切相关。而资源分配不均和经济发展不佳都是由联邦中央高度集权和一省独大的政治体制所造成的，弱势省份在国家决策层缺乏政治代表，难以竞争到更多资源。在过去的几十年里，弱势省份急需资金以解决贫困问题，但国家财政委员会（NFC）并未对财政资源进行公平分配。省份越贫困，恐怖主义的土壤则越肥沃。

---

① SPDC, Initial impact of the 7ᵗʰ NFC Award on social development. in *Annual review of social development in Pakistan 2011 - 2012*. 2012, p. 103.

② Erin Connelly, cited in Malik & Zaman, Macroeconomic consequences of terrorism in Pakistan. *Journal of Policy Modelling*, 35, 2013, p. 1106.

③ National Institute of Population Studies, *Pakistan demographic and health Survey 2012 - 2013*. 2013, p. 18.

④ SPDC, In search of a solution. in *Annual review of social development in Pakistan 2009 - 2010*. 2010, p. 128.

⑤ Shahbaz, Shabbir, Malik & Wolters, An analysis of a causal relationship between economic growth and terrorism in Pakistan. *Economic Modelling*, 35, 2013, p. 21.

⑥ Hussain, *Terrorism, development and democracy: The case of Pakistan*. 2002, p. 9.

第七届国家财政委员会（NFC）分配方案的实际效果

省份虽然在第七届 NFC 方案实行后获得了更多资源，但是在宪法第 18 次修订案通过后，各省也开始承担更多的社会服务责任。因此，它们有机会通过发展社会经济来实现减贫目标，但结果并未如人民所愿。主要的社会发展指数，如小学净入学率、婴儿死亡率和饮用水覆盖率等，却出现了下降趋势。[①] 可见，虽然省份获得了更多资源，但是社会发展水平却未显著提高。

产生这种情况的原因在于两个方面。一方面，各省政府未作出合理的社会发展规划，造成资源浪费；把反恐作为首要目标，大量财政资源被用于安全维稳，社会服务领域缺乏资金；相当一部分财政拨款被用于提高省政府官员薪金水平。[②] 另一方面，社会经济发展放缓导致贫困增加，2010 年后，恐怖主义势力也有所抬头。人们仍然在收入低下、教育落后和医疗资源匮乏的困境中挣扎，这为恐怖主义的发展提供了温床。

为了获取更多的财政转移支付和拨款，弱势省份一直坚持财政分配标准多元化，它们在第七届国家财政委员会谈判中取得成功，并且获得比以前多数倍的资金。若它们将经济发展作为首要目标，并在社会发展领域中投入更多的资源，或许贫困的严峻形势可以得到缓解，换言之，至少可以消除滋生恐怖主义的一个诱因。

弱势省份由于贫穷获得了更多的财政支持，但事实上，它们在获得资源后并未将其投入到经济发展和社会服务领域中，因此第七届国家财政委员会方案对解决弱势省份的社会经济发展问题成效并不明显。要解决巴基斯坦的安全问题，只依靠军事力量对恐怖组织进行打击是远远不够的，必须要认识到，减少贫困对反恐战略有积极作用。因此，巴基斯坦面临的挑战是，既要发展社会经济，又要让各省人民公平地共享社会经济发展红利。

四 中巴经济走廊

巴基斯坦复杂的政治环境和堪忧的安全局势对经济发展和外国投资产生了负面影响。中巴经济走廊是巴基斯坦获得的最大的外国投资项目，它

---

① UNDP, *Development Advocate Pakistan*. Islamabad：Agha Jee, 2015.

② SPDC, Policy brief：Social Impact of the security crisis in annual review of social development in Pakistan 2009–10, 2011.；SPDC, Initial impact of the 7th NFC Award on social development. in *Annual review of social development in Pakistan 2011–12*, 2012.

在资源分配不均和恐怖活动层出不穷的巴基斯坦何去何从，关系着两国利益问题。同时，中巴经济走廊也给巴基斯坦解决国内矛盾提供了一个新选择。为了更详细地阐述以上两个问题，本部分将从中巴两国的角度和安全威胁的视角两个方面进行分析。

2013 年，中国国家主席习近平提出建设"一带一路"的倡议。"一带一路"指"丝绸之路经济带"和"21 世纪海上丝绸之路"，它致力于建造一个由公路、铁路、油气管道和其他基础设施组成的网络，将中国与中亚、俄罗斯、欧洲等国家或地区联通起来，打造新亚欧大陆桥，并以重要国家港口为节点，建设一条从中国沿海港口到南海、印度洋和地中海的海上运输大通道。除了基础设施建设外，"一带一路"还提出了宏大的经济愿景，通过亚洲基础设施投资银行（AIIB）和丝路基金的支持，努力提升区域经济整合能力和自由贸易水平，扩大信息交流与合作。①

中巴经济走廊是"一带一路"倡议的重要组成部分，由李克强总理在 2013 年 5 月访问巴基斯坦时提出。两年后，国家主席习近平对巴基斯坦进行国事访问，双方确定了以中巴经济走廊建设为中心，以瓜达尔港、能源、基础设施建设、产业合作为四大重点的"1 + 4"合作布局。② 双方共签署了 51 个合作协议，中国将向巴基斯坦注入 460 亿美元的投资。拉合尔工商业联合会前主席伊贾兹·蒙塔兹（Ijaz Mumtaz）认为："中巴经济走廊是巴基斯坦打破发展困境和提高人民生活水平的最后机遇。"③作为南亚地区经济发展水平最落后的国家之一，巴基斯坦将中巴经济走廊视为刺激经济发展和改善基础设施建设的救生索。

对中国而言，考虑到巴基斯坦重要的地缘战略价值，投资中巴经济走廊是符合中国利益的，但是这样巨额的投资也伴随着风险和责任。巴基斯坦以其恶劣的安全环境而闻名，并且已经发生过数起针对中国投资项目和工程人员的恐怖袭击，对中巴经济走廊来说，安全问题是一个巨大的挑战。

从本文对巴基斯坦国内政治及资源分配方式的分析看，大部分的中国投资可能会被分配给东部大省而无法到达最需要资源的地方。若中国投资按其内部政治逻辑来分配，那么，地区之间的贫富差距将会进一步拉大，

---

① Kennedy & Parker, *Building China's "One Belt, One Road"*, 2015.

② 谭翊飞、文道、龚捷、聂鲁彬：《一带一路中巴经济走廊样板》，《21 世纪经济报道》2016 年 3 月 7 日。

③ Jamal, CPEC triggered investment. *Dawn*, 2016.

这也将导致巴基斯坦社会更加不稳定，给中国投资增加安全风险。因此，作为巴基斯坦最大的投资者，中国必须在巨额经济投资上做出明确合理的规划，从而帮助巴基斯坦消除贫困，实现均衡的经济发展，使中巴经济走廊成为一个负责任的游戏规则改变者（Game Changer）。

（一）中国：发展的驱动力

巴基斯坦临近波斯湾，与伊朗、阿富汗和印度接壤，也是中国西部的出海口，其对中国来说有着重要的地缘战略价值。因此，中国作为崛起大国，十分重视与巴基斯坦的传统友好关系。通过建造一个连接中国西部和巴基斯坦南部的通道，中国可以直接到达印度洋，这就意味着缩短了中国到中东、非洲和欧洲的距离。

随着美国重返亚太，中国采取向西战略，加强与西侧国家的合作。美国为了遏制中国在亚洲地区的影响力，支持印度主导南亚地区事务，而中国方面则选择历来与印度不和的巴基斯坦，为其提供经济支持。[①] 因此，投资中巴经济走廊是中国应对美国亚太再平衡战略的对冲手段。

由于巴基斯坦的安全形势严峻，中巴经济走廊相比其他投资更具风险和挑战。中国计划打造一条连接中亚和欧洲的丝绸之路通道，以及一条连接中国东部与伊朗的运输线路。据新华社报道，第一条线路已于 2016 年 1 月 15 日开通，第一列货运列车从乌克兰西南部港口城市伊利伊乔夫斯克（Illichivst）出发，经过里海国际运输通道，跨越格鲁吉亚和阿塞拜疆，最终在 15 天内抵达哈萨克斯坦。[②] 2017 年 1 月 18 日，满载货物的 X8024/X8065 次中欧班列（义乌—伦敦）运行 12451 公里后顺利抵达伦敦东部巴金火车站，至此，中国开往欧洲的中欧班列又新增一境外到达城市。[③] 另一条线路也于 2016 年 1 月 28 日开通并试运营，首趟货运列车"义乌—德黑兰"专列满载着出口商品，从浙江省义乌出发，日行 700 公里，途经哈萨克斯坦

---

① Ritzinger, The China-Pakistan Economic Corridor: Regional dynamics and China's geopolitical goals. *The National Bureau of Asian Research*. 2015, p. 2.

② 《乌克兰集装箱货运列车首次驶向中国试运行》，新华社，2016 年 1 月 16 日，http://news. xinhuanet. com/world/2016 – 01/16/c_1117795617. htm。

③ 《中欧班列首度抵达伦敦，中英"一带一路"建设合作迈出新步伐》，国际在线，2017 年 1 月 19 日，http://news. cri. cn/20170119/4be163b3 – ddca – a439 – 6382 – 7b0ab5ac39c1. html。

和土库曼斯坦，先后两次换轨，在 14 天后最终到达伊朗首都德黑兰。① 上述两条线路的成功并不能降低建设中巴经济走廊的必要性。若中国可以在南亚成功打造一条经济通道，将有助于减少中国对中亚的依赖，而且，在亚洲有多个备选的合作伙伴符合中国的战略利益。

另外，巴基斯坦的恐怖主义和分离主义直接关系到中国国内稳定。美国学者路易斯·瑞辛格（Louis Ritzinger）在其文章中谈道："中国疆独势力与巴基斯坦的极端组织存在密切联系，疆独分子视巴基斯坦西部地区为大本营，并在当地接受训练。"② 中巴经济走廊将瓜达尔港和新疆喀什相连，意在拉动走廊沿线欠发达地区的经济发展。同时，它也促使新疆利用区位优势改变其社会经济结构，提高人们生活水平。因此，中国政府希望通过巨额投资实现中国西部地区和巴基斯坦的繁荣稳定。③

最后，中巴经济走廊还可以帮助中国实现能源进口渠道多元化。中国是世界上最大的油气消费国和进口国，能源关系到国家发展命脉。中国每天从海湾国家进口约 400 万桶原油和液化天然气，高度依赖经过阿拉伯海、印度洋、马六甲海峡和南中国海的贸易航线，而此航线并不安全且耗时长、成本高。④ 因此中国需要找到可代替该航线的运输通道，而中巴经济走廊就是一个理想选择。中巴经济走廊将有效缩短中国能源供应路线的距离和时间，油气到达瓜达尔港后，将通过陆上管道直接到达中国西部。中巴经济走廊使中国在能源进口上更加灵活并更利于保障国家能源安全。

（二）巴基斯坦：红利的分享者

巴基斯坦面临社会发展难题，其发展程度落后于其他南亚国家。近年来，巴基斯坦的平均 GDP 增速只达到 4%，⑤ 据世界银行估算，2016 年印度的经济增长将接近 7.7%，不丹达到 7.2%，孟加拉国达到 6.8%，斯里兰卡也将实现 5.6% 的增长目标，但巴基斯坦的经济增长预期只有 5.5%。⑥

---

① 《义乌—德黑兰货运班列开通》，新华社，2016 年 1 月 28 日，http://news.xinhuanet.com/fortune/2016 - 01/28/c_1117924762. htm。

② Louis Ritzinger, The China-Pakistan Economic Corridor: Regional dynamics and China's geopolitical goals. *The National Bureau of Asian Research*. 2015，p. 2.

③ *Ibid*.

④ G. Ahmed, The CPEC opportunity. *Business Recorder*，2016.

⑤ IndexMundi, *Country Comparisons: India vs. Pakistan* [Data file].

⑥ Jamal, CPEC triggered investment. *Dawn*，2016.

电力短缺和交通不便等基础设施问题阻碍了其社会和经济发展步伐。2015年，中国国家主席习近平宣布中巴经济走廊 460 亿美元投资计划后，巴基斯坦各界普遍认为这是一次改变国家命运的绝佳机遇。

巴基斯坦中央政府部门、军队机构和相关智库都对中国的巨额投资寄予很高期望。"中巴经济走廊是最大的外国投资项目之一，它能给我们的国家带来发展和繁荣。"[1] 巴基斯坦计划发展和改革部部长阿赫桑·伊克巴尔（Ahsan Iqbal）表示，巴基斯坦希望在中巴经济走廊的作用下，到 2025 年成为一个中等偏上收入国家，人均 GDP 达到 4200 美元。[2] 巴基斯坦军方国际服务公共关系部主任阿西姆·萨利姆·巴吉瓦（Asim Saleem Bajwa）对《21 世纪经济报道》记者说，中巴经济走廊建设像他的宝贝一样，军方会尽最大努力保护走廊顺利建设。[3]

走廊的建设主要集中在以下两部分，一是交通设施项目，包括公路和铁路建设；二是在走廊沿线建立产业园区，重点发展能源项目。[4] 根据巴基斯坦计划发展和改革部官方网站资料，走廊第一阶段的建设资金是 460 亿美元，其中 340.4 亿美元投入能源领域，98 亿美元投放到交通基础设施上，7.93 亿美元用于瓜达尔港，4400 万用于发展光纤项目。可见，大约 70% 的投资用于能源项目建设。

改善能源供应

由于电力短缺严重制约了巴基斯坦的经济发展，中国将通过建设火电、光伏、风力发电、垃圾焚烧发电以及水力发电等项目来帮助巴基斯坦克服能源短缺困难。目前，两国已合作建设了多个能源项目。例如，位于旁遮普省焦利斯坦沙漠（Cholistan Desert）中的 Quaid-e-Azam 光伏工业园，第一期工程由特变电工新疆新能源股份有限公司承包，雇用了超过 2000 名员工负责重型机械操作、输电线路和水管铺设以及高压线铁塔的安装工作；第二期则由中兴能源承建，届时该光伏工业园的装机容量将达到 1000 兆瓦，

① Radio Pakistan, *Government has removed reservations of parties on CPEC western route*, 2016.
② Farooq, CPEC – Pakistan's Vision 2025 seeks to position itself from a lower middle income country to high middle income country: Ahsan Iqbal. *AAJ News*, 2015.
③ 谭翊飞、文道、龚捷、聂鲁彬：《一带一路中巴经济走廊样板》，《21 世纪经济报道》2016年 3 月 7 日。
④ Siddiqui, CPEC projects: status, cost and benefits. *Dawn*, 2015. 另可参见 http://www.wsj.com/articles/china-to-unveil-billions-of-dollars-in-pakistan-investment – 1429214705。

输送的电力足够 32 万户家庭使用。①

　　另一个能源优先实施项目是装机容量 720 兆瓦的卡洛特（Karot）水电站。该项目距离伊斯兰堡约 30 英里，它是丝路基金的首个项目，注资 16.5 亿美元。② 完工后，该水电站将每年为巴基斯坦提供约 31 亿千瓦时的清洁能源，可有效缓解巴基斯坦电力供应的困境。中国长江三峡集团负责建设卡洛特水电站项目，除此之外，该集团从私营电力及基础设施委员会（PPIB）获得若干水电项目的开发权，其中包括科哈拉（Kohala）水电站项目等。③ 长江三峡集团还受巴基斯坦政府邀请参与一些风能项目的建设。第一个风能项目装机容量为 50 兆瓦，它位于信德省首府卡拉奇附近的特达区（Thatta District），该项目自 2014 年 11 月开始投入运营。按照长江三峡集团的计划，在未来几年建设的风能电站将会为巴基斯坦提供 2000 兆瓦的电力。④

完善路网交通

　　除能源项目外，中巴经济走廊还致力于打造一个完整的交通基础设施网络以促进巴基斯坦的贸易往来。据中国国资委网站消息，中巴经济走廊最大的交通建设项目——卡拉奇至拉合尔高速公路（苏库尔至木尔坦段，长 392 公里）分别由中建股份和中国交建承建。该项目将有效改善这一经济最发达、人口最密集地区的公共交通体系，有利于巴基斯坦的社会经济发展。

　　另外，2015 年 4 月在两国领导人的见证下，中巴双方共同签署了拉合尔轨道交通橙线项目。该项目由中国进出口银行提供贷款资金，全长 27 公里，预计在 27 个月内完工。2015 年 9 月起，在中方技术人员的配合下，巴基斯坦当地承包商开始地基工程建设。⑤

　　中巴经济在交通和能源基础设施上的投资将会为走廊沿线的巴基斯坦

---

①　Ebrahim, World's largest solar park to light up Pakistan's future. *Dawn*, 2015.

②　Siddiqui, CPEC projects: status, cost and benefits. *Dawn*, 2015.

③　徐伟：《中巴签了这么多协议，落实速度非同寻常》，2016 年 2 月 17 日，http://www.guancha.cn/Neighbors/2016_02_17_351285_s.shtml。

④　Website of Three Gorges First Wind Farm Pakistan (Pvt) Ltd. Retrieved from: http://tgf.com.pk/page.php? page=2222&cat=2222&title=ABOUT_US.

⑤　徐伟：《中巴签了这么多协议，落实速度非同寻常》，2016 年 2 月 17 日，http://www.guancha.cn/Neighbors/2016_02_17_351285_s.shtml。

人民提供大量的就业机会并促进当地的商贸发展。① 因此，各省都积极争取中巴经济走廊项目落户本省。虽然东部两省都拿到了走廊的多个能源项目，但是信德省议员胡尔希德·沙阿（Khursheed Shah）仍坚持认为，在中巴经济走廊项目分配上，联邦中央更偏袒旁遮普省而不重视信德省。② 另外，几个政党还质疑了中巴经济走廊交通网络的规划，他们声称："执政党故意改变了中巴经济走廊的走向，以照顾自己选区利益。"③ 而西部两省也强烈反对将中巴经济走廊设在东部。开伯尔－普什图省发出警告，如果中央政府不优先考虑建在西线的话，他们将采取极端手段进行应对。④ 俾路支省不仅抗议中央政府对旁遮普省的偏袒，而且表达了他们的担忧：走廊项目会吸引大量外省工人涌入俾路支省，不仅与俾路支人竞争工作机会，还会使人口本来就少的俾路支民族被边缘化，自身利益受损。政党间的斗争不可避免地将对中巴经济走廊大型项目产生负面影响，虽然各党派在 2015 年表面上达成了一致，但是隐忧仍在。⑤

共识与发展

世界银行 2016 年春季期《南亚经济聚焦》报告称，如果中巴经济走廊能顺利完工，将会给巴基斯坦带来重大改变，但是，目前巴基斯坦国内正经历着政治和经济纠纷的风险，要确保工程顺利推进，则需要各利益攸关方进一步达成共识。⑥ 这表明巴基斯坦内部政治和经济运作机制在一定程度上成为推进中巴经济走廊建设的阻力。

对于中巴经济走廊路线之争，中方十分关切，中国驻巴基斯坦大使馆发表声明，敦促巴基斯坦国内尽快达成共识，为中巴经济走廊创造一个更为有利的环境。为解决各方分歧，2016 年 1 月 15 日巴基斯坦召开了全政党会议，会议决定：一，走廊沿线工业园区的选址，由联邦中央政府和各省协商后确定；二，考虑到开伯尔－普什图省和俾路支省的实际需求，将按照"一个走廊，多个通道"的原则，优先建设西部通道，并且在必要时联

---

① G. Ahmed, The CPEC opportunity. *Business Recorder*, 2016.
② Dest, CPEC benefiting only one province will bear negative results: Khursheed Shah. *Tribune*, 2015.
③ Fazil, Pakistan: What stands in CPEC's way? *The Diplomat*, 2016.
④ Manan, PM forms committee for redressal of reservations on CPEC. *Tribune*, 2016.
⑤ 中国人民大学重阳金融研究院《财经》合作研究课题组：《中巴经济走廊实地调研报告》，《人大重阳研究报告》第 19 期（2016 年 12 月 20 日），第 17 页。
⑥ World Bank, *South Asia Economic Focus, Spring 2016*, p. 67.

邦政府会给予西线更多的财政支持；三，西线将建设四车道高速公路，在后期扩建为六车道；四，联邦政府将组建中巴经济走廊建设指导委员会，由 11 名成员构成，总理谢里夫担任主席，其他成员包括中巴经济走廊国会委员会主席、联邦计划发展和改革部长、水利部长、铁道部长、交通部长、信息技术部长和各省的首席部长，此外，吉尔吉特 - 巴尔蒂斯坦的代表将会定期与委员会就走廊相关问题进行磋商。[①]

在经过系列磋商后，中巴经济走廊建设取得了实质性进展。截至 2016 年 6 月底，瓜达尔港已具备基本作业能力，这将带动巴基斯坦西部地区尤其是俾路支省的地方经济发展，削弱和孤立地方分离主义势力。[②] 2016 年 11 月 12 日，中巴经济走廊首次实现陆路联通，中巴经济走廊联合贸易车队从中国喀什出发，穿越巴基斯坦西部地区，跨越 3115 公里，最终抵达瓜达尔港，标志着中巴经济走廊的建设由理想变为了现实。[③]

（三）安全威胁与转变

中巴经济走廊的建设面临着各式挑战，而恐怖主义则是最大威胁。中国人民大学重阳金融研究院《中巴经济走廊实地调研报告》指出，走廊目前主要面临着三个方面的安全威胁：一是俾路支革命军和巴基斯坦塔利班，前者是民族分裂势力，后者是极端宗教组织，都以恐怖活动为其外在表现特征；二是各省地方势力、部落势力和有组织犯罪集团，他们组织聚众闹事、绑架抢劫和爆炸恐吓等活动；三是巴基斯坦的自然风险，如水灾、山体滑坡等。[④] 在巴基斯坦，中方投资了多个项目，并有大量中国籍员工长期在此工作和生活，恐怖主义威胁无处不在。据新闻报道，2004 年 5 月，三名中国工程师在瓜达尔汽车爆炸事件中遇袭身亡；2006 年 2 月，在卡拉奇附近的一个城镇，三名中国工程师和巴基斯坦籍司机在没有保安陪同的情况下离开当地一家水泥工厂，遭遇巴基斯坦分离主义军事组织——"俾路

---

① Ghumman, Sharif acts to defuse tensions over CPEC. *Dawn.* ; Manam, 2016, PM forms committee for redressal of reservations on CPEC. *Tribune*, 2016.

② 中国人民大学重阳金融研究院《财经》合作研究课题组：《中巴经济走廊实地调研报告》，《人大重阳研究报告》第 19 期（2016 年 12 月 20 日），第 6 页。

③ 《中巴经济走廊联合贸易车队首次试联通成功》，新华社，2016 年 11 月 14 日，http://news. xinhuanet. com/world/2016 - 11/14/c_1119907278. htm。

④ 中国人民大学重阳金融研究院《财经》合作研究课题组：《中巴经济走廊实地调研报告》，《人大重阳研究报告》第 19 期（2016 年 12 月 20 日），第 24 页。

支解放军"的袭击。① 中国投资的工程项目也成为恐怖分子袭击的目标。2013 年 7 月，四辆中资企业油罐车在离俾路支省首府奎达不远的恰吉区被激进分子炸毁；2015 年 3 月，数辆油罐车在同一区域遭到人为纵火，巴基斯坦籍司机被绑架。② 2016 年 11 月 26 日，在瓜达尔市 Lalazar 地区北部，8 名俾路支解放军（BLA）武装人员袭击某中资企业勘探队，两名巴方安保人员被当场射杀，该事件疑似意图绑架中方人员未遂。③ 巴基斯坦动荡不安的局势严重威胁到了中方投资者的财产和生命安全。

　　虽然巴基斯坦军方组建了一支约 1.3 万人的特殊部队用以保护走廊沿线的中国投资项目和人员的安全，④ 但是，完全依赖巴方提供安全保护是不现实的奢望，况且巴基斯坦提供的安保还存在着机制性的隐患。究其原因，一是常规部队集中在中巴边境对峙，近年又调拨大量兵力控制阿富汗—巴基斯坦边境部落区和分离主义活跃的俾路支省，以致该支保护走廊的军力是巴方可提供保障的最大能力；二是走廊项目散布全国，兵力有限难以全覆盖；三是该支军力由地方警察、武装民兵和巴基斯坦三军力量组成，他们之间严重缺乏协同能力。⑤ 因此，中国在应对安全挑战的问题上仍要付出更多努力。回顾巴基斯坦动荡的原因，以旁遮普省为主导的政治制度在很大程度上影响了资源分配的平衡，导致了其他省份不满。若中国依靠巴基斯坦内部政治运作来分配中巴经济走廊的资源，则极有可能大部分利润会流向人口最多的旁遮普省。信德省议员兼国民议会反对党领袖胡尔希德·沙阿（Khursheed Shah）指出，只把利益分配给一个省份会出现很多负面结果，弱势省份对旁遮普省的敌意会与日俱增。⑥ 假如中巴经济走廊只拉动个别省份的发展，将会加大各省之间的社会和经济差异，为恐怖主义奠定更牢固的社会基础，也就意味着给中国投资带来更多危险。因此，中国必须在走廊资源分配上更多地考虑巴基斯坦弱势省份的利益，为巴基斯坦每个

---

① China workers killed in Pakistan. （2006，February 15）. *BBC*.

② Baloch，Chinese operations in Balochistan again targeted y militants. *The Diplomat*，2015.

③ 《巴基斯坦发生疑似针对中企恐袭，中方发安全提醒》，中国新闻网，2016 年 12 月 6 日，http://www.chinanews.com/gn/2016/12 - 06/8084922. shtml。

④ Hassan，To protect Chinese investment，Pakistan military leaves little to chance. *Reuters*，2016.

⑤ 中国人民大学重阳金融研究院《财经》合作研究课题组：《中巴经济走廊实地调研报告》，《人大重阳研究报告》第 19 期（2016 年 12 月 20 日），第 22 页。

⑥ Desk，CPEC benefiting only one province will bear negative results：Khursheed Shah. *Tribune*，2015.

地区提供公平的发展机遇。

除了让巴基斯坦实现全面发展，中国必须警惕"巴基斯坦治理结构中的腐败、职能失调和官员不称职的问题，以及主导巴基斯坦政治的委任文化"。[①] 以航空业为例，巴基斯坦国际航空公司亏损多年，但资料显示，该公司冗员过度，平均每架飞机雇用 776 名工作人员。原因在于，政客们将该行业视为"香饽饽"，不断以安排岗位的方式回报亲属或追随者的支持。[②] 可以说，巴基斯坦的发展困境是由委任体系造成的，为了避免官员侵吞资源，真正造福于巴基斯坦各阶层人民，中国必须加强对中巴经济走廊项目的监督和管理。

在中方助力之下，巴基斯坦能源状况和交通网络明显改善，缓解了经济发展的燃眉之急。但是要应对恐怖主义对中巴经济走廊的威胁，中国还有很长的路要走。

中国在投资过程中应承担更多社会责任。前文已分析过，虽然省份在新的分配方案下获得了更多财政资源，但他们并未解决自身的社会发展问题。中巴经济走廊则可在这方面做出自己的贡献。中国和巴基斯坦政府在瓜达尔已经开展合作，建造小学、医院和技术职业学院以改善当地教育和医疗水平。[③] 这是一个好的开端，但还远远不够。巴基斯坦各地的年轻人们急需教育机会和医疗保障，如果中巴经济走廊能为沿线居民提供更多社会公共物品的供给，将有助于改善地区安全状况。

中国需要建立自身安全防范的基本配置和协调机制，加强与巴方安全合作。在投资项目上，中资项目应该配备内部安保措施，同时与巴方警察、军队的外部保护相配合，并在情报监控方面尽量获取巴基斯坦三军情报局的支持。[④] 此外，提倡中国企业自主解决安保服务问题，不应只依赖巴方力量，应该支持国内安全服务企业走出国门。[⑤]

中国还需要在提供就业机会上更加谨慎。在俾路支省，人们因联邦长期未支付自然资源使用费，并缺乏教育机会和医疗保障，积聚了对联邦政

---

① Anatol Lieven, The China-Pakistan corridor: A fate-changer? *Aljazeera*, 2015.

② *Ibid.*

③ 徐伟：《中巴签了这么多协议，落实速度非同寻常》，2016 年 2 月 17 日，http://www.guancha.cn/Neighbors/2016_02_17_351285_s.shtml。

④ 中国人民大学重阳金融研究院《财经》合作研究课题组：《中巴经济走廊实地调研报告》，《人大重阳研究报告》第 19 期（2016 年 12 月 20 日），第 23 页。

⑤ 同上，第 31 页。

府的不满；由于过去大型项目忽略了当地人对于就业的需求，以及其他民族务工人员的大规模涌入挤占了当地居民的生存空间，俾路支人与联邦之间的矛盾被激化。他们对中巴经济走廊项目产生了疑虑和担忧。俾路支省参议员米尔·卡比尔·艾哈迈德·穆罕默德·夏希（Mir Kabeer Ahmad Mohammad Shahi）在接受巴基斯坦《国家报》采访时表示："我们并不反对瓜达尔深水港、中巴经济走廊或者其他发展项目，但如果当地居民像美洲印第安人那样被边缘化，我们是绝对不允许这种事情发生的。"[1] 显然，要消除俾路支省或其他地区的人们对中巴经济走廊的疑虑，中方投资者必须承担起更多的社会责任，让当地居民和少数族裔共同分享经济发展成果。若以公平为原则提供更多的就业机会，中巴经济走廊能够让当地民众通过自身努力创造更美好的生活，促进社会稳定，实现国家发展。

中国还需要加强对投资国实地研究的能力，建设一支专业化的市场研究和法律服务队伍。2016 年 5 月，中国机械设备工程股份有限公司（CMEC）撤出塔尔煤田 II 区块的电站项目，正是因为前期调研工作欠缺，对巴方提供的数据和报告未进行核实，导致该地区的煤品质量无法达到实际发电需求，最终只能被迫停止协议。但是因商业协议已经生效，中方企业就面临着法律诉讼的问题。该案例仅从一个侧面就可表明中国企业需要进行对象国研究，在市场和法律团队上加大投入。[2]

中巴经济走廊不仅符合中国战略利益，也是巴基斯坦实现社会经济发展的历史机遇。在理解巴基斯坦政治体制、资源分配方式和安全问题起因的基础上，中国的对外投资在战略上要高瞻远瞩，在细节上要做好全盘规划，以利于项目的落实和建设进程的推进。尽管官方高度肯定了中巴经济走廊的作用，但是，要获得巴基斯坦全民共识，在明确中巴经济走廊是惠及全巴基斯坦人民而不是个别省份的目标上，依然任重而道远。

五　结论

中国正在崛起成为全球大国，对周边国家的影响力不断增加，而中巴经济走廊的建设则是中国拥有强大经济实力的有力体现。中国的巨额投资

---

[1]　as Cited in Meer, CPEC：A bad deal for the Baloch people？ *The Diplomat*, 2015.

[2]　中国人民大学重阳金融研究院《财经》合作研究课题组：《中巴经济走廊实地调研报告》，《人大重阳研究报告》第 19 期（2016 年 12 月 20 日），第 31 页。

一方面为巴基斯坦增强经济竞争力提供了历史机遇，另一方面也符合中国国家周边发展战略的需求。因此，双方都要认真对待中巴经济走廊面临的风险和挑战。

巴基斯坦是世界上最贫困和动荡的国家之一，经济投资风险极高。而理解巴基斯坦国内政治，有利于分析中巴经济走廊在安全问题上面临的困难，并为提出可行的解决方案提供建设性的参考意见。2008 年起，巴基斯坦民选政府上台执政，使巴基斯坦回归民主发展的轨道。即便如此，在国民议会议席比例分配中仍然可以看到一个事实：旁遮普省主导国家事务。因巴基斯坦高度中央集权，多年来中央和省份关系紧张，主要表现在财政资源分配的问题上。联邦中央总揽大部分税收权力，留给省级政府征税的空间十分有限，因而各省级财政创收能力低下，大量经费依赖于联邦中央的共享池转移支付和拨款。巴基斯坦的财政资源分配方案主要由国家财政委员会（NFC）决定，而国家财政委员会又受国家政治体系中各省不均衡的代表权影响，在资源分配问题上多年坚持人口作为唯一标准的参考标准。此外，巴基斯坦政治中独具特色的委任（Patronage）文化促使政客们争相侵吞国家资源以回报其亲属及追随者。多年的资源分配不均致使各省的社会经济发展水平差异悬殊。

巴基斯坦恐怖袭击事件频发除了由宗教极端主义、种族冲突和外部安全环境引起外，还与资源分配紧密相关。在一省主导的政治体系格局下，多年的资源分配不均造成弱势省份的社会经济发展停滞。这些省份因财政资源拮据而无法致力于推动经济增长，更不必希冀他们投资基础设施建设和提供更优质的社会公共服务。在贫穷地区的居民，尤其是开伯尔－普什图省和俾路支省，他们面临着收入有限、教育普及程度低、医疗资源匮乏和失业率高等生存困境。青年群体在这种了无生机的环境中挣扎，为了寻求出路，他们在伊斯兰极端分子的蛊惑下加入激进组织，投身到恐怖主义活动中。关于贫困与暴力行为甚至是恐怖主义活动之间的联系至今仍然存在争议，但是通过让贫困地区发展经济，并让该地区所有的人们能够分享经济发展的成果，将能减少由于不平等而产生的社会矛盾及暴力犯罪甚至是恐怖活动，这是支撑中国"一带一路"倡议的基本信念之一，这种人文情怀具有普世性。

基于巴基斯坦复杂的国情，中巴经济走廊在提出建设之初就被赋予了更多的责任。按照以往的资源分配方式，巴基斯坦政治高层将把中巴经济走廊的大部分项目安排在东部大省，但是这种分配格局只会使贫穷地区不满情绪加深，被边缘化加速。此外，东部地区也不是恐怖主义活动的禁区，中巴经济走廊面临恐怖主义威胁的事实不会因项目落户地点的不同而发生改变。中巴经济走廊为巴基斯坦提供了一次实现各省均衡发展的机遇。中国投资方应充分认识到巴基斯坦内部政治体系的缺陷，避免中巴经济走廊在巴基斯坦资源分配不均问题上重蹈覆辙。中国除了帮助巴基斯坦发展交通路网和改善能源结构外，还应鼓励社会公共服务领域的投资，积极建造学校和医疗机构等公共设施；各工程项目还要坚持非歧视性原则，照顾本地和少数族裔的劳动力就业，为百姓带来更多实惠，真正改善当地民生。

诚然，在诸多因素作用下，巴基斯坦恐怖主义持续发酵。而对于多年来身受贫困与动荡之苦的巴基斯坦人民而言，中巴经济走廊带给他们的，是拉动巴基斯坦经济增长和提高生活水平。中国要成为一个负责任的投资者，它不仅符合中国的利益，而且还会使社会经济更均衡发展的巴基斯坦走向繁荣和稳定。中巴经济走廊的顺利建设，将是中巴双方互利共赢的正确选择。

参考文献

Abro, R. （2009, November 19）. NFC award in final stages: No consensus on resource distribution yet. *Daily Times*. Retrieved from http://archives. dailytimes. com. pk/main/19 – Nov – 2009/nfc-award-in-final-stages-no-consensus-on-resource-distribution-yet.

Adnan Aamir. （2015, June 05）. CPEC: the Way Forward. The Nation. Retrieved from http://nation. com. pk/blogs/05 – Jun – 2015/cpec-the-way-forward.

Ahmed, G. （2016, February 25）. The CPEC opportunity. *Business Recorder*. Retrieved from http://www. brecorder. com/articles-a-letters/187: articles/19778: the-cpec-opportunity? date = 2016 – 02 – 25.

Ahmed, M. , Saleem, S. & Iftikhar, I. （2012）. Political system of Pakistan: Analysis of political structure of local bodies in Pakistan. *Berkeley Journal of Social Science*, 2 （10 – 11）.

Ahmed, I. , Mustafa, U. & Khalid, M. （2007）. *National Finance Commission Awards in Pakistan: A historical perspective*. Pakistan Institute of Development Economics.

Alaiwah. （2008, September 24）. *Constitutional distribution of natural gas & hydroelectric power*. Retrieved from https://alaiwah. wordpress. com/2008/09/24/constitutional-distribution-of-natural-gas-hydro-electric-power/.

Alwani, H. (2009, January 5). Reconstituting the NFC award. *Dawn*. Retrieved from http://www. dawn. com/news/872503/reconstituting-the-nfc-award.

Aziz, R. & Ahmad, M. B. (2015, June 22). *Pakistan's power crisis: The way forward*. Retrieved from http://www. usip. org/publications/2015/06/22/pakistans-power-crisis-the-way-forward.

Baloch, K. (2015, March 27). Chinese operations in Balochistan again targeted y militants. *The Diplomat*. Retrieved from http://thediplomat. com/2015/03/chinese-operations-in-balochistan-again-targeted-by-militants/.

Blood, P. R. (1995). *Pakistan: A country study* (6th ed.). Washington, DC: Library of Congress.

Bukhari, S. T. H. (2013). Differences between Governor and Chief Minister: Focusing on the Punjab. In M. Abid & S. Qalb-i-Abid (Eds.), *Pakistan challenges to democracy, governance, and national unity* (pp. 361 – 378).

Butt, Q. (2015, June 14). G-B and AJK: No longer federal wards, not yet full provinces. *Tribune*. Retrieved from http://tribune. com. pk/story/903255/g-b-and-ajk-no-longer-federal-wards-not-yet-full-provinces/.

Central Intelligence Agency. (2015, November 19). *The World Factbook*. Retrieved from https://www. cia. gov/library/publications/the-world-factbook/geos/pk. html.

China workers killed in Pakistan. (2006, February 15). *BBC*. Retrieved from http://news. bbc. co. uk/2/hi/south_asia/4716820. stm.

Cohen, S. P. (2004). *The idea of Pakistan*. Washington, DC. Brookings Institution Press.

Constitution (18*th Amendment*) *Act*. (2010, April 19) Retrieved from http://www. pakistani. org/pakistan/constitution/amendments/18amendment. html.

Desk, W. (2015, November 13). CPEC benefiting only one province will bear negative results: Khursheed Shah. *Tribune*. Retrieved from http://tribune. com. pk/story/990623/cpec-benefiting-only-one-province-will-bear-negative-results-khursheed-shah/.

Decisive NFC moot next week. (2004, May 6). *Dawn*. Retrieved from http://www. dawn. com/news/358150/decisive-nfc-moot-next-week.

Ebrahim, Z. T. (2015, September 8). World's largest solar park to light up Pakistan's future. *Dawn*. Retrieved from http://www. dawn. com/news/1205484.

Estrada, M. A. R. , Park, D. , Kim, J. S. & Khan, A. (2015). The economic impact of terrorism: A new model and its application to Pakistan. *Journal of Policy Modelling*, *37*, 1065 – 1080.

Farroq, U. (2015, March 25). CPEC-Pakistan's Vision 2025 seeks to position itself from a lower middle income country to high middle income country: Ahsan Iqbal. *AAJ News*. Retrieved from http://aaj. tv/2015/03/cpec-pakistans-vision – 2025 – seeks-to-position-itself-from-a-lower-middle-income-country-to-high-middle-income-country-ahsan-iqbal/.

Fasihuddin. (2010). Seventh NFC Award implications for Balochistan. In M. H. Nuri., A. Ahmad. & F. Akram (Ed.), *Balochistan: Rationalisation of Center-Province relations* (pp. 114 – 122). Islamabad: Islamabad Policy Research Institute.

Fazil, M. D. (2016, February 15). Pakistan: What stands in CPEC's way? *The Diplomat*. Retrieved fromhttp://thediplomat. com/2016/02/pakistan-what-stands-in-cpecs-way/.

Finance Department of Khyber Pakhtunkhwa. *Revenue distribution through NFC Awards*. Retrieved from http://www. financekpp. gov. pk/.

First container train from China arrives in Tehran. (2016, February 14). *Freightweek*. Retrieved from http://freightweek. org/ ~ freightw/index. php/latest-news/85 – rail/1928 – first-container-train-from-china-arrives-in-tehran.

Geo-strategic importance of China-Pakistan-Economic Corridor. (2015, December 2). *Voice of Journalists*. http://www. voiceofjournalists. com/geo-strategic-importance-of-china-pakistan-economic-corridor/.

Ghaus, K. & Sabir, M. (2014). Intergovernmental fiscal transfers and gender-sensitive education financing. *Southern Voice Occasional Paper*, 13.

Ghaus-Pasha, A. , Pasha, H. A. & Zubair, A. (2010). Fiscal equalisation among provinces in the NFC Awards. *The Pakistan Development Review*, 49 (4), 563 – 576.

Ghumman, K. (2016, January 16). Sharif acts to defuse tensions over CPEC. *Dawn*. Retrieved from http://www. dawn. com/news/1233353.

Haider, M. (2015, September 7). 17 years and no census in Pakistan-A country running on guesswork. *Dawn*. Retrieved from http://www. dawn. com/news/1204917/17 – years-and-no-census-in-pakistan-a-country-running-on-guesswork.

Hussain, A. (2002). Terrorism, development and democracy: The case of Pakistan. In S. K. Khatri & G. W. Kueck (Ed.), *Terrorism in South Asia: Impacts on Development and Democratic Process*. Colombo, New Delhi and Delhi: RCSS, Konrad Adenauer Foundation and Shipra Publications.

Hassan, S. R. (2016, February 7). To protect Chinese investment, Pakistan military leaves little to chance. *Reuters*. Retrieved from http://www. reuters. com/article/pakistan-china-security-gwadar-idUSKCN0VH06F.

IndexMundi. *Country Comparisons: India vs. Pakistan* [Data file]. Retrieved from http://www. indexmundi. com/factbook/compare/india. pakistan/economy.

Institute for Economics and Peace. (2015). 2015 Global terrorism index.

Jamal, N. (2015, April 21). How long will Punjab be expected to sacrifice? *Dawn*. Retrieved fromhttp://www. dawn. com/news/1177223/how-long-will-punjab-be-expected-to-sacrifice.

Jamal, N. (2016, January 11). CPEC triggered investment. *Dawn*. Retrieved from http://www. dawn. com/news/1232178.

Javaid, U. (2013). *Pakistan fights extremism and terrorism.* Lahore: Vanguard.

Jawad, S. H. (2015). *A search of Pakistan-what happened and why.* Karachi: Ushba Publishing International.

Kennedy, S. & Parker, D. A. (2015, April 3). *Building China's " One Belt, One Road".* Retrieved from http://csis. org/publication/building-chinas-one-belt-one-road.

Khan, A. U. (2014). *Pakistan: The way forward.* Lahore: Jumhoori Publications.

Khan, H. (2009). *Constitutional and political history of Pakistan* (2nd ed.). Karachi: Oxford University Press.

Khan, M. (2011, October 21). A few reasons of growing unemployment in Pakistan. *News Pakistan.* Retrieved from http://www. newspakistan. pk/2011/10/21/a-few-reasons-of-growing-unemployment-in-pakistan/.

Khan, M. Z. (2016, February 01), PTI's vision of fiscal federalism. Dawn. Retrieved from https://www. dawn. com/news/1236651/ptis-vision-of-fiscal-federalism.

Kiani, K. (2015, June 29). Move for extensions of NFC award. *Dawn.* Retrieved from.

Lieven, A. (2012). *Pakistan: A hard country.* New York, NY: Public Affairs.

Lieven, A. (2015, November 16). The China-Pakistan corridor: A fate-changer? *Aljazeera.* Retrieved from http://www. aljazeera. com/indepth/opinion/2015/11/china-pakistan-corridor-fate-changer – 151111080012375. html.

Malik, Z. & Zaman, K. (2013). Macroeconomic consequences of terrorism in Pakistan. *Journal of Policy Modelling*, 35, 1103 – 1123.

Manan, A. (2016, January 15). PM forms committee for redressal of reservations on CPEC. *Tribune.* Retrieved from http://tribune. com. pk/story/1028011/pm-forms-committee-for-redressal-of-reservations-on-cpec/.

Meer, S. (2015, December 30). CPEC: A bad deal for the Baloch people? *The Diplomat.* Retrieved from http://thediplomat. com/2015/12/cpec-a-bad-deal-for-the-baloch-people/.

Ministry of Finance (Pakistan). *Pakistan Economic Survey.* Retrieved from http://www. finance. gov. pk/survey_1415. html.

Ministry of Law, Justice and Parliamentary Affairs (Pakistan). (2010). *President's Order No. 5 of* 2010 (Registered No. M – 302/L. – 7646). Karachi, Sindh: The Deputy Controller, Stationery and Forms.

Ministry of Planning, Development & Reform (Pakistan). *CPEC projects.* Retrieved from http://www. pc. gov. pk/? page_ id = 5352.

Mustafa, U. (2011). *Fiscal federalism in Pakistan: The 7th National Finance Commission Award and its implications*. Pakistan Institute of Development Economics.

Nabi, I. & Shaikh, H. (2010). *Fiscal federalism in Pakistan: A radical departure and some new challenges*. Development Policy Research Center.

Nasir, A. (2016, January 9). What's 'P' in CPEC? *Dawn*. Retrieved from http://www. dawn. com/news/1231714/whats-p-in-cpec.

National Assembly of Pakistan. Retrieved from http://www. na. gov. pk/en/composition. php.

National *consortium for the study of terrorism and responses to terrorism*. (2013). Global Terrorism Database [Data file]. Retrieved from http://www. start. umd. edu/gtd/.

National Democratic Institute for International Affairs and the Asian Network for Free Elections. (2013). *The 2013 National and Provincial Assembly elections in Pakistan*.

National Finance Commission Secretariat. (2009). *Report of the National Finance Commission 2009*. Retrieved from http://www. finance. gov. pk/nfc/reportofthenfc_ 2009. pdf.

National Institute of Population Studies. (2013, December). *Pakistan demographic and health Survey 2012 – 2013*. Retrieved from https://dhsprogram. com/pubs/pdf/FR290/FR290. pdf.

Naveed, A. & Ali, N. (2012). *Clustered deprivation: District profile of poverty in Pakistan*. Sustainable Development Policy Institute.

NFC award likely in two weeks: advisor. (2005, May 7). *Dawn*. Retrieved from http://www. dawn. com/news/138140/nfc-award-likely-in-two-weeks-adviser.

NFC: No consensus over distribution formula. (2004, April 12). *Dawn*. Retrieved from http://www. dawn. com/news/356128/nfc-no-consensus-over-distribution-formula.

Nuri, M. H. , Hanif, M. & Khan, M. N. (Eds.). (2012). *Eighteenth Amendment Revisited*. Islamabad: Islamabad Policy Research Institute.

Panhwer, G. (2009, August 10). Sindh's stand on NFC award. *Dawn*. Retrieved fromhttp://www. dawn. com/news/871699/sindh-s-stand-on-nfc-award.

Radio Pakistan. (2016, January 16). *Government has removed reservations of parties on CPEC western route*. Retrieved from http://radio. gov. pk/newsdetail/72200/2.

Rasheed, S. A. (2015, April 16). Sindh is rich-why aren't its people. *The Nation*. Retrieved from http://nation. com. pk/blogs/16 – Apr – 2015/sindh-is-rich-why-aren-t-its-people.

Ritzinger, L. (2015). The China-Pakistan Economic Corridor: Regional dynamics and China's geopolitical goals. *The National Bureau of Asian Research*.

Sabir, M. (2014). *Agenda for the 8th NFC: Lessons from the 7th NFC Award, post – 7th NFC developments and emerging issues*. Social Policy and Development Center.

Stated-owned Assets Supervision and Administration Commission of the State Council (China). (2015, Dec. 23). Zhong guo jian zhu qian yue zhong ba jing ji zou lang zui da jiao tong she shi xiang mu [CSCEC assigned the biggest transportation infrastructure project of China-Pakistan Economic Corridor]. Retrieved from http://www. sasac. gov. cn/n86114/n326638/c2164713/content. html.

Shahbaz, M. , Shabbir, M. S. , Malik, M. N. , & Wolters, M. A. (2013). An analysis of a causal relationship between economic growth and terrorism in Pakistan. *Economic Modelling*, 35, 21 – 29.

Shaheen, F. (Ed.). (2012). *Election guidebook.* Karachi: Women Media Center-Pakistan. Retrieved from http://wmcpk. org/wp/wp-content/uploads/2013/03/Election-Guide-Book. pdf.

Shan, S. , & Page, J. (2015, April 16). China Readies $46 billion for Pakistan trade route. *The Wall Street Journal.* Retrieved from http://www. wsj. com/articles/china-to-unveil-billions-of-dollars-in-pakistan-investment – 1429214705.

Siddiqui, E. H. A. (2015, July 13). CPEC projects: status, cost and benefits. *Dawn.* Retrieved from http://www. dawn. com/news/1194014.

Sindh yet to name candidate for NFC. (2005, February 5). *Dawn.* Retrieved fromhttp://www. dawn. com/news/382145/sindh-yet-to-name-candidate-for-nfc.

Social Policy and Development Center. (2010). In search of a solution. In *Annual review of social development in Pakistan* 2009 – 10 (pp. 125 – 130).

Social Policy and Development Center. (2011). Policy brief: Social Impact of the security crisis in annual review of social development in Pakistan 2009 – 10.

Social Policy and Development Center. (2012). Initial impact of the 7th NFC Award on social development. In *Annual review of social development in Pakistan* 2011 – 12 (pp. 98 – 109).

Tan, T. Y. (2005). *The garrison state: the military, government and society in colonial Punjab*, 1849 – 1947. Sage Publications India.

The Constitution of the Islamic Republic of Pakistan. Retrieved from http://www. pakistani. org/pakistan/constitution.

Three Gorges First Wind Farm Pakistan (Pvt) Ltd. Retrieved from http://tgf. com. pk/page. php? page = 2222&cat = 2222&title = ABOUT_ US.

United Nations Development Programme. (2015). Development Advocate Pakistan. Islamabad: Agha Jee.

Waseem, M. (2010, August). *Federalism in Pakistan.* Retrieved from http://www. forumfed. org/pubs/Waseem-Fed-Overview. pdf.

Wasim, A. (2005, October 8). Uproar in Senate over NFC. *Dawn.* Retrieved from http://www. dawn. com/news/160202/uproar-in-senate-over-nfc.

Weaver, M. A. (2002). *Pakistan：In the shadow of jihad and Afghanistan.* New York, NY：Farrar Strus & Giroux.

Widening the NFC's scope. (2009, December 16). *Dawn.* Retrieved from http：//www. dawn. com/news/1002387/widening-the-nfc-s-scope.

Working with interim NFC Award. (2009, April 13). *Dawn.* Retrieved from http：//www. dawn. com/news/838705/working-with-interim-nfc-award.

《巴基斯坦发生疑似针对中企恐袭，中方发安全提醒》，中国新闻网，2016 年 12 月 6 日：http：//www. chinanews. com/gn/2016/12 – 06/8084922. shtml。

《乌克兰集装箱货运列车首次驶向中国试运行》，新华社，2016 年 1 月 16 日，http：//news. xinhuanet. com/world/2016 – 01/16/c_1117795617. htm。

《义乌 – 德黑兰货运班列开通》，新华社，2016 年 1 月 28 日，http：//news. xinhuanet. com/fortune/2016 – 01/28/c_1117924762. htm。

中国人民大学重阳金融研究院《财经》合作研究课题组：《中巴经济走廊实地调研报告》，《人大重阳研究报告》第 19 期（2016 年 12 月 20 日）。

《中巴经济走廊联合贸易车队首次试联通成功》，新华社，2016 年 11 月 14 日，http：//news. xinhuanet. com/world/2016 – 11/14/c_1119907278. htm。

《中欧班列首度抵达伦敦，中英“一带一路”建设合作迈出新步伐》，国际在线，2017 年 1 月 19 日，Retrieved from：http：//news. cri. cn/20170119/4be163b3 – ddca – a439 – 6382 – 7b0ab5ac39c1. html。

谭翊飞、文道、龚捷、聂鲁彬：《一带一路中巴经济走廊样板》，《21 世纪经济报道》2016 年 3 月 7 日。Retrieved from http：//epaper. 21jingji. com/html/2016 – 03/07/content_33736. htm.

徐伟：《中巴签了这么多协议，落实速度非同寻常》，观察者网，2016 年 2 月 17 日，Retrieved from：http：//www. guancha. cn/Neighbors/2016_02_17_351285_s. shtml。

第三章 双边政治关系视角下巴基斯坦 制度风险与中国在巴直接 投资的关系研究

李东坤[*]

【内容提要】 巴基斯坦的制度风险总体较高，尤以恐怖主义威胁为甚，是目前阻碍外国投资者进入巴基斯坦的主要因素。但对中国投资者而言，其面临的实际风险水平低于巴基斯坦制度风险的名义值，甚至在一定的风险范围内，伴随巴基斯坦制度风险的增加，中国在巴直接投资呈明显上升趋势。究其原因，中巴长期友好、深厚互信的双边友好政治关系很可能起到了重要的调节作用。尤其是伴随着中巴双边友好政治关系逐渐由地缘政治领域向地缘经济领域全面深化拓展，两国中央与地方政府间形成并完善了多层次经济务实合作体系和政策促进措施，这在很大程度上对中国在巴直接投资起到了显著的风险平抑作用。但巴基斯坦的制度风险仍不容小觑，中国需在加强与巴基斯坦反恐合作的同时，进一步拓展其外交合作的维度、健全风险平抑的多方参与机制和应急反应机制，并敦促企业强化自身安保能力，以推进中国在巴直接投资的健康发展和中巴经济走廊建设的顺利实施。本研究还将为中国在制度风险相对较高的"一带一路"沿线国家直接投资的推进与发展提供经验与启示，具有较强的现实意义。

【关键词】 巴基斯坦 对外直接投资 制度风险 双边政治关系

---

* 李东坤，女，经济学博士，西南交通大学中国高铁发展战略研究中心讲师。

一 引言

自 1951 年中国与巴基斯坦正式建立外交关系以来,两国逐渐形成了深厚互信的双边友好政治关系。进入 21 世纪以后,随着国际环境和国内发展诉求的变化,中巴双边合作的重点逐渐由地缘政治领域拓展至地缘经济领域。2015 年 4 月习近平主席访问巴基斯坦期间,中巴签署了 51 项双边合作文件,预计投资总额达 460 亿美元。在看到中国在巴直接投资将迎来更大发展空间的同时,更多学者对此持谨慎乐观的态度。主要原因在于巴基斯坦国内存在很高的制度风险。世界银行发布的通常用于衡量一国制度质量的全球治理指标(Worldwide Governance Indicators)数据显示,1996 ~ 2013 年巴基斯坦的腐败控制、政府有效性、政治稳定性与暴恐控制、法规质量、法治程度等指数值均大大低于世界平均水平。其中,巴基斯坦的政治稳定性与暴恐控制指数值更是自 2008 年以来持续低于 -2.5①,意味着巴基斯坦不仅政治稳定性差,而且对暴力和恐怖事件的控制能力较低。即使在 2013 年巴基斯坦民选政府实现建国后的首次平稳过渡,谢里夫政府同军方和司法部门之间的矛盾走向缓和之际,巴基斯坦的政治稳定性指数也仅高于索马里和叙利亚,属于风险显著偏高的国家。与此同时,中国在巴基斯坦的直接投资却呈现快速上升的趋势。以中国在巴基斯坦直接投资的存量额为例,其从 2004 年的 0.36 亿美元迅速增至 2014 年的 37.36 亿美元,在十年时间里增长了 100 多倍,年均复合增长率高达 59.08%,远高于同期(2004 ~ 2014 年)中国对外直接投资存量总额的增长速度(34.73%)。

一般而言,东道国的高制度风险不利于外国投资者的进入。然而巴基斯坦的高制度风险不仅未让中国投资者望而却步,甚至还在不少年份见证了中国投资更大规模的流入。到底该如何解读巴基斯坦高制度风险与中国对外直接投资的同向变动关系?是中国投资者特殊的投资区位选择偏好,还是其他因素在其中扮演"减震器"的角色?考虑到中巴建交以来两国形成的特殊友好互信关系,本文试图从中巴双边政治关系的视角重新审视巴基斯坦高制度风险与中国在巴直接投资之间的关系。原因在于良好的双边政治关系,作为一种积极的信号,不仅可以增强中国投资者在巴基斯坦直

---

① 取值大致位于 -2.5 ~ 2.5,其中数值越低表明一国在该项指标上的表现越差。

接投资的信心，还有助于形成政府推进双边投资发展的动力，进而为中国在巴基斯坦直接投资提供更有力的政策支持和更大的发展空间。在"一带一路"倡议向务实阶段快速推进的大背景下，本研究将有助于形成对中巴经济走廊建设更为清醒和深刻的认识，进而为中国在制度风险相对较高的"一带一路"沿线国家顺利推进直接投资提供经验与启示。

　　本文余下部分安排如下：第二部分从理论上探讨对外直接投资区位选择与东道国制度风险水平之间的关系；第三部分探究中国投资巴基斯坦面临的制度风险类型，并进一步分析 2005～2014 年中国在巴基斯坦直接投资与巴基斯坦制度风险水平之间的变动关系及其特征；第四部分在回顾中巴双边政治关系发展历程的基础上，详细考察中巴双边政治关系对中国在巴基斯坦直接投资风险的平抑路径；第五部分为中国在巴基斯坦直接投资的未来发展展望。

二　对外直接投资区位选择与东道国制度风险

　　对外直接投资的区位选择问题一直是国际商务研究领域中的重要话题之一。[①] 早期邓宁提出的国际生产折中理论首次系统讨论东道国区位因素对企业实施对外直接投资的影响。根据他的论述，东道国的区位因素不仅包括自然资源禀赋、人力资本水平、基础设施状况和市场潜力等经济因素，还包括制度因素。一国的制度环境不仅事关国内市场机制的有效运行，而且直接决定了国内经济行为的交易成本，这对跨国公司在东道国进行对外直接投资等长期战略决策的影响十分显著。[②]

　　一般来说，对外直接投资更倾向于进入制度环境良好的东道国。一方面，东道国良好的制度环境可以有效降低经济行为的交易成本，而糟糕的制度环境（如严重的政府腐败、不完善的法律体系和不稳定的政治环境等）产生的影响无异于对企业征税，会显著增加跨国公司对外直接投资的经营成本，进而阻碍对外直接投资的流入。[③] 另一方面，良好的制度环境还将大

---

①　Buckley P. "Is the International Business Agenda Running out of Steam?". *Journal of International-al Business Studies*, 2002, 33 (2): 365 – 373.

②　Wei, Y. Q., Zheng, N., Liu X. H. and Lu J. Y. "Expanding to Outward Foreign Direct Investment or not? A Multi-Dimensional Analysis of Entry Mode Transformation of Chinese Private Exporting Firms." *International Business Review*, 2014, 23 (2): 356 – 370.

③　Aizenman, J. Spiegel, M. M. "Institutional Efficiency, Monitoring Costs, and the Investment Share of FDI." *Review of International Economics*, 2006, 14 (4): 683 – 697.

大降低投资环境的不确定性，减少投资者资产被意外剥夺的风险。Asiedu 对流向非洲的对外直接投资进行研究发现，越是政治稳定的国家，接受的直接投资越多，而本地投资环境不确定性的上升将延缓国外直接投资的流入。[1]

在具体实践中，新兴经济体尤其是中国对外直接投资则对东道国的高制度风险表现出了较高的容忍度。Buckley 等、Cheung 等通过面板数据回归发现，东道国的政治风险水平和腐败程度等指标与中国对外直接投资的流入量呈正比。[2] 对于经典投资理论与中国投资实践之间存在的不一致，现有文献给出的解释主要体现在两个方面。一是基于中国对外直接投资动机视角的考察。如 Kolstad and Wiig、冀相豹等的研究表明中国对高制度风险国家的投资偏好多集中于自然资源储量丰富的发展中国家。[3] 他们将上述悖论出现的原因部分归结于，中国对外直接投资具有强烈的自然资源寻求动机，但作为后来者，其在世界范围内进行大规模自然资源和其他战略性资产投资的区域选择空间受限，这导致中国对外直接投资在现有的资源分布与开发格局下多流向拥有较高自然资源储量的高制度风险国家。二是制度方面的因素，如母国政府的支持或东道国优惠引资政策的吸引等。其中，母国与东道国双边政治关系对一国对外直接投资区位选择的作用得到了越来越多的关注。原因在于，良好的双边政治关系作为高制度风险东道国的一种"替代性的政治安排"，有助于促进双边政府达成一系列务实合作协议来降低双边投资环境的不确定性。[4] 而且，双边友好关系建立的时间越长、互信程度越高，越有利于双边规则的建立和完善，越有助于投资者对东道国制

① Asiedu, E. "Foreign Direct Investment in Africa: The Role of Natural Resources, Market Size, Government Policy, Institutions and Political Instability." *World Economy*, 2006, 29 (1): 63 – 77.

② Buckley, P. J., Cleg, L. J., Cross, A. R., Liu, X., and Voss Z, P. "The Determinants of Chinese Outward Foreign Direct Investment." *Journal of International Business Studies*, 2007, 38 (4): 499 – 518. Cheung, Y – M., Haan, J. D., Qian, X. W., and Yu, S. China's Outward Direct Investment in Africa. HKIMR Working Paper 2011, No. 13.

③ Kolstad, I., Wiig, A. "What Determines Chinese Outward FDI." *Journal of World Business*, 2012, 47 (1): 26 – 34. 冀相豹：《中国对外直接投资影响因素分析——基于制度的视角》，《国际贸易问题》2014 年第 9 期，第 98~108 页。

④ 潘震、金中坤：《双边政治关系、东道国制度风险与中国对外直接投资》，《财贸经济》2015 年第 6 期，第 85~97 页。Duanmu J – L. "State – Owned MNCs and Host Country Expropriation Risk: The Role of Home State Soft Power and Economic Gunboat Diplomacy." *Journal of International Business Studies*, 2014, 45 (8): 1044 – 1060.

度的适应与自我修正，也越能保障投资者在东道国的权益。[1] 孟醒和董有德利用 2004～2012 年中国在 25 个国家对外直接投资的面板数据进行回归发现，中国对外直接投资对东道国制度风险的关注程度与两国的双边政治关系密切相关。[2] 在双边政治关系友好的东道国，中国跨国公司对东道国政治风险的关注度较小；而在非友好的东道国，中国企业的风险规避倾向较为明显。由此说明，影响中国对外直接投资区位选择的因素往往与东道国特征以及东道国与中国的双边关系密切相关，具有显著的异质性。但现有研究偏重从宏观视角就上述问题进行整体考察，并未基于特定东道国的具体情境展开更为深入的分析，从而难以充分把握中国与东道国双边政治关系内涵的变动，难以就中国对外直接投资与东道国制度风险水平之间复杂的动态关系、内在机制与作用路径做出更详尽的剖析，也难以为中国投资者在特定东道国的投资提供更具针对性的决策参考。

基于此，本文在现有研究的基础上，以巴基斯坦为特定投资东道国的分析便具有了更多意义。首先，具有较高制度风险与较低自然资源储备的巴基斯坦，是中国长期高度信赖的"四好"国家[3]和全天候战略合作伙伴。中国始终将中巴关系置于外交优先方向，同时巴基斯坦也将对华友好作为巴基斯坦外交政策的基石和举国共识。中巴友好的双边政治关系是中国双边关系中独一无二的存在。因此，在考察中国对外直接投资、东道国制度风险与双边政治关系三者之间互动影响时，巴基斯坦无疑是最具典型意义的样本。其次，巴基斯坦位于"一带一路"海陆交汇处，是中国推进"一带一路"建设的重要合作伙伴。伴随巴基斯坦战略地位的提升，巴基斯坦作为中国对外直接投资目的国的重要性也大幅提升，双方在多个领域存在广阔的合作空间。因此，深入解读并全面把握巴基斯坦的投资环境、潜在风险与平抑路径是新时期拓展中巴经济合作空间，推动中国在巴基斯坦直接投资顺利开展的必然要求，也是本研究重要的现实意义所在。最后，"一带一路"沿线国家间虽然差异明显，但其中半数以上国家存在较高的制度风险。在当前中国"一带一路"倡议向务实阶段推进的过程中，研究中国

---

① 张建红、姜建刚：《双边政治关系对中国对外直接投资的影响研究》，《世界经济与政治》2012 年第 12 期，第 133～155 页。

② 孟醒、董有德：《社会政治风险与我国企业对外直接投资的区位选择》，《国际贸易问题》2015 年第 4 期，第 106～115 页。

③ "四好国家"是指好邻居、好朋友、好伙伴、好兄弟。

在巴基斯坦的直接投资行为还将为中国企业在风险处于高位的"一带一路"沿线发展中国家更好实现"走出去"提供重要借鉴。

三 巴基斯坦制度风险类型及其与中国在巴直接投资的关系变动

（一）投资巴基斯坦面临的主要制度风险

巴基斯坦作为"一带"和"一路"的关键交汇点，其战略地位十分重要。但巴基斯坦国内并不太平，其交织存在的政党斗争、宗教矛盾和恐怖活动等多重制度风险，是目前阻碍外国投资者进入的主要因素。

首先，受历史、政治、民族等诸多因素影响，巴基斯坦的政治稳定性较差。在实行联邦制的巴基斯坦，由于国内各省经济发展水平与人口分布状况十分不均衡，导致议会体制运作中的不平衡问题突出。例如在巴基斯坦国民议会议席分配上，以旁遮普人为主的旁遮普省独居 183 席，占总议席的一半以上，以信德人为主的信德省占 75 席，而分别以普什图人和俾路支人为主的开伯尔－普什图省和俾路支省各占 43 席和 17 席。这种国民议会议席中一省独大、一主体族群主导格局的存在，加剧了各省与族群之间的政治矛盾，进而使得基于民族地域分布划分的各省份缺乏对巴基斯坦作为整体国家的身份认同和一致忠诚。① 而争取更大的省自治权、增强本省对国家政策制定的影响力成为一些省份的目标，也导致联邦政府与省之间的矛盾重重。此外，巴基斯坦政党众多，其主要政党如穆斯林联盟（谢里夫派）、穆斯林联盟（领袖派）、人民党和正义运动党等之间相互攻击、斗争不断，在野党甚至采取非常规手段挑起冲突抵制执政党，造成流血事件，这使得在民主政治制度不完善的巴基斯坦政局一度长期动荡。而另一只重要力量——军队在国家政治生活中发挥着关键性作用。在民选政府执政时期，军队在国家大政方针制定方面具有不容忽视的影响力，而在国内出现政治危机时，军队在某种程度上发挥着"最后仲裁者"的政治权威角色。② 军队甚至直接接管国家政权，建立军人政府。巴基斯坦中央与地方、不同政党

---

① 叶海林：《身份认同与国家构建：巴基斯坦安全困境的又一视角》，陈利君主编《南亚报告 2012～2013》，云南大学出版社，2013。

② 杜冰：《巴基斯坦军队政治化起源探析》，《国际研究参考》2016 年第 6 期，第 1～7 页。

之间、政府与军队之间多重矛盾相互交织，导致巴基斯坦的政治稳定性差。

　　其次，教派斗争是导致巴基斯坦制度风险高企的一个重要因素。在巴基斯坦近 1.9 亿的庞大人口中，97% 以上的人口信奉伊斯兰教，其中逊尼派和什叶派是巴基斯坦国内穆斯林的主体，分别约占全国穆斯林总人口的85% 和 15%。在逊尼派和什叶派的内部还分别存在多个分支，如逊尼派中的巴拉维派、迪奥班蒂派、现代主义派、圣训派以及什叶派中的十二伊玛目派和伊斯玛仪派。① 不同教派在教义、教法体系、宗教仪式和宗教文化等方面存在差异，并进一步延伸至政治诉求和物质权利领域，使得巴基斯坦的教派斗争十分激烈。主要表现为巴基斯坦逊尼派宗教极端分子对什叶派和其他少数教派的驱赶、袭击，其中又以逊尼派和什叶派的斗争最为激烈。"巴基斯坦塔利班"就曾公开宣称什叶派和部分少数教派为"伊斯兰及普通人的敌人"，并以"圣战"为口号，号召巴基斯坦民众对他们发动攻击。根据 2014 年 8 月国际宗教自由协会（International Association for Religious Freedom）发布的关于巴基斯坦针对宗教团体暴力活动的报告数据，2013 年 7 月至 2014 年 6 月，巴基斯坦国内针对少数宗教团体的暴恐活动共有 122 起，造成至少 430 人死亡。其中，针对什叶派的袭击为 54 起，占比 44.26%，死亡人数达到 222 人，占比约 51.63%。②

　　最后，巴基斯坦国家安全的最大威胁无疑是国内的恐怖主义。恐怖事件的制造者不仅包括恐怖分子，还包括叛乱者和宗教极端势力（见表 3 - 1）。自 2005 年以来以"俾路支解放军"为代表的民族反叛势力和以"巴基斯坦塔利班运动"为代表的恐怖组织，逐渐成长为巴基斯坦恐怖袭击活动的重要制造者，大大增加了巴基斯坦恐怖袭击的频度和破坏性。③ 根据巴基斯坦和平研究协会发布的《巴基斯坦安全报告》的统计，仅在 2007～2009 年，巴基斯坦发生的恐怖袭击就达到了 6000 次以上，在袭击中死亡人数总和超过 2 万人。④ 虽然 2010 年以来巴基斯坦政府与军方加大反恐力度

---

① 杜冰:《巴基斯坦教派冲突探析》,《国际研究参考》2013 年第 7 期, 第 35～41 页。

② "Tackling Manifestations of Collective Religious Hatred", International Association for Religious Freedom, (https://iarf.net/the-rise-of-religious-intolerance-side-event-at-un-hrc‒2014/), 登录时间: 2016 年 10 月 13 日。

③ 张晓东:《新世纪以来巴基斯坦国内政治的变迁》,《东南亚南亚研究》2014 年第 2 期, 第 22～30 页。

④ "2008‒2014 Pakistan Security Report", PAK Institute for Peace Studies (http://san-pips.com/index.php? action = pages&id = free), 2015 年 8 月 17 日。

以及美国增加在巴基斯坦的无人机打击频度，使得巴基斯坦国内的恐怖袭击次数有所下降，但目前巴基斯坦仍是深受恐怖袭击影响并遭受严重损害的国家之一。

表 3 – 1　巴基斯坦境内主要的恐怖主义组织及其主要诉求

组织类型	分支名称	主要诉求
伊斯兰教派恐怖主义组织	"巴基斯坦先知之友"	打击异教徒，尤其是什叶派、阿玛迪派以及巴雷尔维派。
	"坚格维军"	坚决打击什叶派，建立一个纯粹的迪奥班蒂派性质的国家。
巴基斯坦塔利班组织	"巴基斯坦塔利班运动"	1. 在巴基斯坦执行沙里亚法； 2. 打击中央政府和军队，在巴基斯坦建立塔利班政权。
	"执行伊斯兰法运动"	
	"巴乔尔塔利班"	
	"北瓦济里斯坦塔利班"	
阿富汗塔利班组织	"哈卡尼网络组织"	打击北约组织和阿富汗军队，积极参与阿富汗政治系统。
	"奎达舒拉塔利班"	
反印度恐怖主义组织	"圣战者党"	将克什米尔地区并入巴基斯坦，推动克什米尔地区伊斯兰化。
	"虔诚军"	煽动印度穆斯林在印度发动宗教革命；在巴基斯坦周围建立一个穆斯林占多数的国家；支持基地组织发动全球圣战。
民族分裂恐怖主义组织	"俾路支解放军"	实现俾路支省独立，建立一个大俾路支王国。

资料来源：袁沙《巴基斯坦国内恐怖主义势力的演变、特点及影响分析》，《南亚研究季刊》2016 第 2 期，第 33 ~ 41 页。

　　作为一种投资数额较大、投资回收周期较长、与东道国经济社会联系十分密切的投资形式，对外直接投资深受东道国制度风险水平的影响。就中国在巴基斯坦的直接投资而言，巴基斯坦国内党派斗争带来的政治不稳定性、教派斗争带来的社会不稳定性以及恐怖主义带来的巨大不安全性，均是中国投资者进入巴基斯坦的重要阻碍。但需要注意的是，巴基斯坦的三种主要制度风险表现形式对中国对外直接投资的影响强度并不相同。其中，党派斗争带来的制度风险影响相对较小，原因在于巴基斯坦无论执政党、在野党还是军队和部落首领对中国普遍友好，巴基斯坦对华政策与对中国投资的态度并不会因巴基斯坦国内政权更迭发生明显转向。教派斗争带来的负向溢出不断扩大，在加剧巴基斯坦国内社会分裂的同时扰乱了其国内社会经济秩序，尤其是教派矛盾愈来愈趋于通过暴力和恐怖袭击的手段呈现，这进一步增加了教派斗争对中国在巴基斯坦直接投资的威胁。而恐怖主义具有强烈的突发性、不确定性、破坏性和杀伤性，一直是影响国际投资财产与人员安全和投资者信心的关键因素之一。① 巴基斯坦国内恐怖主义成因复杂，往往与党派斗争和教派斗争相交织，是巴基斯坦国内诸多政治与社会矛盾的综合反映，从而使得恐怖主义成为当前中国投资者在巴基斯坦实施投资决策面临的最主要制度风险。

（二）巴基斯坦制度风险与中国在巴直接投资的非线性变动关系

恐怖主义作为巴基斯坦制度风险的主要表现形式，将如何影响中国在巴直接投资的发展？考虑到对外直接投资流量额对东道国制度风险变动更为敏感的事实，本文绘制了 2005～2014 年中国在巴基斯坦直接投资流量额与巴基斯坦恐怖袭击数的变动关系（见图 3－1）。

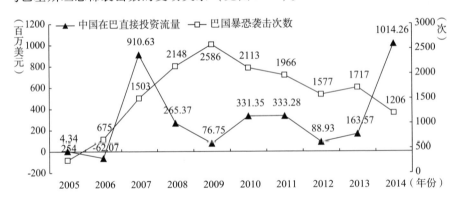

图 3－1　2005～2014 年巴基斯坦暴恐袭击次数与
中国在巴基斯坦直接投资流量变化

数据来源：《中国对外直接投资统计公报》和《巴基斯坦安全报告》。

从图 3－1 可以看出，中国在巴直接投资与巴基斯坦恐怖袭击次数在时间维度上存在显著的非线性变动特征，根据两者关系的具体变动趋势，上图可主要分为三大阶段。

1. 第一阶段（2005～2007 年）：同向变动

第一阶段为 2005～2007 年，中国在巴基斯坦的直接投资流量额与巴基

---

① 叶美霞：《试论国际恐怖主义对世界经济的影响》，《世界经济与政治论坛》2002 年第 6 期，第 64～67 页。

斯坦恐怖袭击次数间呈现明显的同向变动关系。具体而言，在 2005～2007年，尤其是 2007 年，巴基斯坦暴恐袭击次数相比 2006 年增加了 1 倍多，而中国在巴基斯坦直接投资流量额则由 -6207 万美元激增至 9.1 亿美元，两者的同向变动特征十分显著。在这一时期，重要背景是中印和印巴政治外交关系得到改善后，促进中巴双边经济发展和地缘经济合作成为中巴两国在 21 世纪的共同愿望。尤其是《中巴自由贸易协定》和《中巴经贸合作五年发展规划》于 2006 年 11 月的正式签署，标志着中巴传统友好关系的内涵和两国地缘战略的重点已逐渐由政治、外交和安全领域向经贸领域拓展。其中《中巴自由贸易协定》第九章专门针对中巴双边投资做出了较为详细的规定，强调促进双边投资便利化和强化双边投资安全保护的原则，还明确指出"缔约一方的投资者在缔约另一方境内的投资，如果由于战争、全国紧急状态、起义、内乱、暴乱或其他类似事件而遭受损失，缔约另一方给予其恢复原状、赔偿、补偿或采取其他措施的待遇，不应低于它给予本国或任何第三国投资者的待遇"，这在一定程度上显著提升了中国在巴基斯坦投资者的信心，并降低了中国在巴直接投资的潜在风险。与此同时，作为中巴五年规划重点项目之一的海尔 - 鲁巴经济区于 2006 年 11 月正式挂牌成立，成为中国企业在巴基斯坦投资兴业的新平台。2007 年 1 月，中国移动以 4.6 亿美元收购巴基斯坦 Paktel 移动通信公司 88.88% 的股份，而后又全资收购并斥资数亿美元改扩建网络设施。此外，普拉姆轻骑摩托车公司、海尔鲁巴电器公司、上广电鲁巴电器公司、CMPAK 移动通信公司、中巴联合投资公司等相继在巴基斯坦成立。截至 2007 年底，中方在巴基斯坦的直接投资存量达到 10.95 亿美元。①

2. 第二阶段（2008～2011 年）：反向变动

第二阶段为 2008～2011 年，两者的反向变动特征显著。尤其是在恐怖袭击次数猛增的 2008～2009 年，中国在巴直接投资流量额大幅下降。对这一阶段两者关系的解读，需要从 2007 年说起。2007 年是巴基斯坦的大选年，其国内各派势力活动十分频繁，政治斗争日益加剧，其中"红色清真寺"事件成为巴基斯坦政治的重要分水岭。这成为巴基斯坦国内反对党和其他宗教团体与组织向佩尔韦兹·穆沙拉夫（Pervez Musharraf）政府施压的

---

① 驻巴基斯坦使馆经商处：《中巴经贸》，2009 年 5 月 1 日，商务部网站，http://pk.mofcom.gov.cn/article/o/g/200905/20090506214883.shtml。

重要依据,"基地"组织二号人物扎瓦希里(Ayman al-Zawahri)也通过录像带煽动巴基斯坦穆斯林用暴力手段对政府进行报复。与此同时,穆沙拉夫与最高法院首席大法官乔杜里(Iftikhar Muhammad Chaudhry)的争斗引发的司法危机难以化解。虽然2007年10月,穆沙拉夫在总统选举中以压倒性优势获得连任,但国内危机并未解除。2007年11月,穆沙拉夫总统宣布全国进入紧急状态,国内政局趋于动荡。而2007年12月成立的恐怖组织"巴基斯坦塔利班运动"(Tehreek-e-Taliban Pakistan,TTP),针对政府和平民的自杀式爆炸恐怖袭击活动迅速增加。其中巴基斯坦前总理贝娜齐尔·布托(Benazir Bhutto)遇刺身亡更标志着巴基斯坦的恐怖主义势力迅速壮大。进入2008年,人民党与穆斯林联盟(谢里夫派)联合组建的吉拉尼(Yousuf Raza Gillani)新政府并未带来明显改变,他们与穆沙拉夫的政治斗争加剧,进一步增加了国内的不确定性。2008年8月穆沙拉夫被迫辞去总统职务,而穆斯林联盟(谢里夫派)则因与人民党存在严重分歧退出执政联盟。一系列政治事件的发生,在巴国的反恐战争和国家安全领域持续释放负效应。再加上巴安全部队深入南瓦济里斯坦地区反恐以及美国无人机行动等因素的影响,极端主义和恐怖主义在巴基斯坦全境蔓延,导致巴基斯坦国内的安全形势在2008年大幅恶化。根据《巴基斯坦安全报告2008》的数据统计,仅在2008年一年内,巴基斯坦全国范围内恐怖分子、叛乱者和教派主义者共发动了2148次恐怖袭击,相比2005年增长了近746%;恐怖袭击导致2267人死亡和4558人受伤,其人口伤亡数甚至比过去三年的总和还要高。再加上2008年8月两名中国工程人员被"巴基斯坦塔利班"绑架,严重挫伤了中国投资者对巴基斯坦市场的信心,因此在巴基斯坦暴恐袭击次数快速攀升的2008年和2009年,中国在巴基斯坦的直接投资流量出现断崖式下跌,从9.1亿美元下降至0.77亿美元。这也表明在巴基斯坦政局不稳时,以恐怖主义为主要表现形式的制度风险将在很大程度上阻碍中国投资的流入。

3. 第三阶段(2012~2013年):同向变动

第三阶段为2012~2013年。首先,在巴基斯坦暴恐袭击次数下降的2012年,中国在巴直接投资额大幅下降。究其原因,很可能是中国投资者为预防2013年巴基斯坦大选过程中巴基斯坦国内安全形势剧烈恶化而提前减少投资的一种避险选择。同样地,德国、沙特、阿联酋等国家同期在巴基斯坦的直接投资额也出现大幅下降。巴基斯坦国家银行的数据显示,

2012～2013 财年前 5 个月（2012 年 7～11 月）巴基斯坦吸收外资净额同比下降了 27.1%。① 其次，在恐怖袭击次数上升的 2013 年，中国在巴直接投资流量大幅提升。2013 年是巴基斯坦的大选年，巴基斯坦国内安全形势整体有所恶化。作为巴基斯坦不稳定来源的最重要主体，"巴基斯坦塔利班运动"仅在 2013 年就制造了 645 次恐怖袭击，遍及巴基斯坦 50 个地区，导致 732 名平民和 425 名安全部队人员死亡。尤其是在巴基斯坦大选前的 3 月和 4 月，"巴基斯坦塔利班运动"针对政治领袖、政府工作人员和其他与选举相关的目标人群制造了 117 次袭击，严重影响了温和的世俗化政党的竞选活动。② 日益增多的暴恐袭击，使社会各界对宗教极端势力愈加不满，巴基斯坦国内人民思变与对发展经济的强烈愿望使得穆斯林联盟（谢里夫派）在国民议会和省议会选举中大获全胜。穆斯林联盟（谢里夫派）最终获得国民议会中的 181 席，超过半数实现独立组阁，其主席纳瓦兹·谢里夫（Nawaz Sharif）顺利就任巴基斯坦第 27 任总理，巴基斯坦民选政府首度实现权力和平转移。该党与穆斯林联盟（功能派）、民族人民党、民族党等党派结盟，在国民议会的总议席增至 192 席，巩固了其中央执政优势；在地方上，穆斯林联盟（谢里夫派）赢得旁遮普省省议会全部 345 席中的 294 席，还联合地方政党在俾路支省执政，进一步巩固了其在地方上的执政优势。穆斯林联盟（谢里夫派）的强势主政，使得振兴经济成为新政府的优先施政方向。谢里夫提出实现"亚洲之虎梦"的口号，制定全面复兴规划，如优先解决能源危机，进一步推行市场经济，并加大基础设施建设，尤其是铁路、高速公路和水电项目工程的投入。③ 谢里夫政府的经济发展诉求与中国政府构建新通道、加强中巴互联互通的发展战略高度契合。2013 年中巴两国总理就中巴经济走廊建设构想达成共识和务实合作协议，进一步提升了巴基斯坦在中国地缘经济中的地位。在此背景下，虽然谢里夫政府成立后巴基斯坦国内的安全形势仍不容乐观，尤其是 2013 年 11 月"巴基斯坦塔利班运动"首领哈基穆拉·马哈苏德（Hakeemullah Mehsud）被美国无人机击毙后，巴基斯坦国内安全形势一度恶化，但中巴两国双边政治关系的持续深化和务实的经济合作协议的达成，促使中国在巴直接投资稳步增加。

---

① 《本财年头 5 个月巴基斯坦吸收外国直接投资同比下降 27.1%》，参见商务部网站，http://pk.mofcom.gov.cn/article/jmxw/201212/20121208493638.shtml。

② 数据来源于《巴基斯坦安全报告 2013》。

③ 李青燕：《巴基斯坦政党政治版图重组及影响》，《当代世界》2014 年第 2 期，第 67～69 页。

　　此外，在 2014 年，两者关系的一些新特征开始呈现。"巴基斯坦塔利班运动"首领哈基穆拉·马哈苏德被击毙后，其组织内部面临分化，再加上巴基斯坦军方发动"利剑行动"大规模武装清剿藏在北瓦济里斯坦部落区的"巴基斯坦塔利班"成员等非法武装分子，使得 2014 年巴基斯坦恐怖活动大幅减少。与此同时，中巴经济走廊建设加速推进，例如 2014 年 4 月中冶集团与旁遮普政府就勘探吉尼奥德铁矿达成合作协议，中国移动巴基斯坦公司通过竞拍赢得巴基斯坦的 3G 和 4G 牌照，中国港湾工程有限公司获得巴基斯坦卡拉奇卡西姆港散货码头建设总价值 1.3 亿美元的合同等，这些合作项目将中国在巴基斯坦的直接投资推向一个新的高度，达到 10.14 亿美元，中国一举成为巴基斯坦最大的投资来源国。

　　通过上述分析可以看出，中国在巴基斯坦直接投资额与巴基斯坦制度风险水平之间存在显著的非线性关系：在巴基斯坦政治不稳，尤其是政府换届选举期间，巴国内以恐怖主义为主要表现形式的制度风险水平急剧升高，并对中国在巴基斯坦直接投资产生显著的阻碍作用；在巴基斯坦政府统治相对稳定时期，中国对巴直接投资对巴基斯坦的制度风险水平表现出较高的容忍度，而且伴随着中巴双边友好政治关系的深化拓展，中国在巴基斯坦直接投资大幅提升，甚至与巴国内恐怖主义表征的制度风险之间呈现同向变动趋势。如图 3 - 2 所示，2005 ～ 2014 年中国在巴基斯坦直接投资流量额的 3 次显著提升，均发生在中巴两国双边友好政治关系向地缘经济合

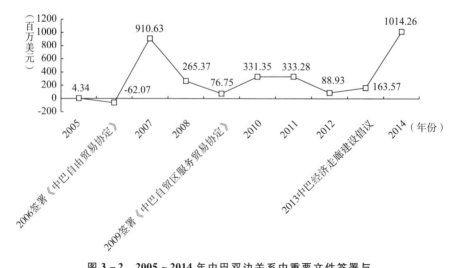

图 3 - 2　2005 ～ 2014 年中巴双边关系中重要文件签署与
中国在巴基斯坦直接投资流量的关系

作深化拓展之后。而且，伴随着时间的推进和中国在巴基斯坦直接投资存量的累积，中巴双边友好政治关系的影响愈来愈强。因此，考察巴基斯坦制度风险对中国对外直接投资的影响离不开对中巴双边友好关系这一关键调节因素的考虑。

四 中巴双边政治关系的演进历程及其风险调节作用

自 1951 年中巴两国正式建立外交关系以来，通过高层互访、签订相关合作条约、发表联合声明、建立战略合作伙伴关系等方式，两国逐渐形成了深厚互信的双边友好关系。随着国际环境与国内发展要求的变化，中巴双边合作的重点也逐渐由地缘政治层面拓展至地缘经济层面，构建并形成了多方位的合作渠道。这些渠道为中国在巴基斯坦直接投资的发展起到了显著的风险平抑作用。

（一）中巴双边友好关系由地缘政治领域向地缘经济领域的全面深化拓展

1951 年 5 月 21 日，中国和巴基斯坦正式建立外交关系，巴基斯坦成为首个与中国建交的伊斯兰国家。但在中巴建交初期（1951～1960 年），由于意识形态和隶属阵营的不同，两国的外交关系冷淡，仅保持了"不远不近"的礼节性交往。20 世纪 60 年代初，中印关系恶化后，美国开始实施"亲印疏巴"的南亚战略，引发巴基斯坦强烈不满。出于抵抗美国，提防印度的共同政治诉求，中巴双边政治关系开始升温。20 世纪 70 年代到 90 年代，两国领导人国事互访频繁，中巴逐渐形成稳定牢固、深度互信与广泛友好的"全天候友谊"。[①] 但在整个 20 世纪后半期，受制于美苏两大阵营冷战的大背景以及中国与巴基斯坦和美国、苏联、印度等双边政治关系的影响，中巴双边合作的重点主要集中于政治与安全领域，在经济领域的合作进展不大，呈现显著的政治热、军事热、经贸冷的特征。[②] 即使到 1999 年，中巴两国的进出口贸易总额仅为 9.71 万亿美元，占中国同期进出口贸易总额的 0.27%；中国在巴基斯坦的工程承包额为 3.06 万亿美元，占中国工程承

---

① 韩晓青：《从"不远不近"到"事实同盟"——试论 1951 至 1965 年间中国与巴基斯坦关系的演变》，《江苏社会科学》2015 年第 5 期，第 137～146 页。
② 杜冰：《"全天候"友谊与中巴关系》，《国际研究参考》2013 年第 9 期，第 27～32 页。

包总额的 3.59%。①

进入 21 世纪以来，伴随着国际环境的改善，以政治和军事合作为基石的中巴双边友好政治关系逐渐向经贸合作领域深化拓展。此外，中国于2001 年正式加入世界贸易组织（WTO），在融入世界经济全球化浪潮的同时更注重双边与多边经贸关系的构建。而在与中国地缘邻近的双边经贸关系中，中巴双边经贸关系发展滞后，这一问题伴随着中国与印度双边政治外交关系的显著改善而变得更加突出。到 2000 年，中印双边进出口商品贸易总额达到 29.14 亿美元，是同期中巴双边进出口贸易总额的 2.5 倍多。这也成为推动中巴双边政治关系向经贸合作领域拓展的重要动力。2001 年，应巴基斯坦的援建请求，中巴两国在北京签署瓜达尔港项目一期融资协议，并于 2002 年正式开工合建瓜达尔港口。2003 年巴基斯坦穆沙拉夫总统访问中国期间，两国元首正式发表了"关于双边合作发展方向的联合宣言"，指出要进一步密切双边关系，深化和拓展两国全天候友谊和全面合作伙伴关系。其中，加强对经贸合作的指导与协调、扩大双边贸易与投资成为两国重点强调的领域。2005 年 4 月温家宝总理访问巴基斯坦期间，双方签署《中巴睦邻友好合作条约》，宣布中巴建立更加紧密的战略合作伙伴关系，并正式启动中巴自由贸易协定的谈判。之后，在双边政府的努力下，《中巴自由贸易协定》（2006 年）、《中巴自贸区服务贸易协定》（2009 年）和《中巴自贸区服务贸易协定银行业服务议定书》（2015 年）相继签署。不仅如此，2013 年 5 月李克强总理访问巴基斯坦期间提出中巴经济走廊建设，试图拓展中巴在交通、能源、海洋等领域的交流合作，加强两国互联互通，以从更高站位和更广范围将中巴经济合作推向更深层次。随后，"一带一路"倡议的提出与逐步实施将巴基斯坦和中巴经济走廊建设的重要性提升到战略高度，并最终在 2015 年习近平主席访问巴基斯坦期间，两国正式将中巴双边政治关系升级为"全天候战略合作伙伴关系"。这一时期，中巴双边友好政治关系以政治合作为支撑、以经贸合作为主要内容的突出特征，体现在两个方面：一是中巴两国党政部门、社会各界间交流互动日益频繁，显著增强的政治互信和民意基础，更多投射在双边基于地缘经济考量的贸易与投资关系上；二是中巴两国基于地缘政治考量所进行的政治与军事合

---

① 文中贸易与工程承包的数据来源于《中国统计年鉴》。在这一时期，并未找到中国对巴基斯坦的直接投资数据。

作的深度拓展，更多需要两国在经贸上的密切配合。根据中国国家统计局的数据统计，2014 年中巴双边贸易额达到 159. 99 万亿美元，相比 1999 年增加了 15. 48 倍；中国在巴直接投资存量更是保持高速增长态势，在 2004 ~ 2014 年的 10 年间增加了近百倍，年均复合增长率高达 59. 08%，远高于同期中国对外直接投资存量总额的增长速度（34. 73%）。

（二）中巴双边友好政治关系对中国在巴直接投资风险的平抑路径

在中巴友好双边政治关系由地缘政治层面向地缘经济合作深化拓展的过程中，一方面，基于地缘政治考量的传统友好关系成为双边地缘经济合作的坚实基础与保障，并充分发挥地缘政治的正向边际效应，即双边经贸关系带给两国的收益将因两国间的友好地缘政治关系而倍增。[①] 另一方面，与基于地缘政治因素考量下国家内部利益的一致性不同，基于地缘经济因素考量下的两国内部利益多元化，并形成多层博弈结构。[②] 需要在发挥企业主体性的同时，由具有更高权威的政府部门进行总体利益协调以实现地缘政治与经济的战略目标。从现阶段来看，伴随着中巴双边友好政治关系的深化拓展，一系列经贸协定的签署为中巴双边投资与贸易发展提供了正式规则上的依据与保障。而从非正式规则的视角来看，中巴双边友好政治关系，往往意味着巴基斯坦对中国投资的高接纳度、中国政府对推进在巴基斯坦投资的强支持力以及双方在战略对接、行动部署和沟通协调上的高度默契。更为重要的是，伴随着中巴经济走廊建设和"一带一路"倡议的提出和推进，加强中巴双边经济合作已上升到两国战略高度，因而动用政策、资金和人员等措施降低中国在巴基斯坦直接投资面临的实际风险无疑成为现实选择。本文将从中国、巴基斯坦和地方政府间合作三个层面进行详细论述。

1. 投资母国（中国）层面：引导投资主体、制定投资政策、提供风险保障

中国作为投资母国，中国中央政府从投资主体引导、投资政策制定和投资风险防御等多个方面出台措施支持中国在巴基斯坦直接投资的发展，以提升中国投资者的风险耐受力。为了更好地剖析中国政府对在巴直接投资的具体支持方式，笔者通过中国商务部网站搜集了自 2004 年 1 月 1 日至

---

① 尹朝晖：《地缘政治与国际区域经济合作》，《理论导刊》2011 年第 7 期，第 105 ~ 107 页。
② 黄仁伟：《地缘理论演变与中国和平发展道路》，《现代国际关系》2010 年第 S1 期，第 18 ~ 25 页。

2015 年 6 月 15 日中国核准与备案的在巴直接投资非金融类企业的目录信息，共 153 条（如表 3－2 所示）。这 153 条投资信息记录在一定程度上体现了中国政府对在巴基斯坦直接投资的有意识引导和政策层面的密切配合。

表 3－2　中国在巴基斯坦直接投资的主体结构、行业结构和投资时间分布

主体结构	企业性质	国有企业	有限责任公司	股份有限责任公司		外商投资企业	国企占比	国企及具有国企背景的企业占比
					有国企背景的股份有限责任公司			
	个数	52	68	28	9	5	33.99%	39.87%
行业结构	行业类型	商务服务	制造	电力	建筑	采矿	贸易	农业	批发零售	纺织	技术服务	通信
	个数	43	29	16	16	12	10	8	7	5	4	3
区域结构	地区分布	中央企业	浙江	山东	北京	上海	广东	四川	湖南	新疆	江苏	陕西
	个数	38	17	17	10	10	8	8	7	7	6	5
	地区分布	天津	河南	湖北	安徽	广西	山西	辽宁	福建	江西	重庆	甘肃
	个数	4	3	3	2	2	1	1	1	1	1	1
时间分布	核准年份	2004	2005	2006	2007	2008	2009	2010	2011	2012	2013	2014
	个数	1	5	5	10	7	8	3	11	14	19	43

注：原始数据来源于中国商务部网站。需要说明的是，由于 2015 年的数据仅截至 2015 年 6 月 15 日，并非全年数据，因此本文在对中国在巴直接投资信息的时间分布描述上并未加入 2015 年。

第一，发挥中国国有企业在巴基斯坦直接投资中的生力军作用。国有企业作为中国国家战略的响应者和国家意志的履行者，往往具有雄厚的资本实力和较强的风险承受能力，在当前对巴基斯坦直接投资的中国投资者中扮演重要角色。从表 3－2 可以看出，中国在巴基斯坦直接投资的 153 条记录中包括了 52 家国有企业（包括国有独资和国有控股）和 9 家从国有企业转制而来的股份有限公司，即国有企业和具有一定国企背景①的跨国公司所占比重达到了 39.87%。这意味着鼓励中国国有企业在巴基斯坦展开直接投资，并发挥其对民营企业在巴投资的带动和引领作用，是中国政府引导

---

①　从国有企业转制而来的股份制企业，往往与政府之间仍保留部分联系，且相对其他股份制企业，更易得到政府的支持，因而它们在响应国家政策与战略方面更具积极性。

在巴直接投资的重要方式之一。

第二，从政策制定层面引导中国在巴基斯坦直接投资的流向。2004 年中国商务部和外交部首度联合发布《对外投资国别产业导向目录（一）》，为中国企业对外直接投资的国别和产业选择提供方向性指导。其中巴基斯坦作为中国的友好国家成为中国政府重点鼓励进行投资的目的国。从投资产业来看，机械制造、电子通信设备制造、纺织服装、建筑、电力的生产与供应等均是中国对巴投资中重点鼓励的行业。从 2009 年起，商务部国际贸易经济合作研究院、投资促进事务局和驻外经商机构开始合作编写《对外投资合作国别（地区）指南（巴基斯坦篇）》年度报告，全面介绍巴基斯坦的投资合作环境、投资政策、特色产业和潜在风险等信息，为中国企业走进巴基斯坦提供宏观指导和服务。政策法规上的引导有助于中国投资者优化其投资产业布局、防止盲目投资，进而形成对在巴直接投资更为理性的认识，并通过选择在巴基斯坦直接投资的产业流向来达到降低投资者风险的作用。这一点也在表 3 - 2 中得到体现，153 条投资记录中商务服务业[①]、制造业、电力、建筑业以及采矿业等项目投资数所占比重最大[②]，而这些行业恰恰是中国官方相关政策中重点鼓励与引导的行业。

第三，强化中国国有银行与机构对在巴基斯坦直接投资的资金支持与保险保障作用。作为中国对外投融资合作的主力银行，中国国家开发银行专门成立了中巴经济走廊能源项目领导小组，并建立中巴经济走廊能源项目专项机制和绿色通道。截至 2015 年 3 月末，中国国家开发银行已支持 10 个在巴投资项目，评审承诺额达到 13 亿美元，累计发放额达 9.5 亿美元。除此之外，作为中国最大的国有控股银行，中国工商银行还分别与巴基斯坦苏克阿瑞大型水电站、大沃风电站、萨希瓦尔燃煤电站和塔尔煤电一体化项目签署项目融资协议，协议金额总计 43 亿美元。[③] 中国国有金融机构的参与有效降低了中方投资者在巴基斯坦投资时面临的显著融资约束。与此同时，有效利用中国保险公司对在巴投资者的风险保障功能也是中国政

---

① 本文是依据母公司所处行业以及数据中所披露的投资范围信息对中国在巴直接投资进行的大致行业分类，其中将在巴基斯坦设立的，以了解市场、宣传企业和提供售后服务为主要目的的代表处归于商务服务业。

② 表 3 - 2 对投资所处行业的排序是基于投资数量进行的，若可以获得每个行业的投资金额数据，排列顺序可能发生变化，这一点对通信行业可能更是如此。

③ 杜金、杨洋：《中方金融机构积极参与"中巴经济走廊"建设》，《金融时报》2015 年 4 月 22 日，网址：http://www.financialnews.com.cn/yw/jryw/201504/t20150422_74961.html。

府促进在巴直接投资的重要举措之一。作为政策性保险公司，中国出口信用保险公司（简称中国信保）开展海外投资保险业务，对投资者因东道国发生的汇兑限制、征收、战争、政治暴乱以及违约风险造成的经济损失进行赔偿。2014 年中国信保对中国面向"一带一路"沿线国家出口、投资、承包工程的承保规模达到约 958 亿美元。[①] 2015 年 4 月中国信保再度与巴基斯坦水利电力部门签署框架协议，将为中国水电、能源企业进入巴基斯坦的投资提供政治和商业保险。中国政府的上述举措激发了中国投资者进入巴基斯坦投资的积极性，并在一定程度上提升了他们对巴基斯坦恐怖主义等制度风险的耐受力。

2. 投资东道国（巴基斯坦）层面：加大反恐力度、实施多重特别保护、提供快速应急保障

作为投资东道国，巴基斯坦政府与军方在全国范围内加大反恐力度的同时，对中国在巴直接投资实施多重特别保护，并不断提升应急保障能力，以降低中国在巴直接投资风险发生的概率和破坏度。

第一，巴基斯坦政府与军方不断加大对恐怖分子的打击力度。2014 年 6 月，在谢里夫政府与"巴基斯坦塔利班"和谈无果的条件下，巴基斯坦军方发动了"利剑行动"，对隐藏在北瓦济里斯坦部落地区的武装分子发起大规模军事行动。2014 年 12 月"巴基斯坦塔利班"在白沙瓦军办子弟学校制造报复性恐怖袭击后，巴基斯坦政府与军方反恐的决心更为坚定，并通过死刑判决等方式加大对恐怖分子的处罚力度。[②] 此外，巴基斯坦与阿富汗联合反恐打击在巴阿边界流窜的恐怖分子，对巴国内外恐怖分子形成了极强的震慑作用。到 2016 年 6 月，巴基斯坦军方通过"利剑行动"至少清除了北瓦济里斯坦地区 3600 平方公里范围内的武装分子，摧毁了 992 个武装分子的藏匿点，缴获 253 吨炸药和大量火箭弹，并在该地区的舍瓦勒山谷地区关闭了 7500 个炸弹制造点。[③] 巴基斯坦国内反恐力度的加大，使得巴国内的暴恐袭击的发生量大幅下降，这对于保护中国在巴直接投资的安全起到了重要作用。

---

① 《中国信保一季度出口信用保险覆盖面继续扩大》，中国经济网，网址：http://district. ce. cn/zg/201505/25/ t201505255456463. shtml，2015 年 5 月 25 日。

② 李伟：《巴基斯坦将加大反恐力度》，《世界知识》2015 年第 1 期，第 30 ~ 31 页。

③ 《巴基斯坦反恐挥"利剑"》，新华网，网址：http://news. xinhuanet. com/mil/2016 - 06/16/c_129068622. htm，2016 年 6 月 16 日。

第二，增强对中国在巴直接投资项目与工作人员安全的保护力度。具体而言，根据巴基斯坦国家反恐局（The National Counter Terrorism Authority，NACTA）的估计，截至 2014 年 9 月，在巴基斯坦工作的 8956 名中国公民得到了 12596 名巴基斯坦安保人员的保护。[①] 针对具体的投资项目，巴基斯坦甚至派出专门部队保障项目资产与人员安全。以中国东方电气集团承建的南迪普联合循环电站（Nandipur Power Plant）为例，由于该项目位于巴基斯坦旁遮普省的人口稠密区，存在较高的潜在安全风险。为了保证中国工程师和其他工作人员的安全，巴基斯坦安全部门收集了南迪普电站周围 5000户居民的背景数据并进行严密追踪，以防止任何可能的恐怖袭击发生。除此之外，电站周围还部署了大量警力且地区管理部门的高级官员和警官定期对南迪普电站的安全措施进行巡视、检查，以全力保障工程的顺利推进。[②] 2014 年 5 月 31 日南迪普电站第一台机组并网发电，并于 2014 年底实现所有机组完工，取得双赢。南迪普电站的顺利实施产生了显著的示范效应，迅速带动中国对外直接投资在当地的生根发芽。如中国东方电气于2014 年 9 月正式在巴基斯坦建立办事处，加快在巴基斯坦及周边国家的市场开拓与对外直接投资步伐；2015 年东方汽轮机有限公司、东方电机有限公司与山东电建共同签署了巴基斯坦卡西姆港 2×660MW 应急燃煤电站项目设备合同，正式启动首个中巴经济走廊项目。[③]

第三，巴基斯坦政府对中国在巴直接投资的保护还体现在危机发生后的迅速反应能力和最大程度降低损失的持续努力。2004 年 10 月，承建巴基斯坦高玛赞大坝项目的中水电第 13 局两位工程师在前往工地途中被绑架，巴基斯坦时任总统穆沙拉夫和外长卡苏里在第一时间先后发声表示对这一事件的重视。巴基斯坦内政部长谢尔帕奥亲自担任营救行动总指挥与绑架者进行谈判。与此同时，动员数百名当地部落长者聚集在绑架者与人质所在的地点附近，向绑架者施压，要求他们尽快释放中国工程师。所有和平努力均遭到绑架者拒绝后，巴基斯坦安全部队在迫不得已的情况下采取军

---

① Chinese Nationals: Senate Body Seeks Briefing over Security, 2014 年 9 月 26 日，Tribune，http://tribune. com. pk/story/767415/ chinese-nationals-senate-body-seeks-briefing-over-security/.

② Security of Chinese Engineers: Information about Nandipur Dwellers Being Gathered. 2014 年 8 月 5日。网址：http://www. dawn. com/news/1123417。

③ 《东方电气与山东电建三公司签订巴基斯坦卡西姆港 2×660MW 燃煤电站项目合同》，中国东方电气集团有限公司，网址：http://www. dongfang. com/data/v/201505/4623. html，2015 年5 月 22 日。

事行动解救人质。虽然结果并非尽善尽美，但在中国所有的领事保护案例中，巴基斯坦所提供的环境和积极协助人员解救、帮助善后、强化安保措施的态度是绝无仅有的。① 这一事件的发生也进一步强化了巴基斯坦对中国投资项目和人员的后续保护力度，大大降低了此后中国在巴投资的财产与人员安全发生风险后的破坏度。②

3. 中巴地方政府层面：深化友好联系、增加了解认同

中巴两国地方政府通过建立更为紧密的合作，增进当地民众对中国在巴直接投资的了解与认同，有助于降低中国投资者的外来者劣势，并推动中国在巴直接投资的持续发展。由于巴基斯坦地方政府拥有较大自治权，对地区内部事物的管理享有较大决策空间，而且具体投资项目的落地往往需要项目所在地地方政府的密切配合，因此中巴两国地方政府间的合作对降低中国在巴直接投资的风险同样重要。目前中巴两国地方政府间的合作形式主要以加强互访、建立友好城市或友好省份为主。截至 2016 年 4 月，中国已有 3 个省份、8 个城市与巴基斯坦的省市建立了友好关系。③ 其中，在中巴经济走廊建设规划和"一带一路"倡议提出后，中巴之间就新增了 3 对友好城市。④ 建立友好城市或友好省份，通过城市或省份间的经济和文化交流建立新的沟通渠道，不仅有助于进一步加强地方政府和普通人民的友谊与互信，提升对彼此的认同程度，而且对促进结对双方的经济合作、增强其在对方国家的知名度和影响力大有裨益。例如，在珠海市与瓜达尔市结为友好城市后，珠海港再度与瓜达尔港结为友好港口，并享有项目优先合作的权利。2015 年 10 月 28 日，珠海港与中国海外港口控股有限公司签下 65 亿元战略合作开发协议，共同开发瓜达尔港，为后续中国对外直接投资的大规模注入打下基础。这一点也可以从表 3 - 2 中看出端倪。2004 年 1 月 1 日至 2015 年 6 月 15 日中国在巴直接投资的 153 个项目中，母公司在国内的分布主要集中于浙江、山东、北京、上海、广东和四川等省份。其中排名前 10 的省份中有 5 个省份（或省内重要城市）与巴基斯坦的对应省份

① 樊超：《试论中国公民在巴基斯坦的安全保护问题》，外交学院硕士学位论文，2008。
② 自 2004 年一名中国工程师惨遭杀害后，类似恶性事件并未再出现。即使在 2008 年 8 月中国中兴公司两名工程师被巴基斯坦塔利班绑架后，两名工程师在巴基斯坦政府与军方的积极营救下，历经近 6 个月最终被安全救出（其中一名在此期间设法逃出）。
③ 数据来源于中国国际友好城市联合会，网址为：http://www.cifca.org.cn/Web/SearchByZhou.aspx? guojia = % b0% cd% bb% f9% cb% b9% cc% b9，登录时间：2016 年 6 月 25 日。
④ 三对新增友好城市为：成都市与拉合尔市、克拉玛依市与瓜达尔市、珠海市与瓜达尔市。

（或城市）建立了友好关系。这在一定程度上说明中巴在地区与城市层面的友好政治关系，对增强中国在巴直接投资的发展后劲和稳定性同样重要。

由此可见，中国在制度风险高企的巴基斯坦进行的对外直接投资战略决策深受中巴两国双边政治关系的影响。中巴长期友好、深厚互信的双边政治关系不仅体现在两国政府基于共同利益在国家政策上的调整制定，还体现在两国中央和地方省市间的多层次交流互动上，这为中国在巴直接投资提供了相较其他国家更低的投资风险环境和更大的发展空间，起到了平抑中国在巴直接投资风险的调节作用。自 2003 年以来，中国在巴直接投资快速增长。中国在巴基斯坦直接投资项目数由 2004 年的 1 个上升到 2007 年的 10 个，再波动升至 2013 年的 19 个，并在 2014 年激增至 43 个（见表 3 - 2），中国在巴直接投资额也于 2014 年一举超越美国、英国、瑞士和日本等发达国家，中国已成为巴基斯坦最大的投资来源国，从侧面反映了中巴双边友好政治关系在一定程度上对中国在巴直接投资风险平抑路径的有效性。这也表明在存在高制度风险的国家，良好的双边政治关系往往具有更大的价值，因为在其他国家投资者望而却步的同时，母国投资者却可以赢得在东道国投资的更大发展空间。

五　主要挑战与未来发展展望

从双边政治关系视角考察巴基斯坦制度风险与中国在巴直接投资的关系表明，巴基斯坦以恐怖主义为表征的制度风险水平总体较高，但良好的双边政治关系可以在一定程度上通过多条路径起到降低中国在巴投资面临的实际风险的作用，是助力中国投资进入巴基斯坦的重要因素。需要注意的是，中巴双边友好关系的风险平抑作用并非是"全保险"，中国在巴直接投资的发展仍面临不少挑战。

（一）中国在巴直接投资面临的挑战

第一，巴基斯坦的制度风险仍不容小觑。巴基斯坦政治形势十分复杂，其国内的恐怖主义问题与本国民族、宗教等政治社会问题纵横交织，并深受阿富汗和印度等外部因素的影响。这些问题中的任何一个在短期内都无法解决，巴基斯坦的恐怖主义势力虽然在当前得到了一定控制，但在长期内仍将继续存在。加之，巴基斯坦党派斗争激烈，在推进中巴经济走廊建设的过程中，反对党与执政党因路线经过省份的不同而矛盾激化，大大降低了项目的推进效率；而政府与军方就中巴经济走廊安全部队领导权问题展开竞争，使得部分中国在巴投资项目一度停滞。这些风险均难以在短期内通过传统的政治沟通渠道进行化解，其对中国在巴直接投资的安全威胁仍不容小觑。

第二，针对中国投资和人员的攻击增多。中巴全天候战略合作伙伴关系为中国在巴直接投资的开展，尤其是中巴经济走廊建设的顺利推进提供了诸多便利，但也成为一些恐怖组织或民族分裂主义势力攻击中国投资与人员的由头。伴随着巴基斯坦政府和军方反恐力度的加大，一些好战分子为了引发关注或者捞取与巴基斯坦政府谈判的政治资本，开始将报复性袭击目标转向中国投资和人员，试图破坏中巴双边友好关系，阻碍中巴经济走廊建设。随着中国在巴直接投资的大幅增加，此类挑战陡增。

第三，巴基斯坦各界对中巴经济走廊建设的认识仍存在分歧。作为中国"一带一路"倡议的旗舰项目，中巴经济走廊建设在巴基斯坦也被视作"改变国家命运的机会"，其在经济与战略上的重要意义已得到了中巴两国政府的高度认同。但巴基斯坦普通民众和主流媒体对中巴经济走廊建设的认识仍存较大疑虑。甚至在部分在野党和少数族群的煽动下，巴国内开始出现小规模反华游行示威活动，认为中巴经济走廊建设将使巴基斯坦背负沉重债务、巴本土企业会受到中国企业的巨大打击，甚至巴国的政治意图可能被中国控制等。[①] 巴基斯坦各界对中巴经济走廊建设的认知分歧很可能在未来演变为更剧烈的反华运动，影响中巴双边友好关系。这也是中国在巴直接投资未来可能遇到的巨大挑战。

（二）政策启示及未来发展展望

面对以上严峻挑战，中国在巴投资安全和海外利益保护显得越来越重要。这就要求在加强双边政策沟通和政府间合作的基础上，巩固和完善既有的风险平抑路径与机制，进一步拓展并构建多层次双边沟通交流机制，为中巴经济走廊的顺利推进和中国在制度风险相对较高的"一带一路"沿线国家开展直接投资提供安全保障与政策支持。

---

① 《部分巴基斯坦人为何反对"中巴经济走廊"》，搜狐网，网址：http://mt.sohu.com/201605 10/ n448621277. shtml，2016 年 05 月 10 日。

首先，加强双边反恐合作。推动基于地缘政治与地缘经济综合考量的中巴双边友好关系进一步深化，拓展两国在反恐与防务交流、情报分享和联合反恐军事演习等非传统安全领域的合作，共同维护巴基斯坦稳定的政治环境和中国在巴投资与人员安全，以长期应对巴基斯坦高制度风险的负向冲击。

其次，拓展多维外交风险平抑路径。考虑到中国在巴直接投资主体与载体的多元性，以及制度风险来源的复杂性与综合性，中国目前严重依赖政府外交的单一路径难以有效应对中国在巴直接投资面临的多重制度风险。这就需要中国政府进一步拓展中巴双边政治合作的途径，在发挥政府外交优势的基础上，进一步根据巴基斯坦的政治运行特征，拓展议会外交、政党外交（尤其是与在野党的沟通协调）、公共外交与民间外交形式，形成多方位外交层面的风险平抑机制。

再次，健全风险平抑的多方参与机制。伴随着中国在巴直接投资的大幅增加，中巴两国企业、组织、媒体和普通劳动者间的接触越来越频繁，这就需要改变中国政府单一主导下的海外利益维护机制，充分培育和调动中国在巴跨国公司、社会组织、媒体机构和海外公民等非政府力量在自身利益维护中的积极性和主动性。尤其是鼓励中国企业与个人积极融入当地社会，在进行基础设施与资源性投资的同时，不断加大企业在民生与教育领域的配套投资力度，造福当地民众；同时发挥媒体、非营利性机构和其他社会组织在巴基斯坦本土的宣传作用，减少巴基斯坦国内普通民众对中国在巴直接投资的疑虑与误读，增进两国人民的了解与互信。

最后，建立并完善应急反应机制。尤其是在巴基斯坦国内政局出现较大动荡，严重威胁中巴经济走廊建设和中国在巴投资与人员安全时，中国应借助外交、经济等手段进行干预。在紧急情况下，甚至有必要考虑作为参与者、调节者介入巴基斯坦政治，通过多方斡旋缓解执政党与反对党、政府与军队之间的紧张关系，从而更大程度维护巴基斯坦政局的稳定和中国在巴直接投资与人员的安全。

本研究对中国在制度风险相对较高的"一带一路"沿线国家的直接投资具有突出启示意义：一是加强双边政策沟通和政府间合作，积极构建多层次的双边沟通交流机制以促进政治互信，应走在中国大规模对外直接投资的前列；二是多层次双边友好关系的构建不仅应强调中国与东道国执政党之间的交流合作，还应积极寻求与东道国在野党、政府重要组织及影响广泛的非政府组织之间的沟通协作，不断拓展双边合作的领域，推进中国与东道国双边友好关系在政治、经济、外交、反恐等多方面的立体化发展，进而为中国在高风险东道国的直接投资提供多方位保护；三是对外直接投资企业在善用双边政治关系的同时，更要强化自身的安全意识培养与行为规范约束，增强企业的风险防范和处理能力，以提升自身对东道国制度风险的承受能力，不断推动中国对外直接投资在高风险东道国的持续、健康发展。

第四章 财政制度与俾路支民族主义运动发展研究

——兼论中巴经济走廊的影响

谢宇航*

【内容提要】巴基斯坦俾路支省的民族分离主义运动会给中巴经济走廊建设带来极大的安全风险和政治风险。巴基斯坦的财政制度对俾路支民族分离主义运动发展有着重要影响：1974~2009年的政府财政体制安排对俾路支省极不公平，同时，俾路支人在政治上代表权不足是该时期俾路支民族分裂主义运动泛滥的重要原因；2010年财政改革方案的实施，虽然在一定程度上控制了俾路支的分离主义倾向，但是并没有从根本上化解俾路支人和联邦政府的矛盾。为了推动中巴经济走廊项目的顺利实施，必须进一步加大对俾路支省的财政制度改革，减少分裂主义运动带来的威胁。

【关键词】财政制度　民族主义运动　分裂主义　俾路支省

一 瓜达尔港与俾路支分离主义

中巴经济走廊是中国"一带一路"的旗舰项目，其南部终点是位于俾路支省（以下简称"俾省"）的瓜达尔港，该港口是印度洋上的咽喉要地，对巴基斯坦和中国具有重要的战略和经济意义。

---

* 谢宇航，经济学博士，西南交通大学中国高铁发展战略研究中心讲师。研究方向为公共经济。

对巴基斯坦而言，瓜达尔港是除卡拉奇和卡西姆港外巴基斯坦第三大重要的深水港，而且相比这两个港口，瓜达尔港远离印度控制范围，对保障巴基斯坦的国家安全举足轻重。与此同等重要的是，瓜达尔港的开发，包括工业区、自贸区和经济特区的建设将使其成为巴基斯坦一个重要的经济增长极，为当地创造更多的就业机会，带动当地经济发展。

对中国而言，瓜达尔港在保障中国能源安全，拉动西部地区经济发展以及加强中国海外影响力等方面都有着重要作用①。目前中国原油消费超过50%依赖进口，而其中75%需要经马六甲海峡运抵中国。② 一旦瓜达尔港以及联通瓜达尔港和中国新疆的陆上能源通道建成，不但可以大幅缩短运输时间和降低运输成本，更重要的是该通道将极大缓解"马六甲困境"，保障中国的能源安全。与此同时，瓜达尔港及中巴经济走廊使新疆成为联通印度洋和中国大陆地区的中转枢纽，这有利于拉动西部地区的投资贸易，带动西部地区成为内陆开放高地，从而有助于西部的经济崛起，并加强国家对新疆的治理。最后，中国对瓜达尔港的实际控制和运营，将极大增强中国在印度洋地区的影响力，为中国未来发展提供有益空间。

但瓜达尔港所在的俾省民族主义运动兴盛，尤其是支持独立的民族分裂主义者所采取的各项行动成为中巴经济走廊建设顺利实施的重大威胁。为了达到独立的政治目标，他们采用炸弹爆炸（bomb blasts）、武装攻击（armed attacks）③ 等方式袭击在俾路支的各项能源基础设施和非俾路支人员，这使得俾省当地安全局势十分严峻。尤其需要重视的是，俾路支分离主义团体也敌视中巴经济走廊项目。据《国际财经时报》（IB Times）在2016年2月发表的一篇名为"俾路支分离主义者要求中国和巴基斯坦取消中巴经济走廊协议"的报道，俾路支的分离主义者团体俾路支共和党反对中国和巴基斯坦间的经济协议，他们认为中巴经济走廊的目的是巴基斯坦

① 刘新华：《力量场效应、瓜达尔港与中国的西印度洋利益》，《世界经济与政治论坛》2013年第 5 期，第 1~18 页。

② 《中国石油供应要塞：马六甲海峡困局》，http://www.wusuobuneng.cn/archives/20284。

③ 需要注意的是，俾路支省的各类武装袭击活动并不都是由俾路支民族分裂主义团体发起的，根据 Pipes 的研究，这一地区的暴力活动还包括塔利班、基地组织等伊斯兰恐怖组织发起的袭击，也包括俾路支部落间的冲突。这三类武装袭击的目的不同，因此袭击对象也有所不同，俾路支民族分裂主义者的主要袭击对象是能源设施、交通设施、大型项目、安全部队等；而塔利班等组织的袭击对象主要是宗教机构、女子学校等，常常采取的是自杀式袭击；部落冲突则主要是部落内部的杀戮。参见 Pipes, The Baloch-Islamabad Tensions: Problems of National Integration, *DTIC Document*, 2010。

和中国联手剥夺利用属于俾路支当地人的自然资源，并声称要加速绑架和谋杀的进程。①

虽然巴基斯坦联邦政府已建立专门的武装部队保护中方人员和工程的安全（巴基斯坦准备安排一个陆军旅驻防瓜达尔港区，全面接管港区防务，形成一个大的物理隔离区，为港区开发建设提供安全环境）②，但却面临着极高的经济社会成本，而且这种隔离可能会加剧俾路支人对中巴经济走廊相关人员及项目的敌意。

那么俾省的民族主义运动缘何而起，巴基斯坦联邦政府是否采取了相应的措施来管控民族主义运动中的分离主义倾向？应该采取何种措施来帮助中巴经济走廊项目规避这一风险？

本文其余内容安排如下，第二部分对研究巴基斯坦俾路支民族主义运动源起的两种主要观点进行了评述，指出：无论是政治联邦主义理论下削弱旁遮普人的政治权力的方案，还是部落结构理论下的废除萨达尔制度以解决俾路支民族主义的方案都会导致巴基斯坦国内政局的进一步动荡。第三部分提出了从财政制度的视角研究俾路支民族主义运动的框架，认为财政制度安排的不公是导致俾路支民族主义运动兴起的重要原因，而改革财政制度也是各方相对更容易接受的方案。第四部分系统分析了 1974～2009 年巴基斯坦政府财政制度的整体结构，指出该时期对俾省不公平的财政安排导致俾路支民族主义运动中分裂主义势力的上升。第五部分分析了巴基斯坦 2010 年财政制度改革的主要内容，以及这次改革对抑制俾路支民族分裂主义运动的作用。第六部分指出 2010 年的改革力度仍然有限，而中巴经济走廊本身既可能成为解决俾路支民族分裂主义问题的契机，也可能加剧俾路支分裂主义势力与联邦政府的对峙，因此中国政府应该充分认识到通过敦促巴基斯坦政府深化财政制度改革以有效管控俾路支的民族主义运动的必要性，从而确保中巴经济走廊各项目顺利建设和安全运营。

---

① Iaccino, L. "Balochistan Separatists Urge China and Pakistan to Scrap CPEC Deal Over 'Human-Rights Abuses'". http://www.ibtimes.co.uk/balochistan-separatists-urge-china-pakistan-scrap-cpec-deal-over-human-rights-abuses – 1542193.

② 《影响瓜达尔港（区）发展的四大因素》，http://blog.sina.com.cn/s/blog_52f526870102vqzm.html。

二　俾路支民族主义和分离主义的源起：是政治联邦主义的失败，还是部落忠诚削弱了国家认同？

目前关于巴基斯坦俾路支民族主义和分离主义[①]运动起因的研究文献中，主要包括以下两种代表性观点。

第一是政治联邦主义的失败。Khan[②] 指出虽然宪法规定巴基斯坦是一个联邦制国家，但军事独裁政府和民选政府上台后都未真正遵守相互协商、权力下放、省级自治以及各民族在联邦政府和军队中具有足够的政治代表权等联邦主义的基本原则，这些原则对俾路支这样一个地域广阔、资源丰富但在全国人口占比很低的省份来说尤其重要。联邦主义原则运用的失败导致了俾路支人这一小身份团体强烈的被边缘感，从而不得不诉诸民族主义运动来寻求更多的自主权甚至进行分离主义运动。

因此，Khan[③] 认为修正巴基斯坦的联邦主义，保护俾路支人的政治权力是解决俾路支民族分裂主义运动的主要措施。具体而言，他提出实行包括对俾省资源、征税放权在内的高度省级自治；让参议院和国民议会享有相同的权力，从而解决俾省在国民议会中代表权过小的问题；以及将旁遮普省这一人口大省拆分为几个小省，一劳永逸的解决旁遮普省在联邦政府中占有绝对主导权这一问题。

应该说，政治联邦主义理论的确从根本上指出了俾路支人在巴基斯坦总是处于边缘地位的原因，即在中央机构中缺乏相应的代表权，必须通过

[①]　根据英国学者厄内斯特·盖尔纳的定义，民族主义首先是一条政治原则，政治的和民族的单位应该是一致的。民族主义作为一种情绪或者一种运动，可以用这个原则进行最恰当的界定。民族主义情绪是这一原则被违反时引起的愤怒感，或者是实现这一原则带来的满足感。民族主义运动，是这种情绪推动的一场运动。参见〔英〕厄内斯特·盖尔纳《民族与民族主义》，韩红译，中央编译出版社，2002。本文沿用了民族主义运动的这一解释，俾路支民族主义运动也正是由于违反这一原则而逐渐兴起的。俾路支的民族主义运动并不是统一的力量，一些俾路支民族主义者要求完全独立，在本文中称之为分离主义势力或民族分离主义势力；大多数俾路支人主要是希望通过在现行联邦制度下的改革来满足诉求，不要求独立或分裂，这部分在本文中称之为温和的民族主义运动或者联邦主义的民族主义运动。

[②]　Khan, G. *Politics of Nationalism, Federalism, and Separatism: The Case of Balochistan in Pakistan*, University of Westminster, 2014.

[③]　Khan, G. *Politics of Nationalism, Federalism, and Separatism: The Case of Balochistan in Pakistan*, University of Westminster, 2014.

上述三大改革措施的并用，即拆分主体民族、增大参议院权力和提高省级自治才能够真正确保各民族和利益团体在权力结构中的相对平衡，进而实现多民族国家中"多样性中的团结性"。但上述联邦主义原则的修正将在很大程度上损害旁遮普人的利益，在巴基斯坦当前的联邦结构下（即旁遮普人在政治权力格局中的主导地位），改革方案根本无法获得国民议会的通过。因此，如果执着于完全采用政治联邦主义的视角，试图从政治上削弱旁遮普人的权力以保护俾省利益，缓解其民族主义情绪，在当下可能反而会导致联邦政府和俾省当地的进一步冲突和对抗。

第二是俾路支的部落结构导致俾路支人对国家的认同感较弱。Hasnat[1]认为俾路支地区的萨达尔制度和部落结构导致普通部落成员忠于部落首领而缺乏国家认同，因此部落民众极易被部落萨达尔煽动进行对抗联邦政府的行动。实际上，俾路支地区的部落制度之所以根深蒂固，在很大程度上联邦政府要负责。联邦政府长期以来忽略俾省的社会经济发展，造成当地民众贫困、政治意识落后、受教育水平较低，这成为萨达尔们能够煽动部落民众的客观经济社会基础。因此，若联邦政府强行废除萨达尔制度，不但会因为缺乏部落民众认同的经济社会基础导致效果不佳，而且很可能像阿里·布托政府在 20 世纪 70 年代试图通过武力废除萨达尔制度那样，导致俾路支民族主义武装叛乱的升级。

三　财政制度与国家统一

综合来看，以上两种理论的确都从不同角度给出了对巴基斯坦俾路支民族主义运动起源的解释，但是要运用其中的因果逻辑机制寻求管理民族主义的方案时，这两种理论都意味着国内政局和社会结构的激烈变动，改革最后的走向难以预期。

比较而言，财政制度改革是一种相对温和、更易于为各方接受的方案，而且巴基斯坦联邦政府已经进行了一定程度的财政改革来缓和冲突，但是这种改革的力度有限，相关的研究也应该进一步深化。

实际上，政府间财政制度作为决定各级政府和同级地方政府间利益和职责分配的机制，是地区民众对待联邦政府和其他联邦成员单位态度的重

---

[1]　Hasnat S. F. , "Pakistan", ABC – CLIO, 2011.

要影响因素，尤其是巴基斯坦转移支付制度的高度可视性（即转移支付规则和分配结果简单清晰，易被普通民众理解）更进一步强化了这种关联。因此，从政府间财政制度的角度来分析俾路支民族主义运动的情况是非常有价值的，它既是俾路支民族主义运动发展和兴起的重要原因，也可以成为管理和解决俾路支民族主义的有力工具。

首先，财政制度有助于减轻地区居民政治自主权丧失带来的成本。Bolton & Roland[1] 运用新政治经济学的分析框架，从地区中间选民的效用函数出发，分析认为存在三个重要的因素影响一个地区中间选民投票选择分裂或统一的决策：①起因于财政政策地区偏好差异的政治因素。即由于统一国家的中间选民不同于保持两个地区相互独立时有决定权的中间选民，因此国家的政策可能并不符合地方的偏好和利益。当地区居民不得不遵守统一国家中间选民所选定的政策时，他们就承担了政治自主权丧失的成本。②分裂引起的效率损失。Bolton 在论文中假设从经济效率的观点来看，国家的分裂总是会引起效率损失，而统一的国家则更有效率，因为地区间的自由贸易得以保证，国防和法律实施方面的重复成本得以避免，地方公共服务供给也能够得以协调，也就是说统一的效率来自公共产品联合供给的规模经济。[2] 因此，分裂总是会增加独立地区的成本。③由于地区间人均收入差异产生的税基因素。即由于各个地区的人均收入不同，当两个地区合并在一起时，低人均收入的地区总是能够从中获益，即其合并税基效应为正，而高人均收入地区则由于人均税基的下降而受损。地区选民的效用函数就由以上三个因素构成，如果一个地区的中位选民的效用函数为正（即以上三个因素加总为正），那么该地区就会选择统一，否则就将选择独立。在这一分析框架下，第二个因素（分裂带来的效率损失）和第三个因素（税基合并的净效应）是给定的，为了维护国家的统一，一般会采取相应的财政政策来减少由于政治自主权丧失带给地区选民的成本。

第二，转移支付制度可以推动政治选票交易，使国家保持统一。Motohiro Sato[3] 认为转移支付是维护国家统一的重要工具。他指出在统一的国

---

[1] Bolton P., Roland G., "The Breakup of Nations: a Political Economy Analysis," *The Quarterly Journal of Economics*, vol. (1997), pp. 1057 - 1090.

[2] T. 佩尔森：《政治经济学对经济政策的解释》，方敏等译，中国人民大学出版社，2007。

[3] Sato M., "The Political Economy of Interregional Grants," *Public Sector Governance and Accountability Series-Intergovernmental Fiscal Transfers: Principles and Practices*, vol. (2007), pp. 173 - 197.

家中，少数民族地区可能会担心其政治权力和经济利益受到损害，或者他们可能会感觉无法同其他地区保持团结。在这种情况下，政府间的补助能够作为政治选票交易，使国家保持统一，从而通过确保某一地区的富裕来换取统一，避免分裂。Béland 和 Lecours[1] 也认为少数民族社区在中央制度中边缘化、缺少代表权和/或者没有权力可能是分裂的强烈激励，但均等化转移支付项目将成为这些地区成员选择统一的重要激励，从而抵消前述因素带来的不良影响。

第三，均等化转移支付有助于强化国家认同感，形成对联邦主义政党政治活动的支持。Béland 和 Lecours[2] 在分析加拿大的财政均等化转移支付在多民族国家政治和解中的作用时指出，均等化不仅可以通过"收买"贫困成员单位以帮助联邦国家的统一，它还有助于强化国家认同感，在全国范围内产生团结和凝聚的情感，通过具体的地区间财政转移支付赋予抽象的地区统一观念以实体支持，从而使得对分裂的支持变得不可能。比如，加拿大自 1957 年建立均等化转移支付项目以来，魁北克在地区财政再分配中持续获得了绝对数额意义上的最大联邦均等化转移支付，对魁北克的政治活动家持续捍卫魁北克作为加拿大的一个省而存在具有重要价值。

四　不公平的转移支付与俾路支分离主义倾向的上升：1974 ~ 2010

巴基斯坦于 1947 年独立，其政府间财政体制的正式安排从 1951 年开始。但鉴于俾路支在 1970 年才被给予联邦省的地位，[3] 同时在 1971 年巴基斯坦解体为东巴基斯坦（今孟加拉国）和西巴基斯坦（今巴基斯坦）后，联邦和省政府间财政制度经历了较大的变化，因此对其政府间财政体制的研究从分裂后于 1974 年实施的首个财政安排开始。1974 ~ 2010 年是巴基斯坦财政体制安排的第一阶段，该阶段的突出特征是联邦政府财权事权的高度集中，以及对俾省转移支付安排的高度不公平，这使得俾路支人的民族

---

[1]　Béland D., Lecours A., "Accommodation and the Politics of Fiscal Equalization in Multinational states: The Case of Canada," *Nations and Nationalism*, vol. 20, no. 2 (2014), pp. 337 – 354.

[2]　Béland D., Lecours A., "Accommodation and the Politics of Fiscal Equalization in Multinational states: The Case of Canada," *Nations and Nationalism*, vol. 20, no. 2 (2014), pp. 337 – 354.

[3]　Hasnat S. F., "Pakistan", ABC – CLIO, 2011.

主义情绪在此期间不断累积，并最终爆发了大规模的武装叛乱，民族主义运动不断激进化，要求独立的分裂主义势力呈明显上升趋势。

（一） 1974～2010 年：高度集中的财权及不公平的转移支付分配机制

（1） 高度集中的财政体制安排

巴基斯坦 1973 年宪法规定了联邦政府和省政府间财政结构的总体框架，包括税种划分、事权职责等。[1] 在 1973 年宪法指导下，每五年组建一次的国家财政委员会 （National Finance Commission，NFC） 则具体规定各个时期联邦、省政府间的收入划分。从 1974 年组建第一届国家财政委员会开始，巴基斯坦目前共组建了 7 届国家财政委员会，但其中只有四次达成了共识，[2] 分别是 1974 年、1991 年、1997 年和 2010 年。虽然巴基斯坦是一个联邦制国家，但在 1974～2010 年，联邦政府实际上在财权财力、事权职责方面都高度集中，具有很显著的集权特征。

一方面联邦政府获得的都是税基宽广、税源充足、具有弹性的税种，比如个人所得税、公司利润税等直接税和关税、销售税等间接税。而省政府的收入范围虽然包括了许多税种，但多数收入规模小，比如财产税、财产转让税、土地收入、农业所得税、资本利得税、印花税、汽车税、娱乐税等。联邦政府税收收入占全国税收收入的 90% 以上。另一方面联邦政府在事权职责方面的权力也较为集中。1973 年宪法划分了联邦政府职责和联邦—省政府共有职责：联邦政府立法表 （federal legislative list） 共有 67 项事务，只有联邦政府具有对这些事务的立法权；47 项事务为联邦、省政府的共同立法表 （concurrent legislative list），[3] 联邦和省政府都能对这些事务进行立法，宪法未规定的其他事务则按辅助原则 （subsidiarityprinciple） 划归

---

[1] The Constitution of the Islamic Republic of Pakistan 1973, Article 160 （National Finance Commission）. http://www. pakistani. org/pakistan/constitution/.

[2] 根据宪法规定，巴基斯坦国家财政委员会 （NFC） 提出的联邦、各省政府间的财政分配方案只有在所有四个省 （旁遮普、信德、开伯尔－普什图、俾路支） 一致同意的情况下才能正式生效实施。因此在未达成共识的第 2 届和第 3 届 NFC 期间，联邦—省政府间的财政分配方案一直沿用 1974 年 NFC 方案。参见 Bahl R, Wallace S, Cyan M. *Pakistan: Provincial Government Taxation.* International Center for Public Policy, Andrew Young School of Policy Studies, Georgia State University, 2008. p. 24.

[3] The Constitutionof theIslamic Republic of Pakistan 1973, Fourth Schedule [Article 70 （4）].

省政府。但同时宪法第 143 条规定，当联邦政府和省政府在共有职责上存在冲突时，联邦法律具有更高效力，这就为联邦政府提供了更多的自由裁量权，而省政府的自主权则受到相当大的限制。①

在这种高度集权的财政体制下，省级政府无论是财政收入还是财政支出方面的自主权都非常有限。这很容易产生以下几种问题：第一，当本省经济发展程度低、公共服务供给不足、人民生活水平低下时，省政府很容易将责任推给联邦政府，声称是联邦政府没有为本省提供充足的财政资源；其次，集权体制下存在的较大纵向财政不平衡会使省政府高度依赖联邦政府的转移支付资金，因此如果转移支付在各省间分配不公，则极易导致省际和联邦与省政府之间的冲突和不满；第三，当联邦政府过多干预和参与本属于省级政府的事务时，很难考虑到当地民众的需求和偏好，省级政府和地方政府无法参与到与当地民众生活息息相关的事务的决策中，被边缘化的感觉强烈，对联邦政府的不信任感加强。以上问题在以种族划分省际边界的巴基斯坦更加突出。

（2）税收收入共享池转移支付：人口是转移支付分配的唯一标准

由于联邦政府集中了全国 90% 以上的税收收入，但只承担 70% 左右的支出职责，② 为了调节联邦—省政府间的纵向财政不平衡，历届 NFC 都提出相应的转移支付办法，大体上包括税收收入共享池转移支付（divisible pool of taxes）③、直接转移支付（straight transfers）、发展拨款和非发展拨款四类。

其中，税收收入共享池转移支付的规模在联邦政府对省政府的转移支付总额中占据着绝对主导地位（60% 以上），因此它对省政府财政能力和省际财政均衡起着决定性作用。直接转移支付是联邦政府将各省自然资源产生的收入（石油特许费，天然气发展附加费、特许费和销售税，水电利润）由联邦征收后再直接划转给各省政府。发展拨款属于有条件拨款，是联邦政府为省政府的年度发展项目提供的专项资金。非发展拨款在 1991 年之前

① Khan G., "Politics of nationalism, federalism, and separatism: The case of Balochistan in Pakistan", in *University of Westminster*, 2014.

② Wasti S., "Intergovernmental fiscal relations: a case study of Pakistan", in *University of Portsmouth*, 2013.

③ 从 1974 年第一届 NFC 组建以来，组成税收收入共享池的联邦税种有所不同，比如在 1974 年只包括所得税、销售税和棉花出口关税，而在 2010 年的第 7 次 NFC 方案中，将所有联邦政府税收都纳入其中。

主要是联邦政府为省政府的收入赤字提供的资金，在 1991 年全面禁止收入赤字拨款后，现在主要是对开伯尔—普什图省和俾省的特别落后拨款。在这四项转移支付中，税收收入共享池转移支付和直接转移支付是导致俾省政府对联邦政府不满的主要原因，在这两项收入的分配上，俾省受到了不公平的待遇。

1974 年国家财政委员会方案是 1971 年孟加拉国独立后，巴基斯坦公布的首个联邦—省政府财政分配方案。这届国家财政委员会将各省的人口份额作为分配联邦政府税收收入共享池转移支付的唯一标准。这一分配标准一直沿用了将近 30 年的时间，直到 2010 年第 7 届国家财政委员会提出了新的分配方案。[①] 这种分配方案非常有利于旁遮普省，因为它可以获得与其他省完全相同的人均转移支付，但由于其人口密度高、人口贫困发生率低，在经济和基础设施方面相对更为发达，因此其人均基本公共服务的供给成本是低于其他省份的。与旁遮普省的情况相反，俾路支省人口密度非常低（每平方公里 18.9 人），[②] 而且城市化水平低，道路交通等基础设施状况差，经济发展十分落后，因此其人口要获得与旁遮普省大致相同的基本公共服务的人均供给成本将会非常高。同时，俾路支省本身经济落后导致其自有财政收入能力也很差。因此，这种仅根据人口份额，而不考虑各省实际财政支出需求和财政收入能力的财政转移支付分配方案本质上是缺乏横向公平的。这是导致俾省对联邦政府不满的重要原因之一。

（3）直接转移支付：不公平的自然资源利益分配机制

巴基斯坦大规模的天然气生产开始于 1952 年，当年在俾路支的德拉·布格迪（DeraBugti）地区发现了巴基斯坦最大的苏伊气田。在气田发现后的两到三年内开始开采和钻井，到 1955 年，连接苏伊和卡拉奇的天然气管道工程完工，天然气开始供给巴基斯坦这个当时的首都。其后，俾省又有其他气田被陆续开发，包括乌奇（Uch，1955）、皮科赫（Pirkoh，1975）、洛提（Loti，1985）、泽尔贡（Zarghun，2002）等天然气田。一直到 20 世纪 90 年代的近半个世纪的时间里，俾省一直是巴基斯坦最为重要的能源生产基地，其生产的天然气占据巴基斯坦天然气总产量的一半以上，1994～1995

---

① Ahmad I., Mustafa U., Khalid M., "National Finance Commission awards in Pakistan: A historical perspective", in University Library of Munich, Germany, 2007.
② 巴基斯坦全国的平均人口密度为每平方公里 831.56 人。

财年俾省的天然气产量占全国总产量的近 56%。但由于俾省日益严峻的安全局势，在该省勘探开发新天然气田的活动很少，因此虽然其天然气产量在不断增加，但占全国总产量的比重不断下降，到 2004~2005 财年，其总产量仅占全国产出的 25%。[①]

俾路支省政府从天然气开发中得到的收入由三个部分组成：天然气特许费（royalty）、天然气发展附加费（Gas Development Surcharge，GDS）和天然气消费税（excise duty）。这三项费用都由联邦政府征收，在扣除 2% 的征收费之后以直接转移支付（straight transfer）的形式返还给省政府。[②] 巴基斯坦 1973 年宪法第 161 条第 1 款规定，"由联邦政府在井口征收的联邦天然气消费税的净收入，以及由联邦政府征收的特许费，不应该纳入联邦统一基金，而是应该被支付给天然气井口所在地的省政府"。[③] 在这三项天然气相关收入中，消费税根据每百万英热单位 5.4 卢比的固定税率征收，第 7 届国家财政委员会方案将该税率增加至 10 卢比，各省政府对消费税的征收和分配没有意见。俾省政府主要对特许费和天然气发展附加费的计算方法存在强烈不满。

由于特许费、天然气发展附加费的计算与联邦政府确定的几个国内天然气价格极为相关，因此首先必须弄清楚巴基斯坦国内的天然气定价政策。巴基斯坦的天然气产业中有三类主要的参与者，按生产环节的上下游关系分别是天然气开采生产公司（E & P company）、天然气传输销售公司（即两大国有公司，苏伊南部天然气公司和苏伊北部天然气公司）和天然气消费者（包括家庭消费者、工业和商业消费者等），这三类参与者主要有三个相关的价格：首先是天然气开采生产公司将天然气销售给两个传输分配公司的井口价格（在扣除井口价格 12.5% 的特许费后，即开采生产公司得到的生产者价格），其次是政府在考虑传输分配公司的运营成本、资产回报率、消费税等之后确定的规定价格，再次是联邦政府确定的销售给各消费者的价格（notified consumer price），在这个价格之上加上一般销售税即是天然气的最终消费者价格（见表 4-1）。

[①] World Bank, "Pakistan-Balochistan Economic Report: From Periphery to Core", in *World Bank Other Operational Studies*, World Bank, 2008, p. 52.

[②] G. Anderson., *Oil and gas in federal systems*, Oxford University Press, 2012.

[③] The Constitutionof theIslamic Republic of Pakistan 1973, Article161 (1). http://www. pakistani. org/pakistan/constitution/.

表 4 - 1 巴基斯坦天然气消费者价格的组成 （2012）

价格组成	美元/MMBTU
生产者价格	3.76
+ 特许费 （12.5%）	0.54
= 井口价格	4.30
+ 消费税 （10 卢比/MMbtu）	0.09
+ 运营及维护成本	0.37
+ 资产回报	0.23
+ 其他	-0.18
= 规定价格 （Prescribed price）	4.80
+ 天然气发展附加费	0.05
= 公布的消费者价格 （Notified consumer price）	4.85
+ 一般销售税	0.78
= 最终消费者价格	5.63

注：巴基斯坦政府在 OGRA 官网上发布了井口价格和公布的消费者价格，生产者价格 = 井口价格 - 特许费。

资料来源：Gomes I. Natural Gas in Pakistan and Bangladesh: current issues and trends, 2013。

第一，天然气特许费。巴基斯坦的天然气特许费由开采生产公司支付给政府，特许费等于井口价格的 12.5%。天然气井口价格由联邦政府的油气管理局 （OGRA） 制定，并定期在官网上发布。根据 2001 年的定价框架，销售给巴基斯坦两大天然气传输分配公司的天然气井口价格开始与国际原油价格相关联，并且根据联邦油气管理局的公告每年调整两次。在俾省开发的天然气田中，只有泽尔贡 （Zarghun） 这个 2002 年开发、只占俾省天然气剩余储量 1% 的天然气田才完全适用于 2001 年的定价制度。对于那些于 2002 年之前开发的项目，价格仍然根据开发特许 （concession） 被批准时的天然气定价政策制定，这包括苏伊 （Sui）、乌奇 （Uch）、皮科赫 （Pirkoh） 和洛提 （Loti）。[①] 它们采用的都是成本加成的定价公式，其价格相比 2001 年定价框架确定的天然气价格而言要低得多。尽管联邦政府从 2001 年开始

---

① 比如苏伊天然气田的井口价格根据巴基斯坦政府与巴基斯坦石油有限公司 （Pakistan Petroleum Limited, PPL） 于 1985 年签订的天然气定价协议 （Gas Pricing Agreement, GPA） 由联邦政府公布。

系统地调整这些开发得较早的天然气田的井口价格，但从表4－2中可以看出，到2014年7月1日，俾省的这些天然气田的井口价格大部分仍显著低于其他省的天然气田。因此，俾省较低的天然气井口价格导致了其相对于其他省份（尤其是信德省①）长期持续的低天然气特许费收入。

表4－2　2014年7月1日OGRA公布的天然气井口价格

天然气田	所属省份	美元/MMbtu	天然气田	所属省份	美元/MMbtu
巴赫特 （Bhit）	信德	4.7652	然姆扎马 （Zamzama）	信德	4.3464
坎得科特 （Kandkot）	信德	(2.2671)	多达克 （Dhodak）	旁遮普	(2.9477)
卡丹瓦里 （Kadanwari）	信德	8.5004	南德普尔 （Nandpur）， 潘吉皮尔 （Panjpir）	旁遮普	(3.7337)
卡迪尔·普尔 （QadirPur）	信德	(3.0177)	洛提 （Loti）	俾路支省	(1.3862)
沙旺 （Sawan）	信德	4.4366	皮科赫 （Pirkoh）	俾路支省	(1.3862)
拉提夫 （Latif Field）	信德	6.1186	苏伊 （Sui）	俾路支省	(2.1657)
米亚诺 （Miano）	信德	4.4366	乌奇 （UCH）	俾路支省	3.9223

注：由于巴基斯坦联邦油气管理局对部分气田公布的是卢比价格，因此括号内是笔者根据当时的卢比对美元汇率计算的美元价格。2014年7月1日，巴基斯坦卢比对美元的汇率为1PKR＝0.010142美元。

资料来源：巴基斯坦联邦油气管理局（OGRA）网站。

　　第二，天然气发展附加费。天然气发展附加费是在1967年《天然气（发展附加费）法案》［The Natural Gas（Development Surcharge），Ordinance，1967］下征收的，收入归联邦政府所有，其目的是为巴基斯坦的天然气管道基础设施建设融资，以及确保油气价格的均衡。根据1967年法案的规定，联邦政府确定的对消费者的销售价格（notified consumer price）和天然气传

---

①　20世纪90年代中期以后，信德省的天然气田开发不断增加，并逐渐成为巴基斯坦最大的天然气生产省份，因此它从新定价机制中受益最多。

输分配公司的规定价格① （Prescribed price for Gas Companies） 之间的差额就被界定为发展附加费。

从 1967 年到 1990 年，大多数天然气管道已经建设起来，开始出现附加费的盈余，于是 1990 NFC 将发展附加费作为直接转移支付由联邦政府转移给省政府。以 1991 年 1 号总统令形式公布的 1990NFC 第 6 条规定"各省每财年获得的天然气发展附加费占总天然气发展附加费的比例等于该年该省在井口生产的天然气占总天然气产量的百分比"，这意味着天然气发展附加费的年度收入在各省间将根据他们的天然气产量进行分配。由于上述定价政策方面的原因，俾省的加权平均天然气井口价格在四省中是最低的，但是它与信德省等生产的天然气的消费者销售价格一致，因此俾省对天然气发展附加费的贡献度更高，但 1991 年分配公式却使俾省获得的份额更少，远低于其合理份额。

由于俾省工业发展水平落后，但天然气等自然资源丰富，来自天然气的直接转移支付是俾省除共享税收入池转移支付外最重要的收入来源，因此，直接转移支付在省际的分配不公更容易激起俾省民众对联邦政府的不满。

（二） 俾路支民族主义运动的逐渐激进化和分裂倾向

上述财政制度安排持续了将近 30 年的时间，长期受到巴基斯坦中央政府不公正待遇的俾路支人不得不通过各种形式的民族主义运动来争取自身的权利。从俾路支民族主义运动的发展历程来看，民族主义者们的政治倾向和相应的行动可以划分为两类：一类是要求在巴基斯坦联邦框架下实现俾路支省更大的自治，这类民族主义者主要通过形成民族主义政党，积极参与俾省省议会选举和巴基斯坦国民议会选举，希望通过政治对话和协商的和平方式来解决俾省的不公正待遇问题，主要包括俾路支民族党和民族党；另一类则要求从巴基斯坦独立，为俾路支人成立独立的国家来捍卫自身利益，这类民族主义者则主要通过建立各种武装组织，发动暴力、恐怖活动，与政府军的武装对抗，对外省和外国企业、个人的武装袭击等方式

---

① 比如苏伊北部天然气公司（SNGPL）和苏伊南部天然气公司（SSGCL）的规定价格（Prescribed price）是基于如下确定的：井口天然气价格（wellhead price of gas）、井口消费税、运营及维护成本、折旧、天然气公司的资产回报率（17.5% SNGPL and 17% SSGCL）。天然气发展附加费和特许费之间负相关。比如，井口价值越高，特许费也越高，但是天然气发展附加费就越低，反之亦然。

来对抗中央政府，表达独立的诉求。典型的如"俾路支解放军""俾路支共和军""俾路支民族阵线"等民族分裂主义团体（参见表 4－3）。

表 4－3　俾路支民族主义运动的主要团体及其政治倾向

名称	政治诉求
"俾路支解放军"①	分离主义武装团体，要求巴基斯坦、伊朗、阿富汗俾路支人的大俾路支斯坦的独立
"俾路支共和党"	民族主义政党，支持大俾路支斯坦的独立，反对任何形式的政治对话
"俾路支共和军"	俾路支共和党的武装派系
"民族党"	温和的，中偏左的俾路支民族主义政党，声称代表中产阶级，通常会参与选举
"俾路支民族党"	温和的民族主义政党，要求增加俾路支省来自省级资源的收入份额，要求更大的省级自治
"俾路支民族阵线"	民族主义政党，拒绝参与政治过程，呼吁大俾路支斯坦的独立。
"俾路支学生组织－阿扎德派"	俾路支解放军的支持者，要求俾路支斯坦的独立

资料来源：Grare F. Balochistan: The State Versus the Nation, 2013。

在 20 世纪 80 年代和 90 年代，俾路支民族主义者中的联邦主义政党代表着主流民意，其政治诉求还主要是修改宪法，获得更大的省级自治。根据 Grare② 的研究，这一时期的俾路支民族主义政党十分活跃，而且他们也得到了省内民众的广泛支持，在 1988 年的省议会选举中，对民族主义政党的合并投票达到 47.8%，在 1990 年选举中达到 51.74%，在 1997 年选举中俾路支民族主义政党再次获胜，并组建了政府。但此后俾路支民族主义运动中的分裂主义势力开始上升，并逐渐演变为反对国家的军事行动，其政治诉求从修改宪法变为给俾路支人创建一个新的国家。尤其是在穆沙拉夫将军统治时期，俾路支民族主义运动再次复兴，各类民族分裂主义团体在俾省和其他地区发动了多起武装袭击活动，穆沙拉夫发起大规模的清剿行动也未能消除俾路支民族分裂主义势力。而温和的民族主义政党也表现出对联邦政府的强烈不满，他们都抵制了 2008 年的大选。

俾路支民族主义者政治诉求的逐渐激进化，或者说越来越多的主张独立和分裂的民族主义团体和政党的出现，一方面与政治因素有关，比如俾

---

① 巴基斯坦于 2006 年宣布"俾路支解放军"为恐怖主义组织。

② Grare F., "Balochistan: The State Versus the Nation", 2013.

路支人在联邦政府和军队中的代表权不足等，但更重要的是，长期不公平的财政制度已经给俾省的社会经济发展和省内民众与联邦政府的关系造成了严重不良后果。

首先，在这一财政制度安排下，俾省长期只能获得较少的财政收入和自然资源收益，由此导致的较低的公共支出已经使得俾省内的社会经济发展状况远远落后于其他省份。如表4-4所示，俾路支省在人口就业率、儿童健康状况、小学净入学率、成人识字率、获得清洁水源的人口比例以及获得医疗卫生设施的人口比例方面都大大低于全国平均水平，在四省中状况最差。从综合性的人类发展指数看，2005年俾路支省人类发展指数为0.5557，低于巴基斯坦全国平均0.6196的水平，也为四省最低。长期的落后与贫困是俾省民族分裂主义势力在这一时期逐渐占据主导地位的根本原因。

表4-4　2010~2011年俾省主要社会经济指标状况

指标	巴基斯坦	旁遮普省	信德省	开伯尔 - 普什图省	俾路支省
就业占总人口比率（人口就业率）（%）	30.9	33.1	31.0	24.3	24.5
5岁以下儿童体重不达标的比例（%）	31.5	29.8	40.5	24.1	39.6
基于消费的基尼系数	0.2752	0.2832	0.2825	0.2379	0.1899
小学净入学率（%）	56	61	53	51	47
1到5年级学业完成率（%）	49	52	52	41	32
识字率（%）	58	60	59	50	41
小学教育的性别平等指数	0.88	0.95	0.84	0.79	0.63
中学教育的性别平等指数	0.85	0.97	0.79	0.60	0.41
青年识字率的性别平等指数	0.79	0.87	0.78	0.57	0.39
12~23个月儿童充分免疫接种的比例（%）	81	86	75	77	56
1岁以下儿童中充分免疫接种麻疹的比例（%）	82	86	77	78	58
能够获得改善的水源的人口比例（%）	87	93	89	70	47

续表

指标	巴基斯坦	旁遮普省	信德省	开伯尔 - 普什图省	俾路支省
使用卫生设施的人口比例（%）	66	72	62	62	31
人类发展指数（2005）	0.6196	0.6699	0.6282	0.6065	0.5557

注：性别平等指数为，女孩相对于男孩的入学率，即每1个男孩所对应的女孩人数，该数值越接近于1，表明越平等。

资料来源：①Pakistan Millennium Development Goals Report 2013；②Haroon Jamal & Amir Jahan Khan，Trends in Regional Human Development Indices，Research Report No. 73，2007。

第二，高度财政集权造成俾省政府对旁遮普人主导下的联邦政府的信任赤字，国家认同感减弱。在1973年宪法规定联邦、省共同立法表和1974年 NFC 规定转移支付在联邦、各省间的分配方案后，俾省就一直不遗余力地要求废除共同立法表，提高省级自治权；要求将地区经济发展程度等指标纳入转移支付分配方案的考量中；还要求从自己的天然气储备中获得合理的收益份额。但在长达30多年的时间中，这些要求中的任何一个都未得到满足，比如 Khan[1] 指出，"俾路支民族主义者的主要要求一直是省级自治和对其资源的地方控制，但自巴基斯坦建国以来，这些诉求就一直被拒绝"。

这就使得俾路支民族主义者的不满情绪在长期中不断累积，被边缘感和被剥夺感十分强烈，对旁遮普人主导下的联邦政府产生不信任。穆沙拉夫获取政权后，在未与俾路支省政府进行协商的情况下就在俾省实施了许多大型开发项目，比如建立瓜达尔深水港[2]以及开发矿产资源等，这进一步激怒了民族主义者。他们完全不信任联邦政府，认为在没有省政府参与的情况下，这些项目很可能是中央政府对俾路支人的殖民计划。[3] 再加上穆沙拉夫主要采用军事手段暴力镇压俾路支民族主义运动，推动着俾路支民族主义运动愈演愈烈。

因此，到穆沙拉夫统治结束时，俾路支民族主义者与联邦政府的矛盾

---

[1]　Khan A. ，"Renewed Ethnonationalist Insurgency in Balochistan，Pakistan：The Militarized State and Continuing Economic Deprivation，" *Asian Survey*，vol. 49，no. 6（2009），pp. 1071 – 1091.

[2]　比如，Khan（2009）指出，当穆沙拉夫总统与中国副总理吴邦国于2002年3月24日签订瓜达尔港项目协议时，没有俾省政府的任何代表在场。而且穆沙拉夫也利用了联邦政府高度集权的职责划分（比如宪法规定港口开发以及港务局范围划定、组织机构设置都是联邦政府职权），在11人的瓜达尔港务局董事会中，只设置了两名俾路支人代表。

[3]　Khan A. ，"Renewed Ethnonationalist Insurgency in Balochistan，Pakistan：The Militarized State and Continuing Economic Deprivation，" *Asian Survey*，vol. 49，no. 6（2009），pp. 1071 – 1091.

已经相当激化了。不仅是俾路支民族分裂主义者势力上升并加剧了其武装袭击活动，温和的民族主义政党也表现出对联邦政府的强烈不满，很有可能促使他们也加入到俾省的分离主义团体中。

五　2010 年财政制度改革及俾路支民族主义者政治诉求的变化

2010 年至今是巴基斯坦财政制度安排的第二阶段，这一阶段实施的财政制度改革增加了俾省的财政自主权，提高了俾省在财政转移支付制度中的分享比例，自然资源利益的分配也体现了公平的准则，这些改革有利于进一步分化俾路支民族主义运动，团结支持联邦的民族主义者，抑制分裂主义倾向。

（一）2010 年后采用多元化分配标准，财政公平程度有所上升

2008 年，巴基斯坦人民党的扎尔达里当选总统后，就一直致力于推进国内各民族间的和解，[①] 并于 2010 年实施了两个被誉为"改变巴基斯坦国家特征的里程碑式的改革"[②]。一个是宪法第 18 修正案的通过，它将大量的政治自主权授予省政府并将巴基斯坦建立为一个真正的联邦国家；另一个是第 7 次 NFC 安排，它给予了省政府大量的财政自主权。

1. 联邦政府事权下放，省政府获得更多自主权。

2010 年 4 月 8 日，由国民议会通过的巴基斯坦宪法第 18 修正案废除了由 1973 年宪法确立的联邦、省共同立法表，共同立法表中的 47 项事务中有 44 项下放给了省政府，包括婚姻、劳动、教育、环境保护等。这些事务现在完全属于省政府的立法权限，省政府在这些事务上有充分的自主权。对俾省民众而言，省级政府能够在更多与民众生活息息相关的领域出台满足当地居民需求和偏好的政策，对联邦政府的指责会有所下降。

---

① 包括赦免并鼓励流亡国外的俾路支激进民族主义者回国，释放在押的俾路支民族主义活跃分子等。参见向文华：《扎达尔里时期巴基斯坦人民党执政实践评价》，《当代世界社会主义问题》2014 年第 3 期，第 68~82 页。

② Opinion: A Step Towards Fiscal Autonomy. http://www.pk.undp.org/content/pakistan/en/home/library/hiv_aids/development-advocate-pakistan—volume-2—issue-1/opinion—a-step-towards-fiscal-autonomy.html.

第四章　财政制度与俾路支民族主义运动发展研究　*123*

2. 税收收入共享池转移支付：多元化分配标准

2010 年 7 月 1 日起生效的第 7 届国家财政委员会安排首先是增加了税收收入共享池中的省级纵向份额，从之前的 46% 增加到 57.5% ，[1] 这大大提高了省政府的财力。其次，采用了多元化标准对属于省政府的这部分税收收入共享池进行分配，它将人口比例、贫困或落后程度、收入征收或收入产生以及人口密度四个因素纳入了各省横向分配因素的考虑中。这四个指标相应的权重分别为 82% 、10.3% 、5% 和 2.7% （见表 4 - 5）。在这一新的分配方案下，俾路支省在联邦税收收入共享池转移支付中的比例上升为 9.09% 。这一次的分配方案使得除旁遮普省以外的其他三个省的总体份额都有所增加，然而，由于省级纵向份额的大幅增加，包括旁遮普省在内的所有省份都获得了更多的转移支付。应该说，这也是本届 NFC 分配方案能够得到各省一致同意的重要原因。

表 4 - 5　NFC Award 2010 税收收入共享池转移支付分配方案

单位：%

指标	权重	旁遮普	信德	开伯尔 - 普什图	俾路支
人口比例（1998 年普查数据）	82.0	57.36	23.71	13.82	5.11
贫困/落后	10.3	23.16	23.41	27.82	25.61
收入产生/收入征收	5.0	44.0	50.0	5.0	1.0
人口密度反比指数	2.7	4.34	7.21	6.54	81.92
总份额	100	51.74	24.55	14.62	9.09

注：人口密度反比指数 =1/该省的人口密度。

虽然有学者指出由于俾路支省政府管理能力较低，中央政府的政策意图无法通过俾省当局加以实现，因此对其下放权力和增加资金可能导致暴力冲突的增加[2]，但笔者认为下一步的改革应该是对俾省政府治理结构的改革，而不是将权力再次集中。

3. 直接转移支付：公平的分配方案。

在巴基斯坦第 7 届 NFC 安排中，采用了天然气发展附加费的新分配方

---

[1]　Pakistan National Finance Commission Secretariat. Report of the NFC 2009. http://www. finance. gov. pk/nfc/reportofthenfc_2009. pdf.

[2]　Michael Brown, Mohammad Dawaod, ArashIranlatab, and Mahmud Naqi, Balochistan Case Study, INAF 5493 - S: Ethnic Conflict: Causes, Consequences and Management, June 21, 2012, www4. carleton. ca/cifp/app/serve. php/1398. pdf.

案，即将全国的天然气特许费和发展附加费加总起来，由此计算每百万英热单位的价格，之后，特许费仍按原规定方式分配，发展附加费则根据这一平均价格所做的调整分配。公式如下：

各省天然气发展附加费 = ［（全国天然气发展附加费 + 全国天然气特许费）/全国天然气产量］×各省天然气产量 - 各省特许费收入

在新分配方案下，各省生产的每百万英热单位天然气会得到相同的发展附加费和特许费（表4-6），而不管井口价格的高低。具有低特许费的省份将获得更高的天然气发展附加费收入，而获得高特许费的省份将得到较低的天然气发展附加费收入。以2009～2010财年的数据为例，俾路支省在新机制下得到了10815百万卢比的收入，比旧机制下的收入多出1817百万卢比，而信德省的收入则下降了2526百万卢比，这就解决了各省间就天然气资源收入分配产生的冲突。同时，联邦政府承诺将按新机制补偿俾路支省政府从2002年7月1日到2009年6月30日期间的天然气发展附加费。但由俾省较低的井口价格导致的较低的特许费收入至今尚未得到联邦政府的补偿。

表4-6 2009～2010财年新、旧机制下各省天然气发展附加费和特许费收入比较

	产量	旧机制				新机制			
	十亿英热单位（BBTU）	GDS（百万卢比）	特许费（百万卢比）	总计（百万卢比）	卢比/百万英热单位	GDS（百万卢比）	特许费（百万卢比）	总计（百万卢比）	卢比/百万英热单位
俾路支省	233179	4282	4716	8998	38.59	6099	4716	10815	46.38
西北边境省	32533	469	876	1345	41.34	633	876	1509	46.38
旁遮普省	61939	1121	1207	2328	37.59	1666	1207	2873	46.38
信德省	873840	15361	27696	43057	49.27	12835	27696	40531	46.38
巴基斯坦	1201490	21233	34495	55728	46.38	21233	34495	55728	46.38

资料来源：Report of the NFC 2009，http://www. finance. gov. pk/nfc/reportofthenfc_2009. pdf。

（二）俾路支民族分离主义倾向得到一定抑制

上述新的省际财政制度安排的改革力度虽然有限，但鉴于在1974～2010年，俾省代表持续呼吁进行财政改革也未有任何变化，这次改革还是体现了联邦政府政治对话和民族和解的诚意。一些观察者们高度评价这次新的NFC方案，将其视为"达成省际和谐的巨大成就"，是"巴基斯坦民

主的毕业典礼"。① 因此，这次方案无论是在民主协商的政治程序上，还是在权力下放、获得公平份额的转移支付等实质内容上都满足了俾路支普通民众和民族主义者的一部分核心诉求，有助于控制俾省的分裂主义倾向，具体表现为：

（1）根据盖洛普民意调查，大多数俾路支人仍然支持留在联邦框架内。

由英国官方机构，国际发展部（Departmentfor International Development，DFID）于 2012 年 7 月 20 日委托举行的盖洛普调查表明大多数俾省人反对俾路支省的独立。② 调查显示 67% 的俾路支省人，包括俾路支人和普什图人，支持更大的省级自治，而不是赞成俾省从巴基斯坦独立出去。这表明统一的巴基斯坦联邦在俾省还是有更大的民意基础，这也是未来进一步解决俾路支民族主义问题的根基。

（2）俾省的民族主义政党重新参加大选，并积极争取获得更大的省级自治和财政资源利益，而不是支持独立或采取暴力活动。

俾路支民族主义政党参与省级选举的重要性不言而喻。只有他们参与俾路支省的行政管理才能为省政府授予足够的合法性。一个合法且可信的俾路支政府有助于重建当地对俾省的控制，从而减少暴力并在联邦层级为俾路支省争取利益。

2010 年的财政体制改革很大程度上使得俾路支省的联邦主义政党重燃对联邦政府和议会政治的信心，认为他们可以通过在巴基斯坦联邦结构下获得更多的省级自治权以及对他们矿产和地理资源的控制来更好地保护俾路支人的利益。因此，抵制了 2008 年大选的俾路支民族主义政党民族党（National Party，NP）和俾路支民族党（Balochistan National Party，BNP）都参与了 2013 年 5 月的大选。③ 其中民族党在 64 个省议会席位中获得了仅次于巴基斯坦穆斯林联盟—谢里夫派（PML - N，22 个席位）和普什图民族人民党（PkMAP，14 个席位）的 10 个席位，这三个政党一起组成了俾路支省的执政联盟，由民族党主席马立克（Abdul Malik Baloch）担任俾省的首席部长。

---

① Hasnat S. F. , "Pakistan", ABC - CLIO, 2011.

② 37Pc Baloch Favour Independence：UK Survey. http：//www. thenews. com. pk/Todays-News - 13 - 16755 - 37pc - Baloch - favour - independence - UK - survey.

③ Khan, G. *Politics of Nationalism，Federalism，and Separatism：The Case of Balochistan in Pakistan.* University of Westminster, 2014.

由此可以看出，2010 年的联邦财政改革方案的实施确实已发挥了凝聚俾路支民众的作用，并提供给支持联邦的俾路支民族主义政党积极参与政治斡旋，以和平方式争取俾省利益的正向激励。从而加速俾路支民族主义运动势力内部的分裂，加强联邦的向心力。即使是对俾路支分裂主义势力而言，Pipes 的研究显示，联邦政府的任何安抚性行动（政治的、经济的以及军事的）都会导致（俾路支）武装袭击数量的下降。①

六 在中巴经济走廊建设背景下，进一步管控俾路支民族分离主义的对策

虽然 2010 年的改革是扭转巴基斯坦省际财政资源分配不公平的重要一步，也对管控俾路支的民族分裂主义倾向发挥了作用。但由于当前的财政改革方案在省际的再分配力度有限，俾省的社会经济状况与东部省份间的差距仍然难以缩小，俾路支民族主义者对财政改革的要求显然不会止步于此。

实际上，瓜达尔港项目会让俾省成为阿拉伯海上重要的能源和贸易通道，而中巴经济走廊在俾省的其他能源、产业项目等都会使俾省在巴基斯坦甚至整个南亚的战略地位大幅提升，如果不能够设计出良好的利益分配方案，那么这种重大背景的变化某种程度上会加剧俾路支民族分裂主义者和联邦政府在该地区的利益争夺及对峙。由于该地区外国投资的增加，俾路支民族分裂主义团体的武装袭击活动将给联邦政府施加更大的政治压力并增加联邦政府平叛的经济成本，所以他们有更大的激励武装起来对抗联邦政府，并提出各种要求；另一方面，由于俾省重要性的不断增加，联邦政府也有极大的激励以武力镇压的方式来快速平息俾路支民族主义者的叛乱。因此，双方的紧张局势可能会有所升级。

与此同时，如果能够以深化财政制度改革为契机，中巴经济走廊将是俾路支民族主义问题解决的一个重要机遇。由于中巴经济走廊的建设会给巴基斯坦和俾省都带来更多的地区收入、就业机会，使俾省获得经济发展和社会基础设施大幅改进的机会，在联邦政府和俾路支民族主义者的需求

---

① G. D. Pipes, "The Baloch-Islamabad Tensions: Problems of National Integration DTIC Document," 2010.

都能够满足的情况下，有更大的空间来解决俾路支民族主义问题，从而使分裂和叛乱走向友好与协商。

因此，巴基斯坦联邦政府应该把握时机，积极出台进一步的财政改革措施，以缓和联邦政府与当地民众的关系，最大限度地减少俾路支民族分裂主义团体武装袭击带来的安全风险和谋求独立带来的政治风险。

1. 提高税收收入共享池转移支付均等化程度，实施包括省级政府财政收入能力和公共服务供给成本在内的全面均等化。[①] 2010 年改革后的巴基斯坦省际税收收入共享池转移支付的分配标准虽然已经多元化，但其均等化程度仍然不高：其中，人口指标是延续以前的传统，收入产生/收入征收指标更有利于经济发达、财政收入能力强的信德和旁遮普省；只有贫困/落后指标和人口密度反比指数一定程度考虑到了俾省薄弱的社会经济状况和低人口密度带来的低收入和高支出成本，但这两项所占权重过低，仅为13%。借鉴发达国家在财政均等化制度方面的做法，巴基斯坦联邦政府应通过税基测算和成本测算将省政府的收入能力和提供各类公共服务（交通、卫生医疗、教育等）的成本全面纳入考量，使俾省由社会经济和地理特征导致的高支出成本（人口的分散带来的交通和通讯成本，以及公共行政管理缺乏规模经济等）得到补偿，从而至少在财政资源上有机会提供与其他省份类似的公共服务。

2. 适当下放税权，建立起省政府对当地居民负责的财政治理结构。上文分析表明，2010 年的改革方案实际上是在联邦政府征税权不变的情况下，将部分财政支出职责（事权）下放给了省政府。这种改革方案虽提高了省政府的支出自主权，但也进一步加大了省政府的收支缺口进而使其更为依赖联邦政府的转移支付。根据财政联邦主义的文献，对转移支付的高度依赖会削减省政府对当地民众负责的程度，并极易产生预算软约束和政府规模的过度扩张，也就是说省政府会滥用资金，财政支出难以有效转化为当地高水平的公共服务。因此，联邦政府在下放事权的同时，也应该考虑将部分适合省政府征收的税种下放，由于面临着征税带来的经济成本和政治成本，这会改善包括俾省在内的所有省政府的绩效，形成和当地居民及联邦政府的良性互动。

[①] 全面的财政均等化需要综合考虑地方政府的财政收入能力和提供与其他地区类似公共服务的供给成本。参见谢宇航、陈永正：《发达国家转移支付制度对地方财力及公共服务的影响》，载《财经科学》2016 年第 9 期，第 64~76 页。

此外，作为利益相关方的中国政府和中国企业在俾省实施中巴经济走廊相关项目、发展当地经济的同时，也可以适当地为巴基斯坦联邦政府提供支持。

1. 中国政府可在 460 亿美元的投资计划之外，设置面向包括俾省在内的中巴经济走廊沿线各落后省份的专项基金，帮助改善当地状况。专项基金采取专款专用的方式，可由中国、巴基斯坦联邦政府和当地省政府共同制定基金的使用计划，定向投资于当地急需的基本公共服务（就业培训等），同时结合对省政府治理结构的改革，提高资金的使用效率。

2. 鼓励中国企业加大对俾省的投资力度，改善当地的社会经济状况。由于巴基斯坦联邦政府本身财力有限，中国企业也应该配合联邦政府的改革，除了在当地进行能源、基础设施等项目投资外，必须注重对当地民生性服务项目的投资，比如教育、清洁水源和基本医疗卫生服务等。这些投资一定程度上可以弥补政府公共投资的不足，提高俾路支普通民众的生活水平。同时也要注意更多雇佣当地人，提高当地民众的就业和收入水平。

这些举措正如 2010 年的改革一样，将增大俾路支民族主义者分裂的成本，使越来越多的普通民众愿意留在联邦框架内，也对温和的民族主义政党形成支持。这会逐渐缩小民族分裂主义势力的活动空间，最终为俾省带来和平与稳定的局面。

第五章　巴基斯坦家族政治对中巴经济走廊建设的潜在风险和对策思考

焦若水[*]

一　引言

中巴经济走廊建设是中国"一带一路"的旗舰项目，在战略层面被赋予"一带一路"建设的开山之作、中国对巴基斯坦国家形象进行重塑的努力、中国破解马六甲困局和应对西太压力的利器、中国陆权战略之纲等多重期待。^① 的确，总额460亿美元的超大体量投资项目，对巴基斯坦和中国都具有里程碑式的意义。在巴方称颂的"比山高比海深"的中巴两国实施足以改变国家命运的建设项目，似乎应该是一帆风顺的状况，但实际的情况是关于中巴经济走廊建设的具体细节，甚至包括一些并非细节的框架性问题，从一开始就是巴基斯坦国内各党派间争议最为激烈的问题。比较夸张的评价是，除了北起红其拉甫口岸、南至瓜达尔港这一头一尾的设计没有争议之外，所有政客及其掌控的媒体几乎都有一套关于中巴经济走廊建设的争议性说法，最具代表性的就是巴基斯坦旷日持久的所谓"西线—东线"之争，从概念的构建，到各个地方势力发展出完整的对立体系，甚至

---

* 焦若水，男，西南交通大学中国高铁发展战略研究中心特聘研究员，兰州大学哲学社会学院副教授，社会学博士，主要从事社会学与社会工作、中国海外治理研究，先后主持国家社科基金等项目10余项，发表论文40余篇。

① 高柏：《中巴铁路是中国陆权战略之纲》，观察者网，2015年4月21日，http://www.guancha.cn/gaobai1/2015_04_21_316648.shtml。

部分省议会放出"不允许中巴经济走廊任何有关项目在本省内征地动工"的最后通牒，① 凸显出中巴经济走廊建设面临的结构性风险。例如，中巴经济走廊能源领域的旗舰项目卡西姆燃煤电站开工已经一年有余，但土地使用权问题依然悬而未决、激烈争论。不但如此，即使项目顺利竣工交付，在燃煤进口、运营管理、联网并网等问题上似乎还有连绵不绝的问题和挑战。② 更值得注意的是，巴国内家族政治集团和地方势力似乎有着超出想象力的超级问题制造能力，如果不在风险预判上做充分的准备，卡西姆难题不是第一个，也不会是最后一个争议话题。

伴随着中巴经济走廊建设的推进，类似的问题通过多种形式不断涌现，引起研究界的普遍关注。③ 国内研究界尤其是社会学界提出建立社会风险评估体系，增强走廊相关地区的参与度和获得感等对策建议，在微观细节上具有重要的参考价值，但从总体上对巴基斯坦的政治生态或者政治裹挟的社会结构缺乏把握，难以解决中巴经济走廊建设的结构性挑战。而从国际政治层面提出的对策建议，则面临干涉他国内政的陷阱，以及在实际操作层面可行性不足的问题。

科学研判中巴经济走廊建设面临的风险问题，找准影响其的关键自变量，才能更为全面的理解中巴经济走廊诸种问题的因果机制，并提出切实可行的政策建议，将中巴经济走廊建设面临的风险降到最低，使走廊建设的效益最大化。那么，巴基斯坦国内影响中巴经济走廊建设的结构性因素是什么呢？以牵涉中巴经济走廊建设神经的"西线 东线"之争为例，各方列出的理由五花八门，背后也有西方国家和印度操纵和炒作的身影，但实际上归根结底都是家族政治裹挟的地方利益表达，由于巴基斯坦特殊的国情和建国历史的影响，巴基斯坦国内政治至今沿袭着"地方家族政治操纵—民主选举上台—家族政治利益分割与回报—家族政治力量再巩固"的循环，这一点在巴基斯坦政客之间互相攻击时会体现得非常清晰，最大的反对派俾路支、开伯尔-普什图省的温和反对说辞是不反对中巴经济走廊建设，反对现任总理谢里夫将走廊变成其家族势力范围旁遮普的地方利益，

---

① 梁桐：《中巴经济走廊，一带一路头炮何时真正打响》，观察者网，2015 年 6 月 3 日，http://www. guancha. cn/liangtong/2015_06_03_321901_2. shtml。

② 郝洲：《中巴经济走廊的卡西姆难题》，《财经》2017 年 4 月 6 日。

③ 施国庆：《"一带一路"：中国社会学发展新空间》，清华大学"社会治理与社区建设"研讨会，2016 年 12 月 31 日，http://www. webaobo. com/index. php? m = article&f = view&id = 2284。

所以反对派常常将总理谢里夫、其弟旁遮普首席部长沙赫巴兹·谢里夫（Punjab Shahbaz Sharif）和其子哈姆扎·沙赫巴兹三个人捆绑在一起批评，指责他们的目的并非中巴经济走廊本身，而是要求给自己的政治地盘争取更多利益。而激烈的说辞则是因为俾路支、开伯尔－普什图省在中央政府中是少数派，很难左右中央政府的决策，往往通过施压中国政府博取自身利益。因此，各种社会、环境、法律、宗教问题都不过是巴基斯坦家族政治利用的工具和表现形式，按照表面问题应对难免陷入头痛医头的短期化行为，也难以改变巴基斯坦根深蒂固的社会政治结构。换言之，巴基斯坦整体政治和社会生态中的家族政治才是内因和关键自变量，其他的不过是外因和中间变量。

只有清楚把握巴基斯坦家族政治的基本形态，并研判其对中巴经济走廊和中国利益的影响，才能真正从顶层设计层面设计相应的机制，有效规避中巴经济走廊建设的负面挑战与问题。同时，"一带一路"沿线许多国家都存在政治转型滞后的挑战，巴基斯坦并非家族政治主导的特例，如果在中巴经济走廊这一开山之作上不能形成有效的应对机制，将为"一带一路"带来诸多潜在挑战与问题。

二　家族政治与巴基斯坦的政治生态

（一）巴基斯坦家族政治的形成与运作逻辑

巴基斯坦建国直接脱胎于英属南亚次大陆殖民地，国家形成过程缺乏政治斗争与革命，建国伊始便被政治成熟的世家掌握了国家机器，加之当时各国政治力量的干预，许多家族政治力量纷纷被鼓动培植。一是源于殖民地时期英国分而治之形成的历史路径。英国曾将"统治旁遮普人、恐吓信德人、收买普什图人、敬重俾路支人"作为其在巴基斯坦一带维持殖民统治操作的经典方程，在巴独立时期又故意制造和培育国内外分离势力，以维系其在巴基斯坦的既得利益。二是受地方原有势力以及宗教教派等因素的影响，民族主义势力和地方执政党在巴基斯坦政治生态中扮演着至关重要的角色。巴基斯坦现有人口约 2 亿，国内政党林立，民主参与程度低，家族政治控制着社会经济发展的方方面面，通过选举形式上台的政党都是由家族政治主导，没有家族政治势力就必然利益受损的现实，使得家族政治成为巴基斯坦国家的政治常态。

从表面来看，95%以上的居民信奉伊斯兰教的巴基斯坦是一个伊斯兰国家，宗教认同本来可以成为建构国家认同的基础之一，但是按照地域和历史文化传统划分，巴基斯坦又是一个多民族国家，主要民族有旁遮普族、信德族、巴丹族（普什图族）和俾路支族。在巴基斯坦，人们更习惯于按照地域的概念称四省的人为旁遮普人、信德人、巴丹人（普什图人）和俾路支人。同时，巴基斯坦还有克什米尔人、布拉灰人、奇特拉尔人和古吉拉特人等人数较少的民族和部落。因此，长期以来巴基斯坦没有建立起统一的民族认同感与国家归属感，家族政治与地方政治势力脆弱的平衡长期维系着国家治理结构，威胁着国家政权稳定和经济社会发展。

从整体上看，家族政治在国家层面上体现为对国家权力和相关部门的争夺，然后千方百计地将国家层面的利益转换为家族和地方利益。在地方层面则体现为几大家族占据并巩固其势力范围，分别形成自身票仓，通过利益输送和选票控制持续加强家族政治的影响力，一些地区如俾路支省仍然保留传统的萨达尔部落政治形式，成为中央政府鞭长莫及的法外之地。在建设中巴经济走廊的过程中，中国中央政府与巴基斯坦中央政府进行国家间的合作，由于巴基斯坦中央政府在巴国内本身缺乏公信力和统一协调能力，不但有可能使国家利益被地方利益集团裹挟利用，在政权选举更替后导致中国国家利益的巨大受损，而且可能因为巴国内在野家族政治与地方利益集团认为利益分享不公，而导致中巴经济走廊建设面临巨大风险。从国家层面来看，具有全国影响力的纳瓦兹·谢里夫（Nawaz Sharif）家族以旁遮普省为大本营，扎尔达里·布托家族（BhuttoZardari）经营信德省，俾路支分离主义势力领导人巴格提（BrahamdaghBugti）、伊姆兰·汗（Imran Khan）领导的"正义运动党"近年来也崭露头角，这些家族集团通过表面上的民主政治体制来角逐全国的政治资源。如谢里夫领导的穆斯林联盟（谢派）和布托家族领导的人民党是历史最悠久、实力最雄厚的两大政党，他们为了稳住票仓、保住选票，千方百计地将国家资源向自己的大本营聚拢。这些地方政治人物与政党之间的明争暗斗，都将掌握国家政权或权力作为谋取更大地方利益的平台与途径，他们一旦当选则大力扩展自身势力范围，并基于地方民众保护自身利益的情绪来操控势力范围，使其"大工业贵族＋封建地主"的混合权贵集团的政治经济特权得到进一步加强。

经过多年政局变更与社会动乱，巴民众虽然也知晓家族政治集团的作为，但又被民族、宗教、种姓和地域因素等裹挟，不得不支持当地政治豪强以保护自身利益，使得这些政治豪门立足家族和地方利益主导国家政治经济体系。多年以来巴基斯坦联邦制国家的整体利益并未成为国家政治生态的核心任务，更不用说中巴经济走廊牵涉的两国利益和地区性公共产品提供。时至今日，巴基斯坦纷繁复杂的政治生态并未得到根本性的改变。在某种程度上，受到中巴经济走廊背后巨大利益的刺激，原有各家族政治集团生态系统的脆弱平衡将被打破，各方势力围绕中巴经济走廊展开的博弈将更为激烈。

（二）家族政治对中巴经济走廊的突出挑战

中巴经济走廊建设公认的最大风险源于俾路支省，俾路支目前仍然保留着传统首领萨达尔（Sardar，俾路支人部落酋长）和部落体系，是巴基斯坦当代政治中最为典型的传统家族政治形式，俾路支分离主义自巴基斯坦建国伊始就开始的矛盾冲突纠缠半个多世纪，成为巴国内最为严峻的政治问题，也是中巴经济走廊建设面临的最突出挑战。过去四十年俾路支省政治势力与中央政府的博弈，淋漓尽致地展现了地方家族政治的运作逻辑，有助于我们较为全面地把握中巴经济走廊建设中家族政治可能带来的风险。自阿里·布托（1971~1977年）时期开始，中央政府开始实施一系列政策推动俾路支发展，布托的政策虽然得到"推动俾路支省社会经济文化史无前例巨大规模的发展"的积极评价，[①] 但仍然陷入阴谋论的陷阱之中，中央政府的修建的公路等基础设施建设被看作是"为了让军队更方便地控制俾路支，让旁遮普人更容易掠夺俾路支……发展不过是中央政府剥削俾路支的幌子"[②]。齐亚·哈克执政期间（1977~1988年），其发展政策力图跳出布托政策的不足，但还是避免不了发展项目成为"虚伪的表面文章"，真正获利者不是俾路支人，而是政府官员和旁遮普族开发商。当地政治势力认为，中央政府通过发展政治实施内部殖民主义，不充分征求俾路支人的意见，俾路支人不能有效参与有关本省的决策，中央政府的剥削是导致俾路

---

① Rajsherr Jetly, "Baluch Ethnicity and Nationalism (1971–1981): An Assessment", *Asian Ethnicity*, vol. 5, no. 1, 2004, pp. 7–26.

② Urmila Phadnis, *Ethnicity and Nation-building in South Asia*, New Delhi: Sage Publications, pp. 187, 177.

支落后的真正根源，等等。① 穆沙拉夫政权时期（1999～2008 年）的发展政策则被称为 "以建设宏大工程的名义，实际实施在俾路支省安置旁遮普人的计划"②。有人指责，发展项目没有为当地人提供就业机会和职业培训，旁遮普和信德地产商在俾路支省大发土地财，开发公司没有如约为当地修建学校和其他社会基础设施，政府没有兑现促进俾路支经济社会发展的诺言、俾路支农村地区越来越贫穷，等等。③

可以发现，面对外部发展资源和力量的介入，俾路支省地方政治势力已经形成了一套广为流传的话语体系，在这套话语体系中，俾路支民族主义者先验地把政府的各项政策预判为侵犯和控制，报以防范、挑剔、抵制和反抗。④ 不投入发展力量则面临内部压迫和不平等的指责，介入发展则面临阴谋论和内部殖民主义的批评，这两套看似矛盾的话语体系在俾路支省形成并行不悖的逻辑，不断复制和扩大其影响力，成为巴基斯坦愈演愈烈的家族政治斗争中极具代表性的意识形态体系。完全有理由相信并且在当下的媒体报道中可以看到，俾路支省部落首领和地方政治豪强会完全复制这一套批评话语体系，对中巴经济走廊建设提出各个层面的批评和质疑，甚至表现为中巴经济走廊建设越是扎实有效地推动，当地家族部落力量越恐惧其既得利益受到的影响越大，相应的反作用力必然也越强大，中国有可能成为俾路支地方家族政治势力攻击的直接对象。

（三）家族政治导致中巴经济走廊合作的非稳定性问题

目前，在这种政治生态环境下进行中巴经济走廊建设，中方只能与巴方执政党政府进行合作，但执政党政府往往是被地方家族政治裹挟的中央政府，其在平衡自身利益和整体战略部署上面临着根本性的冲突与挑战。中巴经济走廊建设尚未开展时，地方政治集团之间已经开始产生激烈的争辩与冲突，其核心问题就是中巴经济走廊建设的实际成果如何在不同地方政治集团分配的问题。执政的谢里夫总理一派主张中巴经济走廊要更注重发挥其对全国的 "杠杆作用"，以巴东部经济相对发达地区作为支撑点，来

① Urmila Phadnis, *Ethnicity and Nation-building in SouthAsia*, New Delhi: Sage Publications, p. 180.
② Muhammad Ijaz Laifand Muhammad Amir Hamza, "Ethnic Nationalism in Pakistan: A Case Study of Baloch Nationalism during Musharraf Regime", *Pakistan Vision*, vol. 10, no. 1, pp. 49–81.
③ Quratulain Siddiqui, "Understanding Balochistan", http://news. dawn. com/wps/wcm/connect/dawn-content-library/dawn/news/pakistan/balochistan/Understanding-Balochistan—qs.
④ 钱雪梅：《巴基斯坦俾路支民族主义探析》，《世界民族》2013 第 3 期。

撬动巴基斯坦全国经济更迅速的发展；其他地方势力则认为谢里夫的政策实际上将中巴走廊变成中国—旁遮普走廊，因此强烈要求省际"平衡作用"，提出经济项目布局上对发展落后地区应给予"纠偏性照顾"，避免中巴经济走廊建设使巴国内本就突出的贫富差距进一步加剧。这两派的主张都具有一定的合理性，如果中央政府具有强大的平衡能力，其争执最终不过是"先富"还是"共富"的问题，以及阶段性重点问题的调整，但是在家族政治博弈激烈的政治环境中，任何一种选择都会落入阴谋论或者私利论的论断之中。反对派为了做实谢里夫家族掌控中巴经济走廊甚至通过私人家族运作的社会舆论，几乎不会放过任何一个争取利益和打击对手的机会；谢里夫家族则为了千载难逢的巩固执政地位的机会，大力压制反对派的意见。2016 年 5 月 12 日，在巴基斯坦议会大厦前的一场反对中巴经济走廊按照"东线"优先规划施工建设的示威游行中，游行者甚至喊出了"要中巴友谊，不要中国—旁遮普省友谊"的口号。谢里夫政府在中巴经济走廊建设上欲让旁遮普省成为优先受益者和最大受惠者。最大的反对者是俾路支省和开伯尔 - 普什图省，前者宣称宁可让本省的油气白白烧掉，也不让其流向旁遮普省服务后者的经济发展，进一步拉大两者之间的发展水平差距，因此对中巴经济走廊的建设项目持坚决反对态度。俾路支分离主义势力领导人巴格提（BrahamdaghBugti）坦言："旁遮普的统治者可以自由做他们想做的事情，但是，我们决不允许中国和旁遮普利用俾路支来谋取好处……我们决不允许我们的土地和资源被用来为它国谋取好处。"开伯尔 - 普什图省则以打击恐怖主义为要价砝码，在中巴经济走廊问题上制造压力。

　　在争议中开始建设的中巴经济走廊在设计上做了很多重大调整，但是仍然难以平复巴国内的政治纷争。熟悉巴方政治生态的相关学者认为，巴国内反对派在 2017 年大选前对中巴经济走廊建设的反对舆论可能会最大化，需要提前做好舆情监测和危机应对工作。因为反对派基本的判断是，中巴经济走廊建设是改变国家命运的历史性机遇，只有在建设成效尚未显现时，还存在政治博弈的机会，一旦谢里夫政府顺利推进走廊建设且 2018 年再次顺利当选总理，谢里夫的执政地位将无比稳固，反对派再胜出的机会也将几近渺茫。消息人士特别提到，旁遮普省是谢里夫家族的大本营，为了巩固票仓，谢里夫将在 2017 年完成旁遮普省自来水入户工程建设，解决长久以来困扰该地的安全饮水问题，此举将使旁遮普近 9000 万人的选票稳稳地落入谢里夫手中。但笔者几次访问来自旁遮普省的青年学生时，他们都表示自己对自来水建设项目闻所未闻，这都是谢里夫掌控的新闻媒体抛出的虚假宣传，谢里夫执政期间巴基斯坦经济发展和基础设施建设都没有能得到改善，他们一致表示会在 2018 年大选中将票投给伊姆兰·汗，因为伊姆兰·汗既有板球名人堂的超高人气，又有以反对派和清白履历示人的策略，加之其有效利用青年群体高失业率导致全社会弥漫的不满情绪，极有可能在巴基斯坦 2018 年大选中发生类似于美国大选的情形，即由青年群体助推奥巴马当选，以及 2016 年美国选民偏偏将没有任何从政经历的特朗普送入白宫。这种选情判断上的不稳定状况，既反映出巴基斯坦错综复杂的家族政治生态，又是巴基斯坦国内保守派和青年为主的新生力量之间博弈的间接体现，不论大选的最终走向如何，都揭示出未来两年巴方各派力量将围绕巴基斯坦举国关注的中巴经济走廊展开激烈争斗。因此，我国必须提前做好战略预判工作，以免巴方政府更迭对中巴经济走廊建设带来结构性冲击。

　　舆情预判的另外一个重要来源是社会科学界的研究。笔者在巴基斯坦访问期间走访伊斯兰堡和旁遮普省的 6 所大学，接触到的社会科学界学者几乎一边倒地认为中巴经济走廊建设没有风险，用英文俚语来说即：TOO GOOD TO BE TURE。即使表述风险，他们也往往归结为外部因素特别是印度、美国等国际关系因素。总体来看，为了争取中巴经济走廊建设的更大利益，巴方学术界和政府高度一致，有可能刻意回避潜在风险因素，采取先拿到项目再说的态度，有意放大正面因素，使中巴经济走廊建设的中长期风险被大大低估，潜在风险无形中被忽略与漠视。

三　家族政治与中巴经济走廊建设的风险与挑战

　　巴基斯坦的家族政治往往利用"民主"作为工具来提升自己的票仓。谢里夫夸大中巴经济走廊建设的效应，实际上也是扩大其政治贡献，由其家族掌控的媒体力量经常塑造一些好大喜功的宣传，在访问中甚至有巴方学者表示"中国经济发展这么快，过几年就是世界第一了，到时候巴基斯坦跟着做世界第二就好了"。而对中国参与的诸多项目，在家族政治引导下利益地方化，巴方具体合作方存在某种依赖心理甚至敲竹杠的心态。比如，巴方部分高校对与中国国内大学的合作表现出高昂的兴趣，但连合作召开国际学术会议的经费都要求中方全部承担，一本正经的理由却非常荒谬：

"中巴经济走廊是中国修的，所以所有会议也应该由中国出钱"。在某种程度上，巴方对我国在海外项目中的"七寸"倒是抓得极准，部分合作单位利用我国政府高度重视中巴经济走廊建设的心态，在争取合作项目时往往以此为出发点，通过扎扎实实搞形式主义的方式来获取中方的更多支持，这必然会在互动沟通中造成信息失真、决策咨询参考失误等问题。更为严重的问题是，在家族政治的驱动下，某些项目在实施过程中沦为巴基斯坦权贵家族谋求私利的工具，这不但背离了中方推行中巴经济走廊建设的初衷，更会为未来巴基斯坦政权有规律地变动后中国在巴投资的安全造成巨大隐患。①

首先，高层路线导致项目建设中地方参与缺失和利益分享不均。中巴经济走廊建设主要由两国中央政府进行，但巴基斯坦国内错综复杂的政治势力，特别是至关重要的战略省份——俾路支省存在的分离主义势力，成为该战略实施最为严峻的挑战之一。相较于两国中央政府较为稳固成熟的互动交往关系，我国政府与巴基斯坦地方政治力量之间的沟通协调机制亟须完善。旁遮普人是巴基斯坦最大的族群（约占总人口的63%），在巴中央政府机构和军队系统中占有很大的比例，对国家政策的制定与实施具有极大影响力，也是各项政策受益最大的人群。而对于最为贫穷落后的俾路支省来说，当地民众则有着强烈的被剥夺感，他们对中央权力过大表示不满，认为本省的权益没有得到尊重和保护。比如，当地自然资源开发所获得的收益被中央政府瓜分了绝大部分，并将其输送给政治影响力较大的旁遮普省。此外，中巴经济走廊建设的许多大型工程由联邦政府全权负责实施，这就导致地方政府决策权和话语权的缺失，在无法改变相对固化的国内政治格局时，地方势力往往会在中巴经济走廊建设项目上制造各种噱头并借机炒作。大多数俾路支本地民众的目标是争取更大的省级自治权，但有些分离主义组织借机公开宣扬分裂主义思想并采取暴力恐怖手段，还曾对在该省援建项目的外国工作人员发动恐怖袭击。一位俾路支省的学者直言不讳地指出，中巴经济走廊将使谢里夫彻底变为有能力的独裁者，通过走廊建设获利的旁遮普省将吸附全国的资源，成为国内最大的内部殖民主义势力。在信德省省会卡拉奇城区周围，土地大多为非信德人所占有的情形也

---

① 叶海林：《巴基斯坦豪门政治有雷区》，《澎湃新闻》，2015 年 3 月 17 日，http://www.thepaper.cn/newsDetail_forward_1311745。

普遍存在。2016 年 5 月初，中国的网络媒体上便出现了一则巴基斯坦部分人士抗议中巴经济走廊游行的消息，游行的组织者为"信德联合阵线"（Jeay Sindh MuttahidaMahaz）。无独有偶，5 月底又出现了关于中国人在巴基斯坦卡拉奇遭到攻击的事件，而攻击者正是一个叫作"信德革命党"（Sindhudesh Revolutionary Party）的组织。① "信德联合阵线""信德革命党""俾路支共和党"（Baloch Republican Party）等组织此起彼伏地发动小规模反华游行示威，看似微妙的地方政治势力态度转变背后隐藏着中巴经济走廊建设和中巴关系的巨大风险，如果对这些风险管控不及时或不到位，加上背后错综复杂的民族情绪的推动，一切客观的矛盾和问题往往在特殊的时间节点加剧激化，有可能成为引爆大规模反对中巴经济走廊建设的催化剂。

较为两难的问题在于，中巴经济走廊建设中巴方国内的反对者，虽然会通过各种方式争取来自中国的投资项目与优惠措施，但操作方法仍然一以贯之的以维护家族政治和地方利益为主，同时给现任总理谢里夫方制造各种麻烦，尽一切可能削弱谢里夫家族的影响力。无论哪一种发展趋向，都会为中巴经济走廊建设的顺利推进特别是中国利益带来潜在的风险。风险并不可怕，巴基斯坦是我国"一带一路"走出去的首站，也是难得的全天候对中国友好的国家，出现一些风险挑战还有很大的战略回旋空间和修复机会。当下最重要的问题是如何抓住这一难得的发展契机，配备社会科学团队进行全方位的风险研究与评估工作，为下一阶段中国与其他国家项目的顺利推进积累经验。

其次，家族政治的路径依赖导致中方和反对派等的沟通机制缺失。中巴经济走廊建设中两国政府高层的单线联系，导致许多项目的主导权被中央政府所掌控，这给巴基斯坦民主政治体系中的反对派以可乘之机，他们为了打击和削弱敌对政治势力，甚至将反对的矛头直接指向中巴经济走廊建设本身。2016 年 10 月初，中国驻巴基斯坦大使孙卫东会见了巴反对派领袖、巴基斯坦正义运动党（PTI）主席伊姆兰·汗（Imran Khan），希望后者确保其计划于 11 月 2 日发动的、旨在让政府瘫痪的抗议游行不会影响到其对中巴经济走廊的支持。媒体用"罕见地会见"一词来报道此次会晤，这

---

① 陆洋：《中巴经济走廊背后的激烈角力》，和讯网，2016 年 6 月 28 日，http://opinion.hexun.com/2016 – 06 – 28/184621281. html。

表明我国在中巴经济走廊建设中依靠政府外交特别是中央政府外交的渠道单一性，与地方家族政治势力以及反对派沟通渠道亟须加强，也在某种程度上体现了习近平主席所说的"一带一路"建设中民心相通等沟通渠道建设的紧迫性。

　　高层路线的风险还在于短期内会在科层制体制下形成一种"人人负责但人人有组织不负责的"病态运行体制，这为中巴经济走廊长远发展埋下极大隐患。长期参与中巴经济走廊建设一线工作的消息人士指出，中巴经济走廊项目建设过程中仍然实行工程分包形式，一些大型建设企业在获得项目后将项目切割分包给小型公司，这在无形之中拉长了项目运作的流程，往往导致工期延长，也埋下了诸多风险。更需注意的是，许多企业都是首次承接海外建设项目，对于未来海外项目和工程并没有长期规划，甚至抱着"打一枪换一个地方""出了事也是国家兜着"的心理。部分中国企业已经因工资发放方式、工资拖欠、超长工作时间等问题，被当地民众称之为骗子公司，严重损害了中资企业与中巴经济走廊建设的形象。作为市场主体的企业，项目建设具有很强的周期性，企业经营的本能是尽一切可能高效完成项目，获得盈利，所以企业采取走高层路线进行经营的方式是可以理解的。加之对巴国内政治生态的复杂性了解不够，这些企业在某种程度上沿袭国内地方建设施工的潜规则，甚至主动谋求通过走高层路线迅速推动项目实施，实现企业自身短期效益，刻意规避兼顾国家利益带来的成本与风险，最终实现项目建设周期内自身的最大利益。同时，谢里夫政府为了使中巴经济走廊建设的战略红利能加快显现，巩固其政治地位，往往通过各种方式推动建设工程提速赶工，"抄近路"和"走捷径"现象难免出现，但这往往为反对派提供诘难之机，也给未来项目的运营留下诸多潜在风险与问题。俾路支省瓜达尔港建设项目中，大部分技术性岗位都被旁遮普人和其他民族的技术工人占据着，很少能见到俾路支人的身影。中资企业和巴方中央政府达成了极大一致，但是反对派却基于地方利益和政治竞争的根本动力，从法律、政策程序、环保、就业等议题中寻找项目建设的各种漏洞与问题。

　　另外，高层路线导致系统全面的研究评估工作的缺失。中巴走廊建设及建成后的协调机制不足是当前与今后一个时期内制约其成效发挥的重要原因。中巴经济走廊是一项建设周期较长的国外直接投资项目，我国约有4万余建设人员参与中巴经济走廊建设工作，实际建设过程中面临政策、法律、文化等多方面的挑战。参与建设的中资企业包括大型国有企业和部分私营企业，在海外运营过程中，既要接受国内相关部门协调的制约，又要与巴方上上下下的相关方进行沟通协调，这就使得协调过渡和协调缺失的状况同时存在。中资企业熟悉自上而下的项目运作方式，但是对巴方多元化的、特别是自下而上的运作体系并不熟悉。

欧美发达国家以及日本的海外援助建设项目，在长期的实践发展过程中形成了一套行之有效的社会评估体系与方法，因为意识形态以及人权意识等方面的一些差异，我国难以直接采用这些评估体系，但为了保障中巴经济走廊建设的安全性，非常有必要在整体发展思路以及细节上加以借鉴，形成一整套中国海外活动的智力体系。由于我国过去的对外援助和建设项目规模小、复杂程度低，我国走出去的海外活动协调体系还处于形成阶段，九龙治水、各负其责的碎片化治理问题比较突出。各个部门和行动主体为了规避风险，寻求在巴活动的有利伙伴，主动走高层路线的客观动机比较强烈，因此，易于被动地卷入错综复杂的巴国内政治纠纷，还会对国家整体利益和布局带来潜在风险。因此，通过社会组织、民间交往、智库研究等更为柔性的方式，建立多层次多维度对话协调体系，特别是与反对派建立沟通协调机制，迫在眉睫。

四　政策建议

客观地讲，长期以来我国社会科学界对欠发达国家研究的深入程度，与我国"一带一路"发展的需求有巨大差异。中巴经济走廊的相关研究虽然产出大量成果，但有效知识生产不足的问题也相当突出，中巴经济走廊建设除了实体性的建设成果外，最大的建设成果应该是通过与巴基斯坦这一全天候伙伴的中长期项目合作，充分评估海外合作项目中现实与潜在风险因素，为国家"一带一路"项目在其他国家实施积累丰富的实操经验，并形成全体系的支持政策与评估体系。毫不夸张地讲，如果在巴基斯坦能形成一整套相对完善的中国海外活动治理体系，其对全球化背景下中国"一带一路"项目实施的价值远远高于可见的四百亿美元。

第一，建立完整完善的中巴经济走廊社会风险评估体系。

一是建立中巴经济走廊社会科学研究的统筹机制。现有中巴经济走廊建设研究在不同学科、领域、项目中均有开展，但缺乏顶层设计和整体性设计。要克服当前研究的碎片化问题，大力推动中巴高校智库之间开展深度合作，克服所谓"外交工作无小事"的掣肘和各部门九龙治水的分割化问题，因为回避敏感就是回避风险，就是采取皇帝新装式的鸵鸟政策。对中巴经济走廊建设项目中的"敏感问题"有技巧地进行研究，多渠道多方位收集信息，向国家提出切实可用的决策咨询研究成果，对一些重大紧迫问题能及时提供预警性的研究成果。

二是建立健全研究评估体系，改变现有研究成果中存在的大而无当问题。除了继续完善建设项目的可行性、社会稳定风险评估等前置性研究评估外，还需要建立伴随大型项目全程的跟踪研究评估体系，全方位收集我国走出去建设项目的法律、文化、宗教、社会、经济、环境、安全、卫生等全方位信息，为决策管理提供有效支撑，一些重要项目还要配套后续的长期追踪研究与评估体系。

第二，建立中巴经济走廊省际交流平台，对冲家族政治的负面影响。

巴基斯坦家族政治虽然错综复杂，但对中巴经济走廊建设最为重要的核心点是俾路支省与开伯尔－普什图省，当前我国相关省区应该率先与这两个省建立省际交流关系，起到示范引导作用，逐步化解巴基斯坦地方家族政治对中巴经济走廊建设的负面效应，逐步建立健全我国与巴方地方政治力量特别是中央政府不便直接沟通的利益相关方的沟通平台，可以有效补充中巴经济走廊建设中中央政府协调的不足。这一平台可以先在省际建立，然后通过高等学校、智库、社会组织、行业商会等方式实现更为全方位的接触，配合两国中央政府外交形成多层次的社会交往体系。积极与巴基斯坦地方政治力量和基层民众展开交流交往，有效应对巴基斯坦政局不稳对中巴经济走廊建设的潜在风险，充分利用民心相通、政策沟通的多渠道平台建设，为道路联通、贸易畅通、货币流通夯实社会支持。

2009 年，开伯尔－普什图省与我国新疆维吾尔自治区建立友好省区关系，但当时的省际关系设计已经完全不能适应"一带一路"的需求，而且不能有效发挥省际关系对冲中央交往不足的缺陷，在关键问题上不能与中央政府形成配合策略，不能最大程度降低中巴经济走廊建设的风险，实现合作利益的最大化，所以应该在此基础上设计全新的合作关系。新疆与开伯尔－普什图省的合作可以考虑以联合做大做强边境特区为起点，通过特殊政策让中巴经济走廊建设的源头区域得到战略红利，这将在短期大大降低当地恐怖主义势力的活动能力，为打击恐怖主义找到治本之策，同时，应该通过新疆与开伯尔 – 普什图省的地方政治力量建立多层次交往关系，通过多维交往将合作主动权牢牢把握在我方。

俾路支省的关键问题在于专业技术人员缺乏，导致当地民众在瓜达尔港带动的产业发展中获益不足。建议甘肃省与其建立省际友好合作关系，一方面甘肃省穆斯林门宦众多，在宗教管理上具有较为成熟的经验，开展省际交流在宗教和文化上的可行性较高。穆斯林社会世俗化发展的模式对于解决俾路支省部落式社会主导的问题具有积极的借鉴价值，宗教同源成为解决俾路支问题的关键支点。另一方面甘肃省在工业、建筑业、道路桥梁领域的企业和科研力量较为雄厚，兰州大学等高校长期与中亚、南亚高校交流合作，在留学生教育、职业技能培训等方面具有较为成熟的经验，可以为俾路支省逐步兴起的中产阶级提供专业技术、商业物流、互联网产业、清真产业等全方位的教育培训、技术协作等支持。在不影响当地部落豪强利益的情况下，从宗教、文化、技术、经济多个层面入手，夯实当地民众在中巴经济走廊建设中的获得感，营造安全有效的社会民意基础。

第三，培养一支靠得住、用得着、信得过的海外活动人才队伍。

我国实施的"一带一路"1万名留学生计划，极大地扩展了我国在沿线各国青年中的正面影响力，成为民心相通战略的中长期重要资源和依托。"引进来"固然重要，"走出去"也需重视。国内相关部门讳疾忌医，不愿正视穆斯林留学生这一群体在"一带一路"建设中的重要作用，部门利益的回避将会使国家的整体利益受到影响。巴基斯坦现有中国内地留学生近1000人，主要来自甘肃、宁夏、青海、云南、河南等省区，目前主要就读于国际伊斯兰大学（700余人）和伊斯兰堡语言大学（200余人）。这些留学生大部分精通英语、乌尔都语、阿拉伯语，专业分布广泛，这使得这一规模不小的群体与巴基斯坦各方都有充分的接触机会。

中巴经济走廊建设过程中，留学生群体通过翻译、项目管理、技术协调等工作深度参与，对项目建设与运营积累了大量丰富的实践工作经验。我国"一带一路"倡议的合作伙伴中伊斯兰教为主的国家占比较高，超过30个国家，阿拉伯语为主的国家约有22个，乌尔都语更是覆盖印度次大陆的主要用语，因此这些留学生作为优势人力资源将在中巴经济走廊建设中扮演至关重要的作用。如能通过强大的爱国向心力合理引导、有效利用巴基斯坦留学生群体，将这一批巴基斯坦中国留学生转换为靠得住、用得着、信得过的海外活动人才，必将为中巴经济走廊建设锦上添花，也有助于促进中巴文化交流与民间互信。

第四，做实做大民心相通的载体与平台建设。

多层次、多维度的民心相通体系是对冲目前中巴经济走廊建设高层路线风险的最有效途径，也是当前中巴经济走廊建设的短板，近期需要在以下几个方面进行创新。

一是充分发挥社会组织在民心相通战略中的作用。我国通过设立孔子学院等方式实现了文化"走出去"战略，但孔子学院已经难以满足中巴经济走廊建设面临的巨大需求，同时，走出去需要政府、市场、社会多维度多层次的密切配合。巴基斯坦中国留学生通过"中巴教育文化中心"等社会组织载体，面向巴基斯坦企业和民众开展汉语教育、技能培训，向中国企业提供乌尔都语学习、政策法律咨询、当地民俗文化了解等方面的内容，具有更大的灵活性，在官方文化交流渠道之外成为民间层面的有益补充，对于满足中巴经济走廊建设过程中社会层面巨大需求具有更强的针对性，借鉴西方国家支持社会组织的成熟经验，结合国内社会治理创新中培育发展社会组织，引导社会工作参与的政策，培育一批海外社会文化组织载体，在巴基斯坦与西方社会组织实现相应的对冲战略，不但能真正体现以民间方式促进民心相通的积极作用，而且有助于通过多元化方式降低和化解中巴经济走廊建设风险。

二是充分发挥企业在民心相通战略中的作用。巴基斯坦大量私营企业在社会经济中发挥着重要影响，中巴经济走廊建设的大量建设项目应与当地私营企业建立合作关系，通过提供大量劳动就业岗位提升当地民众的参与感与获利感，并有计划实施劳动力就业技能提升计划，为中国产业走出去奠定人力资源与组织活动基础，在经济层面形成稳固的社会交往基础。

总之，中巴经济走廊建设近期面临的挑战与风险需要得到科学细致的研究，中巴经济走廊建设的丰富经验应该得到有效总结，从而逐步建立形成科学完善的中国"走出去"的海外治理政策体系。为"一带一路"倡议的顺利实施提供有效借鉴，为国家治理体系与治理能力现代化积累有效经验，提升中国在全球政治与经济治理活动中的能力。

参考文献

[1] 谢贵平：《"中巴经济走廊"建设及其跨境非传统安全治理》，《南洋问题研究》2016 年 3 期，第 23~37 页。

[2] 姚远梅:《阿巴边界"黑洞"与中巴经济走廊的路线困境》,《阿拉伯世界研究》 2015 年第 5 期, 第 36～52 页。

[3] 陈继东、张建全:《中巴经济走廊在"一带一路"建设中的定位》,《新疆师范大学 学报》(哲学社会科学版) 2016 年第 4 期, 第 125～133 页。

[4] 高会平:《中巴经济走廊建设中的巴基斯坦风险分析》,《东南亚南亚研究》2014 年 第 1 期, 第 64～68, 109 页。

[5] 叶海林:《巴基斯坦政党背后的世家政治》,《文化纵横》2013 年第 1 期, 第 54～ 59 页。

[6] 钱雪梅:《巴基斯坦俾路支民族主义探析》,《世界民族》2013 第 3 期。

[7] Rajsherr Jetly, "Baluch Ethnicity and Nationalism (1971 – 1981): An Assessment", *Asian Ethnicity*, vol. 5, no. 1, 2004, pp. 7 – 26.

[8] Urmila Phadnis, *Ethnicity and Nation-building in South Asia*, New Delhi: Sage Publications, p. 180.

[9] Muhammad IjazLaif and Muhammad Amir Hamza, "Ethnic Nationalism in Pakistan: A Case Study of Baloch Nationalism during Musharraf Regime", *Pakistan Vision*, vol. 10, no. 1, pp. 49 – 81.

第六章　中巴经济走廊产业空间布局研究

汤庆园[*]

一　问题的提出

中巴经济走廊的建设,其实质是对巴基斯坦国内生产要素的重新组织和分配,也是对原有巴基斯坦产业空间布局的重构。这样大规模的生产要素的调整和重构,对巴基斯坦已有的产业空间布局来说有着非常重要的意义和影响,将会涉及各种利益的考量,加之巴基斯坦又紧邻世界恐怖主义的中心地带,恐怖主义袭击时有发生,已经成为影响巴基斯坦外来投资最重要的因素。尤其是巴基斯坦西部地区的俾路支省和开伯尔-普什图省,根据2015年相关数据统计,巴基斯坦73%的恐怖袭击来自于这两个省份。恐怖主义使得原本巴基斯坦产业空间布局的重构问题变得更加错综复杂。因此中巴两国要想通过中巴经济走廊的建设实现自己的战略目标,如何抑制恐怖主义就成为决定性因素。本章主要从产业空间布局的角度来研究中巴经济走廊,以期为相关部门提供一些政策建议,从而有助于中巴经济走廊的投资发挥最大的效益。

二　传统区位理论的解释困境

区位理论是研究人类活动空间选择以及空间内人类活动组织的理论,

---

* 汤庆园,理学博士,西南交通大学中国高铁发展战略研究中心讲师。研究方向为交通地理学、城市与区域发展。

是目前研究产业布局优化的理论基础。简而言之，就是研究人类活动空间选择的最优理论。① 一个特定区域的生产要素的配置必然是按照区位理论进行资源的优化配置，成本因子、市场因子、行为因子等都被认为是影响产业布局非常重要的因素。如果从经济效益最大化的角度来说，中巴经济走廊的产业空间布局也不例外，但是与传统区位理论的各个学派不同（成本学派、市场学派和行为学派），中巴经济走廊的产业空间布局又有其特殊性。

（一）与成本学派之间的矛盾

成本学派是区位理论的开拓者，该学派认为，任何经济活动的空间布局都要建立在成本最小化的基础之上，从而来确定企业的区位选择，其理论核心就是要使运输成本最低，该学派最具代表性的理论是韦伯的工业区位论。按照韦伯的工业区位论，在工业生产中，自始至终贯穿着三大环节，即生产、流通与消费。他通过引入区位的概念来解释工业快速发展时期产业与人口大规模集聚的原因，认为在工业区位论中只需要考虑运费、劳务费和集聚效益三个主要的区位影响因子。如果工业选址需要寻求最佳区位，即在运费、劳务费和集聚效益三者之间寻求最佳平衡，费用最小点就是最佳区位点。

按照该学派的观点，如果中巴经济走廊寻求费用最小点的产业空间布局，也就是产业空间布局成本最小，无疑巴基斯坦东部地区的旁遮普省和信德省是最佳的产业布局选择。这两个省份自然条件优越、人口众多、交通便捷，各种配套企业也较为健全，按照韦伯工业区位论属于在巴基斯坦产业布局成本最低的最佳区位。但是现实情况是，在寻求成本最低的最佳区位时，还要考虑巴基斯坦区域经济发展的整体情况。西部地区本来就偏僻落后，长此以往，巴基斯坦东部地区和西部地区区域经济差距将会越来越大。巴基斯坦原本就是由四个主体民族组成的四个主要省份形成的一个统一国家，各民族之间的矛盾本来就非常尖锐，如果区域产业依据这一观点进行产业布局的话，最终有可能导致国家的动荡不安，甚至分裂。

（二）与市场学派的矛盾

在韦伯的工业区位论之后，主要的工业国掀起了城市化的建设浪潮，

---

① 钱伟：《区位理论三大学派的分析与评价》，《科技创业月刊》2006 年第 2 期，第 179 ~ 180 页。

城市之间逐渐形成了等级体系，并在整个社会经济中占据重要地位。城市，尤其是大城市在整个等级体系中处于绝对的核心地位，已逐渐发展成为工业、商业、服务业和交通的汇聚地，涌现出了以克里斯塔勒为代表的中心地理论。克里斯塔勒指出，在不同原则（市场原则、交通原则和行政原则）的支配下形成的中心地体系，中心地网络呈现不同的市场结构，而且严格按照中心地和市场区的等级顺序排列。生产者为谋取利益最大化，会主动寻求掌握尽可能大的市场区域，使生产者之间的间隔距离尽可能地大；消费者为尽可能减少出行费用，都会到最近的中心地购买商品或获得服务。

如果按照上述观点的话，中巴经济走廊的产业空间布局寻求最佳区位就是城市，尤其是大城市。城市是各种产业高度集聚的地方，产业集聚有利于充分利用集聚效应实现规模报酬递增，促进人口和资源的要素集聚，从而提高劳动力、资本等要素在企业间的利用效率和周转速度，有利于产业的扩大和发展。因此，巴基斯坦东部省份的大城市卡拉奇和拉合尔等城市就成为产业空间布局最优的选择，这两个城市人口均超过了一千万，在东部区域已经形成了城市群，但是西部地区缺少中心城市，尤其是城市群的带动，其中最大城市白沙瓦的人口占整个西部地区1/4的人口，西部地区城镇化率普遍不高，绝大多数都是贫困的农村，如果照此趋势发展下去，巴基斯坦不但东西部之间区域经济的差距变大，城乡差距也会急剧扩大，尤其是西部广大农村地区，很多区域依然存在着部落地区，长期的经济落后使群众极易接受极端宗教主义的影响，导致恐怖主义的蔓延，最终可能殃及整个中巴经济走廊的建设。

（三）与行为学派的矛盾

以往的区位理论都是将区位布局的主体看成是"经纪人"，即通过区位布局可以实现利润最大化或者费用最小化，而要实现这些条件的基础是经济活动者完全掌握周围环境的各种信息。但在现实情况下，人类不可能完全掌握自己周围环境的相关信息，由此带来的区位选择更多是在掌握不完全信息的条件下所做出的主观判断，因此应该更多考虑分析人的主观因素，区位理论的行为学派由此产生。美国学者普雷德是行为学派的代表人物，他认为区位的选择是从事经济活动的人根据其所掌握的信息所做出的决策，区位选择的合理与否，主要取决于所掌握的信息量和决策者自身利用信息的能力。

如果中巴经济走廊产业布局按照决策者所掌握的信息量及其自身利用信息的能力进行，决策者所掌握的信息都是在东部地区进行产业布局要远远好于西部地区。加之巴基斯坦的掌权人都来自东部两个省份，政治门阀势力非常强大，不论是谢里夫政府还是贝布托政府，他们都要代表东部地区的利益，西部地区在中央决策中缺少话语权，有被日益边缘化的趋势，西部地区的分离主义倾向本来就非常强烈，对中央政府的资源政策分配非常不满，而中国实现国家战略的关键一环是西部地区的瓜达尔港，如果任此发展下去，中巴两国的国家战略都将无法实现。

（四）传统区位理论的评述

通过回顾分析区位理论的各种流派可以看出，产业空间布局是关系区域经济、政治与社会稳定可持续发展的关键问题。传统区位理论只注重从经济利益的角度出发考虑产业布局，其重要理论原因是对产业空间布局理解的片面性，认为产业空间布局的最优评价标准就是经济效益，实现经济效益的最大化便是最优的产业空间布局，实际上这一评价标准比较狭隘。对于像巴基斯坦这样国内民族矛盾错综复杂、派系斗争激烈、区域经济和城乡差距较大、分离主义倾向严重的国家来说，贫穷是恐怖主义赖以生存的土壤，因此在中巴经济走廊产业空间布局中仅仅考虑经济因素远远不够，不能简单地从经济的角度进行中巴经济走廊的产业空间布局，只有先考虑国家整体战略的大局配置，然后再考虑经济效益的配置，才能使产业布局的结果更加有利于整个国家战略的实现，否则只会加剧中巴经济走廊区域经济之间的不平衡，导致政局动荡不安，恐怖主义更加猖獗，最终会严重威胁整个中巴经济走廊的建设和中巴两国国家战略目标的实现，因此在中巴经济走廊产业空间布局中应该更多地从中巴两国的国家战略高度考虑，这与传统的主流区位理论并不相符合，只有这样才更有利于整个中巴经济走廊的建设和可持续发展。

三　巴基斯坦现有产业空间布局的特点

巴基斯坦现有的产业空间布局依然按照传统的区位理论进行产业空间布局，更多的是从经济角度考虑。巴基斯坦产业空间布局整体上呈现"东多西少，南强北弱"的发展态势，东西部区域经济发展差距较大。仅占全国面积 1/4 的东部地区各种产业高度集中，经济总量大约占全国的 80% 以上，而占全国面积 3/4 的广大西部地区各种产业分布很少，占全国经济总量不足 20%。

巴基斯坦虽然是世界第 25 大经济体，但是从总体上看工业基础仍然非常薄弱，工业门类也不够完整，行业规模和企业规模都普遍偏小。经济结构以农业和服务业为主，农业占国民生产总值的 24% 左右，服务业占国民生产总值的比例高达 53%，但是服务业主要是以低端批发和零售贸易为主，而工业仅占整个国民经济的 20% 左右。

从工业产值来看，旁遮普省以占巴基斯坦工业产值 48% 的份额居首位，其次是信德省占 41%，这两个省份占巴基斯坦工业产值接近 90%，而开伯尔－普什图省和俾路支省两个省份所占比例只有 10%；从各大城市的工业产值来看，信德省的卡拉奇以 26% 的工业产值遥遥领先于其他城市，其次是旁遮普省的拉合尔，占工业产值的 7.4%，旁遮普省的纺织城费萨拉巴德以 6.6% 的份额紧随其后，这三大工业产值最高的城市无一例外全部来自东部发达地区，占整个巴基斯坦工业产值的 40% 左右。从具体的产业来看，巴基斯坦主要产业有纺织业、皮革业、钢铁业等产业，这些产业绝大多数分布在巴基斯坦大大小小的工业园区内。巴基斯坦目前有 74 个主要工业园区，其中信德省 28 个，旁遮普省 27 个，开伯尔－普什图省 12 个，俾路支省 7 个，其中东部省份的工业园区数量占 74%；再从建成时间来看，东部工业园区的建立时间普遍早于西部省份，最早的 20 世纪 50 年代就已经开始建设；从园区的平均面积来看，东部省份更是遥遥领先，尤其是信德省最大的卡拉奇工业贸易工业园区，占地 4460 英亩，西部省份的工业园区则普遍面积较小，大都在 100 英亩以下。此外，无论东部地区还是西部地区的工业园区普遍存在一个特点，距离周边大城市较近。

（一）纺织业高度聚集在东部少数几个以纺织业为主的城市，广大西部地区零星分布在少数中心城市

纺织业是巴基斯坦国民经济的支柱产业。巴基斯坦是世界第五大产棉国，纺织业不仅是巴基斯坦的传统产业，也是巴基斯坦最大的工业部门，纺织业贡献了巴基斯坦 GDP 的 8.5%，并解决了全国约 34% 的就业，在巴基斯坦国民经济中具有举足轻重的作用。巴基斯坦纺织业包含棉花、棉纱、

棉织品、坯布印染、毛巾和成衣生产等。2014 年，巴基斯坦产棉 241 万吨，占世界总产量的 9%，棉布产量 1036 亿平方米，生产棉纱 306.6 万吨。2014 年巴基斯坦棉纺织业的对外进出口贸易额为 315.82 亿美元，占该国对外贸易进出口总额的 45%。目前，巴基斯坦从事轧棉纺纱、织布、加工和后处理等不同类型的企业共约 3 万家，但多为小型或作坊式企业，由于技术落后，大部分企业只生产低附加值产品，70% 以上为生产粗纱和中等支数纱的企业，具有一定规模且工业化程度较高的企业仅占 10% 左右，约 456 家，著名的企业有新月纺织公司、易布兰新纤维公司等。巴基斯坦 60% 以上的棉纺织企业集中在产棉大省旁遮普省，30% 分布在信德省，广大西部省份所占比例不到 10%。信德省的卡拉奇、旁遮普省的拉合尔和费萨拉巴德三个城市还建立了专门的纺织工业区，其中费萨拉巴德因以纺织出名，又被称为纺织城。东部地区的旁遮普省和信德省共有 55 个工业园区，其中 25 个工业园区都有纺织业，而西部地区只有开伯尔－普什图省有 2 个工业园区涉及纺织业。

（二）皮革业形成主要以东部省份为中心的产业布局，西部地区也主要集中在各省省会附近

皮革业是巴基斯坦仅次于纺织业的第二大出口行业。巴基斯坦畜牧业发达，人均饲养牲畜量较高，这为巴基斯坦皮革业的发展提供了充足的原料保证。巴基斯坦 2006 年的畜牧业普查结果显示，全国约有 3500 万人从事和参与畜牧养殖，占全国人口比重的 1/5，畜牧业收入在家庭收入中的比例更是高达 40%。2014 年，巴基斯坦皮革业产值为 23 亿美元，约占国内生产总值的 1%，皮革业吸纳了巴基斯坦约 100 万人的就业。同时皮革还是巴基斯坦一项重要的国际贸易商品，巴基斯坦有多项皮革加工行业位居世界前列，其中皮手套产量居世界第 2 位、皮衣产量居第 4 位、皮革产量居第 15 位、皮鞋产量居第 36 位。2014 年，巴基斯坦皮革业对外贸易出口额为 10.41 亿美元，占该国出口总额的 4%。东部地区的旁遮普省和信德省有优良的饲草、优越的灌溉条件，非常适宜牲畜的饲养，由于所生产的生皮产量高且质量好，因此巴基斯坦皮革加工所用生皮和皮革加工企业也大多来源于或位于这两个省份。根据巴基斯坦 2007 年的统计，巴基斯坦皮革加工企业共有 720 多家，皮革加工企业主要分布在东部地区的卡苏尔（180 多家）、卡拉奇（170 多家）和锡亚尔科特（130 多家）等少数几个主要城市，从业人员大概有 50 万人，尤其是卡拉奇出口加工区，所生产的皮革制品直接销往欧美市场。

（三）大型制造业主要集中在东部中心城市，西部地区很少分布

大型制造业在巴基斯坦国民经济中发挥着至关重要的作用。2012 年，巴基斯坦共有企业 12808 家，其中仅旁遮普省就集中了 8239 家，占所有企业的 69%，俾路支省只有区区 309 家。在大型企业方面，东部地区的分布更集中，2005 年，巴基斯坦共有大型企业 2000 多家，东部地区就集中了 90% 以上，主要生产一些与巴基斯坦经济发展密切相关的机器设备，诸如建材机器、纺织机器、制糖机器、工业锅炉等，还生产一些小型家用电器，甚至包括一些为国外汽车厂生产的汽车零部件，生产这些设备的企业既有国有大型企业，诸如塔克西拉重型工业厂、卡拉奇造船厂和巴基斯坦机床厂等，也有一些中小型的私营企业。旁遮普省生产大型制造业的工业园区最多，拉合尔已经成为巴基斯坦大型制造业的主要生产基地，其中拉合尔工业区一区、拉合尔克·拉克帕克工业区都是重要的电气制造基地。信德省的卡拉奇工业贸易区、苏库工业区则是重要的汽车零部件生产基地，西部地区只有开伯尔－普什图省的哈塔尔工业区生产化工设备和机电设备，俾路支省则没有任何大型制造业的工业区。

（四）钢铁业更是高度聚集在东部地区少数几个大城市，西部地区几乎没有

巴基斯坦建立了比较完整的上下游钢铁产业体系。从生铁、钢锭到钢管、线圈和钢丝等，巴基斯坦几乎都能生产，但是普遍存在企业规模较小、技术落后、产品种类不全的状况。巴基斯坦共有炼钢厂 138 家，年生产粗钢约 300 万吨，主要集中在旁遮普省的拉合尔和古吉拉瓦拉，这两个市占所有炼钢企业的 85% 以上，其中拉合尔工业区一区是最重要的钢铁冶炼工业园，但是所有的炼钢厂除了巴基斯坦钢铁厂为国营规模较大，生产技术较为先进，能够利用铁矿石冶炼钢铁，年产钢铁超过 50 万吨外，其他均为私营小企业，以废旧钢铁碎料进行冶炼，年产量在 10 万吨左右。此外，巴基斯坦还有轧钢厂 276 家，产业集中度更高，主要集中在拉合尔和卡拉奇，占总数的 90% 以上，年轧钢 400 万吨，但年轧钢量超过 5 万吨的只有 6 家，绝大多数仍然是中小型轧钢企业。

（五）服务业广泛分布在巴基斯坦各地，但是高端服务业依然高度集中在东部地区少数几个特大城市

服务业是拉动巴基斯坦经济发展的主要动力。巴基斯坦的服务业以批发和零售等低端服务业为主，金融、保险等高端服务业只占 GDP 的 5%，全部都集中在卡拉奇和拉合尔几个大城市里。服务业绝大多数都还是以中小型的零售业为主，零售业在巴基斯坦的经济发展中占据重要地位，占 GDP 约 19%。根据统计，巴基斯坦零售业在 2014 年的总收入为 4809945 亿美元，年增长率达 10%。目前巴基斯坦零售业从业人员 443 万人，占全国从业人员的 11%，零售业主要采取的是家庭化经营和家族企业运作方式，主要是综合零售业和一些专卖店，销售一些基本生活用品。

四 中国投资中巴经济走廊产业空间布局的特点

中国投资中巴经济走廊产业空间布局的特点依然是呈现"东多西少"的分布格局。2015 年，中国和巴基斯坦双方签署谅解合作备忘录多达 51 个，价值 460 亿美元，合作项目揭牌 8 个，开工建设电站 5 个，涉及交通基础设施、能源、金融等多个领域。图 6-2 展示的就是中国投资中巴经济走廊的项目分布图，其中 25 个项目要求在未来的 3 到 5 年完成。中巴两国同意以中巴经济走廊为引领，以瓜达尔港、能源、交通基础设施和产业合作（全国层面）为重点，形成 "1+4" 合作布局。从已经达成的中巴合作备忘录的 51 个项目产业空间布局来看，依然沿用传统的产业区位布局理论，只考虑经济因素，绝大多数项目依然布局在巴基斯坦经济最为发达的东部地区，广大西部地区除了瓜达尔港之外基本没有太多的项目进行产业布局。

（一）能源项目高度集中在东部省份

中巴经济走廊的能源项目表现出极大的空间不平衡性，高度集中在巴基斯坦东部地区。根据中巴经济走廊已经达成的协议，共签订能源项目 18 项，占所有项目的三分之一，主要由中国的国有大型企业集团投资建设，是所有版块中项目最多，投资金额最大，也是目前开工项目最多的一块。中巴能源合作项目主要体现在水电工程、核电、煤电以及新能源（风力发电和太阳能）等领域。能源项目表现出极大的空间不平衡性，东部地区的信德省和旁遮普省在 18 个能源项目中占到了 16 个，尤其是集中在卡拉奇和拉合尔少数几个大城市附近，而俾路支省和开伯尔－普什图省只有 2 个项目，并且全部都集中在俾路支省。信德省在所有能源项目中占有绝对优势，共有 11 个项目，占所有能源项目的一半多，是能源项目的最大受益者。

（二）交通主要沿经济发达的东部地区沿线布局

交通项目主要连接东部地区的重点城市。交通项目在中巴经济走廊中虽然不多，但却在中巴经济走廊中发挥着至关重要的作用，其中最重要的一条干线就是连通从中国的新疆喀什到巴基斯坦俾路支省的瓜达尔港，目前就东西线的选线问题还在可行性研究之中，极有可能是从东线经过，绕过广大西部省份，最后通过巴基斯坦第一大城市卡拉奇修建一条东西向的铁路连接到瓜达尔港，广大西部地区仍然无法从中巴经济走廊的交通经济带中获益。此外，再从目前已经确定的交通项目来看，除了巴基斯坦北部连接到新疆喀什的铁路线，大部分的交通项目都是南北走向，缺乏东西走向的线路，即使有项目，也都是以道路的改造升级为主。交通发展的重点仍然倾向于巴基斯坦经济较为发达的地区，主要集中在卡拉奇和拉合尔两个大城市之间，其中投资建设拉合尔地铁橙线项目，是中巴经济走廊投资的唯一一个城市内交通项目，也位于巴基斯坦第二大城市拉合尔市。

（三）瓜达尔港是广大西部省份唯一重点建设的区域

瓜达尔港是广大西部省份唯一重点建设的区域。瓜达尔港具有特殊的国际战略地位，位于俾路支省的西南方向，距国际重要能源大通道波斯湾只有 400 多公里，是中国投资巴基斯坦西部地区唯一重点建设的区域，也是中巴两国实现国家战略非常重要的关键一环。2015 年 11 月瓜达尔港已经正式移交中国企业，租期 43 年，用于建设巴基斯坦首个经济特区。瓜达尔港目前还是一个孤立的港口，作为未来中巴铁路的终点，由于目前缺少与广大腹地的联系，还很难发挥应有的效益，中国目前已经开始加大对瓜达尔港基础设施的投资力度，从表 6－1 可以看出，共有 4 个大的基础设施投资项目，包括医院、高速公路、国际机场和港口公益项目，计划投资 7.5 亿美元，其中高速公路和国际机场项目目前已经被批准开工建设。

表 6 – 1　中巴经济走廊瓜达尔港投资概况

项目	投资额（亿美元）	合作单位	状态
瓜达尔港医院的可行性研究的文件互换	不详	不详	不详
瓜达尔港东湾高速公路项目	1.4	中国交建	已批准
瓜达尔港国际机场	1.8	中国交建	已批准
瓜达尔港地区港口公益性项目	不详	不详	不详

资料来源：《中巴经济走廊引领一带一路开拓概念股腾飞在即》，证券时报网，2015 年 4 月 6 日。

五　中巴经济走廊产业空间布局和中巴两国国家战略的关系

中巴经济走廊产业空间布局关系中巴两国国家战略的实现。对中国而言，"中巴经济走廊"是"丝绸之路经济带"和"21 世纪海上丝绸之路"的重要组成部分，是新时期建设中巴命运共同体的重要组成部分，具有重要的战略意图。对巴基斯坦而言，中巴经济走廊的建设是巴基斯坦千载难逢的发展机遇，是实现其"亚洲之虎梦"的重要举措。巴基斯坦总理谢里夫更是认为，"中巴经济走廊将改变巴基斯坦的命运"。因此，中巴经济走廊的产业空间布局不能仅从本国近期的经济利益考虑，需要更多地从地缘战略高度来考虑中巴两国国家战略的实现。中巴经济走廊建设应是中国"向西开放"和巴基斯坦重提"亚洲之虎梦"双向融合的结果，是中巴两国国家发展战略高度契合的标志。[①]

（一）中巴经济走廊产业空间布局和中国国家战略的关系

中国作为一个正在和平崛起的有影响力的大国，随着中国"一带一路"倡议的全面推进，面对美国、日本等国家在东南沿海的围堵，中国西部广大国家除西南方向的印度外，与中国没有根本的领土争端，巴基斯坦是唯一一个与中国建立全天候战略合作伙伴关系的国家，双方无论在政治、经

---

① 邓之湄：《推动中巴经济走廊走实做深》，《中国社会科学报》2015 年 8 月 14 日。

济、文化方面，还是军事方面都有着广泛深入的合作和交流，互信度非常高，所以向西发展建设中巴经济走廊就成为中国国家战略的必然选择，而要实现中国的国家战略就必须进行中巴经济走廊的产业空间布局建设。

1. 发挥辐射引领示范作用

中巴经济走廊作为中国"一带一路"发展倡议中规划建设的六大经济走廊之一，是其中的旗舰项目。中国的国家战略意在发挥巴基斯坦辐射引领示范其他"一带一路"沿线国家的作用。"一带一路"作为中国的对外发展战略，横跨亚欧非三大洲，涉及"一带一路"沿线国家或地区多达77个，占世界国家地区总数的1/3。巴基斯坦作为"一带一路"沿线国家中与中国政治互信度最高的国家，基于中巴两国的传统友谊，在各个领域与中国保持着长期紧密合作的联系。并且巴基斯坦地缘位置特殊，东部和东北方向毗邻有重要影响力的大国印度和中国，南抵印度洋，西边紧邻伊斯兰世界的阿富汗和伊朗，北达地缘政治学家麦金德所提到的亚欧大陆心脏地带的中亚。尤其是巴基斯坦的西部广大地区，还处于贫困落后的状态，有些地方甚至还实行部落统治。如果说中巴经济走廊是中国通过经济发展来根治恐怖主义这一理念的标准样板，那么西部地区则是巴基斯坦最好的试验田，对于巴基斯坦抑制恐怖主义的成败具有决定性意义。① 因此，中巴经济走廊的产业空间布局应该向西部地区适当倾斜，让460亿美元的投资红利遍布巴基斯坦各个省份，从而推动西部沿线贫困落后地区脱贫。② 相对于东部地区，如果巴基斯坦西部地区能够顺利脱贫，更容易能够成为"一带一路"倡议的地区范本，发挥辐射引领作用，表明中国是为"一带一路"沿线广大欠发达国家谋福祉，而不是西方媒体所描述的新殖民主义，更有利于加快区域经济一体化进程，有助于中国进一步扩大地区影响力，为"一带一路"倡议的总体推进投石问路。

2. 为边疆的长治久安提供稳定基础

中国的国家战略意在维护中国边疆地区的持久稳定。随着中巴经济走廊的建设，大量资金投入到西部边疆地区的发展中，尤其是新疆喀什到巴基斯坦瓜达尔港铁路的建设，给中国边疆的发展带来千载难逢的经济发展

---

① 中国人民大学重阳金融研究院、《财经》杂志：《中巴经济走廊实地调研报告》，2016年12月。

② 李希光、孙力舟：《中巴经济走廊的战略价值与安全形势》，《人民论坛·学术前沿》2015年第12期，第32~50页。

机遇。中巴经济走廊为中国的边疆地区提供了最近的出海口，使中国边疆地区形成了新的经济发展前沿，将会形成一个以新疆喀什为中心的新的西部边疆地区的经济、交通和文化中心。但是中国与巴基斯坦交界的边疆地区，由于紧邻世界恐怖主义的中心，加之区域内各种情况复杂，经济发展长期迟缓，这给境内外"三股势力"（宗教极端势力、民族分裂势力、暴力恐怖势力）提供了很好的温床，巴基斯坦的西部地区正是这"三股势力"的大本营。因此，中国西部边疆地区能不能长期保持持久稳定，很大程度上取决于巴基斯坦西部地区能不能把三股势力存在的基础加以破坏，而这个存在的基础很大程度上来源于贫困，如果任由巴基斯坦西部地区长期贫困，区域差距持续扩大，恐怖主义只会越来越猖獗，巴基斯坦的不稳定最终会严重影响到中国边疆地区的稳定。因此，中巴经济走廊的产业空间布局应向西部地区适当倾斜，从而有助于防止外来势力操纵国内民族冲突，消除诱发边疆不稳定的各种不安全因素，为打击边疆"三股势力"提供较为稳定的经济基础，为中国西部边疆的安全服务。[①]

3. 缓解美日等国在中国东南沿海围堵带来的战略压力

中国的国家战略意在缓解美日等国家在太平洋西岸所造成的战略压力。随着美国"重返亚太"战略的实施和在韩国部署萨德导弹已成定局，加之日本和南海周边一些国家不断挑起领土争端，美日在东南沿海围堵中国的战略态势已经昭然若揭。对于中国东南沿海的国防安全构成严重的威胁，使中国的战略纵深受到了极大的压制。瓜达尔港的开发建设，为中国从印度洋谋求了新的出海口，可以倒逼相关国家重新审视其战略，开始关注印度洋地区，瓜达尔港与世界最重要的能源通道波斯湾地区近在咫尺，迫使其在东南沿海的战略压制有所顾忌，从而减轻来自东南沿海的战略压力。由于中国目前唯一经营的印度洋出海口瓜达尔港位于巴基斯坦西部地区，为了确保瓜达尔港的安全，缩小巴基斯坦东西部地区区域经济的差距，中巴经济走廊的产业空间布局必须向西部地区侧重，从而减少恐怖主义袭击的发生，使中国可以集中全力向更为广阔的西亚、中亚地区推进，以此来对冲美日等国在中国东南沿海的战略压力。从某种程度上讲，为中国从被

---

① 袁建民：《中巴经济走廊的战略意义及应对策略——以新疆在"丝绸之路经济带"战略上的地位和作用为例》，《新疆社科论坛》2015 年第 1 期，第 25～36 页。

动接受转为主动出击的战略态势提供了一个新的契机。①

4. 突破"马六甲困局"

瓜达尔港的开发建设为中国突破"马六甲困局"提供了新的机遇。随着中国经济的高速发展,中国对石油等能源消耗巨大,对外依存度高达60%,其中从中东、非洲进口的石油80%以上需要从马六甲海峡通过。而长期把中国作为潜在对手的美国实际控制马六甲海峡,中国石油进口过度依赖马六甲海峡,这对中国的国家能源安全构成潜在的威胁,也就是所谓的"马六甲困局"。位于巴基斯坦西部地区的瓜达尔港的开发建设为中国提供了新的能源战略大通道,瓜达尔港距离全球石油供应的主要通道波斯湾只有400公里,中国可以通过瓜达尔港,利用新疆与该港口相连建设一条输送能源的大通道。今后从瓜达尔港陆路转运石油至新疆,将使中国经由马六甲海峡长达12000多公里的传统运输路线缩短到约2400公里,同时大幅度地减少了时间和能源的运输成本,为中国突破"马六甲困局"提供了新的契机。但是修建距离最近的瓜达尔港到新疆的石油大通道位于巴基斯坦西部地区,为了确保未来能源通道的安全,中巴经济走廊的产业空间布局必须给予西部地区更多的项目投资,只有这样巴基斯坦西部地区才有更多的工作机会,从而确保西部地区的稳定,这对巩固中国能源安全具有非常重要的意义。同时瓜达尔港的运营还将扭转目前的区域生态,不仅会带动巴基斯坦贫困落后的西部省份的经济发展,还将成为周边内陆国家最近的出海口,成为周边国家的海上中转站,进一步扩大中国在这一地区的影响力。

(二) 巴基斯坦国家战略和产业空间布局的关系

巴基斯坦经济发展长期徘徊不前,恐怖主义袭击经常发生,加之自身地缘政治环境恶劣,除了西边贫穷战乱的阿富汗外,更有自己的宿敌印度环伺左右,因此与中国合作就成为巴基斯坦的唯一战略选择,如何进行中巴经济走廊的产业空间布局更是与其未来的发展息息相关,为其早日实现"亚洲虎之梦"增添力量。②

---

① 高飞:《中国的"西进"战略与中美俄中亚博弈》,《外交学院学报》2013年第5期,第39～50页。

② 高柏:《中巴铁路是中国陆权战略之纲》,观察者网,2015年4月21日,http://www.guancha.cn/gaobai1/2015_04_21_316648.shtml。

1. 推动西部地区实现共同发展

巴基斯坦的国家战略意在推动西部地区实现共同发展。2015 年 7 月，在西部省份强烈的呼吁下，巴基斯坦总理谢里夫政府提出中巴经济走廊要建设 29 个工业园区和 21 个资源开发区，这些工业园区和资源开发区分布在巴基斯坦 4 个省，其中 16 个工业园区位于西部省份俾路支省和开伯尔 - 普什图省，占所有计划新建工业园区的 55%，计划建设的资源开发区西部更多，达到 17 个，占所有资源开发区的 72%，使原本工业基础薄弱的广大西部地区看到了希望。巴基斯坦已经意识到西部地区产业空间布局对其国家战略实现的重要性，要想实现巴基斯坦的全面发展，就必须重视西部地区的开发，一旦中巴经济走廊的建设全面铺开，西部地区的民生工程和大量的工厂将被建立，大量的基础设施开工建设，这必将带来大量的就业机会，解决大批巴基斯坦西部青壮年劳动力的就业问题，为当地的经济发展注入新的活力，也切实使广大西部民众享受到中巴经济走廊带来的生活状况的改善，为西部地区人民带来和平和繁荣，否则将无法实现巴基斯坦的共同发展。

2. 加强对分裂主义倾向地区的控制

巴基斯坦的国家战略意在加强对分裂主义倾向地区的控制。巴基斯坦的 4 个省，分别居住着各自的主体民族，这一缺乏压倒性主体民族的民族结构本身就不利于国家认同感的形成，加之巴基斯坦东西部区域经济发展差距巨大，旁遮普省最为繁荣，对巴基斯坦 GDP 的贡献率在 60% 以上，信德省居中，而俾路支省和开伯尔 - 普什图省则相对落后，现有的中巴经济走廊产业空间布局绝大多数集中在东部地区，这样就造成了"好的更好，差的更差"的不良循环。西部地区本来民族主义情绪和分离主义倾向严重，对现行的各种财税分配政策不满。如果任由这种情况继续，中巴经济走廊的投资红利将无法惠及巴基斯坦各省，最终反而可能加剧东部地区和西部地区的矛盾，使得民族主义分离倾向更加严重。因此，中巴经济走廊的产业空间布局应向西部地区倾斜，兼顾西部各个省份的利益，尤其是瓜达尔港项目，是整个中巴经济走廊建设的重中之重，这对于发展西部地区的地方经济，推动当地社会经济发展，实现利益捆绑，削弱孤立地方分离主义势力，加强对分裂主义倾向地区的控制大有裨益。①

---

① 高会平：《中巴经济走廊建设中的巴基斯坦风险分析》，《东南亚南亚研究》2014 年第 1 期，第 64~68 页。

3. 缓解印度带来的战略压力

巴基斯坦的国家战略意在建设战略大后方，缓解宿敌印度带来的战略压力。印度与巴基斯坦有长达 2900 公里长的边境线，自 1947 年印度和巴基斯坦分治以来，因克什米尔的归属问题先后爆发了三次印巴战争，在第二次印巴战争中，印度一度曾进攻到巴基斯坦第二大城市拉合尔附近，在第三次印巴战争中，印度更是占领了信德省 2600 平方公里的土地。无论是在政治、经济、人口还是军事实力方面，印度都占有绝对优势，而摆在印巴之间的克什米尔问题现在仍然悬而未决。如果中巴经济走廊的产业空间布局集中在东部地区，而巴基斯坦的东部省份直接邻近印度，第一大城市卡拉奇和第二大城市拉合尔均距离印度边境不足 500 公里，一旦印巴爆发战争冲突，巴基斯坦缺少战略大后方，后果将不堪设想。巴基斯坦西部省份多高山峡谷，东部省份主要是平原，这就决定了巴基斯坦必须把部分产业布局在西部省份，建设战略大后方，缓解宿敌印度带来的战略压力。

六　未来中巴经济走廊产业空间布局的对策建议

从巴基斯坦现有的产业空间布局和中国投资巴基斯坦的项目产业空间布局来看，中国投资巴基斯坦的项目与巴基斯坦现有的产业空间布局高度重合，仍然集中在东部地区，广大西部地区分布很少。而中国和巴基斯坦要想实现两国的国家战略，中巴经济走廊要向巴基斯坦西部地区适当倾斜，从而扭转现有中巴经济走廊产业空间布局不利于中巴经济走廊可持续发展的局面，防止"强者越强，弱者越弱"的马太效应的加剧，避免东部发达地区与西部欠发达地区区域经济发展差距继续扩大。如果放任巴基斯坦区域发展差距进一步扩大，恐怖主义将会继续蔓延，日益猖獗，最终会殃及整个中巴经济走廊的建设。

2015 年，习近平总书记在巴基斯坦议会演讲时也提到，要让中巴经济走廊的规划和布局兼顾巴基斯坦各地区，让走廊的发展成果惠及巴基斯坦全体人民，而目前的投资倾向仅仅简单地考虑经济效益，并不能实现宏伟的中巴两国的战略目标。因此，为了实现中巴两国的国家战略目标，必须从中巴两国的战略高度考虑中巴经济走廊的产业空间布局，传统的区位理论并不适合中巴经济走廊的产业空间布局选择，为此本文特提出如下对策建议。

(一) 要在项目建设上适当倾向西部地区

中巴经济走廊的建设要在项目上适当向西部地区倾斜。中巴两国政府应该出台相应的奖励政策,鼓励一些重大项目到巴基斯坦西部地区投资建设,对到西部地区投资建设的项目应予以各种奖励优惠。同等条件下的项目要向巴基斯坦西部地区倾斜,通过中巴经济走廊重大项目的建设带动西部地区优势资源的开发,加快推进一批重大前期项目,优选一批储备项目,着力推进前期工作。要充分利用难得的历史机遇,合理安排西部地区资源密集型和劳动力密集型产业,形成更为科学的投资格局。同样进行资源开发的项目,要首先开发巴基斯坦西部地区的资源项目。需要从西部地区长途运输资源到东部地区进行深加工的项目一般不予批准,鼓励这些企业到西部地区就近加工,逐步缩小东西部地区的经济社会发展的差距。

(二) 着力培育有竞争优势的西部地区特色产业集群

发展西部地区的特色产业集群是振兴西部经济最直接、最有效的手段。为此要以西部地区特色产业为依托,将资源优势产业培育成竞争优势产业,着力培育有竞争优势的西部地区特色产业集群。巴基斯坦西部地区矿产资源丰富,且石油、天然气、宝石等多种资源储量可观,但是在长达几十年的经济发展中,粗放型的发展方式和输出型路线使西部地区的资源优势并没有转化成经济优势,因此西部地区应该充分利用资金、技术和人才推进资源集约化开采,延长资源开采周期,减少浪费与生态环境破坏,以市场需求为导向,以提升竞争力为目标,着力培育具有市场前景、对整个经济发展具有较强关联带动作用的特色产业,并集中力量聚合各种生产要素,完善产业体系,优先发展石化、钢铁、建材和宝石加工等西部地区的优势特色产业项目,延长产业链条,形成特色产业集群。

(三) 东西协作,共同发展

中巴经济走廊建设要形成东西协作,结对帮扶,共同发展的局面。鼓励东部地区与西部地区开展以市场为导向、以经济效益为中心、以互利为目的、以企业为主体的全方位的合作,形成东西部地区携手并进的新机制。一方面使东部地区富余的资金和技术源源不断地向西部地区流动,促进西部地区优势产业的发展;另一方面也为东部的发展提供广阔的市场和资源,通过东部省份与西部省份之间的产业联动，把各省分散的优势聚集为区域产业集群的整体优势和区域品牌优势，关键是要广泛地发展关联产业，扩展能源、原材料的产业链，形成"双赢"的局面。还可以形成东部发达省份帮扶西部欠发达省份的对口帮扶机制，如旁遮普省帮扶俾路支省，信德省帮扶开伯尔－普什图省。各个城市之间也可以通过结对建立友好城市，实现城市之间的友好帮扶，最终形成全方位的帮扶机制。由最初主要是政府间的援助行为拓展为各类市场主体的共同参与，再发展到包括各类社会团体、民间组织、爱心人士在内的社会各界多形式、宽领域的广泛参与。

第七章　巴基斯坦物流通道建设的空间演化分析

——以中巴经济走廊"喀什—瓜达尔"线路选址为例

赵　放[*]

中巴经济走廊需要加强中国新疆的喀什市到巴基斯坦瓜达尔港的陆路通道。这条通道的选址对走廊建设至关重要。然而，选址过程却一波三折，经历了从东线方案到西线方案的转变。经济落后、投资前景不被看好的巴基斯坦西部成为通道建设的优先地区，是何原因？西线选址能否为中巴两国发展带来经济社会效益？这是本文关注的主要问题。

一　从"东部"到"西部"：中巴经济走廊物流通道选址的空间变化

物流服务是一种"派生性"需求[①]，产生于生产、消费等实体经济活动对产品位移的需求。物流通道是物流服务供给的重要载体，其流量和流向受到实体经济的影响。因此，物流通道选址往往与实体经济的区位密切相关，并随之变化。

---

[*]　赵放，经济学博士，西南交通大学中国高铁发展战略研究中心讲师。研究方向为科技创新、交通产业经济。

[①]　派生性（Derivativeness）需求，即某种商品或服务的需求是由另一种或几种商品或服务的供给或消费所决定。而引发这种派生性需求的商品和服务则具有本源性，例如制造产品、娱乐服务等。

2013 年，中国与巴基斯坦共同启动"中巴经济走廊"项目，拟修建从喀什到瓜达尔的交通基础设施（包括公路、铁路和管道）。这条线路计划承担中国与巴基斯坦在能源和产品进出口贸易上的物流通道功能。然而，喀什—瓜达尔线路的具体选址却成为巴基斯坦国内争论的焦点。各地方政府都希望从中巴经济走廊项目中获益，为使线路经过本省而互不相让。西部省份不满其经济发展机会长期被联邦政府剥夺，政治权益未得到尊重，开始向联邦政府施压。他们声称"如果放弃'西线'，中巴经济走廊难见光明"①，并采用了直接在议会发难、街头政治运动、威胁工程开展等非建设性表达方式。而喀什—瓜达尔线路的具体选址也经历了初期的"东线"方案，到当前"西线"优先的多线方案的转变。②

从投资角度来说，"东线"选址颇具吸引力，它沿途经过的旁遮普省和信德省是巴基斯坦人口（消费活动）和产业（生产活动）相对集中的富裕地区，符合物流跟随实体经济发展的一般规律。"西线"途径的巴控克什米吉尔吉特－伯尔蒂斯坦地区、开伯尔－普什图省和俾路支省经济发展落后。地区分离主义势力常在"西线"附近区域制造恐怖活动，巴基斯坦政府暂时没有办法完全消灭这些地区的分离主义势力。从投资的收益和安全来评估，选址于"西线"将面临较大的风险。对此中国国内也出现了一些担忧，认为"中国不应该在一条途经争议地区的路线上投资数百亿美元"③，"西线"即使能成为中国进口能源和对外贸易的替代性通道，但消耗的人力、财力和物资巨大，成本收回较慢甚至可能出现亏损，升级东部现有线路才

---

① 姚远梅：《中巴经济走廊的隐忧：如何避免陷入那个"黑洞"？》，澎湃网：http://www. thepaper. cn/ newsDetail_ forward_1405420，2015 年 12 月 6 日。

② "东线"方案拟定：出喀喇昆仑公路的曼瑟拉（Mansehra），经伊斯兰堡（Islamabad）进旁遮普省（Punjab），过拉合尔（Lahore）直至木尔坦（Multan），后沿木尔坦－海德拉巴（Hyderabad）和海德拉巴－卡拉奇（Karachi）M－9 高速公路前进，最后沿卡拉奇至瓜达尔的沿海高速 N－10 到达瓜达尔（Gwadar）港。"西线"方案拟定：即北起喀什，过红旗拉普山口入巴境内，沿喀喇昆仑公路入巴控克什米吉尔吉特－伯尔蒂斯坦（Gilgit－Baltistan）境内，过阿伯塔巴德（Abbotabad）入开伯尔－普什图省，经米扬瓦利（Mianwali）、巴奴（Bannu）等地到达德拉伊斯梅尔汗（Dera Ismail Khan）、出德拉伊斯梅尔汗入俾路支省境内，经佐布（Zhob）、奎塔（Quetta）、胡兹达尔（Khuzdar）和本杰古尔（Panjgur）等，最后到达瓜达尔港。

③ 《印媒：中巴经济走廊或受阻》，参考消息网，http://www.cankaoxiaoxi. com/finance/20160113/ 1051426. shtml，2016 年 1 月 13 日。

是一种更为方便和经济的选择。①

本文认为，跨国物流通道的选址应具有全局观，不能单纯以项目短期利益为诉求，应该出于长期和系统性的考虑，平衡区域、国家甚至是参与国之间的发展生态。东西线路之争背后代表的是不同的理论观点。"东线"方案体现的是一种"项目经营观"，它需要预先综合判定投资地区的经济水平以及投资回报。选址"东线"短期收益明显，但东部本身交通线路密集，继续投资东部的线路边际收益会递减，并带来交通拥挤和环境污染等负面问题。而选址西部体现的是一种"区域发展观"，它试图为西部地区带来长期的发展机会并减少区域间的发展不平衡。

实际上，巴基斯坦近年来也尝试从区域发展的视角，加大对西部地区物流基础设施的建设，但是经济和社会发展指标并没有因此明显提升。本文认为这并非"区域发展观"本身的失效，而是忽略了发展背后的支撑因素——物流设施网络。中巴物流通道的选址不应在有效"网络"基础上去探索"选址"的优化，而应以合理的"选址"去构建有效的"网络"。因此，本文的主要贡献在于根据巴基斯坦的实际情况，从"区域发展观"中细化并提炼出一种适用于后发国家的"网络发展观"。在此视角下，中巴物流通道仍应该优先选址于西部，但需要更加侧重于构建该地区设施的网络结构，以"结构"的完善为经济发展"总量"提供有效的提升路径。

本文接下来将首先回顾已有理论在中巴经济走廊线路选址上解释力的不足，然后提出并解释更具针对性的网络发展观，最后在此基础上提出相关的发展建议。

二　从"经营"到"发展"：巴基斯坦物流基础设施选址的视角演化

物流基础设施选址是基础设施投资决策的一个重要环节，选址的依据是判断该设施带来的收益与成本。综合来看，对收益与成本的不同理解衍

---

① 《中巴经济走廊首条铁路线路曝光》，参考消息网，http://www.cankaoxiaoxi.com/finance/20150424 /755241. shtml, 2015 年 4 月 24 日。

生出两种不同的评价视角，即项目自身的经营视角和项目带来的区域发展视角。项目经营视角主要考虑项目产生的直接经济收益与成本；区域发展视角还考虑了项目间接产生的社会经济收益与成本。两种视角在巴基斯坦的发展中都有所体现，并产生了不同的选址结果。

1. "项目经营"视角下的选址与巴基斯坦经济的空间集中

物流基础设施[①]虽多为政府提供的公共产品，但本身仍是一种有形资本的项目投资，并且由于投资金额巨大，投资者需要考虑项目自身的投资成本和收益。巴基斯坦的一部分物流基础设施是由殖民时期的英国东印度公司主持修建，另一部分则主要在国家独立之后借助国外援助进行建设与完善。考虑到殖民开发的目的和国家的负债偿还能力，项目成本最小化和收益最大化成为巴基斯坦物流基础设施投资长期关注的重要问题。

投资的成本最小化原则要求物流线路在自然条件和技术水平的基础上，选址两个交通节点之间的最短路径。[②] 一般来说，地势平坦地区的建设成本低于山区和其他条件苛刻的地区，公路的建设成本低于同时期的铁路建设成本。

在英属印度时期（1858 年到 1947 年），巴基斯坦的物流基础设施主要选址于东部平原和灌溉区。1865 年通过修建从卡拉奇到 Kotri（均在信德省境内）的铁路线，巴基斯坦被连接进入泛印度铁路网（pan-IndianRailnetwork），并开始构建其现代交通体系；[③] 这条线路与后来从伊斯兰堡开始向南修建的铁路连接，沿途经过巴基斯坦的东部平原地区，成为当今巴基斯坦的铁路主干线。[④] 类似这种以港口和内陆政治经济中心城市为节点、连接沿途交通区位条件较好地区的线路，在绝大多数殖民地和半殖民地国家都可以观察到；宗主国通常以投资最小化为战略目标，对殖民地进行经济资

---

① 本文侧重于讨论物流"基础"设施，即在物流各个基本环节（运输、储存、装卸搬运、包装、流通加工、配送、信息处理等）中以单个功能为主的场所或有形资本。一些研究也将物流园区、物流中心或配送中心纳入物流基础设施的范畴。这些设施是近年来现代物流发展的产物，往往整合了除运输之外的多种基本功能，是一种专门性的"综合"设施，不属于本文主要研究的"基础"设施范畴。

② BodrigueJean - Paul 等：《交通运输地理》，王建伟、付鑫译，人民交通出版社，2014。

③ Vakil C. , "Railways and roads in India", *Annals of the American Academy of Political and Social Science* , 1944 , vol. 233 , pp. 187 - 192.

④ Donaldson D. , Hornbeck R. , "Railroads and American Economic Growth: a 'Market Access' Approach", *NBER Working* , 2013 , paper No. 19213.

源开发；① 并以物流交通线为基础，开始从无到有地构建殖民地的近现代经济结构和经济区位，形成服务于宗主国的外向型经济。时至今日，巴基斯坦的主要贸易品生产，如纺织、服装等，仍主要集中在该国的东部。

独立之后，巴基斯坦的基础设施发展对国外资金援助的依赖性较高，物流基础设施建设很快由以"铁路"为主转变为以"公路"为主。与许多发展中国家一样，巴基斯坦的基础设施薄弱，但政府从财政投入中调动的资金远不能满足本国基础设施发展的需要。② 20 世纪 60 年代至 70 年代，巴基斯坦成为亚洲最大的援助接受国，外来援助资金的使用通常偏向于出资国政治和商业兴趣的投资。③ 也正是在这一时期，巴基斯坦的交通基础设施投资开始从"铁路"转向"公路"。④ 据考证，这种转变除了本国的需求，更多是因为国外咨询机构的建议，如哈佛咨询组（Harvard Advisory Group），其中公路建设的投资较少、投资回收期较短是一个重要考虑因素。⑤ 20 世纪 90 年代开始，以贷款为主要形式的国际援助在该国的比重逐渐增加，执行商业利息的国外贷款进一步加重了其负债问题。⑥

受还债压力的影响，这一时期的物流基础设施选址不仅要考虑投资成本最小化，还要考虑投资收益最大化。就项目本身来看，交通基础设施的直接收益主要来自其物流和客流产生的通行和服务费用，以及沿途地区由此产生的税收收入。货物和旅客流量越大的地区，设施收益越高。在近期对信德省公路建设的贷款融资中，亚洲开发银行（ADB）便以交通流量为基础，计算政府提出的一系列路段的投资回报率，并根据其净现值进行排

① Debrie J. , "From Colonization to National Territories in Continental West Africa: the Historical Geography of a Transport Infrastructure Network", *Journal of Transport Geography*, 2010, vol. 18, pp. 292 – 300.

② Looney R. , E. , Winterford D. , "Infrastructure and Regional Development in Pakistan", *Review of Urban and Regional Development Studies*, 1993, vol. 5, pp. 95 – 114。

③ Mustafa S. , "Pakistan: Development of Underdevelopment", *Pakistan Horizon*, 1975, Vol. 28, No. 2, pp. 48 – 58.

④ 据巴基斯坦财政部发布的《巴基斯坦经济调查 2009—2010》统计，20 世纪 70 年代以来巴基斯坦的铁路旅客运输在全国的比重由 41% 下降到 10%，货物运输比重由 73% 下降到 4%。

⑤ Irfan M. , *Institutional Barriers to Sustainable Urban Transport in Pakistan*, Oxford University Press, 2010.

⑥ Khan M. A. , Ahmed A. , "Foreign Aid—Blessing or Curse: Evidence from Pakistan", *The Pakistan Development Review*, 2007, vol. 46, pp. 215 – 240.

序，从优选择各个区段。① 货物流量的形成和大小又依赖于地区产业经济的发展水平及其交易的需要。因此，殖民时期形成的具有较好近现代工业基础的东部地区依然是该国物流基础设施发展的首选区位，并由其因果循环累积效应进一步强化。

在项目经营视角下，物流基础设施建设选址于东部地区，使得巴基斯坦后续的产业集聚和经济发展都集中在东部地区，区域之间的经济发展严重不平衡。在中巴经济走廊建设中，如果采用这一视角进行选址，西部省份会认为自己的经济发展机会继续被联邦政府和东部地区剥夺，从而加深对中巴经济走廊建设的不满与阻挠。

2. "区域发展"视角下的选址与巴基斯坦区域发展的不平衡

作为一种公共产品，基础设施的最终目标是提高地区的社会经济福利。基于区域发展的设施选址将项目的社会经济成本和收益纳入考虑范畴，并因此倾向于选址于欠发达地区。为促进落后地区的经济发展，巴基斯坦政府也尝试在西部进行物流基础设施建设，但目前效果尚不理想。

社会经济收益主要包括区域经济增长效应、资源再分配效应等，② 成本则涉及区域土地溢价、交通拥挤和环境污染等。③ 物流基础设施选址成为多数国家推动内部欠发达地区发展、实现区域经济一体化的重要政策，其依据是经济学家对"交通基础设施④投资与经济增长之间关系"的理论推导和长期观察。大多数情况下，物流基础设施选址于一个地区会促进该地区总产出、收入水平和生产率的提高，⑤ 其在欠发达地区或非都市区域

---

① PPTA，"Islamic republics of Pakistan：Provincial Road Improvement Project"，*ADB Technical Assistance Consultant's Report*，2015，Project Number：46377 - 001/TA 8406 - PAK.

② BanisterD.，Berchman J.，*Transport Investment and Economic Development*，University College London Press，2000.

③ Redding S. J.，Turner M. A.，"Transportation Costs and the Spatial Organization of Economic Activity"，in Gilles Duranton，J. Vernon Henderson，William C. Strange ed.，*Handbook of Regional and Urban Economics* Volume 5 B，North - Holland，2015.

④ 交通基础设施的功能是实现"货物"和"人"的空间位移，"人"的位移除了进行生产活动，还包括大量以生活为目标的出行（如旅行、探亲访友）；后者并非促进区域经济发展（尤其是经济增长）的实质性因素。经济学已有交通基础设施投资与经济发展关系的大量研究，本文主要分析其中的物流基础设施投资与经济发展的关系。

⑤ 从理论上看，交通基础设施投资一方面可以形成一个地区的资本存量，另一方面有助于减少制造业的运输成本、提高其生产效率；两者分别影响生产函数中的资本变量和全要素生产率，成为经济增长的源泉。

的效果更为明显①；但地区物流基础设施选址越多，社会经济成本也会越高。

　　为了缓解区域发展不平等，巴基斯坦政府也逐渐重视在欠发达的西部地区布局物流基础设施。政府在第七个五年计划中承认巴基斯坦的区域不平等由政治、经济和社会等多种因素构成，并雄心勃勃地提出了一个减少区域差异的计划，包括"基本需求供给的平等分配，……通过提供更多、更好的基础设施……，促进落后地区的整体经济发展"②。交通基础设施禀赋被认为能够准确、有效地描绘出该国 46 个区的发展水平。③ 2005 年，巴基斯坦启动国家贸易走廊提升计划（National Trade Corridor Improvement Programme，NTCIP），力图通过改善贸易和交通物流链，提升已经形成的"白沙瓦—拉合尔—卡拉奇"南北走廊；该战略也考虑了加强东西方向的连接，与周边国家（如伊朗、阿富汗和印度）的连通。2007 年，国家贸易走廊提升计划被纳入《巴基斯坦 2025 愿景》（Pakistan Vision 2025），并希望发展成为"边远地区和城市中心有效的连接、经济中心之间的一体化网络、连接主要区域贸易伙伴的高容量交通走廊"④。与之对应，2007～2008 财年到 2009～2010 财年，西部地区（俾路支省、开伯尔－普什图省）公路长度的增长率与东部地区（旁遮普省、信德省）保持相当的水平；2010～2011 财年巴基斯坦遭遇大面积洪灾，各省公路均有一定程度的毁坏；经过两年的恢复与重建，2012～2013 财年西部地区的公路增长率开始高于东部，如图 7－1 所示。

---

① Hirschman A. : *The Strategy of Economic Development*, Yale University Press, 1958；Hansen N. M. , "Unbalanced Growth and Regional Development", *Western Economic Journal*, 1965, 4 (1), pp. 3 - 14；Michael G. , "The Effect of Trade on the Demand for Skill——Evidence from the Interstate Highway System", *Rev. Econ*, 2008, 7, pp. 247 - 264；Donaldson, D. , "Railroad of the Raj: Estimating the impact of transportation infrastructure", *NBER working paper*, No. 16487, 2010.

② Planning Commission："Seventh Five Year Plan 1988 - 93 & Perspective Plan 1988 - 2003", Government of Pakistan. 1988.

③ Looney R. E. , Winterford D. , "Infrastructure and Regional Development in Pakistan", *Review of Urban and Regional Development Studies*, 1993, vol. 5, pp. 95 - 114.

④ Ministry of Finance, "Pakistan Economic Survey 2014 - 15", Government of Pakistan, http://finance. gov. pk/survey_1415. html.

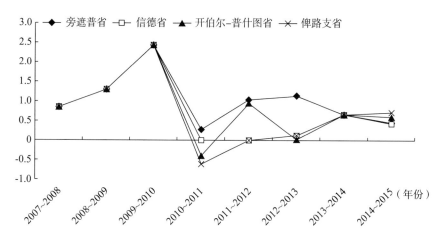

图 7 - 1　2007~2008 财年到 2014~2015 财年巴基斯坦主要省份公路长度增长率

资料来源：Ministry of Finance, Pakistan Economic Survey 2014 - 15, http://finance. gov. pk/index. html。

　　然而，随着越来越多的物流基础设施选址于西部地区，巴基斯坦的区域发展不平等状况并没有得到明显改善。研究显示，自 20 世纪 90 年代以来，巴基斯坦各省之间不平等程度一直在一个水平区间内波动，且城市地区的不平等程度大于农村地区，如图 7 - 2 所示。东部省份穷人和富人群体之间的收入差距远大于西部省份，仅俾路支省的收入极化现象呈略微下降

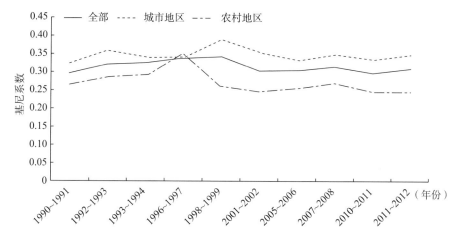

**图 7 - 2　1990~1991 财年到 2011~2012 财年巴基斯坦
收入基尼系数变化：城市 vs. 农村**

资料来源：Burki, et. al, "Multiple inequalities and Policies to Mitigate Inequality Traps in Pakistan", Oxfam Research Report, 2015。

趋势，如图 7 - 3 所示。与之对应，巴基斯坦学者通过实证研究发现，1975～1976 财年至 2010～2011 财年，巴基斯坦公路基础设施对该国人均 GDP 增长的影响并没有预期地显著，扩展和升级公路网络（尤其是高速公路）的支出没有转换成明显可见的效益。[①]

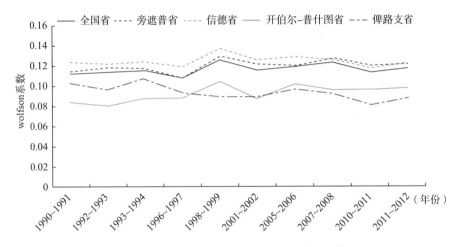

图 7 - 3　1990～1991 财年到 2011～2012 财年巴基斯坦
各省收入 wolfson 系数的变化

资料来源：Burki, et. al, "Multiple inequalities and Policies to Mitigate Inequality Traps in Pakistan", Oxfam Research Report, 2015。

　　上述区域发展作用失效的解释有多种，一种认为巴基斯坦可能在公路尤其是公路基础设施方面投资过度了，[②] 原因是它的公路密度高于周边的伊朗和孟加拉国。这种结论过于数据直观化，缺乏令人信服的逻辑依据。从世界的范围来看，巴基斯坦属于中低收入国家，世界银行、亚洲开发银行等权威机构对其资本投资的评价都是严重不足，其公路密度 0.33 公里/平方公里虽高于周边部分收入更低的国家，但同时也远低于周边公路密度为 1 公里/平方公里的印度。[③] 另一种解释是巴基斯坦各级政府在物流基础设施投

①　Imran M., Niazi J., "Infrastructure and Growth", *The Pakistan Development Review*, 2011, vol. 50 (4), pp. 355 - 364.

②　Imran M., Niazi J., "Infrastructure and Growth", *The Pakistan Development Review*, 2011, vol. 50 (4), pp. 355 - 364.

③　数据来源：Ministry of Finance, "Pakistan Economic Survey 2009 - 10", Government of Pakistan, http://finance.gov.pk/survey_0910.html.

资上存在腐败现象。[1] 腐败是一种社会成本。实际上，由于国内制度不成熟，多数发展中国家在经济快速发展阶段或多或少都存在一些腐败现象，如中国和印度。腐败对发展中国家经济增长的影响尚无定论。一些研究表明在制度效率较低的国家或地区，适度的腐败也可能有利于经济增长。[2] 因此，这不是发展视角失效的根本原因。

发展视角在巴基斯坦的应用收效甚微，主要原因在于使用者对它的适用性理解不够。首先，他们没有认识到基础设施投资是区域发展的必要条件而非充分条件。其次，他们忽视了在发展中国家要实现这一必要条件，还需要其他相关要素的支持与配合。

从以往的经验来看，物流通道选址于西部地区收效甚微，选址于东部地区收益相对较好。但近年来东部地区道路拥挤、环境污染和交通安全等问题变得非常突出，[3] 物流通道继续选址于此，将面临较高的社会成本，社会收益可能会越来越低。因此，中巴经济走廊的物流通道选址需要立足于巴基斯坦的实际情况，探索物流基础设施促进落后地区经济发展的根本因素，从而为选址提供新的理论和应用视角。

三　从"结构"到"总量"：中巴经济走廊的物流通道的网络发展观

物流通道建设除了带来设施存量的提高，还带来整个设施网络结构的变化。而物流设施网络结构的变化才是发展中国家激活生产要素、促进经济快速发展的关键。这种以物流基础设施网络"结构"完善带动地区经济

---

[1] Khan M. A. , Ahmed A. , "Foreign Aid—Blessing or Curse: Evidence from Pakistan", *The Pakistan Development Review*, 2007, vol. 46, pp. 215 – 240.

[2] Bardhan P. , "Corruption and Development: A Review of Issues", *Journal of Economic Literature*, 1997, vol. 35 (3), pp. 1320 – 1346; Acemoglu D. , Thierry V. , "Property Rights, Corruption and the Allocation of Talent: A General Equilibrium Approach", *Economic Journal*, 1998, vol. 108, pp. 1381 – 1403; Adit T. , "Corruption, Institutions and Economic Development", *Oxford Review of Economic Policy*, 2009, vol. 25, pp. 271 – 291; 吴一平、芮萌：《地区腐败、市场化于中国经济增长》，《管理世界》2011 年第 11 期，第 10 ~ 17 页、27 页。

[3] Measood M. T. , "Transportation Problems in Developing Countries Pakistan: A Case-in-Point", *International Journal of Business and Management*, 2011, vol. 6, No. 11, pp. 256 – 266; Sánchez-Triana E. , Afzal J. , Biller D. , Malik S. "Greening Growth in Pakistan through Transport Sector Reforms: A Strategic Environmental, Poverty, and Social Assessment," World Bank, 2013.

"总量"发展的思路,我们称之为网络发展观。

1. 物流基础设施是促进区域发展的必要条件

物流基础设施投资长期被政策制定者视为发展经济的先决条件,即"要想富,先修路"。然而,进一步分析成功的案例会发现:物流基础设施投资多数发生在地区经济起飞之后而不是起飞之前。例如,英国的铁路系统于 1852 年完成,而英国工业革命开始于 1760 年左右;[1] 因此铁路是工业革命的一部分,而不是其先决条件。美国交通基础设施与经济发展存在正相关的代表性研究分别考察的也是美国工业革命之后 1850 ~ 1860 年和 1870 ~ 1890 年的情况。[2]

这意味着只有当一些指标或潜在动力已经存在时,交通或物流基础设施投资才可能使经济发展变得更加有效;而这些指标或潜力就是基础设施促进区域发展的必要条件。综合已有研究来看,这些必要条件主要有三类:第一,投资要素,包括投资规模、区位和类型;第二,政治要素,如支持的组织、制度政策和流程存在;第三,当地经济的正外部性,如集聚经济和规模经济。[3]

以往物流基础设施选址于巴基斯坦西部,基本上满足上述的两个必要条件组合——投资要素和政治要素。尽管两种要素仍有较大的提升空间,但是西部地区一直缺乏正向的经济外部性。这才是导致设施投资对经济发展影响有限的主要原因。

正向的经济外部性之于物流基础设施来说,关键在于当地的物流市场功能的发挥。物流业是随着制造业的专业化发展,从生产的采购和配送环节分离出来的行业。物流的需求规模和服务水平取决于当地制造业的规模和专业发展水平;而制造业的发展又依赖于物流服务带来的生产成本下降和效率提升。物流业与制造业相互促进、协同发展,最终形成了地区的正

---

[1] Mitchell B. R., "The Coming of the Railway and UK Economic Growth", *Journal of Economic History*, 1964, vol. 24 (3), pp. 315 – 36.

[2] Haines M. R., Margo R. A., "Railroads and local economic development: the United States in the 1850s", in Rosenbloom J. L., ed., *Quantitative Economic History: The Good of Counting*. Routledge, 2008; Donaldson, D., Hornbeck, R., "Railroads and American economic growth: a 'market access' Approach", *NBER Working*, 2013, paper No. 19213; 学术界一般认为美国的工业革命开始于 1820 年左右。

[3] Banister D., Berchman J., *Transport Investment and Economic Development*, University College London Press, 2000.

向外部性。

制造业的空间集聚是制造业专业化和规模化发展的重要表现。然而，长期以来，巴基斯坦西部地区的制造业都没有形成较好的集聚发展态势。生产活动高度集中于东部的拉合尔和卡拉奇;[①] 中等程度的集中地区则多临近这两个大城市，它们可以与两个大城市分享专业的劳动力、知识传播、中间品和产品市场，形成一定的市场规模优势;而西部广大地区只有 Swat 属于中等集聚的地区，且集聚的产业类型较为单一，主要是大理石和矿产行业、制药和塑料行业等资源密集型产业，喀拉客 (Karak) 和卡拉特 (Kalat) 则属于制造业中等偏低的集聚地区。[②] 三个地区的空间分布相对独立，且没有带动邻近地区制造业的发展。

西部地区的制造业规模整体相对较小，物流需求相对较低，物流设施的基本功能没有得到有效地发挥;也就是说，巴基斯坦政府注重对西部地区物流基础设施的投入，但没有注重当地物流市场的培育和发展。因此，以物流基础设施投资促进西部经济整体发展的目标难以实现。

2. 被忽视的 "结构"：连 "线" vs. 成 "网"

在 "物流基础设施投资" 促进 "巴基斯坦区域经济发展" 的命题中，研究者往往将基础设施简单地认定为一种投资要素，忽视了它能激发地区外部性经济的功能;而激发这一功能的关键是物流基础设施的 "结构"，即国家或地区的物流设施 "网络" 形态。网络可以联通更多的区域和市场，形成规模经济的表现形式——网络经济效应，而规模经济又是形成正向外部性经济的基础。因此，忽略 "结构" 是物流设施选址于西部地区收效甚微的另一原因。

实际上，"物流基础设施投资" 与促进 "区域经济发展" 之间存在一个较长的反应链。物流基础设施投资最直接、最可控的影响是出行者的可达性 (accessibility)[③]，这是第一层级的影响。而可达性分析与网络的连通性、密度和结构等密切相关。可达性的提升有助于减少物流成本、提高物流效率，从而促进企业生产率的提升、生产区位与空间集聚的改变，这是

---

①　Sánchez-Triana E., Afzal J., Biller D., Malik S., "Greening Growth in Pakistan through Transport Sector Reforms: A Strategic Environmental, Poverty, and Social Assessment", World Bank, 2013.

②　Burki A. A., Khan M., A., "Spatial Inequilty and Geographic Concentration of Manufacturing Industries in Pakistan", Conference Paper, 2010, https://www.researchgate.net/publication/257356238.

③　可达性本质上是指从一个地方到达另一个地方的难易程度。

第二层级的影响。生产率和生产区位的改变进而影响经济增长与均衡发展，这是第三层级的影响。

上述第二个层级是基础设施效应从"微观"转向"中观"的关键路径。通常，单一的设施线路或节点对应的区域和市场是有限的。但在网络中，一条新增线路可以与已有线路一起，产生以几何倍数增长的物流可达路径；这些路径可以联通更多的区域和市场，带来物流活动的规模经济。因此，网络是物流设施的重要形态，也是产生规模经济和正向外部经济的重要基础。

多数相关研究，尤其涉及发达国家或地区的研究，实际上都暗含了物流基础设施的整体路网基本形成，网络效应得以实现的假定。它们分析的"物流基础设施投资选址"与"经济发展"关系是在已有物流基础设施网络的基础上，探讨增加一条位于欠发达地区或农村地区的线路带来的网络效应的提升。通常，公路和铁路网络的扩展会加速企业和生产要素向交通沿线地区集聚，并带来更高的企业生产率和地区收入。[①]

然而，在中巴经济走廊启动之前，西部地区的主要物流基础设施尚未形成有效的网络结构。[②] 一方面，巴基斯坦90%以上的物流活动由公路承担，其中国家公路完成了该国80%左右的商业运输。[③] 西部地区国家公路网的结构表现为：第一，以俾路支省和开伯尔 - 普什图省的首府奎达和白沙瓦为中心形成放射状的公路结构；第二，两个中心城市之间通过一条干线串联沿途的城市和地区，但沿途的城市很少再发展出更多的支线。从结构上看，这种线路空间结构具有运输专线的特征，尚未形成互联互通的运输网络。而东部地区线路纵横交错的形态更为明显，枢纽节点型城市也因此更多。另一方面，铁路禀赋是区分巴基斯坦发达地区和不发达地区的标志，[④] 奎

---

① Chandra A., Thompson E., "Does public infrastructure affect economic activity? Evidence from the rural interstate highway system", *Reg. Sci. Urban Econ*, 2000, vol. 30, pp. 457 – 490; Michael G., "The Effect of Trade on the Demand for Skill—Evidence from the Interstate Highway System", Rev. Econ, 2008, vol. 71, pp. 247 – 264; Donaldson D., "Railroad of the Raj: Estimating the impact of transportation infrastructure", *NBER working paper*, No. 16487, 2010.

② 区域间或城市间的交通网络更注重纵横交错、相互联通的网络结构。

③ 国家公路网络主要是有巴基斯坦国家公路局（National Highway Authority, NHA）管理的公路网络，包括国道、高速公路、快速公路和战略路组成；数据来源于 Ministry of Finance. "Pakistan Economic Survey 2009 – 10", Government of Pakistan, http://finance. gov. pk/survey_1415. html.

④ Looney R. E., Winterford D., "Infrastructure and Regional Development in Pakistan", *Review of Urban and Regional Development Studies*, 1993, vol. 5, pp. 95 – 114.

达和白沙瓦分别有铁路与东部发达城市，如伊斯兰堡和卡拉奇相连，但这两个城市之间、两个城市到瓜达尔港之间尚无铁路连接。也就是说，西部地区的南北走向铁路尚未连通，铁路结构在该地区内部是以奎达和白沙瓦为中心的两个孤立局部网。

西部地区物流基础设施网络结构的不完善，必然使其网络效应难以发挥。通过整体网理论可知，网络可达性和网络效应从小到大依次为：两个封闭的局部网络、连接两个封闭网络中主要节点形成的轴辐式网络、连接所有节点形成的多元闭合网络。① 西部地区的铁路和公路网络分别属于前两种形态，这种网络并没有充分、有效地利用已有的节点，发掘其经济潜力，从而导致该地区乃至全国的后续增长乏力。

因此，我们认为巴基斯坦物流基础设施选址应该注重的发展视角，不是在有效"网络"基础上去探索"选址"的优化，而是以合理的"选址"去构建有效的"网络"。在网络的视角下，巴基斯坦的物流基础设施选址应首先注重物流基础设施网络的构建和完善，在此基础上形成促进经济发展的必要条件。

3. 中巴经济走廊"喀什—瓜达尔"线路选址：以"结构"带动"总量"

不同于传统的区域发展观侧重于"总量"投入，网络发展观首先注重其物流基础设施网络"结构"的完善；而"结构"的完善是网络效应、规模效应、正向经济外部性得以发挥、经济"总量"得以提高的前提和保障。

"喀什—瓜达尔"线路选址于路网密度较低的开伯尔－普什图省和俾路支省，无疑将充实和拓展西部已有的物流网络结构（如图7－1所示）。连接西部的两大城市奎达、白沙瓦以及港口城市瓜达尔的物流通道，将大幅度缩短中国、阿富汗以及中亚内陆国家通向印度洋的出海距离，并逐渐改变巴基斯坦及其周边国家的经济地理结构。以巴基斯坦周边的发展中国家为例，印度于2001年开始实施了大规模的公路网络连接计划，即"黄金四边形"计划；与之前的东西和南北走廊格局相比，这一计划为沿线的非节点城市带来了更高的企业进入率和生产率。② 而中国城市群发展的经验也表

---

① 刘军：《整体网分析》，格致出版社、上海人民出版社，2014。

② Ghani E., Goswami, A. G., Kerr, W. R., "Highway to Success: The Impact of the Golden Quadrilateral Project for the Location and Performance of Indian Manufacturing", *The Economic Journal*, 2015, Volume 126, Issue 591, pp. 317 – 357。

明，运输线路"成网"有利于网络内各城市经济的共同增长和差距收敛。①

中巴经济走廊物流通道选址于西部，除了完善巴基斯坦物流网络之外，还有利于西部地区形成正向的经济外部性。一方面，中国与巴基斯坦的贸易潜力将成为中巴经济走廊的稳定运输货源，并促进其物流市场的培育。2015 年，中国对巴基斯坦进出口总值为 1175.89 亿元人民币，其中通过新疆各口岸的仅 19.66 亿元人民币。② 中巴双边贸易的潜力和效率还有进一步发挥的空间。③ 中巴经济走廊建成之后，中国到印度洋的通道距离最大可缩短85%；这将极大地激励中国的中、西部省份取道该走廊与巴基斯坦、南亚、欧洲和非洲开展贸易，从而带动走廊沿线物流服务市场的配套发展。事实上，自 2013 年中巴经济走廊启动之后，巴基斯坦物流业在硬件指标排名尚未改变或略有下降的情况下，出现了整体物流绩效指数（Logistics Performance Index，LPI）和服务类软件指标上升的趋势，这表明当地的物流市场被激活并开始发展（如表 7 - 1 所示）。2016 年 6 月底，西部地区的瓜达尔港已具备基本作业能力。2016 年 11 月 12 日，60 多辆货车组成的中巴经济走廊联合贸易车队经过巴基斯坦西部，首次通过陆路联通中国新疆的喀什市和瓜达尔港；这批货物将在瓜达尔港装船后出口至包括中东和非洲在内的海外市场。④ 这意味着通过物流通道建设，西部的物流市场将被激活并开始发展。

表 7 - 1 巴基斯坦物流绩效指数（LPI）的世界排名

年份	LPI	硬件指标			软件指标		
		海关	基础设施	国际货运	物流质量与竞争力	追踪与追溯	及时性
2012	71	46	71	68	72	90	83
2014	72	58	69	56	75	86	123
2016	69	71	69	66	68	67	58

注：表中年份为测评年份，其评价的基础是前一年的情况和数据。

资料来源：Arvis, Jean-François et. al, "Connecting to Compete 2016: Trade Logistics in the Global Economy", World Bank Report, http://lpi. worldbank. org, 2016。

---

① 李煜伟、倪鹏飞：《外部性、运输网络与城市群经济增长》，《中国社会科学》2013 年第 3 期，第 22~42 页。

② 《2015 年 12 月进出口商品国别（地区）总值表》，中国海关总署，http://www. customs. gov. cn/publish/ portal0/tab49667/info785132. htm，2016 年 1 月 21 日。

③ 高志刚、张燕：《中巴经济走廊建设中双边贸易潜力及效率研究——基于随机前沿引力模型分析》，《财经科学》2015 年第 11 期，第 101~109 页。

④ 中国人民大学重阳金融研究院、《财经》杂志：《中巴经济走廊实地调研报告》，http:// www. rdcy. org/displaynews. php? id = 28599，2016 年 12 月 20 日。

另一方面，如果中巴经济走廊的战略目标得以实现，走廊沿线的制造业将得到较大发展机会，从而形成当地物流市场的本源性需求。中巴经济走廊建设从未被狭隘地定义为运输走廊，而是希望以"基础设施"为起点开展能源、产业等多个领域的全面合作。目前，中国企业已与巴基斯坦在电器制造业、农业、纺织业等多个方面寻找到巨大的合作发展空间。2015年，在巴计划发展部部长伊克尔（Ahsan Iqbal）任主席的中巴经济走廊计划委员会工作组的会议上，旁遮普省、信德省和开伯尔－普什图省都向工作组提交了走廊沿途经济工业园区意向选址计划，并介绍了工业园区道路连通和物流建设情况；[①] 2016年初，西部的开伯尔－普什图省政府发布了首个工业化政策——《开普省工业化政策2016》，从财税减免、流程简化、服务配套等方面入手，致力于打造吸引产业投资的环境。[②] 巴基斯坦西部地区矿产资源丰富，以铜金矿为例，在中国国内拿到100万吨的储量铜金矿开采权，成本要超过10亿元人民币，但在巴基斯坦成本只需1亿元人民币左右。目前，中巴合资的科达利矿业有限公司已经从巴基斯坦联邦政府矿业部门、俾路支省地方政府矿业部门成功获得面积达1200平方公里的矿产勘探、开发权。[③] 在物流基础设施建设的同时，产业的跟进已经悄然开始，并将为西部地区乃至巴基斯坦的经济发展带来新的动力。

由此，在网络发展观视角和中巴经济走廊建设的背景下，物流基础设施选址于西部地区有利于弥补传统发展观在必要条件和物流网络构建方面的不足，并实现区域经济的整体发展。

四 从"线路"到"网络"：相关建议

中巴经济走廊是一项长期战略，是中国"一路一带"战略的旗舰项目和示范项目。建设好中巴经济走廊，使其发挥既定目标，不能简单地考虑物流通道的建设，而应该通过通道的线路和配套建设，完善巴基斯坦物流设施的网络结构；通过设施网络的发展，带动物流业网络化发展，最终构

---

① 《中巴经济走廊经济工业园区选址意向确定》，商务部网站：http://www.mofcom.gov.cn/article/i/jyjl/j/ 201510/20151001134202.shtml，2015年10月25日。

② 《巴基斯坦开普省首个工业化政策引关注》，经济日报网站：http://paper.ce.cn/jjrb/html/2016-02/26/content_294014.htm，2016年2月26日。

③ 《中资产业园区"先手"中巴经济走廊》，中国企业报网站：http://epaper.zqcn.com.cn/content/2015-04/28/ content_8129.htm，2015年4月28日。

建起物流业与制造业协同发展的经济网络。

1. 完善投资和政治要素，促进物流基础设施的建设

在物流基础设施促进区域发展的必要条件中，除了正向的经济外部性之外，巴基斯坦的投资条件和政治条件也需要进一步改善；并且由于巴基斯坦复杂的民族问题和政治问题，改善难度相对较大。

在投资方面，巴基斯坦物流基础设施的建设和运营资金一部分依赖国外援助和国外私人投资，但它们大多受到条件限制以及援助国地理政治和战略利益的影响，其稳定性和持续性较差；另一部分来自巴基斯坦政府的公共部门发展计划（Public Sector Development Program，PSDP），该计划以部门为基础而不是以省份为基础进行分配，且由于主管部门的政治偏袒，资金分配的地区差异相对较大。此外，各个省份也有一些投资，但投资相对有限。

在政治方面，巴基斯坦长期积累的民族和宗教等问题使政治博弈经常绑架经济决策，其规划和决策的制定效率低下；而巴基斯坦缺乏一个独立的国家级交通部门，又使得规划和决策的执行效率低下。巴基斯坦国内就走廊线路问题爆发争议之后，民族主义势力和地方执政党从"是有是无"纠缠到"谁先谁后"，各方陷入长期的争论和僵持，线路的具体规划和实施迟迟未能完成。[①] 而已有规划和项目实施的效率低下又是巴基斯坦长期存在的问题。[②] 巴基斯坦有单独的铁道部，但国家公路局和港口部门隶属于通信部。交通并不是通信部最重要的功能，但交通和物流规划需要公路、铁路和港口等部门共同参与。多部门管理往往使得交通的相关机构缺乏协调。

由此可见，在巴基斯坦，投资要素和政治要素之间联系密切。为加快落实中巴经济走廊已有的规划项目，首先中巴双方应该尝试多种融资方式、刺激民间资本，为走廊建设提供稳定的资金；中巴经济走廊建设需要的资金巨大，完全由中方提供优惠贷款并不现实；政府应制定适当的政策，支持中巴两国组成两大银行团并推动民间资本参与走廊的相关配套项目，使各方共同参与、共享利益才是保持长期稳定投资的较好方法。其次，联邦

---

① 梁桐：《中巴经济走廊，一带一路头炮何时真正打响》，观察者网，http://www.guancha.cn/liangtong/2015_06_03_321901_s.shtml，2015 年 6 月 3 日。

② Measood M. T.，"Transportation Problems in Developing Countries Pakistan：A Case - in - Point"，*International Journal of Business and Management*，2011，vol. 6，No. 11，pp. 256 - 266；Stough R. R.，"A National Transport Policy：the Case of Pakistan"，in Stimson R.，Haynes K. S.，ed.，"Studies in Applied Geography and Spatial Analysis：Addressing Real World Issues"，Edward Elgar Publishing，2012.

政府应在资金的二次分配中做好转移支付的职能，考虑以区域和项目优先顺序为基础进行资源分配，做到公平公正。最后，尽管两国已建立中巴经济走廊远景规划联合合作委员会、定期召开会议，但项目推进的力度仍有待加强，适当的时候可以考虑成立融合多种运输方式的交通部门，促进交通物流基础设施的建设与后续的运营管理。

2. 打造多种运输方式的西部物流通道，完善物流基础设施的网络结构

目前，中巴经济走廊的大多数物流基础设施项目为公路投资，尤其是西部地区。但是，从交通地理学的角度来看，中巴经济走廊是一个典型的迷你陆桥（mini landbridge）[①]；单一的运输方式无法支撑起一个"陆桥""走廊"或"通道"的内涵。因此，如果已确立了"西线优先"的方案，我们建议也应尽快考虑启动西线的中巴铁路建设，构建公路与铁路联合运输的陆上通道，完善巴基斯坦的物流基础设施网络。

从技术经济的角度来看，巴基斯坦的经济发展需要铁路运输的支持。首先，与适宜于短距离的公路运输相比，适宜于中长距离和大规模运输的铁路对运输距离的敏感性小，更有利于价值重量比值较低的产品;[②] 巴基斯坦的优势产业是纺织、能源和矿产开采，西部俾路支省的天然气、煤、铬铁、铜、硫黄、大理石等储量占到全国总矿产资源的50%;[③] 这些物资体积和重量大，采用铁路进行长途运输是较为经济的方式。其次，巴基斯坦的铁路运输并非没有发展的潜力和价值，只是长期被巴基斯坦社会各界所忽略;巴基斯坦的铁路发展战略是优先服务客运，但是实际上货运收入却一直大于客运，铁路运营长期亏损而能支撑至今是用货运收入补贴客运收入;[④] 中巴经济走廊建设大量公路项目启动后，世界银行对巴基斯坦公路质量的评价是降低的，但铁路质量反而上升（如表 7 - 2 所示）；与之对应，2013 年铁路货运周转量从之前的 0.419 亿吨公里大幅度上升到 1.09 亿吨公

① 迷你大陆桥是指在运输链中使用陆上连接，且包括一个异国起点和一个大陆末端的终点。

② Redding S. , J. , Turner, M. , A. , "Transportation Costs and the Spatial Organization of Economic Activity", in Gilles Duranton, J. Vernon Henderson, William C. Strange ed. , "Handbook of Regional and Urban Economics Volume 5 B", North-Holland, 2015.

③ 刘卫国：《巴基斯坦俾路支省经济状况调查报告》，中华人民共和国驻卡拉奇总领事馆经济商务室网站，http://www.mofcom.gov.cn/aarticle/i/dxfw/cj/200710/20071005160574.html，2007 年 10 月 5 日。

④ Sánchez-Triana E. , Afzal J. , Biller D. , Malik S. , "Greening Growth in Pakistan through Transport Sector Reforms: A Strategic Environmental, Poverty, and Social Assessment", World Bank, 2013.

里，2014 年和 2015 年更上升到 3.30 亿吨公里和 3.50 亿吨公里；[①] 这说明公路完善之后极有可能分担铁路的旅客流量，铁路在货运方面的潜力可以得到进一步的发挥。最后，巴基斯坦西部目前尚无南北走向的铁路干线，连接以奎达和白沙瓦为中心的两个局域网对西部和全国都将产生较大网络效应。

表 7 - 2　巴基斯坦基础设施质量的世界排名

年份	基础设施的总体质量	公路设施质量	铁路设施质量	港口设施质量	航空设施质量
2013～2014	119	72	75	55	88
2014～2015	113	75	72	59	92
2015～2016	98	77	60	66	79

注：表中年份为测评年份，其评价的基础是前一年情况和数据。

资料来源：WorldEconomicForum，"Global Competitiveness Report 2015 - 2016"，http：//reports. weforum. org/global - competitiveness - report - 2015 - 2016/。

在西线建设中巴铁路也是中国的最初计划和巴基斯坦的社会诉求，同时也可以完善其物流网络格局。中国最初的计划是与巴基斯坦协作修建两条战略铁路：喀什—白沙瓦—奎达—瓜达尔。[②] 但后来由于种种原因，这一计划一直进展缓慢，也没有被列入早期收获计划。近期，巴欠发达地区问题委员会也开始向巴政府呼吁在中巴经济走廊"西线"进行铁路升级改造，希望政府尽快升级坎大哈（Kandahar）—杰曼（Chaman）—博斯坦（Bostan）—兹霍布（Zhob）—德拉伊斯梅尔汗（DI Khan）铁路和白斯玛（Bisma）—奎达（Quetta）—马拉根德（Malakand）—道尔吉（Dargi）铁路。[③] 因此，随着中巴经济走廊建设的深入，应尽快启动西线中巴铁路的建设和改善。

3. 培育与物流网络对应的关联产业网络，带动制造业与物流业的协同发展

基础设施欠缺是巴基斯坦当前亟待解决的问题，但我们应该意识到物流基础设施建设只是物流通道的硬件部分，物流通道要发挥物畅其流的功

---

① Ministry of Finance，"Pakistan Economic Survey 2015 - 16"，Government of Pakistan，http：//finance. gov. pk/survey/chapters_16/13_Transport. pdf.

② 《中国调研中巴铁路项目》，战略网，http：//mil. chinaiiss. com/html/20146/30/a6d099_3. html，2014 年 6 月 30 日。

③ 《巴相关部门呼吁在中巴经济走廊西线进行铁路升级改造》，商务部网站，http：//www. mofcom. gov. cn/ article/i/jyjl/j/201604/20160401296045. shtml，2016 年 4 月 14 日。

能还需要软件的配套，即物流企业集聚和物流市场的蓬勃发展。

　　长期以来，各界重视中巴物流基础设施网络的空间变化，却往往忽视物流组织运营网络的变化，即"重载体、轻主体"。就目前来看，巴基斯坦自身的物流组织还难以根据基础设施的空间变化而迅速调整。该国企业以小型物流企业（大多数都低于 15 个就业者）为主，主要业务为货运代理。只有 45% 的企业提供第三方或第四方的综合性物流服务，但占据了该国 83% 的物流市场；它们多为大型国际企业的本地办事处和代表，或者与其他国家合资或合建的代理商。[①] 综合性物流服务的提供需要实行网络化的运营，但巴基斯坦多数本地货代企业只经营一个办事处，仅负责当地小范围的揽货，[②] 且主要分布在东部地区。

　　随着中巴经济走廊物流通道的建设，尤其是西线的建设，如何通过鼓励和优惠政策引导物流企业向西部集中也成为值得探讨的问题。我们认为，物流业发展离不开其本源需求市场——制造业；西部地区物流业的发展，应与沿途产业园区布局结合起来，形成制造业与物流业相互促进、协同发展的局面。对此，首先应该加大对物流业土地政策的支持力度，为西部物流企业发展提供有利的优惠政策和经营环境；其次，鼓励物流企业向制造业的生产环节渗透延伸，参与当地制造业的采购和配送环节或制造企业自有物流部门的社会化合作，寻求适用于各种产业的协同发展模式；再次，理顺政府对货物运输和物流企业的管理，巴国政府也是近年来才意识到货代和物流是一个产业，之前对该市场缺乏管理和引导，造成该产业竞争激烈，本国大型网络化的私有物流企业难以形成；此外，也可以考虑让巴基斯坦为数不多的大型国有物流企业，如 NLC，参与市场化物流业务，提升其企业竞争力。最后，推动现代物流信息技术和网络技术的应用，实现物流企业的网络化和规模化经营，提升其物流服务水平。

---

① World Bank, "Transport Competitiveness in Pakistan: Analytical Underpinning for National Trade Corridor", Report No. 36523 – PK, 2006.

② Hine J. L., Chilver A. S., "Pakistan Road Freight Industry: An Overview", *Transport and Road Research Laboratory*, Research Report 314, 1991.

第八章 巴基斯坦的媒体、政治与中巴经济走廊

〔巴基斯坦〕 阿里·阿克巴 (Ali Akber) 甄志宏[*]

> 在如今已遗忘的过去，当有人指责新闻工作者是在推动某个议程时，他们只会对指责嗤之以鼻。而现在，如果一个四处奔走的新闻工作者不是为了某项议程，其动机反而会被怀疑。
>
> 《黎明报》，2014 年 8 月 24 日①

一 导论

在世界上的任何一个国家，媒体几乎都是作为重要的社会和政治媒介而出现的，它能够影响、塑造、确立公众对各种社会现象和政治现象的认知。近年来，媒体不仅被视为新闻和信息的传播者，更被看作是重要的权力来源，它可以建立和塑造"政治叙事"，影响公共舆论，改变国家和社会的政治环境。尤为值得强调的是，媒体的权力不仅仅局限在国家的边界之内，它更是重构国际政治经济秩序重要的参与者；它不仅会影响国家之间

* 阿里·阿克巴 (Ali Akber)，西南交通大学中国高铁发展战略研究中心特聘研究员，巴基斯坦喀喇昆仑国际大学 (Karakoram International University) 新闻传媒系讲师，上海大学国际交流学院 2015 级博士研究生。研究方向为新闻传媒与国际政治。甄志宏，西南交通大学中国高铁发展战略研究中心特聘研究员，上海大学社会学院副教授，上海大学国际政治经济研究中心主任。主要研究领域为经济社会学和国际政治经济学。

① Dawn.com. 2014. "The media noise". Last modified June 2, 2017. https://www.dawn.com/news/1127289.

的联系，有时，甚至会在国际关系的舞台上将其引向特定的方向。①

2014 年 9 月中旬，由于巴基斯坦主要的反对党声称执政党"操控"2013 年大选，并进行了政治集会和静坐示威，万众期待的中国习近平主席对巴基斯坦的国事访问推迟。此次推迟让巴反对党和执政党再起争端，他们互相抨击这是对方的过错。同时，主流媒体在政治环境内推波助澜，引起政客们在媒体上互相口诛笔伐，攻击彼此是国事访问推迟的"元凶"。虽然巴基斯坦正义运动党（Pakistan Tehreek-e-Insaf，简称 PTI，巴基斯坦主要政党之一）在此次访问很久之前就开始了静坐和集会，但是，巴基斯坦穆斯林联盟的执政党和主要媒体与其有意识形态上的对立，指责巴正义运动党导致访问"取消"，称其为巴基斯坦进步的"敌人"。为了政治利益，双方政党都在用此事中伤对方。巴基斯坦穆斯林联盟执政党向媒体发布了一项声明，其中，一位高级官员暗示，政治对手（主要是巴基斯坦正义运动党）应该对习主席的国事访问"取消"负责，并称："巴基斯坦人民永远不会原谅你们。你们毁掉了巴基斯坦和中国政府近一年来为了数十亿美元项目动工而付出的辛苦努力。"②

执政党指责声明发出不久之后，作为执政党的政治对手，巴基斯坦正义运动党发表了对执政党犀利的反对声明，声称并非静坐（即反对政府的政治集会）导致了国事访问的推迟，而是因为执政党未能制定前瞻性的外交政策，为国家的长期福祉奠定基石，所以，执政党该为推迟负责。③ 一家倾向执政党的媒体在社论中这样写道，巴基斯坦正义运动党"代价高昂的剧本"导致了习主席对巴国事访问的推迟。按照媒体观点，这"代价高昂的剧本"将会造成巴基斯坦的混乱和经济崩溃。④

巴基斯坦正义运动党不断声明，抗议与国事访问的推迟毫无关系；并保证在中国国家主席访巴期间，抗议者不会煽动任何混乱。然而，反对巴

① Zubeida Mustafa. "Pakistan-India Relations: The Media in Pakistan". *Pakistan Horizons*. 57 (2004): 55 – 65.

② Agencies/Monitoring Desk. 2014. Chinese President Xi defers Pakistan visit. The Nation. September 5.

③ Tribune. com. 2014. "Chinese president's visit: Sit-ins not the cause of visit postponement, says Mazari". Last modified June 2, 2017. https://tribune. com. pk/story/758637/chinese-presidents-visit-sit-ins-not-the-cause-of-visit-postponement-says-mazari/.

④ Thenews. com. 2014. "Imran continues to mislead people on Chinese president's visit". Last modified June 2, 2017. https://www. thenews. com. pk/archive/print/640287 – imran-continues-to-mislead-people-on-chinese-presidents-visit.

基斯坦正义运动党的媒体继续斥责该政党"虚伪且幼稚"的态度，斥责其"策划"的议程导致了习主席出访取消。① 有趣的是，另一家报纸进行了相反的报道，驳斥了政府认为巴基斯坦正义运动党该为国事访问推迟负责的言论，称其毫无根据；该报反而称，执政党未能在习近平主席出访前安排好相关事宜，并且对此失误欲盖弥彰。② 政治和媒体对中巴经济走廊的言论还在持续塑造各界对它的看法。

本文将讨论政治和媒体如何互相影响，进而塑造民众对巴基斯坦各大事件（包括中巴经济走廊）的观点。巴基斯坦媒体的"特色"是什么？发挥影响的机制是什么？更为重要的是，为了中巴经济走廊的成功，中巴两国有可能采取何种途径，让媒体淡化甚至去除中巴经济走廊的政治色彩？下文将就这些问题展开讨论。

现代数字通信技术的普及，让获取信息变得容易，还让用户能够发布自己的内容，结束了传统媒体对于信息单向传播的垄断，从而改变了公众参政议政的基本方式，进而加剧了全球政治经济秩序重构的进程。媒体和公民团体在巴基斯坦的政治文化中的地位已不容小觑，它们的相互影响使得与公众利益息息相关的问题引起广泛关注。2002 年巴基斯坦放宽了对电子媒体的限制，为更强有力的媒体的出现铺平了道路，进而改变了巴基斯坦政治和参政的本质。强大的广播媒体和新数字技术在很多方面赋予大众新的权利。尤其是巴基斯坦电子媒体的私有化让媒体变得更加生机勃勃、多种多样，结束了巴基斯坦广播业的垄断。目前，在南亚地区，充满生机的巴媒体最为敢于直言，③ 并且是伊斯兰世界里最有活力的媒体。④

印刷媒体是巴基斯坦最古老的媒体形式，在历代政权下经历了自由和压制更替的漫长历史。过去的它曾经在所有的高压政策下岿然不动；现在

① Thenews. com. 2014. "Imran continues to mislead people on Chinese president's visit". Last modified June 2, 2017. https://www. thenews. com. pk/archive/print/640287 – imran-continues-to-mislead-people-on-chinese-presidents-visit.
② Pakistantoday. com. 2014. "Government pinning blame of its failure on PTI, PAT sit-ins". Last modified June 2, 2017. https://www. pakistantoday. com. pk/2014/09/05/govt-pinning-blame-of-its-failures-on-pti-pat-sit-ins/.
③ Mediasupport. org. 2009. "Media in Pakistan: Between radicalization and democratization in an unfolding conflict". Last modified June 2, 2017. https://www. mediasupport. org/publication/pakistan-between-radicalization-and-democratization-in-an-unfolding-conflict/.
④ Lawrence Pintak, Syed Javed Nazir. "Pakistani journalism: at the cross roads of Muslim identity, national priorities and journalistic culture". *Media, Culture & Society*. 35 (2013): 640 – 665.

的它作为自由独立的机构，享有极高的自主权，并愈发呈现百家争鸣的繁荣特征。印刷媒体的发展完善是其他媒体机构的主要信息来源，也是新开放的电子媒体的力量之源。① 虽然电子媒体和数字媒体日益流行，报刊依然是信息传播最有力的方式，并且是作为人口主体的中产阶级最为广泛阅读的形式。新的媒体传播方式，特别是 Facebook 和 Twitter，在巴基斯坦年轻人当中变得越来越受欢迎。最近，越来越多的年轻人也在通过此途径对环境、性别和教育等话题发起倡议和开展热烈讨论。

二　巴基斯坦的媒体和政治：共生关系

如果不能理解笔者所说的巴基斯坦制度当中媒体和政治的"共生关系"，就很难全面地理解巴媒体。巴基斯坦媒体和政治彼此密不可分、相辅相成。巴媒体铺天盖地的政治报道，特别是电视频道全天候的播报，让政治成为巴基斯坦公共领域的核心议题。普通群众缺乏媒体素养，他们对政治和政客的理解高度依赖媒体报道。尽管各类社会和经济议题在巴基斯坦泛滥成灾，巴媒体的报道还是高度集中于政治领域。随着媒体收视率和数字媒体渗透的增加，人们与政治、政客和整体治理的联系，以及对其的思考也随之改变。

公众对巴基斯坦各种政治事件的观点和理解，会受到媒体对这些事件的报道的影响。电视媒体脱口秀对政治和政党的谈论、报刊发表的言论以及用户在不受约束的社交媒体上发表的内容，在很大程度上塑造着巴基斯坦的政治氛围，让观众和读者能够监控政治阶层的表现以及整个管理构架。巴基斯坦较弱的政治和民主结构，也在进一步鼓动媒体在政治活动和国家其他机构，包括军队中获取更显眼的角色，施加更大的影响。

由于巴政客和政党形象不佳，在民众当中普遍信任缺失，媒体已成为有力的参政者，填补了过往历任政治和军事政权留下的空白。媒体在作为政府和政治对手表现的评判者、政府机构公信度监督者等方面，具有日益增加的重要作用和权力，这使得国家高度依赖媒体以保证制度的合法性。也让政客阶层比巴基斯坦国会对媒体的应答更显迅速，电视荧屏展现的政

---

① RD Nadadur. "Self-censorship in the Pakistani print media". *South Asia Survey*. 14（2007）：45 –
63.

治辩论要比国会内的辩论更有影响力。因此，各政党推举的成员即使懒于参加国会会议，也会积极地参与巴基斯坦各类电视脱口秀，通过这个国家广受欢迎的又强大的媒体，建立政党及其领导力的公共形象，并获得人民的认可。媒体在塑造公众对于国家制度的认知方面日益发挥强大的作用，这让政党们更加积极地投身到媒体活动之中，以期提高其公众的认知度。军方纵然有自己的媒体喉舌——三军公关部（Inter Services Public Relations），依然会为了公共形象的建设，与主流媒体保持着密切联系。

三 巴基斯坦"杂乱无章的口舌之战"

在晚上 8 点到 10 点电视新闻和脱口秀的黄金时段，观众可以在巴基斯坦各电视频道围观杂乱无章的口舌之战：政治和非政治"演员"非常投入地辩论，试图建立"我们"和"别人"的言论。"别人"可能是巴基斯坦的一个政党、政客、省、司法部、军方或者其他非政府组织的行动者。然而，这场散乱的"战争"不只局限于荧屏，还能在不同的公共场所看到，诸如政治集会、政客的演讲，其唯一目的就是建立政治叙事以贬低"别人"，同时增强自己在民众眼中的合法性。最近，在大量涉及巴拿马文件[①]泄露事件的政论包围下，中巴经济走廊（China Pakistan Economic Corridor，简称 CPEC）项目中的一条高速公路启动了奠基仪式，巴基斯坦总理在仪式上发表了演讲，痛斥其政治对手是对抗包括中巴经济走廊在内的巴发展进程的"恐怖分子"。[②] 通过现场直播，此番言论即刻传遍巴基斯坦，甚至成为国外报刊的头条。一旦有政客或者政党向对手发出这样的政治言论，无论是在主流媒体还是数字媒体，思想领袖们的评论会立刻占据各大主流网站，社交媒体也成为观众们的虚拟辩论场。而这样的场景几乎每天都在上演。

几乎在所有这样的辩论中，"别人"都等价于"几乎是敌人"。"敌人们"挑战着他人的合法性和真诚，让某些事关发展的要事，比如中巴经济走廊，更加贴近政治，且充满争议。与此类似，在中巴经济走廊西线组成

---

① 巴拿马的莫萨克－冯赛卡律师事务所（Mossack Fonseca & Co.）在 2016 年遭国际调查记者同盟（ICIJ）揭露的一批机密文件，包含了该律师事务所自 1970 年代开始所列有关 21.4 万家离岸金融公司的详细数据共 1150 万笔，揭露了各国政治人物与精英们未曝光的海外资产。

② Dawn. com. 2016. "CPEC politics". Last modified June 2, 2017. https://www.dawn.com/news/1256796.

部分，天然气管道和总长 285 千米的德拉伊斯梅尔汗（D. I. Khan）高速公路的奠基仪式上，巴总理警告开伯尔－普什图省的执政党，由于巴基斯坦正义运动党对抗巴发展进程，该党已失去了本省的根基。[①] 中巴经济走廊的发展和成功，需要各级政权和舆论的高度支持，如此般对政敌的攻击性政论，不仅没能服务于中巴经济走廊的发展，反而让其更具争议，甚至减损了政权和舆论对其的支持。电视媒体和精英报刊上的政治辩论都紧密围绕"精英政治"：精英政治阶层发出的行动、反应和言论。而诸如健康、教育、环境等社会问题几乎没有引起关注。

社交媒体也成为塑造巴基斯坦政治叙事和社会的重要途径。政治家及其拥趸广泛使用 Twitter、Facebook 以及相关的社交媒体来联系公众，同时让公众在虚拟世界中参与到党派政治和政治阶层的活动中。主流媒体会挑选不同政客发表在 Twitter 上的言论，并通过电视媒体传播。最近，军方也开始使用社交媒体，特别是 Twitter，来告知公众军方的活动。绝大多数电视频道也将军方公关部 Twitter 账号发出的消息视为爆炸性新闻。

自 2002 年巴基斯坦媒体自由化后，每周 7 天每天 24 小时不间断的电子媒体的扩散性报道将社会中的每个事件汇聚到观众的客厅。高度情绪化的媒体主播专业技能不足，却试图在荧幕上进行炒作，唯一的目的在于提高频道收视率，为机构创收。电视节目的戏剧化助长了政客们采用戏剧性方式的文化。这样的节目流行全天候播报，更像意识形态的教化而非信息的传播。[②]

中巴经济走廊框架下的每个项目都是由巴基斯坦总理，或总理的亲哥哥——旁遮普省省长剪彩，甚至在巴基斯坦穆斯林联盟等非执政党的省份也是如此。此举激怒了同情其他政党的群众，他们抨击巴总理及其党派为了政治利益和 2018 年的大选而"劫持"中巴经济走廊。并且，其他政党的嫉妒之心也进一步被点燃。反对派政党常因执政党的"以旁遮普为中心"的政策而责难对方。巴总理每次访华或者出访其他友邦，常常只有旁遮普（巴基斯坦穆斯林联盟执政区）首席部长得以随行，其他省份的首席部长常常遭到冷遇。巴总理也会因此受到各方责难。反对派指出的这些问题也预

①　Dawn. com. 2016. "You will not have KP in 2018, PM warns PTI". Last modified June 2, 2017. https://www. dawn. com/news/1258899.

②　Dawn. com. 2016. "Media Power". Last modified June 2, 2017. https://www. dawn. com/news/1260060.

示了巴基斯坦中巴经济走廊建设推进事宜的政治环境。直播的电视节目塑造着观众的观点，也建立了对巴基斯坦以及周遭世界的描述。近年来，由于大众阅读纸媒的能力不足，看电视成为他们更喜欢的方式，因此，电子媒体的收视率也随之增长。看电视已经成为巴基斯坦社会生活中家庭和社交的重要组成部分，增加了公众整体的政治参与以及政治意识。毋庸置疑，巴基斯坦宗教政党也在不断论及他们自己和"别人"。观众可以在他们的演讲、新闻发布会和电视脱口秀当中，看到这些党派将非宗教性的党派标榜为"反人民""反巴基斯坦""西方（美国）的奴隶"，宣称民主体系是反宗教、反伊斯兰的；同时，宣扬自己党派遭受的苦难，并树立其作为巴基斯坦民众唯一"救世主"的形象。根据他们的观点，执行伊斯兰政治体系以替代巴原有非宗教政治体系，是巴基斯坦所有症结的解药。媒体成为这场杂乱无章的口舌之战的平台，各个政治性、宗教性和非宗教性党派在电视荧幕上唇枪舌剑，让民众对民主等问题更加困惑不堪。巴媒体和政治的联结并未服务于公众的利益，而是在意识形态上让国家更加分化。

在巴基斯坦盛行的政治文化中，政治问题和冲突主要以电视直播等媒体形式进行报道和演绎。这种"媒体化"的冲突已经是巴电视报道的惯例：新闻主播总是在搜寻争议性的政治事件，以使电视辩论变成更具政治色彩的吵嚷。这不仅未能给观众带来任何解决方案，反而夸大了冲突。媒体的评论以及政治报道对民众的观点具有深远的影响。媒体采用的分析框架会突出事件的某些方面，这确实会影响受众对此事的理解，进而影响他们对此事的态度和言论。

电视辩论成为政治吵嚷的阵地，在这里，不同意识形态的各政党的政客们沉醉于对彼此大张挞伐，频繁使用污秽的言语。受商业利益驱使，记者和主播们为了提高收视率，为政客们挖下陷阱，让他们互相攻击。巴基斯坦的新闻业充斥着各种中伤、辱骂和攻击，妖魔化政治对手已经成为行业标准。在这样"攻击性的新闻业"，电视主播违背了行业的职业标准，会在报道中公然偏袒某个政客。① 按照这个逻辑，巴基斯坦电力危机和中巴经济走廊的争议也可以从很多方面进行报道，这完全取决于媒体的新闻背景、报道形式、意识形态和政治立场。长期报道某个问题或者事件的方式，会

---

① Dawn. com. 2010. "Media and politics". Last modified June 2, 2017. https://www.dawn.com/news/843127.

影响公众舆论对此事背负的责任和意义的认知。政治传播学已经普遍接受这一观点。①

　　然而，政客以及政治文化才是巴基斯坦电视节目全天候的"氧气"。前者以新闻的形式为后者提供生命之源。如若没有政治和政客，电视新闻在如今巴基斯坦社会中将变得干瘪无味。这也是为何巴民众会如此沉浸于电视新闻和政治类脱口秀。毋庸置疑，媒体是所有社会组织的监督部门，然而，它本身尚未具备足够的公信力以成为巴基斯坦人民的救世主。这进一步激发了政客们要准备好应对这个"虚拟议会"。在巴媒体纵情恣意地对新闻进行搜寻和爆料的文化中，几乎无人注意观众看到的新闻是不是专业的报道，又有几分真实。电视频道更高的收视率和新闻报纸更高的发行量为媒体带来更多的广告收入。凭着媒体所有权寡头政治的本质，四家媒体集团的垄断已经俘虏了巴基斯坦的媒体行业。这几家主要的媒体集团有自己的电视频道、报纸、出版社、杂志、广播，所有权关系交错连接，更加限制了新闻和观点的多样性。媒体的自由化为更大的媒体集团的出现铺平了道路，同时，也巩固了巴媒体业所有权的集中化。② 巴新闻媒体的奇特之处还在于，新闻内容的同质性较高，多样性匮乏。③ 如果一个频道报道了某个故事，其他媒体还未对新闻和来源的真实性进行甄别，就会立刻跟风报道同样的新闻。报道新闻的"竞赛"让电视媒体欣欣向荣，因为它能抓住收视率并进行提升，还能得到更多的广告收入。

　　巴基斯坦军方媒体是巴媒体业的另一奇特之处。虽然在主流民众之中，关注军方媒体的只是小众。但是，各军队机构的新闻报纸和小报在巴基斯坦宗教人群、极端分子以及伊斯兰学校（Madrassas）当中非常受欢迎。这些军方新闻报道的主要内容是吹捧巴基斯坦的"圣战""宗教信仰"的概念和"极端分子观点"。虽然很多在巴基斯坦鼓吹"圣战"和"宗派主义"的军方媒体都已被禁，但是，并未全面禁止军方机构的出版，仍能在主流报刊之外，发现这类媒体层出不穷的踪迹。通过编造的言论来合法化军方

① Shanto Iyengar. "Framing responsibility for political issues：The case of poverty". *Political Behavior*. 12 （1990）：19 – 40.

② Azmat Rasul, Jennifer M. Proffitt. "Diversity or homogeny：concentration of ownership and media diversity in Pakistan". *Asian Journal of Communication*. 23 （2013）：590 – 604.

③ Azmat Rasul, Stephen D. McDowell. "Consolidation in the name of regulation：The Pakistan electronic media regulatory authority （PEMRA） and the concentration of media ownership in Pakistan". *Global Media Journal*. 12 （2012）.

的行为，并且非法化别人甚至巴政府，军方机构及其出版物成为赢取年轻人心智的绝佳工具。这些出版物使用了巴基斯坦绝大多数人都会说的乌尔都语，恣意报道"别人"以构建他们的社会政治事实。此处，"别人"主要指称西方国家，特别是美国，这些军方组织及其出版物往往将穆斯林领袖们诽谤为与西方或者美国结盟，"近乎敌人"的形象。① 有趣的是，在巴基斯坦这些右翼出版物中很难觅到中国的痕迹。②

四　媒体的意识形态和政治立场

正如巴基斯坦的种族和政治分歧众多，媒体也因为对不同事件的观点而分化。在巴主流媒体上，可以看到各种各样的意识形态和政治立场。传统媒体历史复杂，有两大主要的媒体意识形态，即自由派和保守派。保守派媒体支持伊斯兰思想以及宗教类的政党，而自由派媒体对保守政党及机构更加挑剔。这种意识形态的分化，在小型报纸和杂志中更加盛行，它们通常有"支持伊斯兰"和"反西方/美国"的思想。

然而，媒体内部不同立场的分化也同样出现在新兴的电子媒体、数字媒体和新媒体之中。与传统媒体不同，电子媒体的分化在于是"支持政府/政权"还是"反政府"。有反政府立场的媒体，都会公开支持反对派政党，会用更多的篇幅和时间对其进行报道；同时倾向于诋毁和批评执政党。根据媒体与执政党和反对派政党的关系和立场，媒体分化的意识形态会带来风格、内容迥异的报道。而同行之间的嫉妒、收视率及广告之争以及整体专业度的缺失也是问题。然而，电子媒体会出现"反政府"和"支持政府"的分化，完全是因为经济、商业和政治利益的驱使，而非为公众着想。中伤其他的媒体，有时将它们标注为"反国家""外国特工""支持印度""支持美国"，这些话语在巴媒体业很常见。不久前，巴基斯坦头号新闻门户 Jang Group，因其反军队和反巴基斯坦的言论被迫关闭。而此前，集团旗下 Geo TV 的一位资深主播和记者遭到不明身份的袭击者枪击。该集团宣称，军方是袭击事件的幕后主使。该媒体也因此受到军队及拥趸党派的抵制。

① M. Fatahipour. "Jan, Faizullah. (2015) The Muslim extremist discourse. Constructing us versus them". *Journal of Language & Politics*. (2016).

② Tribune.com. 2016. "The militant discourse". Last modified June 2, 2017. https://tribune.com.pk/story/1026947/the-militant-discourse/.

由于受到宗教党派和非政府方施加的压力，巴基斯坦电子媒体管理部门不得不取缔了该集团的电视频道。由于同行间的嫉妒还有商业利益的驱使，其他媒体集团缄口不言，无人谴责这样的禁令。除了少数几个独立记者和私营纸媒，大多数媒体都心照不宣地支持了对 Jang Group 电视频道的取缔。这些媒体巨擘不仅没为媒体的自由振臂高呼，更丝毫未对电子媒体管理当局的取缔行为加以谴责。

记者和新闻主播的种族、宗教、省份以及政治立场也是巴媒体的奇特之处。他们的这些立场通常会反映在节目、新闻报道以及对消息来源的询问当中，包括问及政客中巴经济走廊等问题。媒体对事件的哪方面进行着重和突出报道，对于民众理解中巴经济走廊等问题以及形成良好的舆论环境非常重要。在巴设有办事处的国际媒体在进行报道时，和巴媒体的报道角度大相径庭。巴基斯坦国内外媒体对中巴经济走廊等与巴基斯坦相关的事件的报道截然不同，两者对同一事件报道的侧重点往往差异极大。①

五 媒体的地缘政治焦点

巴基斯坦主流媒体并未忘记关注地区和国际的新闻事件。只是由于地方媒体有地域性的重点、读者群和收视率的侧重，主要关注本地发生的事件。另外，国家的主流媒体在与国家利益和安全相关的地缘政治问题上也保持关注。媒体在地缘政治报道中的重点是中国、美国、印度和阿富汗等国。媒体对政策的辩论会影响到国家外交政策的制定。大多数情况下，主流媒体会做出反应，并与巴基斯坦对上述国家的外交政策保持大致的统一。

巴基斯坦主流媒体上常常讨论的话题有：与中巴经济走廊建设相关的中巴关系、巴美关系及其变化的本质、阿富汗问题及对巴和相关地区的溢出效应、印度及其在本地区增长的军备竞赛、印度对巴内部事务的参与等。这些都是巴媒体偏爱讨论的部分话题。媒体对于地区和跨地域政治的争论会激起公众的讨论，很可能影响民众对这些事件的理解以及议论。印度和巴基斯坦双方的媒体紧密关注各自国家的外交政策，民族主义在双方媒体

---

① Entman, R. M. "Framing: Toward clarification of a fractured paradigm". *Journal of Communication*. 43（1993）: 51 – 58.

都很盛行，而非保持中立和理性。任何与巴相关的声明和新闻从中国、印度和美国传来，都会引起巴媒体的狂热。在印国防部长最近发表的拗口声明中，称印度将"仅通过恐怖分子让恐怖分子中立化"。① 印度的声明在巴媒体中引起轩然大波，媒体认为这是反对巴基斯坦的"一场新的代理战争"。这份声明甚至改变了巴基斯坦对恐怖主义战争的言论。很快就风声四起，认为印度参与了在巴的恐怖活动，巴极端分子与印度和阿富汗的间谍机构有联系，将会破坏巴基斯坦的建设，包括中巴经济走廊等建设。巴基斯坦军方发表强硬的声明，反对印度使用恐怖主义攻击巴基斯坦，并企图破坏中巴经济走廊。当巴军方在俾路支省抓住的印度间谍供认了他支持该地区的暴动和分裂分子的活动时，这些空穴来风突然变得有迹可循。在电视上发布忏悔声明时，这位印度间谍供认，他的任务是破坏瓜达尔港和中巴经济走廊的建设。② 在关于抓获印度间谍的新闻发布会上，军方的发言人称，"间谍的目的在于扰乱中巴经济走廊的发展，而瓜达尔港是其特定目标"。这在巴基斯坦媒体和民众间引发不小的波澜，讨论所谓的印度在巴的活动是否给国家带来了磨难。印度间谍的问题甚至为最近伊朗总统的访巴蒙上阴影，因为这位印度间谍持有伊朗签证，并且是通过伊朗进入巴基斯坦的，巴军方和社会领袖也在与伊朗方面就此事展开讨论。

主流媒体通行的主要论断是，美国与印度越走越近是为了将印度作为战略伙伴，"抑制"中国在这一地区的崛起。巴外交部圈子和主流媒体正在探讨，美国之前同意出售给巴方"F-16"战机，而现在出尔反尔，拒绝资助这笔买卖。巴基斯坦官方和媒体对此事的报道均称，美国不值得信任，是一个自私的伙伴，巴美之间的关系已成过往。巴基斯坦一家主要报纸将美对巴的态度视为1989年的重现。当时，美国在巴基斯坦的帮助下打败了阿富汗的苏军，随后，美国却留下巴基斯坦独自蹒跚前行。最近，巴基斯坦前驻美大使称："美国不一定会与巴基斯坦建立长久的友谊，照顾我国。在全世界，它都是一个见风使舵的霸权主义国家。"③

① Tribune. com. 2015. "Fighting terror with terrorists: Indian defense minister outlines strategy for new 'proxy' war". Last modified June 2, 2017. https://tribune. com. pk/story/890871/fighting-terror-with-terrorists-indian-defence-minister-outlines-strategy-for-new-proxy-war/.

② Dawn. com. 2016. "Government airs video of Indian spy admitting involvement in Balochistan insurgency". Last modified June 2, 2017. https://www. dawn. com/news/1248669.

③ Tribune. com. 2016. "Pakistan fears repeat of 1990s US policy". Last modified June 2, 2017. https://tribune. com. pk/story/1104013/pakistan-fears-repeat-of-1990s-us-policy/.

五角大楼最近发布的关于中国的年度报告，增加了一个新看点，称中国很可能在寻求建立海运物流枢纽，还想在巴基斯坦等战略伙伴国家驻兵。考虑到印度在这一地区大规模的军备扩张，以及巴中日益增长的经济和国防联系，巴基斯坦的精英媒体认为中国在南亚的举措合情合理。

《黎明报》是一家重要的精英报纸，在巴政策领域非常有影响力。它支持巴加深与中国的关系，认为"在军事合作和经济投资之外加深与中国的关系，比如允许中国在巴驻军，以及用我们的领海为其提供物流支持，都是加强双方友好合作的自然举措"①。然而，《黎明报》也提醒巴基斯坦不要忘记前车之鉴，沦为这场新的地区大博弈的跳板。

印度戏剧性地公布了《地理空间信息监管法案》，严苛地惩罚扭曲或错误呈现印度地理疆域的情况。该法案规定：

> 不允许任何人通过网络平台或者网络服务，使用任何电子或实体形式，描绘、传播、出版、散布任何错误或者伪造的印度地形图信息（含国际疆界）。

该法案下附的新地图公然将整个克什米尔地区和吉尔吉特－巴尔蒂斯坦划入印度。吉尔吉特－巴尔蒂斯坦是中巴经济走廊必定会穿过的地区。巴基斯坦已经向联合国提请，阻止印度制定违反国际法的法律。印度此举以及巴基斯坦因此向联合国安理会提出的申请已经在巴媒体内引起轩然大波。巴基斯坦的申请也让印度坐立不安，因为印度违背了安理会对克什米尔地区的决议。在外交部的媒体新闻发布会上，巴外交部称此法案"错误而且在法律上站不住脚"，其将巴基斯坦的国土显示为印度的一部分，违反了联合国安理会的决议。② 同时，巴媒体不加批评地报道和宣扬了巴基斯坦对中国的外交政策。对媒体而言，巴军方高层近期对中国的访问，以及其保护中巴经济走廊的决心，都是爆炸性新闻。毋庸置疑，中巴之间的活动对于媒体都是大新闻，同时也有利于它们积极地支持中国。

---

① Dawn. com. 2016. "China's footprint". Last modified June 2, 2017. https://www.dawn.com/news/1259008.

② Dawn. com. 2016. "Pakistan expresses concerns over India's controversial 'map bill'". Last modified June 2, 2017. https://www. dawn. com/news/1258908.

六 媒体与中巴经济走廊

中巴经济走廊是巴媒体讨论最多、最广泛的议题。自 2015 年 4 月 20 日习近平主席访问巴基斯坦，此项目合作达成以来，数以千计的文章、新闻、评论和电视脱口秀都在论及中巴经济走廊。甚至在习主席国事访问之前，无论是巴基斯坦的电视还是印刷媒体都在大量报道中巴经济走廊。由于该项目对巴基斯坦、中国及相关地区的重要性和战略意义，关于它的论辩会继续进行下去。未来，巴政治的本质和风格会让中巴经济走廊持续作为媒体和公众讨论的热点，因为巴国内政党高度依赖大型的发展项目来获取民众的选票。

无论是乌尔都语报刊还是主要的精英报纸都将中巴经济走廊称为巴基斯坦和相关地区的"游戏规则改变者""命运改变者"，"具有战略重要性"。巴新闻媒体支持巴中外交政策，在项目开始之前，甚至在 2015 年习主席访巴之前，就开始铺天盖地地宣传中巴经济走廊的相关新闻，全心全意支持项目落地。时至今日，中巴经济走廊仍是媒体在讨论和报道的项目；纸媒和电子媒体都一致评价中国是"巴基斯坦唯一值得信赖的朋友"。巴基斯坦精英报纸《论坛快报》在 2015 年 4 月 21 日发表的社论中，支持了中巴经济走廊，认为：

> 中国的习近平主席也许是当今世界上两位最强大的男士之一。所以，他受到了巴基斯坦政府、媒体还有人民的一致热烈欢迎。毋庸置疑，习主席明确想要加深同巴基斯坦的关系，这对我们的国家裨益深远。

该报纸进而建议，也门危机之后，巴基斯坦同中东（主要是沙特阿拉伯）等传统盟友关系变味，此时更应和中国加强关系。同时宣称，中巴经济走廊对巴基斯坦有非常积极的影响。项目经过的区域表明巴联邦政府在优先考虑让小省尽可能从中受益。在习主席出访前，《每日新闻》在 2015 年 4 月 19 日的社论中称，中巴经济走廊是"游戏规则改变者"，不仅对于巴基斯坦，更是对于整个地区，甚至全世界。关于中巴关系，它这样写道：

> 对我们而言，中国是经住了时间考验的朋友。中国的崛起为巴基
> 斯坦提供了黄金机会，改变我们危机四伏的能源业，诸如公路、铁路、
> 电力传输网络等破败老旧的基础建设。全世界都在追逐来自中国的投
> 资，而巴基斯坦处于令人艳美的位置。中国慷慨地敞开资金，确保巴
> 基斯坦能够分享中国的经济成果。基于这些原因，盼望已久的中国习
> 近平主席的历史性访问会受到隆重欢迎。

与此类似，在习主席出访巴基斯坦之后，2015 年 4 月 22 日该报的社论将此
次国事访问以及中巴经济走廊称为巴基斯坦"历史性的机会"。报纸称：

> 通过向巴基斯坦慷慨地伸出援手，中国已经开始建设这条和平与
> 发展的漫长道路。现在，能否充分利用这个黄金机会，取决于我们。

2015 年 4 月 23 日，《每日新闻》称，习主席"历史性的访问"将开启
一个新的发展纪元。巴基斯坦一家保守派报纸《国家报》，在社论中赞赏了
中国在这一地区的举措，称其为"我们的朋友"，谢谢中国和中国的方案
等。在该报纸 4 月 19 日的社论中，将习主席的出访称为巴基斯坦"重要"
外交盟友的支持，而非美国那样"短暂"的结盟。然而，该报也提醒巴政
府在实施中巴经济走廊相关项目时需要谨慎，认为：

> 这次发展以稳定的工作环境，恐怖主义和战争状态得到全盘控制
> 为前提；否则，无论是建设还是预期的投资都无法实现。

值得一提的是，电视媒体在中巴经济走廊上的立场，同各大报纸社论
别无二致。电视频道反映的论调显示，各大媒体对中国的态度相同。

一开始的时候，巴媒体也有担心，巴基斯坦不同地区和省份的政治情
况可能会毁掉这个"改变游戏规则"的项目。中巴经济走廊启动之后，很
快就被巴基斯坦各党派和政客涂上了浓厚的政治色彩。开伯尔－普什图省
和俾路支省这些较小的行省，开始愈发担忧中巴经济走廊的路线选择，声
称中央政府为了政治利益，忽略了项目的西线，只关注中心线路的建设，
这样能最大化地裨益旁遮普省。这些较小省份对于中巴经济走廊的关注热
度持续升温，2015 年 5 月 28 日，巴总理不得不召开全政党大会（All Parties

Conference，缩写为 APC），以缓和反对党和俾路支省以及开伯尔－普什图省等小省的担忧。纳瓦兹·谢里夫总理在大会上发表演讲，向参加大会的各个政党保证，项目的西线将会优先完成。为了实现这一目标，将很快释放项目资金。他说："所有涉及中巴经济走廊的事宜将保持透明。"他还强调，中国并不单独支持巴任何政党，中国支持的是巴基斯坦整个国家。① 为了让民众知晓并了解中巴经济走廊，媒体报道了关于中巴经济走廊的政治进程。

　　成功召开大会之后，政治上，依旧有不满情绪围绕着中巴经济走廊的路线争议。而开伯尔－普什图省首席部长威胁，将采取极端严重的措施阻止中巴经济走廊通过该省，除非中央政府满足该省的需求，并实现在全政党大会上的承诺。开伯尔－普什图省通过一项决议，集体要求中央政府公开中巴之间关于中巴经济走廊的文件。② 中央和地方之间的不信任一直持续到 2016 年 1 月 1 日。当时，开伯尔－普什图省首席部长威胁巴联邦政府，希望政府就中巴经济走廊一事，停止欺骗本省人民。在白沙瓦的新闻发布会上，他表示："我已经发出威胁。关于在中巴经济走廊项目中保留开伯尔－普什图省一事，如果中央政府没有做出回应，我们将采取极端措施。你（中央政府）可以看看我们会做什么。"③ 他要求巴联邦政府执行 2015 年 5 月在全政党大会上的决议。

　　由于关于中巴经济走廊的政治热度和异议失控，2016 年 1 月 10 日，中国驻巴基斯坦大使馆不得不发表一项非外交性的声明，呼吁各政党解决关于中巴经济走廊的问题。在这份声明中，大使馆称："相关党派应该加强彼此关于此事的沟通和协作。"④ 大使馆进一步表示，中巴经济走廊将会让整个巴基斯坦受益。与此同时，关于中巴经济走廊的争议，一些小省也召开了省级层面的全政党会议。巴联邦政府不得不于 2016 年 1 月 15 日再一次召开全政党大会，所有政治利益相关方和各省首席大臣都参加了大会。会上

① Dawn. com. 2015. "Parties Pledged to take full political ownership of CPEC". Last modified June 2, 2017. https://www. dawn. com/news/1184733.
② Tribune. com. 2015. "Specs of CPEC: Another resolution passed to implement APC decisions". Last modified June 2, 2017. https://tribune. com. pk/story/1004124/specs-of-cpec-another-resolu-tion-passed-to-implement-apc-decisions/.
③ Dawn. com. 2016. "Khattak threatens 'extreme steps' over CPEC project". Last modified June 2, 2017. https://www. dawn. com/news/1230034.
④ Dawn. com. 2016. "China Urges Pakistani leaders to resolve issues over the CPEC". Last modified June 2, 2017. https://www. dawn. com/news/1231852.

成立了以总理谢里夫为主席的中巴经济走廊建设指导委员会，成员包括巴基斯坦各省的代表，旨在解决中巴经济走廊的相关问题。总理指导了中巴经济走廊西线道路建设的实施方案，并保证说，他领导的指导委员会将缓解所有关于中巴经济走廊的积怨。之后，关于中巴经济走廊的政治热度稍微降温，西线也开始动工建设。

　　然而，关于中巴经济走廊相关项目，矛盾和猜疑一直遍布巴中央政府和地方。2016 年 5 月 8 日，开伯尔 – 普什图省的警察拒绝为建设中巴经济走廊框架下哈维连至塔科特段公路的中国工程师提供安保。在接受媒体采访时，该省警方官员称，"我们拒绝为他们（中国工人）提供警力，因为省政府对中巴经济走廊的项目有很强的保留意见"。①

七　媒体对中巴经济走廊根源性争议的报道

　　关于各政党与巴中央政府对中巴经济走廊的争议，媒体已经有大量的报道。关于此争议，媒体普遍认为，政治家与他们肮脏的政治在污染中巴经济走廊。然而，媒体很多报道都将争议的根源归结于巴基斯坦联邦/中央政府。媒体同样斥责中央政府关于透明度的问题，批评政府对全政党会议的提议不予执行。巴精英报纸《黎明报》报道了关于中巴经济走廊的争议，表达了对透明度问题日益增加的担忧。2015 年 11 月 18 日文章称：

　　　　一如过往，问题的症结依旧是，本应在全国范围内进行的中巴经济走廊项目，最后会比例失调地被大部分用于禅益旁遮普省，这极不公平，也损害了其他省份的利益。这个问题如阴云般笼罩着各省，极有可能在省内爆发冲突。而巴基斯坦穆斯林联盟（谢里夫派）是这场持续的政治争议的罪魁祸首。②

　　《黎明报》也警醒政治家们，不要将中巴经济走廊变为另一个卡拉巴格

①　Tribune. com. 2016. "K – P police decline to provide security for Chinese engineers working on CPEC". Last modified June 2, 2017. https://tribune. com. pk/story/1099105/chinese-engineers-for-cpec-police-decline-to-provide-personnel-for-security/.

②　Dawn. com. 2015. "CPEC Controversy". Last modified June 2, 2017. https://www. dawn. com/news/1296731.

大坝（Kalabagh Dam）。后者是史上最具争议的大坝，由于巴各政党和各省的异议，最终未能修建。各个小省对中巴经济走廊的积怨，有着深厚的渊源。在巴基斯坦漫长的历史长河之中，小的省份一直处在政治和经济上被双重剥削的地位。因为财政和经济资源是根据人口数量来分配的，而非根据贫困程度或者其他因素。根据现行资源分配情况，旁遮普省一直都接受着大量财政资金。资源分配不均，往往会让小省对中央政府不满。由于旁遮普省在巴基斯坦议会有数量最多的席位，哪一派在旁遮普省的选举中赢得大多数席位，将最终决定中央政府的构成。对旁遮普省较多的倾斜形成了这样的一个观点，认为中巴经济走廊是以旁遮普省为中心的一项举措。甚至有些媒体在报道当中都开始质问，中巴经济走廊"CPEC"这个英文缩写中，"P"难道指的是以旁遮普（Punjab）为中心，中巴经济走廊难道是"中国旁遮普省经济走廊"（China-Punjab Economic Corridor）？[1]《每日新闻》的社论曾指出，联邦政府应负责消除小的省份的顾虑。

> 联邦政府有必要尽最大的努力消除人们的误解。中巴经济走廊并非是一个有省份偏见的项目。[2]

除开项目的透明性和政治异议，媒体愈发担心中巴经济走廊的整体构想将如何裨益巴基斯坦的经济？自由媒体的一些自由撰稿人在质疑着中巴经济走廊。联邦政府以及巴计划发展部（负责中巴经济走廊项目的部门）也有越来越多这样的疑问。关于中巴经济走廊如何让巴基斯坦受益，联邦政府似乎没有一个公开清晰的战略。对于上述各方提出的问题，计划发展部目前尚未提供让人满意的答案。然而，计划发展部是中巴经济走廊项目在巴基斯坦的领导部门。巴国内其他政党也同样在要求联邦政府分享中巴经济走廊的整体战略，以及它将如何裨益巴基斯坦。然而，相关部门显得极不情愿公开满足这些需求。[3]

---

① Dawn.com. 2016. "What is 'P' in CPEC?". Last modified June 2, 2017. https://www.dawn.com/news/1231714.

② Dailytimes.com. 2016. "CPEC worries". Last modified June 2, 2017. http://www.dailytimes.com.pk/editorial/09 – Jan – 2016/cpec – worries.

③ Dawn.com. 2016. "Federal minister refuses to speak on CPEC in presence of nationalist leader". Last modified June 2, 2017. https://www.dawn.com/news/1256654.

据此情形来看，巴基斯坦计划发展部和联邦政府可能将受到来自媒体和反对派的巨大压力。大家会要求其提供清晰的战略，阐述除了公路基础设施，中巴经济走廊将如何建设巴基斯坦经济的康庄大道？在最近的研讨会上，也有人问，除了中巴经济走廊建设道路通过地区的家庭手工业会受益，中巴经济走廊将如何给巴基斯坦带来好处。官方称，将会要求中国公司回答这些问题，让它们解说巴基斯坦将如何从中巴经济走廊宏观战略当中受益。观众对官方给出的这个答案非常不满。未来，这些问题将会不断涌现，而问题的答案对于公众以及媒体至关重要。正如《每日新闻》在2016年2月5日的社论中所写：

> 我们需要不断地问这些问题，因为越来越多的项目正在完成。它们将最终保证中巴经济走廊会首先服务于我们的利益，其他各方都应退居其次。①

除非联邦政府能够给出清晰明确的答案，阐明巴基斯坦各方将如何从中巴经济走廊的远景当中受益。否则，媒体和公众的言论当中将会不断涌现类似的问题。

八　国际媒体对中巴经济走廊的报道

国际媒体打着各自的如意算盘，通过其媒体和国际新闻报道，它们一直对巴基斯坦国内与政治和安全相关的事件津津乐道。自中巴经济走廊建设启动以来，国际媒体已经撰述或者报道了大量关于中巴经济走廊的新闻。这些报道大都有别于平常的新闻：通常会突出强调中巴经济走廊的某些方面，但是对另一些方面避而不谈。通常情况下，大多数国际媒体对中巴经济走廊的报道中，关于巴基斯坦和周边地区安全情况所占的篇幅，远大于对中巴经济走廊带来的经济效益的论述。安全问题、国内的政治争端、俾路支省、瓜达尔港、中国通过瓜达尔港进入印度洋等话题成为这些新闻以及国际媒体对中巴经济走廊观点的重要主题。在中巴经济走廊项目启动伊

---

① Dawn. com. 2016. "Road to CPEC". Last modified June 2, 2017. https://www. dawn. com/news/1237474.

始，国际媒体也问过，考虑到巴基斯坦的安全问题，中巴经济走廊是否会在巴基斯坦如期动工？然而，与一些国际新闻机构的揣测相反，中巴经济走廊顺利启动。此后，这些媒体又开始质疑，中巴经济走廊会如何开展下去？很多巴国内报纸，特别是自由派媒体，支持了如法新社、美国联合通讯社、路透社等国际新闻机构的论调。这些巴国内的新闻媒体，甚至会从这些国际新闻媒体机构对当地事件的报道中取材。中巴经济走廊对当地生态环境的影响、俾路支省的暴动、透明度、地方主义、吉尔吉特－巴尔蒂斯坦的争端状况都成为国际媒体在发布关于中巴经济走廊的新闻和信息时的重点。

　　读者很容易就能发现国际媒体对巴基斯坦的偏见。当巴基斯坦发生"流血事件"时，往往会成为国际新闻的头条。然而，巴基斯坦社会、政治、教育方面的成就，却极少出现在国际媒体的新闻中。同样一家媒体，对巴基斯坦的邻邦印度却有不同的态度和报道。当这些国际媒体发布中巴经济走廊的地图时，它们强调了中巴经济走廊从西线到东线的变化，这进一步引燃了中巴经济走廊在巴各个省份之间的争端。国际媒体深挖中巴经济走廊在巴基斯坦内部造成的分歧，以迎合本地和国际读者对它的兴趣。即便联邦政府出于经济和安全的理由，否认了线路的改变，国际媒体仍试图在报道之中不断刺激巴各个小省份的民族情感，这使得中巴经济走廊更具争议，也进一步加剧了关于中巴经济走廊的政治混乱。在国际新闻报道中，读者很难找到任何称颂中巴经济走廊可能给当地人民带来的经济利益的内容。自由派媒体圈子及自由撰稿人，在不断地逼迫政府公开中巴之间关于中巴经济走廊框架的合约，因为他们认为大部分中巴经济走廊的内容并未让公众知晓。[①]当巴基斯坦国家银行的行长在外媒的采访中称"中巴经济走廊需要更透明"时，国际媒体的报道进一步渲染有很多中巴经济走廊的项目仍未向巴基斯坦国家银行披露。这样的报道显然加剧了人们的担忧。然而，国家银行随后发布的公开声明称，这些报纸上的言论都是媒体的断章取义，行长全心全意支持中巴经济走廊项目，这样的事件使得某些外媒的意图昭然若揭。

---

① Dawn. com. 2016. "CPEC Questions". Last modified June 2, 2017. https://www.dawn.com/news/1230347.

九 地方政治、地方媒体及关于中巴经济走廊的言论

巴基斯坦社会对于民族、政治、文化、语言、地缘政治等话题呈现明显的分化，这种状况很明显地塑造着巴地方及国内的政治言论。甚至各个省份也会主要基于民族、语言、政治派别而秉持各自鲜明的政治立场。每个省都由不同种族的政党执政，他们对于中央政府甚至其他的省份往往会呈现敌对或不友好的态度。旁遮普省是巴基斯坦人口第一大省，中央政府的组成主要取决于哪一个党派在旁遮普省赢得大多数席位。每个省和行政管理区（如吉尔吉特－巴尔蒂斯坦和自由克什米尔）的语言、人种、政治、文化、传统都是独一无二的。所以，这些地方的政治和报道是如何塑造有关中巴经济走廊的言论，值得讨论。下面将进行两个案例分析，来揭示地方媒体和地方政治如何在当地塑造民众对中巴经济走廊的认知。

1. 吉尔吉特－巴尔蒂斯坦案例

吉尔吉特－巴尔蒂斯坦位于巴基斯坦北部，与中国、阿富汗和印度接壤。吉尔吉特－巴尔蒂斯坦实际属于巴基斯坦，对于中巴两国都具有战略性的重要意义。该地区约有150万人口，是中巴经济走廊项目进入巴基斯坦的入口。目前喀喇昆仑公路（也作为"丝绸之路"蜚声海外）将中国与巴基斯坦相连，穿过了吉尔吉特－巴尔蒂斯坦地区。中巴经济走廊将通过喀喇昆仑公路将喀什与俾路支省的瓜达尔港相连。根据联合国的决议，吉尔吉特－巴尔蒂斯坦地区是一块颇具争议的领土，属于克什米尔问题，虽然当地民众并不认同这样的划分。目前，吉尔吉特－巴尔蒂斯坦还不是巴基斯坦合法的一部分，所以在巴议会和其他机构中，该地区没有投票权和代表。

吉尔吉特－巴尔蒂斯坦曾向巴历届政权都要求过经济和政治权利，然而劳而无功。由于克什米尔问题，即便是当今中央政府也不愿意将吉尔吉特－巴尔蒂斯坦地区纳入巴主流。因为巴基斯坦认为，宣布吉尔吉特－巴尔蒂斯坦享有自治权，将会削弱巴基斯坦在克什米尔问题上的主导权。

由于政府拒绝将该地区纳入巴基斯坦合法的组成部分，吉尔吉特－巴尔蒂斯坦的当地民众出现了身份意识的危机以及政治上的挫败感，特别是当地的年轻人身份危机尤为严重。由于当地人民缺少经济、政治和宪法上的权利，吉尔吉特－巴尔蒂斯坦出现了自发的民族主义运动。当地的一些

民族主义者甚至要求吉尔吉特－巴尔蒂斯坦从巴基斯坦脱离，甚至写信或者参加各种国际组织和论坛，如联合国和欧盟，以期结束他们所谓的"巴基斯坦对这一地区的非法控制"，这样的政治环境为孕育当地的身份政治运动提供了土壤。

随着中巴经济走廊的启动，当地有很多政治活动也在进行。支持当地反对派的民众要求联邦政府在包括中巴经济走廊等所有重大发展项目中，赋予当地应得的经济和政治权利。在中巴经济走廊启动之前，反对派也要求联邦政府给予当地全面的政治和经济权利，因为根据巴基斯坦宪法和联合国决议，该地区是有争议的地区，诸如中巴经济走廊等大型项目不可以在此开展。该地区同时也要求，应当在中巴经济走廊下建立至少一个经济特区，来为当地大量失业的年轻人提供工作机会。考虑到所有关于该地区的重大决定，都是由没有吉尔吉特－巴尔蒂斯坦代表出席的中央政府决定，这样的诉求很难得到满足。被忽略的吉尔吉特－巴尔蒂斯坦民众发出了更高的呼声，并得到当地媒体、民族主义者以及反对派政党的扩大宣传，已经引起了中国政府的关注。在国际、巴国内以及本地有报道称，除非巴基斯坦保证吉尔吉特－巴尔蒂斯坦地区的合法地位，否则中国拒绝投资中巴经济走廊项目。[①] 因此，联邦政府也开始仔细考虑这一地区的地位问题。在巴总理的领导之下，成立了委员会来讨论这一地区的宪法地位。该委员会向联邦政府提交了报告，但却没有了后文。当地的政治结构实际上造就和加剧了部分当地民众对中巴经济走廊的负面看法。来自反对党派的政客宣称，中巴经济走廊项目忽略了这一地区的存在。项目不会为该地区带来任何的经济利益和益处。该地区的执政党对中巴经济走廊也有他们自己的诉求，也在试图缓解民众对中巴经济走廊的担忧，中巴经济走廊已经成为当地政客们用来争取选民们的工具，执政党和反对派都在利用其达到各自的政治目的，同时抢占当地媒体的头条。最近，该地区部分民众抗议征税，同时也发泄中央政府在中巴经济走廊建设当中对这个地区的忽略引发的不满。

带着民族主义感情的当地媒体及反对派政党，也同样在政治化中巴经济走廊，因为媒体总是在搜寻新的故事。当地的媒体总是在找寻政客们的

---

① Dawn. com. 2016. "Pakistan Mulls Elevating Status of Gilgit-Baltistan on Chinese Insistence". Last modified June 2, 2017. https://www.dawn.com/news/1231394.

政治声明，充实本地媒体的新闻报道，从而使这些政治声明总会成为当地媒体的头条。进一步，来自巴基斯坦其他地区的主要政治团体造访该地区时，总要表达他们对当地人民的同情，由此，为了捞取各自的政治资本，这些政客们进一步将中巴经济走廊政治化了。

在该地区最近进行的竞选活动中，无论是执政党还是反对派都在利用中巴经济走廊获取选民的投票。反对派宣称，执政党在利用中巴经济走廊达到政治目的。民众其实并不太清楚中巴经济走廊在本地的范畴，他们高度依赖政党和当地媒体来获取相关信息。很多当地群众都认为，中巴经济走廊不过是一条联系中巴两国的道路，对于地区和巴基斯坦并没有什么经济或者其他利益。①

与巴基斯坦其他地区不同，吉尔吉特－巴尔蒂斯坦与巴整体的政治结构相异，因为巴基斯坦的宪法并不适用于该地区。由于印度认为吉尔吉特－巴尔蒂斯坦是克什米尔的一部分，属于争议性地区，所以印度对中巴经济走廊有所担忧。去年印度总理莫迪造访中国时，向中国领导人提出了相关问题。印度媒体进一步推波助澜，报道了印度宣称吉尔吉特－巴尔蒂斯坦是印度的一部分。② 该地区以及巴国内和国际媒体都在论及，在开始诸如中巴经济走廊等大型国内或者国际项目之前，应该解决该地区宪法上的边缘状态。当地的一名少数民族主义者甚至拒绝巴基斯坦对该地区的管控，要求获得完全的独立。③ 该地区的一名社会学家向国内和国际社会发文呼吁，结束吉尔吉特－巴尔蒂斯坦在巴基斯坦管理下的边缘状态。他认为，人们欢迎中巴经济走廊的投资，但是，"通过宪政和制度上的重组，保证吉尔吉特－巴尔蒂斯坦的社会和政治自由，势在必行；中巴经济走廊的实施如果没有必备的政治和法律保障，只会让这一地区易于受到大企业和冷漠的决策层的剥削"。④

历史上，由于其战略位置，吉尔吉特－巴尔蒂斯坦一直是世界强权大

---

① 笔者根据对当地居民的访谈资料整理。

② Tribune. com. 2015. "China-Pakistan Economic Corridor unacceptable, Modi Tells China". Last modified June 2, 2017. https://tribune. com. pk/story/895611/china-pakistan-economic-corridor-unacceptable-modi-tells-china/.

③ Martin Sökefeld. "From Colonialism to Postcolonial Colonialism: Changing Modes of Domination in the Northern Areas of Pakistan". *Journal of Asian Studies*. 64 (2005): 939 – 974.

④ Thenews. com. "Gilgit-Baltistan and the New Great Game". Last modified June 2, 2017. https://www. thenews. com. pk/print/40921 – gilgit-baltistan-and-the-new-great-game.

型游戏的枢要之处。与巴基斯坦其他地方相反,仅凭一己之力,吉尔吉特-巴尔蒂斯坦较晚才从英属印度获得自由,并且宣布无条件加入巴基斯坦。1973 年前,该地区曾一直和中国西部有较多的外交联系。直到 1976 年中国工程师修建喀喇昆仑公路,该地区才开启与巴基斯坦其他地区以及世界的联系。本地民众对于中国有极高的期待,渴望公平地分享中巴经济走廊的利益。近期有新闻称,中国在推动巴基斯坦授予该地区更多的自治权,当地媒体和社交媒体都表明,这一举措受到当地民众的高度赞赏。中国在吉尔吉特-巴尔蒂斯坦进行了更多有价值的项目和社会服务,进而激起了当地民众对中国的好感。

2010 年,大量巨石坠落阻断了喀喇昆仑公路和罕萨河,将吉尔吉特-巴尔蒂斯坦与巴基斯坦和全世界隔绝开。直到中国政府伸出援手,才阻止了该地区继续出现大规模的人员损伤。之前,碎石和阻塞相当严重,又有大量政治活动在上演,当地社区和政府不得不向中国求助,希冀其能帮助疏通道路,重新让该地区与巴基斯坦相连。中国政府不仅移除了道路障碍,还为遭受此次"阿塔巴德大灾难"的当地社区提供经济援助。中国工程师在湖区旁建造了隧道代替原路,终结了吉尔吉特-巴尔蒂斯坦被封锁的状态,也重启了中巴之间的陆路贸易。同时,中国还为很多当地的学生提供奖学金。将社会发展融入中巴经济走廊的框架,会让该地区和整个巴基斯坦都获益匪浅。通过在社会方面的投资,中巴两国能够在教育、文化、旅游、扶贫等方面进行协作。通过交换和面对面的交流可以增加民生领域的合作。

吉尔吉特-巴尔蒂斯坦是国内和国际非政府组织的枢纽,自然资源丰富;虽然有战略地位,但是在巴基斯坦却被高度边缘化。在中巴经济走廊中考虑并且纳入社会这个维度,将会创造更多的收益。比如,为学习汉语的人提供奖学金,将有益于培养巴基斯坦的人才,在巴基斯坦和该地区执行中国的项目。同时,他们能更好地理解中国的经济和政治理念。西方国家在该地区的社会层面进行了大量的投资,提高了人们对政治和教育的觉悟。中国尚未重视该地区和整个巴基斯坦社会层面的发展,正如一位吉尔吉特-巴尔蒂斯坦的作家所言:

> 中国仅仅在关注基础设施建设。如此,吉尔吉特-巴尔蒂斯坦将面临精神分裂的状况:经济发展将会由中国模式决定,社会政治意识却受到西方公民社会思维的影响,管理却是在巴基斯坦的执政阶层造

成的政治混乱中进行。长此以往，吉尔吉特－巴尔蒂斯坦的经济、社会和政治发展将会一片黯淡。①

在吉尔吉特－巴尔蒂斯坦，中央和地方政府也需要在中巴经济走廊框架下，考虑上述情况。

在很多关于中巴经济走廊的政策讨论中，联邦政府都忽略了吉尔吉特－巴尔蒂斯坦当地政府。这加深了当地民众的挫败感，通过数字媒体相连的年轻一代尤为如此。最近在巴基斯坦举行了很多关于中巴经济走廊的研讨会、政策讨论会等，但是吉尔吉特－巴尔蒂斯坦仍被忽略，在中央政府的此类会议上无一出席。2015 年，中国大使出访巴基斯坦时，在巴首都参加了中巴经济走廊的论坛。当时，由于当地没有受邀，也没有代表参会，吉尔吉特－巴尔蒂斯坦各政党代表、学生、民间团体活动人士进行了抗议活动。抗议人员高呼口号，反对中央政府在与中巴经济走廊相关的政策讨论会和项目中忽略该地区。尽管吉尔吉特－巴尔蒂斯坦是中巴经济走廊的门户，也是重要的利益相关方，它却在中巴经济走廊的相关事宜中被完全忽略。这样的事件引爆了当地媒体以及社交媒体。该地区的人民表达了他们的担忧：既然这个地区在巴基斯坦政权中没有任何代表，那么无人会顾及它在中巴经济走廊项目当中的利益。②

该地区的反对派已经开始提高他们的呼声，呼吁给予这个地区在中巴经济走廊相关的项目当中的代表权。并且要求该地区和瓜达尔获得相同的地位，因为这个地区是中巴经济走廊项目在巴基斯坦的入口。③ 该地区经济上十分贫困，然而人力资源却非常丰富。整个地区没有一家工厂和工业。尽管吉尔吉特－巴尔蒂斯坦有巴最高的识字率，但是，该地区大多数的年轻人却处在失业状态中。最近联邦政府已经开始将该地区的唯一的无水港，转移到巴基斯坦其他地区。这进一步加剧了当地失业肆虐的状况。对于当地民众而言，无水港是一个非常重要的经济来源。通过向中国发往巴基斯

① Thenews. com. "Gilgit-Baltistan and the New Great Game". Last modified June 2, 2017. https://www. thenews. com. pk/print/40921 – gilgit-baltistan-and-the-new-great-game.

② Dawn. com. 2016. "No space for GB on CPEC table". Last modified June 2, 2017. https://www. dawn. com/news/1232094.

③ Tribune. com. 2016. "CPEC：PPP voices concern over the neglecting Gilgit-Baltistan". Last modified June 2, 2017. https://tribune. com. pk/story/1022564/cpec-ppp-voices-concern-over-neglecting-gilgit-baltistan/.

坦的货物征税，无水港给当地带来了收益。重新布局这个无水港将加剧这个地区的失业。[①] 当地媒体和社交媒体，都在不断地报道这个地区类似的新闻。考虑到国内媒体不会报道该地区的新闻，电子媒体的使用者通过在社交媒体上高调报道这样的新闻，来为吉尔吉特－巴尔蒂斯坦在中巴经济走廊中争取更多的政治权利和代表权。

近来，巴基斯坦政府将要为中巴经济走廊分配另外的土地且不会补偿当地社区的行为，引起了该地区的政治抗议。反对党派召开了新闻发布会，表达他们对吉尔吉特－巴尔蒂斯坦人民的政治同情，加剧了这一事件的政治色彩。当地民众认为，当地政府并没有正当理由，可以不补偿人民就将土地用于中巴经济走廊的项目建设。政客们政治化这些问题，也是为了自身利益。由于中巴经济走廊对吉尔吉特－巴尔蒂斯坦的忽略，使当地民怨沸腾，吉尔吉特－巴尔蒂斯坦立法会（Gilgit-Balistan Legislative Assembly，缩写为 GBLA）最近颁布了一项决议，要求联邦政府在中巴经济走廊及其相关的项目中，给予吉尔吉特－巴尔蒂斯坦地区平等的权利。

2. 俾路支省案例

瓜达尔港是中巴经济走廊的重点，它位于巴基斯坦俾路支省，因而，该省对于中巴经济走廊的成功至关重要。长期以来，俾路支省的各种起义都是为了向巴联邦政府争取政治经济权利。该省面积居全国第一，自然资源丰富，但却是巴基斯坦最不发达、最处于劣势的行省。政治上的挫折感，以及对社会和军队发展状况的不满，引发了反对巴基斯坦管理该省的本土民族主义运动。历史上曾有过多次军事行动，企图铲除这个地方的暴动，但是却从未成功。由于民众感到在政治和经济上受到剥削，省政府和中央政府在该省执行包括中巴经济走廊在内的发展项目时，民众都会形成挑战。在这个省实施大型项目的工人，有时会遭到攻击。俾路支和中央政府之间信任的缺失，造成了一个真空。很快，一些外部力量乘虚而入，为了他们自己的目的在这个地区进行活动。在过去几年当中，为了终止俾路支省的贫困状况，无论是之前巴基斯坦人民党的政权，还是目前巴基斯坦穆斯林联盟（谢里夫派）的政权，都引入了更多的政治力量和经济发展计划。与此同时，军队正通过道路和基础设施的建设等方式，专注于为这个省带来

---

① Tribune. com. 2016. "CPEC to cause unemployment in Gilgit-Baltistan". Last modified June 2, 2017. https://tribune.com.pk/story/992728/anticipating-effects-cpec-to-cause-unemployment-in-gilgit-baltistan/.

和平和稳定。

　　俾路支省一直都是外部地区和国家在当地民众当中宣扬和支持反巴情绪的阵地。最近，拉希勒·谢里夫上将（General Raheel Sharif）在关于中巴经济走廊的会议上称，印度情报机构在试图破坏中巴经济走廊和俾路支省。① 近期在俾路支省抓获一名印度海军官员，他承认了他在支持该省的暴动。这在巴基斯坦和主流媒体引起轩然大波，引发民众广泛讨论印度及部分地区在该省的分裂活动。观众可以在巴电视频道中看到公开的讨论，斥责印度参与破坏俾路支省的中巴经济走廊及其他项目的建设。为了解决俾路支省的混乱状况，主流媒体及该省当地的媒体都在呼吁给予俾路支省包括中巴经济走廊在内的相关政治经济权利。诸如高速公路、道路扩建以及中巴经济走廊等发展项目都在该省实施着。但是，当地民众认为，这些发展项目并不足以改变他们的命运。他们担心，瓜达尔港会为旁遮普省的人带来更多的商机和利益，还会将瓜达尔的人民降级为少数族群。② 最近，来自其他省的劳工被当地叛乱者杀害，明显就是叛乱者对外来务工人员的示威。这些来自巴基斯坦其他地区的劳工，家乡主要在旁遮普省和信德省。

　　俾路支省的部落结构、人力技能匮乏、低识字率、贫困以及历任当地政府的无能，加剧了当地民众的不幸。部落文化在当地依然强劲，抵制着一切发展援助。中巴经济走廊和瓜达尔港可以为受尽忽略的俾路支省创造经济和就业机会。然而，俾路支人民对中央政府的信任缺失根深蒂固，因此，他们很难信任联邦政府的发展计划和做出的承诺。通过采访当地民众，讨论俾路支人民是否会从瓜达尔港或者中巴经济走廊的项目中获利，国际媒体在报道中进一步在当地民众中宣扬被剥削的感觉。近期中巴经济走廊路线改变引起的骚动，加剧了俾路支省人民对中央政府及其有关中巴经济走廊的承诺的疑惑。当地民众要求，中巴经济走廊带来的发展和收益应当惠及全省，而非仅限于瓜达尔港所在地。③

　　最近，联邦政府、省政府及巴基斯坦军队同心协力，令人鼓舞地致力

---

① Tribune. com. 2016. "RAW is Blatantly destabilizing the CPEC, Says General Raheel". Last modified June 2, 2017. https://tribune. com. pk/story/1083453/raw-is-blatantly-destabilising-cpec-says-general-raheel/.

② Thenews. com. 2016. "CPEC: the way forward". Last modified June 2, 2017. https://www. thenews. com. pk/print/116116 – CPEC-the-way-forward.

③ Thenews. com. 2016. "CPEC: the way forward". Last modified June 2, 2017. https://www. thenews. com. pk/print/116116 – CPEC-the-way-forward.

于中巴经济走廊及其他大型发展项目在俾路支省的发展。在长达 193 公里的
中巴经济走廊公路建设的奠基仪式上，巴基斯坦总理、陆军参谋长、首席
部长的集体出席给民众留下较好的印象，展示巴基斯坦在俾路支省的发展
上团结一致。① 然而，俾路支人民对中央政府有着根深蒂固的疑虑，民族主
义者们并不信任联邦政府的承诺和行动。该省的民族主义党派宣布，将在
2016 年 7 月召开全政党大会，暗示他们对中央政府及其关于中巴经济走廊
的公示并不满意。② 关于中巴经济走廊主要的争端在于，东线的地位显得
比西线优越。中央政府称，路线没有改变，两条线路会同时开展建设。却
又说，中国的投资者更倾向于东线，因为比西线安全。然而，据分析师
称，联邦政府的辩解并不合理，因为总价值 460 亿美元的投资，其中 110
亿美元是中国提供的优惠贷款，这笔款项可以根据巴基斯坦的发展重点和
公共政策而定。③ 有意思的是，中国一直表示，两条线中，并未更倾向于
东线。④

　　俾路支省的媒体表达了如下的观点：首先俾路支省不仅担心经济、收
益、就业机会等分配不平等；同时，他们也有顾虑，瓜达尔港移交给中国，
并没有相关的立法或者合法程序，以及足够的透明度。⑤ 由于不满巴基斯坦
计划发展部的安排，俾路支省的民族主义者要求成立"中巴经济走廊全国
委员会"，各省平等派出代表，主要的反对派和专家也参与其中，以顺利执
行中巴经济走廊项目。⑥ 俾路支省当地的政治也在塑造着民众关于中巴经济
走廊的看法。一些来自俾路支省的参议员强调，民族主义者在中巴经济走
廊当中为俾路支省谋求的，不是狭隘的地方性的利益，而是为了整个巴基

---

① Dawn. com. 2016. "193 km long CPEC road completed in Balochistan". Last modified June 2, 2017. https://www. dawn. com/news/1237336.

② Dunyanews. tv. 2016. "Reservations on CPEC not clarified yet: Akhtar Mengal". Last modified June 2, 2017. http://dunyanews. tv/en/Pakistan/337766 – Reservations-on-CPEC-yet-not-clarified-Akhtar-Mengal.

③ Tribune. com. 2016. "Making Sense of the CPEC controversy". Last modified June 2, 2017. https://tribune. com. pk/story/1031850/making-sense-of-the-cpec-controversy/.

④ Thenews. com. 2016. "The CPEC: a clash of interest". Last modified June 2, 2017. https://www. thenews. com. pk/print/102951 – The-CPEC-a-clash-of-interests.

⑤ Thenews. com. 2016. "A national Commission on the CPEC?" Last modified June 2, 2017. https://www. thenews. com. pk/print/92299 – A-national-commission-on-the-CPEC.

⑥ Thenews. com. 2016. "A national Commission on the CPEC?" Last modified June 2, 2017. https://www. thenews. com. pk/print/92299 – A-national-commission-on-the-CPEC.

斯坦。如果小省份的要求可以得到满足，那么联邦将得到巩固。①

十　媒体对俾路支省难题的报道

巴基斯坦媒体对俾路支省的暴乱进行了不少的报道和讨论。国内媒体主要的观点认为，巴基斯坦历届政权都未能满足俾路支人民对政治经济权利的要求。他们不仅未能给俾路支省问题提供政治方面的解决方案，历届政府反而都使用了军事力量来镇压该省的暴动，但却毫无成效。俾路支省人民对经济权利、平等分享中巴经济走廊等资源的需求是合理的，而且得到了媒体和巴基斯坦公民社会的双重支持。巴媒体同时建议，国家应该避免使用军事力量来镇压俾路支省的暴动。媒体、公民社会和人权组织都持有类似的观点，认为对话才是解决俾路支省问题的唯一方案。也有观点认为，关于中巴经济走廊的争端，仅仅是（旁遮普省为中心的）联邦政府与巴其他省份地区之间的"利益的冲突"。因为前者不愿意与巴其他小省份分享中巴经济走廊带来的利益。还有人认为，执政党将个人利益与中巴经济走廊挂钩，希望利用其为即将到来的巴 2018 年大选谋取利益。②

媒体报道暗示，负责执行所有中巴经济走廊相关项目的计划发展部，不愿意与议会或者任何议会委员会分享项目细节，只愿与精选的一组巴基斯坦媒体记者交流。巴方负责项目的部门如此缺乏透明度和公信力，助长了小省和政治家等项目利益方的疑虑和反对。同时，一些省份对联合协调委员会（Joint Coordination Committee）也有担心。该委员会作为中巴经济走廊的决策制定机构，组成并不民主，大部分代表来自联邦政府，仅仅有两位委员来自下属省份。③

俾路支省的贫困加剧了该省的动荡。虽然历任政权都对俾路支省的发展极为关注，但是该省的社会经济状况仍然非常糟糕。也许因为它还需要时间才能从不稳定当中恢复。巴基斯坦一家精英报纸认为，"如果俾路支省

---

① Nation. com. 2016. "Deconstructing the 'conspiracy' against CPEC 'argument". Last modified June 2，2017. http：//nation. com. pk/blogs/09 - Jan - 2016/deconstructing-the-conspiracy-against-cpec-argument.

② Thenews. com. 2016. "The CPEC：a clash of interest". Last modified June 2，2017. https：//www. thenews. com. pk/print/102951 - The-CPEC-a-clash-of-interest.

③ Thenews. com. 2016. "CPEC：the way forward". Last modified June 2，2017. https：//www. thenews. com. pk/print/116116 - CPEC-the-way-forward.

的社会经济状况能够变得更好，暴动发生的强度一定会大幅下降。历届省政府都没能改变安全相关方的强硬观点"。① 最近俾路支省的暴乱者向国家投降，并且承认外来势力迷惑和背叛了他们。这是一个好的迹象，但是俾路支仍然有诉求需要得到解决。正如《黎明报》所说：

> 俾路支省确实有合法诉求，理应得到解决。该省对自然资源拥有主权。但事实上，这些自然资源并非这个省的财产，它仅仅是得到了这样权利的委托。②

想要消除关于中巴经济走廊及其相关项目当中的不确定因素和信任缺失的状况，需要公开诚实的沟通。通过对话和政治途径，而非使用国家的军事力量，是解决俾路支省动荡的唯一方案。

十一 结论

中巴经济走廊仍然是巴媒体和民众关注的热点话题，也表明它在媒体和民众眼中的重要地位。中巴经济走廊将进一步把中巴关系提升到新的高度，所以媒体对中巴经济走廊保持乐观，认为中巴经济走廊是"游戏规则的改变者"，将会改变巴摇摇欲坠的经济命运。媒体关于中巴经济走廊报道的二大主题为：中巴经济走廊作为巴基斯坦或整个地区游戏规则的改变者、中巴经济走廊的政治争端以及透明度的问题、中巴经济走廊的整体前景将如何裨益巴基斯坦。

一方面，媒体总体上支持中巴经济走廊，认为中巴经济走廊是"游戏规则的改变者"，会改变巴基斯坦的命运，为巴带来更多的经济收益，改变巴基斯坦坍塌的经济和能源情况；另一方面，中巴经济走廊也给了反对政党提出观点、制造新闻的机会。反对派提出了他们关于中巴经济走廊的担忧。联邦政府以及小省之间不同的政治引发了中巴经济走廊的争端。媒体作为新闻和观点的传播者，散布着牢骚满腹的政党关于中巴经济走廊的观

---

① Dawn. com. 2016. "Baloch Insurgency". Last modified June 2, 2017. https：//www. dawn. com/news/1244904.

② Dawn. com. 2015. "Surrender of Insurgents". Last modified June 2, 2017. https：//www. dawn. com/news/1188407.

点。由于巴基斯坦的政治和媒体密不可分，中巴经济走廊的政治在塑造着媒体的报道。

虽然现在巴基斯坦穆斯林联盟的政府并没有将中巴经济走廊架在真空，但是政府在试图使用中巴经济走廊获取政治和经济利益，特别是为巴即将进行的大选谋利。所有中巴经济走廊相关的项目，都是由执政党的领导人在巴各地启动。他们将经济走廊作为现任政府在巴的政绩。联邦政府的如此举措，进一步加剧了小省对中央政府的不信任。

一些批判性和自由派新闻报纸及其专栏作家虽然支持中巴经济走廊的想法，但是批判过项目的透明度、相关部门的能力以及中巴经济走廊的整体构想。这些媒体组织，特别是精英报纸，质问了中巴经济走廊的整体前景将如何裨益巴基斯坦，特别是巴草根阶层将会得到什么益处，中巴经济走廊的整体前景将如何满足巴基斯坦的利益需求。这样的问题将会随着项目的进展不断涌出。很多记者都向巴相关部门提出了类似的问题，要求他们将中巴经济走廊的整体构想公之于众。然而，后者非但没有回答这样的问题，反而将记者的观点称为"阴谋论"。

国际媒体在对巴基斯坦进行报道时往往带有偏见，会报道国家和社会负面的部分，与中巴经济走廊相关的事件，国际媒体主要会关注其消极层面，比如关于中巴经济走廊的政治争端以及对巴生态环境的影响。国际媒体及国际非政府组织倾向于关注中巴经济走廊对环境和生态的影响，特别是在吉尔吉特－巴尔蒂斯坦地区。现在，有很多非政府组织和国际非政府组织正在该地区致力于自然保护和环境相关的项目。一些非政府组织也对中巴经济走廊可能在巴基斯坦带来的污染表示担忧，特别是在吉尔吉特－巴尔蒂斯坦地区，因为该地区拥有大量自然资源、冰川、水库和淡水湖。最近，吉尔吉特－巴尔蒂斯坦地区受到暴雨严重侵袭，专家称，这是全球气候变化带来的影响。一些国际保护组织担忧中巴经济走廊会对巴基斯坦的自然环境造成影响，呼吁政府采取措施，控制中巴经济走廊的环境影响。[①]

十二　政策建议

对巴基斯坦的媒体、政治和中巴经济走廊进行研究之后，理应提出相

[①]　Dawn. com. 2015. "Environmental and economic sustainability of CPEC assured". Last modified June 2, 2017. https://www. dawn. com/news/1186880.

关的政策建议，以纠正现在媒体对中巴经济政治的报道以及公众的言论。以下建议也许可为中巴经济走廊在巴带来更多媒体和民众的支持。

1. 中巴经济走廊范围广幅度大，受到巴基斯坦政治文化的影响，政治角力还将继续上演。巴媒体对中巴经济走廊的态度，整体是比较积极和支持的。然而，地方和中央政府之间存在的政治差异，使媒体对中巴经济走廊的支持蒙上阴影。作为独立自由的媒体，它们有义务报道巴基斯坦发生的一切，无论对中巴经济走廊的影响是好还是坏，当政客为了中巴经济走廊的路线和收益而争执，媒体需要对情况进行独立报道。然而，因中巴经济走廊而上演的肮脏政治影响着媒体的报道。中央政府做出与中巴经济走廊相关决定时，小省份受到了忽略，导致政治上的矛盾。中巴经济走廊的政治差异，同样也有着非常深远的历史渊源，根植于巴基斯坦的政治经济：在巴基斯坦，财政和经济资源主要是根据人口数量进行分配的。尽管较小的省份有更多的贫困人口和落后的经济状况，但是人口大省会得到更多的经济资源。同时，俾路支等小省份也对中央政府对自然资源的开采有所顾虑。为了解决中巴经济走廊的争端，随着几次全政党会议的召开，关于中巴经济走廊的政治争端似乎在逐渐减少。随着中巴经济走廊的西线动工，虽然与项目最初开始时的承诺线路略有不同，但是也重建了地方省份和中央政府之间的信任。中国也应推动巴联邦政府来消除小省份的顾虑，如此，巴基斯坦才会对中巴经济走廊有主人翁意识。同时，应劝阻中央政府为了政治利益而利用中巴经济走廊，无论是为即将到来的人选，还是为了个人的利益。为了即将到来的大选而将中巴经济走廊作为政治化的工具，将进一步加剧不同政党和执政党之间政治上的不满。因此，现在就有批评称，中巴经济走廊应该被称为旁遮普省－中国经济走廊。如果所有政党都一致去政治化地对待中巴经济走廊，将会改变媒体对中巴经济走廊的负面报道。在外交层面上，中国可以建议巴基斯坦的政客，避免将中巴经济走廊变得政治化。中国和巴各个政党之间任何形式的交流，都将支持中巴经济走廊在巴基斯坦的实施。

2. 政客和媒体普遍认为，中国在与巴基斯坦穆斯林联盟的执政党进行友好磋商和交流，却忽略了巴其他政党。媒体有报道称，巴总理每次造访中国，他的兄弟，也就是旁遮普省的首席部长，都会成为随行官员，但是却忽略了其他省份的首席部长。只有消除这样的印象，才能让两国的关系超越党派的考量。如果中国可以同样参与到巴基斯坦反对党派及其领导人的活动当中，将会为中巴经济走廊带来更多政治方面的支持。

3. 中国驻巴基斯坦大使可以成为中国与巴所有政党领袖修好的媒介，特别是与中巴经济走廊相关的党派。现在已有交好的迹象，但是还应与所有的省份加深交流，增加巴全境对中巴经济走廊的接受度和主人翁意识。本文建议，与其让执政党或巴总理启动所有的中巴经济走廊项目，不如由每个省的首席部长为在小省实施的项目剪彩。这将让每个省的人民对项目产生政治所有权的感受。

4. 最近几年，军方比政客们获得了更多的公信力和合法性。因此，应该把军队囊括在中巴经济走廊指导委员会中，减弱政客们给它抹上的政治色彩。考虑到中巴经济走廊的战略价值，军方最好能知晓它的路线选择和相关的安全问题。考虑到未来中巴经济走廊的安全需求，如果指导委员会有军方的加盟，将会有助于路线争端和选择等难题。近期，军方指出其在中巴经济走廊中的重要地位，欲建立由技术专家而非政客官僚组成的中巴经济走廊委员会。[①] 军方已经在负责中国工程师在巴的安全，军方如果参与中巴经济走廊的管理，执行很多相关决议时将顺理成章。军队已经在掌管巴通信系统，因此，它更为了解未来中巴经济走廊框架下的通信需求。

5. 中巴经济走廊的透明度问题也愈演愈烈。民众在担忧项目的透明度以及中巴之间签署的谅解备忘录的内容。中巴经济走廊的整体构想将会如何裨益巴基斯坦人民？巴政府相关部门、自由派作家、知识分子，以及公民社会的积极分子都在不断问及这个问题。除了中国贷款资助的道路和基础设施发展，中巴经济走廊的整体远景将会为巴基斯坦的普通民众带来怎样的经济收益？这也引起巴知识分子之间愈演愈烈的争论。关于这些问题，计划发展部目前仍未给自由媒体满意的答案。部门应该在内部集思广益，找到这些问题的答案。群众感觉与道路、水坝以及铁路等基础设施的建设修建没有太大关系。他们主要关心的是中巴经济走廊将怎样满足他们家庭的日常需求。目前，政府相关方面以及计划发展部仍缺乏这方面的思考。最近，当有人问一位高层官员，中巴经济走廊将如何让巴基斯坦的民众受益，这位官员居然回答："我们会向中国公司转告这些问题。"

6. 瓜达尔港开始投入使用之后，当地民众越发觉得被贬低到了少数族

[①] Tribune. com. 2016. "Army seeks role in CPEC administration". Last modified June 2, 2017. https://tribune.com.pk/story/1085784/for-timely-completion-army-seeks-role-in-cpec-administration/.

裔的范畴。这样真切的忧虑需要得到尽早的解决，才能缓解俾路支省特别是瓜达尔地区日益增加的民族情绪。当地民众称，一旦港口投入商业和贸易使用，外省将会利用港口加剧俾路支在人口等方面的被边缘化。巴基斯坦应该立法解决这个问题，俾路支省的社会经济状况相对落后，特别是瓜达尔地区。急需解决瓜达尔社区在社会方面的发展问题，包括教育、医疗、水资源等。不幸的是，瓜达尔当地群众目前还缺乏清洁的饮用水。为当地人民提供医疗健康、水资源、教育等基本设施，将会使他们对包括中巴经济走廊在内的相关发展项目产生积极支持的态度。同时也有益于援助瓜达尔及周边地区的贫困民众，为他们提供经济利益。

7. 俾路支省拥有战略性的位置和丰富的自然资源。邻邦以及世界上的某些强权，都一直对该省非常感兴趣。20 世纪 60 年代，苏联一直在利用俾路支省的族群矛盾进行活动；因为俾路支丰富的自然资源，美国对其也有着浓厚的兴趣，特别是在布什执政期间。很多美国和欧洲的学者、媒体、智库都对于俾路支的冲突有着广泛的论述，称其为"合理的民族主义运动"。一些持不同政见的俾路支人现在生活在美国。他们组织了一些会议和辩论，在美国或者其他地方研讨俾路支问题，支持俾路支省的独立。[①] 印度同样也在宣传俾路支问题，同时，欢迎很多民族主义者去造访印度，游说俾路支省的独立。[②] 巴基斯坦的专家认为，印度支持俾路支省的冲突，有其战略性原因。即便这样的动荡都没办法阻止巴获取该省的资源，至少也能延迟利益的外流。另外，印度也想让俾路支省的发展项目脱离正常轨道，主要目的是增加中国在俾路支省的投资花费。为了解决俾路支省面临的严重挑战，需要通过政治声明来保证俾路支省能够获得更多的权利，同时能公平地分享该省的资源利益。开展对话、推动政治议程、为俾路支赋权、将更多的民族主义者和不同政见的人引入主流政治等方法，都可以成为消除或者合法化俾路支省积怨的正确步骤。巴基斯坦的联邦是由很多的种族、语言群体和文化群体构成的。如果各个组成部分都相信和信赖巴基斯坦联邦，这将有益于问题的解决。而只有巴基斯坦整体获得经济和政治的进步才能获取这样的信任和信心。如果所有的省都相信联邦（中央政府）在保

---

① Dawn. com. 2006. "When force is not a solution". Last modified June 2, 2017. https://www. dawn. com/.

② Dawn. com. 2006. "When force is not a solution". Last modified June 2, 2017. https://www. dawn. com/.

护他们的利益，相信政府对所有的省份平等地关注，那么，这将进一步凝聚巴基斯坦联邦。

8. 作为巴基斯坦事实上的一部分，吉尔吉特－巴尔蒂斯坦是中巴经济走廊进入巴基斯坦的门户，对于中巴两国而言，都有着非比寻常的战略意义。由于这个地区的战略地位，它曾经在此见证了强权之间的博弈。这个地区目前仍属于有争端的地区，被无理地置于克什米尔问题之中，不属于巴宪法的管辖范围。由于联邦政府对这一地区的长期忽略，当地民众在政治上和经济上有沮丧感，这种情况很容易被外部势力利用，让民众对中方投资产生敌对情绪。按照联合国决议，吉尔吉特－巴尔蒂斯坦属于争议性领土，外方在该地区任何大型的投资都可能存在问题。因此中方在建设中巴经济走廊时需要关注这部分的领土争议。如果在中巴经济走廊中忽略该地区，会加剧当地民众的沮丧感。最近一些国际发展组织，比如亚洲开发银行、世界银行以及国际货币基金组织都表现出了浓厚兴趣，想在当地资助一些诸如迪阿莫－巴沙大坝（Diamer-Bhasha Dam）等能源项目的修建。但随后却拒绝向巴政府发放资金，因为这个地区属于争议性的领土。

9. 未来，巴国内及国际非政府组织可能会提出关于中巴经济走廊的环境问题。一些国际非政府组织以及国际媒体的报道，已经开始担忧中巴经济走廊对巴以及吉尔吉特－巴尔蒂斯坦自然环境的影响。对于中巴两国而言，向国际非政府组织保证中巴经济走廊不会影响巴生态环境，保持项目生态友好的属性，这一点非常重要。巴基斯坦应该按照国际环境保护法的要求，执行中巴经济走廊相关项目。国际自然保护联盟（International Union for the Conservation of Nature）最近发布了一项声明，要求巴联邦政府执行中巴经济走廊项目时，遵照相关环境法律的要求。当地人民生而享有对土地和环境的合法权利。若为中巴经济走廊强制征用当地的土地，将会受到严厉抵制。最近，当地政府没有补偿民众，就控制了公共土地。应该避免此类事件的发生。需要补偿当地民众，结束民众对中巴经济走廊土地征用问题的争吵。国际非政府组织可以在国际层面上强调当地的忧患，同时强调当地人民的权利，但是这样会让人们对中巴经济走廊产生非常恶劣的印象。中巴两国的科学家应该共同研究中巴经济走廊的潜在危害，特别是对于冰川、河流以及山区的社区生活等。同时，在项目框架下制定可持续的战略来保护当地的生态系统。最近，巴基斯坦环境保护局和国际自然保护联盟驳回了一项关于哈桑阿布达尔－赫韦利扬道路扩建的环境影响评估报告，引起热议。这个道路扩建是中巴经济走廊喀喇昆仑公路的一部分。两个机构认为，这份环评报告既不专业也不科学。在巴基斯坦，特别是在吉尔吉特－巴尔蒂斯坦和俾路支工作的国内外非政府组织，会担忧中巴经济走廊对环境的影响。而这两个地区都是国际发展相关报道中，关于自然环境和自然资源的热议地区。

10. 中国和巴各政党之间的官方交流有益于在国家层面就中巴经济走廊达成一致，还能减少持不同政见的反对党对中巴经济走廊的负面政治言论。

11. 面对媒体提出的尖锐问题，巴基斯坦计划发展部需要采取更公开民主的方式解答。同时，需要向公众传达更多关于中巴经济走廊的信息。大多数民众认为，中巴经济走廊仅仅是中巴之间的一条铁路。

12. 中巴经济走廊在巴的起点是吉尔吉特－巴尔蒂斯坦地区，终点是俾路支省。两个地区都是一些地方组织、国内国际组织、超国际组织重点关注的区域。非政府组织对巴的干预，几乎影响了从政治、教育、媒体到性别问题等生活的方方面面。吉尔吉特－巴尔蒂斯坦和俾路支两个地区都是国际政治与发展领域活动分子的"争议性的地区"。在这里，他们会将自己的观点和宣传报道融合在一起，在很多场合教化、教育、动员当地的民众和公民社会。这些积极分子和当地政府及群众一起工作，在当地执行各种项目和开发活动。各种国内外非政府组织的表面目的是为当地群众赋权，让他们过上值得尊重的生活。然而，这些国际和地区性的非政府组织，也有其政治和意识形态方面的意图。国际非政府组织的确通过很多干预项目在此建立和扩散其来源国的软实力。

13. 国际非政府组织主要来自美国和欧洲国家，他们与当地社区一起紧密地工作，执行各种基于社区的项目。这些发展机构同时也会组织各种能力建设和培训项目，提供给巴基斯坦的政治家、宣传团队、媒体、当地记者，特别是在俾路支省和吉尔吉特－巴尔蒂斯坦地区。美国国际开发署经常会对当地的组织进行培训。培训内容主要涉及有效的立法和执行。该机构同时也会为媒体和当地记者提供能力建设的培训和工作坊。观众可以在巴主流媒体看到美国国际开发署的广告。纸媒广告、电视广告和广播形式的广告传播着美国国际开发署在巴的各种发展项目。这种发展性的国内和国际非政府组织，已经深入渗透到巴基斯坦国内。巴基斯坦的社会以及草根群众对这些非政府组织更接受和配合，甚至胜于对政府的支持。中国目前还未关注对巴社会因素的干预。虽然中国对巴基斯坦的基础设施建设贡献很多，但是却缺失在社会领域的干预。美国开发类的机构和巴基斯坦的官员都在重点关注社会领域的发展。因此，即便巴美之间目前存在隔阂，但是美国的官员会立即指出，美巴之间关系好的一面，即美国对巴基斯坦的援助、军事合作以及对巴社会发展的贡献。[①] 中国也可以关注巴基斯坦社会领域发展的某些方面。

14. 中巴之间地理和文化都相当接近，同时巴基斯坦民众对中国有着极高的热情，需要让两国之间的人和媒体更多地交流。中巴两国之间的合资媒体、培训、记者之间的互访交流，都有助于更深入地理解中巴经济走廊和中国在巴的其他项目，以积极的态势迎接这些项目。与西方特别是美国不同的是，中巴之间几乎没有学术层面的合作。美国最近宣布，在接下来的 3~5 年，将会为 1 万名巴基斯坦学生提供奖学金，让他们在美国深造。美国国际开发署也为有需要的或者有天赋的巴基斯坦学生提供了很多奖学金，项目涉及从小学到高等教育各阶段。中巴之间的学术交流和合作有助于巴方理解中国，了解中国高质量的工作以及中国的社会经济系统，加强中巴之间未来的联系。考虑到国际事务积极分子在巴基斯坦的发展中越来越多的干预，中国需要重新设计参与巴基斯坦事务的交流途径。因为目前这些途径仅限于国事访问，以国防方面的内容为主。令人吃惊的是，2010年洪水严重袭击巴基斯坦时，虽然中国为巴基斯坦提供了价值 2.5 亿美元的援助，[②] 但由于巴民众和在巴工作的中国机构/官员之间交流的鸿沟，以及巴公众媒体缺乏对这样援助的报道，巴草根阶层鲜有人知道中国对巴的这笔援助。

15. 最后，仍需注意，在信息和通信技术方面，巴基斯坦政府整体特别是相关部门应当采取科学的方法。巴基斯坦与中巴经济走廊的相关部门，应当向中国的公司学习如何使用信息及通信技术，进行电子信息管理。在如今的高科技社会，使用过时和传统方法工作的部门已经不再有效。巴政府应当特别注意，在各个机构中采用高科技的科学办法，以便能更有效率、有效果地执行中巴经济走廊等重要的国内和国际项目。现在需要越来越多受过训练以及有技术的人力资源来弥补人才的匮乏。中国的公司可以在现

---

① Thenews. com. 2016. "Words and deeds". Last modified June 2, 2017. https://www. thenews. com. pk/print/125601 – Words-and-deeds.

② Tribune. com. 2016. "Zulfiqar Ali Bhutto & Sino-Pakistan diplomacy". Last modified June 2, 2017. https://tribune. com. pk/story/1121945/zulfikar-ali-bhutto-sino-pakistan-diplomacy/.

代技术的使用方面，为巴基斯坦的公共机构提供大量帮助，让它们变得更有效。要让巴相关部门更好地协助进行快速决策、积极执行、更优沟通、为中巴经济走廊及相关项目提供信息等，其必须得到这些帮助。

当今巴基斯坦的媒体，正如格雷维奇（Gurevitch）和李维（Levy）所言，是"各种社会群组、机构、意识形态挣扎着定义和构建社会事实的场所"。① 这些媒体形成了一种重要公共领域形式，构建着公众对于巴基斯坦相关事件以及世界的言论。媒体对于塑造民论、构建巴所有具有公共重要性事件事实的作用不容忽略。

缩略词

英文缩写	英文全称	中文全称
APC	All Parties Conference	全政党大会
CPEC	China Pakistan Economic Corridor	中巴经济走廊
GB	Gilgit-Baltistan	吉尔吉特－巴尔蒂斯坦
INGOs	International Non-governmental Organizations	国际非政府组织
NGO	Non-Governmental Organizations	非政府组织
PMLN	Pakistan Muslim League Nawaz	巴基斯坦穆斯林联盟（谢里夫派）②
PPP	Pakistan People's Party	巴基斯坦人民党
PM	Prime Minister	总理
PTI	Pakistan Tehreek-e-Insaf	巴基斯坦正义运动党
USAID	United States Agency for International Development	美国国际开发署

---

① W. A. Gamsonand, A. Modigliani. "Media Discourse and Public Opinion on Nuclear Power: A Constructionist Approach". American Journal of Sociology. 95 (1989): 1 – 37.

② 巴基斯坦穆斯林联盟有两大派，分别是巴基斯坦穆斯林联盟（领袖派）和巴基斯坦穆斯林联盟（谢里夫派）。现任领导人为巴基斯坦总理纳瓦兹·谢里夫（Nawaz Sharif），此处是用其名 Nawaz 指称这一派别。

第九章　巴基斯坦的非政府组织：一个概览

〔巴基斯坦〕阿里·阿克巴（Ali Akber）　甄志宏

一　前言

近年来，非政府组织（下文简称NGO），尤其是国际性的NGO在巴基斯坦的权力结构中获得了越来越大的影响力和干预能力。NGO在巴基斯坦不仅仅是开发类组织，它们显然已经成长为重要的社会和政治机构，在国家政体这个更大的权力架构下运行；与此同时，作为新自由主义的传播载体，这些NGO本身也是当前全球政治经济秩序的重要组成部分。

具有英国背景的NGO"儿童救助会"（Save the Children）在巴基斯坦服务30年之后，于2015年6月11日被勒令立即离开巴基斯坦，关闭所有在巴的运营机构。负责国内安全的巴基斯坦内政部称，儿童救助会在从事"反对巴基斯坦"的活动，却未披露任何关于该国外组织如何参与反巴活动的细节。尽管如此，舆论普遍认为驱逐该援助机构是美国海豹突击队行动的连带效应——2011年，海豹突击队在巴驻防城市阿伯塔巴德击毙了本·拉登。早在2012年，巴基斯坦情报组织官员就指责儿童救助会与巴医生阿夫里迪（Shakil Afridi）有私下联系；据美国中央情报局称，这位医生曾借着执行疫苗项目的伪装，成功确认基地组织首脑本·拉登的藏身之处，使海豹突击队将其击毙。[①] 2015年6月12日，作为巴基斯坦安全的监督者，

---

① BBC. 2012. "Save the Children foreign staff ordered out of Pakistan". Last modified June 2, 2017. http://www.bbc.com/news/world-asia – 19500103.

内政部长在新闻发布会上称，一些国际性的非政府组织一直是由美国、以色列和印度支持，在从事反巴基斯坦利益的活动。[①] 他警告：

> 任何在巴基斯坦从事反国家利益的非政府组织（NGO）都不会得到继续在巴活动的许可。[②]

然而，内政部在发布了驱逐儿童救助会的禁令后，关闭该组织在巴运行的行动却没有得到执行。据称，禁令撤销是由于美国国务院表示了对在巴基斯坦关闭儿童救助会的担忧，因此对巴施压。[③] 该事件至少展示了非政府组织在巴基斯坦运营的重要方面：非政府组织和国家政权之间的关系不一定总是和谐合作的，可能存在竞争甚至矛盾，这取决于二者的工作环境和情况。之前研究表明，无论国家政府的性质是民主、专制或者其他形式，由于政府与 NGO 及私人部门的策略和利益并非总是一致的，国家与非营利机构的关系可能是对立的。纳贾姆（2000 年）认为，第三方（包括 NGO）和政府之间的关系并非总是友好的，可以用他所说的"4 C"进行概括：合作（Cooperative）、对立（Confrontation）、互补（Complementarity）、吸纳（Co-optation）。[④] 当国家担心 NGO 会侵犯其权力空间，出于对自身利益的考虑，它就会限制 NGO 参与活动的范畴。

在上述案例中，由于来自 NGO 关系网络以及国内市民社会的压力，加上以美国为代表的大国施压，巴政府不得不撤销了对儿童救助会的禁令。[⑤] 这表明，NGO 作为新自由主义思潮的载体，在可见和隐形的层面上，都能够在国家事务上施加它们的影响，尤其是在巴基斯坦这样的发展中国家。

---

① Web Desk. Several NGOs in Pakistan backed by US, Israel and India: Chaudhry Nisar. The Express Tribune. June 12. 2015.

② Dawn. com. 2015. "Interior Ministry suspends order to close 'Save the Children'". Last modified June 2, 2017. https://www. dawn. com/news/1188154/interior-ministry-suspends-order-to-close-save-the-children.

③ Dawn. com. 2015. "Interior Ministry suspends order to close 'Save the Children'". Last modified June 2, 2017. https://www. dawn. com/news/1188154/interior-ministry-suspends-order-to-close-save-the-children.

④ Najam A. "The four C's of third sector-government relations". *Nonprofit Management & Leadership*. 10 (2000): 375 – 395.

⑤ US express concerns over the closure of Save the Children in Pakistan. *The Express Tribune*. June 12. 2005.

非政府组织（NGO），特别是国际性的非政府组织（INGO），通过旨在推动当地社区社会发展和赋权的各种活动和发展项目，能有效地在当地目标群体中散布国际资本主义和跨国企业价值观。[①] 这些以国际性的 NGO 为载体的开发人员成为重要的工具，能在巴基斯坦等发展中国家的边缘化人群中渗透和传播大国的社会和政治价值，还能满足当地人所期待的改变，从而在他们的心目中塑造出国际 NGO 宗主国的温和形象。显然，如果没有严格的 NGO 的监管制度，在发展项目和活动的伪装下，这些 NGO 就能参与和从事所在地政府禁止的活动。在上一届巴政府执政期间，曾有报道称，有超过 1000 名敌对的国际情报人员伪装成国际 NGO 的员工在巴工作。[②]

在建的中巴经济走廊以及围绕这些项目所展开的讨论，为巴国内外各类 NGO 在地方政治中扮演重要角色提供了机会和舞台。中巴经济走廊项目能否成功地处理与巴 NGO 的关系，并与其携手共进？中巴两国政府能够通过什么途径与当地各类 NGO 建立富有成效的合作关系，从而助推中巴经济走廊取得更大成功？在下文中，笔者将通过对巴基斯坦 NGO 的全面分析，尝试用细节来回应这些涉及广泛的问题。

二 NGO 在巴基斯坦的产生和兴起

在巴基斯坦以及整个南亚地区，志愿者工作的概念并非新鲜事物。自巴基斯坦 1947 年建国之初，就已有这样的概念。虽然彼时并没有 NGO 的名称，然而很多自愿的民间组织、福利机构已经开始为从印度来到新兴的巴基斯坦的难民和边缘人群提供人道主义援助和重建工作，因为当时英国对这个次大陆进行印巴分治。那时的志愿者组织是由精英和富人建立的，特别值得一提的是，筹建者中的女性在为大多数穆斯林向次大陆争取独立国家的"巴基斯坦运动"中起到了关键的作用。这些志愿者组织当时工作的重点仅限于，为这个新兴的伊斯兰国家的穷人们重建家园、提供基本的医

---

① Ghosh S. "NGOs as Political Institutions". *Journal of Asian and African Studies*. 44（2009）：475 – 495.

② Zahid Gishkori. Over 1000 'hostile' spies visited Pakistan under INGO guise：Nisar. *The Express Tribune*. July 9. 2015.

疗设施和遮身之处。① 这些志愿者组织有的现在仍活跃在巴基斯坦，虽然它们的角色已时过境迁。

在巴基斯坦，更加正规且有组织的 NGO 出现于 20 世纪 70 年代。当时，巴基斯坦向民间组织和福利工作敞开了大门。在这些新举措下，巴基斯坦政府分配了专项基金用于通过私营组织提供社会福利，所谓的私营组织，主要就是 NGO。当时的 NGO 使用联邦政府提供的基金，用于地区和当地的事务的方方面面。20 世纪 80 年代，由于阿富汗战争爆发，大量的阿富汗难民涌入巴基斯坦。当时，来自美国等国的国际人道主义援助机构，开始在巴工作，为阿富汗难民提供援助。然而，直到 20 世纪 80 年代末期，NGO以及所有非营利组织规模仍然较小，而且发展不良，因为巴国内的政治环境并不适合私营组织的发展。②

20 世纪 90 年代早期开始，一些 NGO 如雨后春笋般拔地而起。因为当时巴基斯坦对 NGO 及非营利组织持开放的政策，而且受到了管制放宽、私有化、全球化、全球范围内非营利组织的崛起及其在某些社会领域方面的干预作用越发杰出等因素的影响。③ 现在很难估计目前在巴工作的 NGO 的确切数目，它们有成千上万的组织，同时在最近几年还在飞速增加。根据2009 年亚洲开发银行对巴 NGO 以及民间组织的统计，大约有 4.5 万非营利组织在巴基斯坦的非营利领域工作。④ 然而，巴基斯坦慈善中心公布巴活跃的 NGO 数目在 10 万到 15 万个。这表明，在最近数十年，巴基斯坦 NGO 数目大幅增长。⑤

很多原因综合导致了巴基斯坦 NGO 数目的飞速增长。第一，民选和非民选的巴基斯坦政府面临财政危机；第二，很多领域存在管理危机，政府未能满足民众的期望。这样的情况为私营组织以及非营利组织的出现铺平道路，二者将填补空缺。政府未能向民众兑现承诺，加之能力和意愿的缺

---

① Transparencywatchorganization. com. 1999. "A study of NGOs in Pakistan". Last modified June 2, 2017. http://transparencywatchorganization. com/images/A% 20Study% 20of% 20NGO's% 20in% 20Pakistan. pdf.

② Pasha A. G. , Iqbal M. A. "Non-profit sector in Pakistan: Government policy and future issues". *The Pakistan Development Review*. 41 (2002): 879 – 908.

③ Najam A. "The Four C's of third sector-government relations". Nonprofit Management & Leadership. 10 (2000): 375 – 395.

④ Asian Development Bank. 2009. "Overview of Civil Society Organizations: Pakistan". Last modified June 2, 2017. http://www. adb. org/publications/overview-civil-society organizations-pakistan.

⑤ 数据来源于巴基斯坦慈善中心官网：http://www. pcp. org. pk/。

失导致支持公共领域的资金缩减，造成的短缺需要由 NGO 填补。同时，NGO 作为发展领域的积极分子，在社会变革和人文发展方面起到了重要作用。① 除此之外。志愿者组织在全球范围的快速增加以及全球性的"社团革命"影响着发达国家和巴基斯坦等发展中国家，改变了国家和公民之间的关系，并且在物质和非物质方面都具有深远影响。② 还有一个原因也与巴 NGO 的惊人增长相关，即大量捐赠、援助、补助金和贷款形式的资金涌入巴基斯坦。这些资金来自美国等大国，仅美国就已援助巴数十亿美元。

私营性质的志愿者组织在美国和欧洲的出现，引导了巴基斯坦等第三世界国家志愿者组织的增长。20 世纪六七十年代，很多欧美组织将工作的重心从传统的人道主义援助转向对发展中国家草根阶层的赋权。诸如阿迦汗基金会（Aga Khan Foundation）、教会世界服务组织（Church World Service）、乐施会（Oxfam America）、洛克菲勒基金会（Rockefeller Foundation）、信义宗世界救济会（Lutheran World Relief）等国际组织推动了在发展中国家为当地民众"赋权"的新途径。③ 巴基斯坦的战略性位置使自然和人为灾难时常发生，政府又未能为人民提供教育、医疗和卫生等基本的社会服务。这些因素也使巴基斯坦得到了大量的外资援助，非营利组织因此崛起。

另有研究认为，巴基斯坦在 20 世纪 90 年代重返民主、私有化政策、全球化的进程、民间组织国际合作的快速增加、巴各个政权较弱的财政只能资助有限的公共社会服务等原因使非营利机构，尤其作为其重要组成部分的 NGO，数量增长，日益强大。④ 慈善和捐赠等概念作为宗教信仰的一部分，在公益机构当中广泛传播，也让巴更多的慈善机构和公益信托崛起。自 20 世纪 90 年代开始，历届政府都对 NGO 等非营利组织，采取支持性的政策，特别是在穆沙拉夫上将的军事政权执政期间，作为对 NGO 等非营利组织承认的象征，一些著名的社会积极分子在当时巴基斯坦的联邦内阁取得重要地位，参与教育、性别、环境、信息和人口方面的管理。通过在联邦内阁授予他们职位，巴军事政权试图从这些民间组织中获得支持，避免

---

① Pasha A. G. , Iqbal M. A. " Non-profit sector in Pakistan：Government policy and future issues". *The Pakistan Development Review*. 41 （2002）：879 – 908.

② Salmon L. "The rise of nonprofit sector". *Foreign Affairs*. 73 （1994）：109 – 122.

③ Pasha A. G. , Iqbal M. A. " Non-profit sector in Pakistan：Government policy and future issues". *The Pakistan Development Review*. 41 （2002）：879 – 908.

④ Pasha A. G. , Iqbal M. A. " Non-profit sector in Pakistan：Government policy and future issues". *The Pakistan Development Review*. 41 （2002）：879 – 908.

他们挑战穆沙拉夫上将的军事政权。然而，对 NGO 和民间组织的支持却没有一直保持稳定。NGO 仍然在巴基斯坦受到严厉的制裁，特别是参与政治和社会活动的 NGO 和宣传小组。[①]

除上述因素，还有一些因素与 NGO 以及志愿者组织在巴的崛起不可分割。巴基斯坦以及其他发展中国家普罗大众对弱势国家政权的感受、世界范围内自助思想以及集体对公益的觉醒、国际参与的援助政策、草根阶级的赋权等因素，都助力了志愿者组织的崛起。除此之外，贫困、环境恶化、自然灾害、全球气候变化等长期存在的问题，也让非营利组织蓬勃发展，来帮助那些弱势和边缘化的人群。通讯革命、对全球范围内信息的获取，以及世界范围内对人类苦难的觉醒、集体福利的调动，将偏远地区的社区群众暴露在全世界面前，借此获得大规模有组织且调度有序的帮助。中产阶级的出现，其中受过教育和能读书识字的人口大量增加，以及他们政治和社会意识的觉醒，让这些中产阶级为了社会福祉更容易组织和调度资源。NGO 使用这些新型的"组织"，在巴基斯坦欠发达地区进一步促进他们自己的利益，开展相关活动。而在这些地区，国家机构并不能有效地进行管理。

巴基斯坦的非政府组织是一个非常复杂的现象，巴社会对 NGO 有着大相径庭的观点和态度。很难对在巴工作的地方、国内国际 NGO 进行完全准确的描述。现在，对包括 NGO 在内的发展类组织的学术研究，并不足以绘制出 NGO 在巴基斯坦的全面图景。关于 NGO 以及它们在巴基斯坦运营的确切数目，仍然缺乏可信的信息。尽管 NGO 已经渗透到巴基斯坦社会的方方面面，而且其数目在最近数十年呈指数级增长，巴基斯坦既没有对 NGO 进行集中管理的机制，NGO 自身也没有更新的数据能够简单直观地呈现在群众面前。增长背后有很多原因，比如 NGO 以及由个人和群体组建的志愿者组织国际性的扩张，还有非营利组织对社会的干预日益增强。

粗略估计，约有 8 万到 10 万非政府组织在巴基斯坦工作，很多都尚未注册。根据巴基斯坦的非政府组织 NGO 研究所（NGORC）在 2001 年进行的研究，巴基斯坦活跃的注册 NGO 数量约为 1 万至 1.2 万。[②] 然而，自

① Pasha A. G. , Iqbal M. A. " Non-profit sector in Pakistan: Government policy and future issues". *The Pakistan Development Review.* 41 （2002）: 879 – 908.

② Baig, Adnan Sattar Rabia, "Civil Society in Pakistan: A Preliminary Report on the CIVICUS Index on Civil Society Project in Pakistan" in *CIVICUS Index on Civil Society Occasional Paper Series.* Vol. 1 , no. 11 , Aug. 2001.

2001 年起，该数目必然已经增加。也有其他的研究认为，非营利组织的数目超过了 45 万。① 由于注册过程复杂，缺乏集中的注册和监管体系，注册费用高昂以及其他未知因素，很多当地的 NGO 一直处于未注册的状态。

三　何谓 NGO？

"NGO" 这个术语已经在现在有关发展的言论中流行，但是却没有法律上的定义。诸如 NGO、开发组织、公益组织、开发机构、民间组织、志愿者机构、非营利机构、第三方、非盈利方等术语在当今巴基斯坦学术和发展言论中交替使用。关于 NGO 一词的定义，尚未达成一致，但是定义之后更易于读者的理解。一些研究发展的学者将 NGO 定义为"参与发展或者以发展为核心工作的组织，目标是服务社区和外部的民众，虽然它们并非对后者负有直接责任"。②

同时，在现当代巴基斯坦关于发展的讨论中，NGO 有着复杂的定义和概念问题。如上所说，在现存的资料、学术论文、新闻报道以及关于发展的言论当中，上述各个术语混杂使用，并没有明确的区分。然而，这些术语彼此之间在意思、范畴、方向和概念方面都有所不同。因此，为了概念上的清晰，对 NGO 明确的定义有助于理解 NGO 及其工作的概念。世界银行将 NGO 定义为：

> 进行减轻人类苦难、促进穷人利益、保护环境、提供基本的社会服务的活动，以及承担社区发展等任务的私营组织。③

本文认为，NGO 不仅仅是发展性的组织，它们在巴基斯坦已经成为更大的权力关系当中的重要组成部分，在政治和政策制定方面有着关键性的作用。它们是重要的社会和政治积极分子，同时也有着自己的话语权和利

---

① Researchcollective. org. 2004. "Civil Society and Social Change in Pakistan". Last modified June 2, 2017. http://www. researchcollective. org/Documents/Civil_ Society_ And_ Social_ Change_ In_ Pakistan. pdf.

② Ghosh S. "NGOs as Political Institutions". *Journal of Asian and African Studies*. 44 (2009): 475 – 495.

③ "Non-Governmental Organization in World Bank Supported Projects" in World Bank Report (Washington, D. C. , 1999).

益，在很多方面影响着国家及其机构。它们的工作推动政治的发展，旨在让当地社区和民间组织参与到 NGO 设计的发展项目当中。但是，在这个过程中，当地社区却没有太多的话语权。NGO 可以被看作一个由非政府实体所占据的公共空间，它屹立于国家机构之外，但是却深入地参与到国家行动当中。

读者不可以将 NGO 和民间组织以及非营利组织的概念混淆。虽然在如今与发展相关的文献中，民间组织、公益组织和 NGO 被混杂着使用，但是它们在范畴和意义方面都有所不同。民间组织是一个大伞一样涵盖众多内容的术语，广泛用于如今和发展相关的话语当中，囊括了私营的以及 NGO 等非营利的组织，有着更通用的意义和范畴。民间组织的概念比 NGO 更加复杂。民间组织也被称为非营利组织，在涉及的范围上比 NGO 更加广泛，所以，非政府组织实际是民间组织这个更泛概念的一部分。本文将交替使用民间组织和非营利组织这两个术语，但绝不会将 NGO 和民间组织混淆使用。NGO 仅仅是民间组织这个更大概念的重要组成部分。在与发展相关的言论当中，"民间组织"是作为一个包容的术语使用，包含了很多的非政府非市场性的民间组织和举措。同时这个术语也同样用于指称，在社会、政治、经济这些广泛领域当中工作的联盟和组织网络。它的特征是，使公民集体参与到活动或社团当中，目的在于让公众受益，同时提供应对这个国家可能会对贫困人口造成负面影响的举措。①

在巴基斯坦，民间组织包括专业的协会、NGU、工会、人权组织、慈善组织、学术团体、青年团体、媒体、智库、慈善机构、妇女组织、基于宗教和信仰的组织、施压集团、社区组织、族长会议（*jirgas*，由年长者组成的委员会，会对于不同的问题给出决议，巴基斯坦很多地区仍然采用这种方式）、宣传小组、志愿者组织、草根阶层的社会福利组织，以及基于社区的组织等。然而，为了概念上的明确，本文将民间组织（civil society）定义如下：

> 民间组织包括一些涉及行业、劳工、种族、宗教的团体，也包括范围广泛的非政府组织。这些民间组织通常是私人所有，是志愿性质

① Researchcollective. org. 2004. "Civil Society and Social Change in Pakistan". Last modified June 2, 2017. http：//www. researchcollective. org/Documents/Civil_ Society_ And_ Social_ Change_ In_ Pakistan. pdf.

的。但是它们致力于为公众谋福利。它们包括那些奉献于教育、研究、劳工、商业、健康、环境、文化和宗教等领域的机构。①

按照上述民间组织的定义，NGO 是民间组织或者说是非营利组织这个大概念下的重要组成部分，但不是民间组织的唯一组成部分。然而考虑 NGO 为巴基斯坦带来的社会和政治改变的重要作用，本文将集中论述与 NGO 相关的事宜，其次会涉及民间组织/非营利组织的情况。巴基斯坦的 NGO 是在一个非常多元化的舞台上运营的，同时在民众中有力地普及人权和法律权利、环境问题、草根阶层的发展和社区的赋权等方面的意识。它们同样也在教化民众，当国家政权未能满足民众的基本需求时，要对其进行质疑。NGO 为欠发达地区的人口提供了很多急需的服务，比如医疗健康服务、教育服务、水资源、卫生服务和工作机会，等等。人类可持续发展也是很多巴基斯坦 NGO 重点关注的，虽然每个 NGO 的利益、方向、主题、重点都有所不同。

近年来，NGO 如雨后春笋般蓬勃出现，成为设计和实施社区项目的重要角色。它在调度资源和普及知识方面也非常有影响，甚至胜于政府机构。NGO 已经改变了这个国家关于政府、公民和发展等方面的言论。除却个例，大部分 NGO 的可靠度和结构的透明度都不佳。因此，对于国家和社区而言，它们并没有足够的公信力。② NGO 主要对于他们的捐赠者和资助方负责，并且会回应两者的要求，而它们的资金主要来自国外。

在最近数十年，NGO 的整体情况已经变得愈发复杂，因为 NGO 作为重要的参与方，广泛出现在巴各个领域当中，干预着人们生活的几乎所有方面。每个 NGO 都有自己的主题重点、运营范畴和行动方向，即便是同一个 NGO，也会细分出多样的重点和关注点。NGO 已经成为研究人员们所说的巴基斯坦"二等政治机构"，在从民主到人权再到可持续发展等方面行使权力。③

---

① Khaama. com. 2016. "Prince Aga Khan focuses on vital role of civil society during the African conference". Last modified June 2, 2017. http://www. khaama. com/prince-aga-khan-focuses-on-vital-role-of-civil-society-during-africa-conference – 0135.

② "Non-Governmental Organization in World Bank Supported Projects" in World Bank Report (Washington, D. C., 1999).

③ Researchcollective. org. 2004. "Civil Society and Social Change in Pakistan". Last modified June 2, 2017. http://www. researchcollective. org/Documents/Civil_ Society_ And_ Social_ Change_ In_ Pakistan. pdf.

正如其他的政治机构，NGO 也和包括政府在内的其他参与者竞争和合作，在政府、社会和公民之间斡旋。但是它们和其他机构的方法、方向、工作方式都有所不同，特别与政府或者公共机构大相径庭。

在巴基斯坦，NGO 已经成为势力的象征。很多盈利机构和公司都会打着 NGO 或者福利机构的旗号，获取政治和经济利益。将某些盈利企业标榜为 NGO 或者福利机构可以免税，可以从其他来源获取资金和捐赠，还可以在公众当中变得受欢迎。NGO 应该被理解为民间组织或者非营利组织这个庞然大物的重要因素和组成。民间组织作为一个囊括性的术语，可以指称各种各样的志愿者协会、专业协会和工会、社区组织、智库、宣传小组、人权积极分子、文化和文学团体、妇女组织、公益基金会等。

在巴基斯坦，几乎没有社会领域是 NGO 和民间组织没有参与的。国内和国际的 NGO 重点关注的领域包括：管理、环境（自然和人为环境，以及气候变化）、教育（宗教教育、小学、中学和高等教育）、医疗卫生（包括基础医疗）、民主、农业、信仰和重建（人道主义援助）、自然资源管理、经济发展、性别问题、人权、食品供应安全、减贫、农村发展、能源和基础建设、对当地民众的赋权、水源和卫生、危机和冲突、宣传还有政治赋权等。取决于 NGO 的利益、议程和范畴，NGO 可以在其中一个主题领域工作，或者致力于更多的领域。

诸如巴基斯坦家庭计划协会（Family Planning Association of Pakistan）等 NGO，在国内和国际有成功的网络关系，因而享誉国内外。它成功地介入了草根阶层，而政府曾在那里面对过很多的困难和挑战。阿迦汗基金会乡村支持计划（Aga Khan Rural Support Program）是巴基斯坦阿迦汗基金会的组成部分，也是农村成功发展模式的又一案例。它在农村发展方面的成功如此突出，以至于很多发展中国家都竞相模仿，将阿迦汗基金会乡村支持计划作为标杆。巴基斯坦政府也开始在巴全境展开它的"国家农村支持项目"，成为政府资助的农村支持项目的成功案例之一。

无数的 NGO 和社区性组织都参与到重建、紧急救援、医疗健康、教育、洪水和灾害救助等传统领域当中。2005 年克什米尔地震以及 2010 年洪水暴发都有大量国内外 NGO 和慈善团体参与救助，它们为当地受灾民众提供救援服务和援助。NGO 的网络和协作在社会发展领域是一个创新的点子。如此，各种 NGO 带着自己的经验从知识与精神角度合作，同时采用协作的方式来执行各种项目。公私合作模式是开发组织孵化的新点子，在这个模式

中，政府和私营领域的 NGO 以伙伴关系进行合作。阿迦汗基金会乡村支持
计划、奥兰吉试点项目（Orangi Pilot Project）和其他项目都讲述着关于
NGO、政府和社区共同合作的成功案例。而这些项目都是围绕社区发展所推
出的。在巴基斯坦，很多地方都已经证实，让当地群众参与定位问题以及
参与发展项目是非常成功的方法。让社区参与决策过程的方法，能为当地
群众赋权，同时也让他们对 NGO 带来的发展项目有主人翁意识。

为了更好地理解现状，可以基于方向、工作性质、兴趣以及运营水平
等，把 NGO 划分为一些比较宽泛的种类。在现存关于 NGO 的学术论文中，
并没有就 NGO 的固定划分达成一致。之前的研究将在巴和其他地区运营的
NGO 划分为 3 种类型：第一代 NGO，也是历史最悠久的一种，主要专注于
援助和公益；第二代 NGO，主要关注社区的发展；第三代 NGO，主要关注
长期可持续性的问题。① 为了更简单清楚地研究问题，本文根据 NGO 的主
题关注点以及方向，将其分为 3 种宽泛的类型：慈善公益方向，社区发展/
服务方向，可持续发展和宣传方向。基于不同的运营水平，NGO 也可以分
为全国性 NGO 以及国际性 NGO。

1947 年至今，慈善和公益性质的 NGO 是巴基斯坦现存历史最悠久的
NGO 类型。它们采用从上至下的家长式管理，但是在他们的项目设计中，
目标受益群众几乎没有任何参与。它们仅提供援助性服务，使用大大小小
的信托基金，根据慈善医院、教育机构、孤儿院的规模和结构，为它们提
供资金支持。这些以慈善为导向的机构，宗旨是帮助穷困的、边缘化和受
压迫的群体。在发生自然灾害和人为灾害、洪水等危机时，它们会提供分
发食物、帐篷、衣物、医疗设施、教育、救援和人道主义援助等慈善服务。
它们的资金主要来自于当地社区的捐助，形式主要为天课（zakat）、行善
（khairat）、施济（sadqa）、来自天课基金（Zakat Fund）的政府资金。② 这
些在巴基斯坦工作的慈善机构，既有全国性质的，也有国际性质的。艾德
希基金会（Edhi Foundation）、撒哈拉生命信托基金（Sahara for Life Trust）、
法蒂玛基金会（Fatimid Foundation）、辛达吉信托基金（Zindagi Trust）、安
萨·伯尼信托基金（Ansar Burney Trust）等都是巴基斯坦顶尖的国内慈善机
构，它们为社会中最穷困的人群提供人道主义援助。

---

① 资料来源于国际自然保护组织巴基斯坦官网：https://www.iucn.org/asia/countries/pakistan。
② 天课（zakat）、行善（khairat）、施济（sadqa）是穆斯林的宗教义务，需要将自己（物质
和非物质的）财富的特定部分，用于公益或者是帮助贫困人口的慈善活动。——译者注

　　除了当地和国内慈善组织，很多国际人道主义以及救援组织也在巴基斯坦运营。它们涉及的领域主要是儿童教育、减贫、灾害援助、医疗健康和性别等。美国伊斯兰救济会（Islamic Relief USA）、澳大利亚慈善国际（Charity Australia International）、凯尔国际（CARE International）等机构在各个领域提供着人道主义援助，涉及的领域包括教育、环境、自然灾害等。很多慈善机构和公益组织都没有依照巴基斯坦现行关于 NGO 的法律进行注册。

　　因此，巴基斯坦慈善机构和公益组织的的确切数目仍然未知。然而，巴基斯坦大部分的 NGO 都可以归类为援助类、紧急救援类、重建类的组织。① 由于它们很多尚未按照现行法律注册，因而确切数目很难计算。受到伊斯兰信仰中的天课（Zakat，意为按照《可兰经》中真主的要求，主动帮助穷人）、行善（Khairat，意为做慈善之事），以及人类同胞的权利（Haqooq-ul-ibad）的影响，很多的慈善机构和个人都在提供免费的服务，包括为贫困人口提供食物和其他生活必需品。由于慈善是伊斯兰规定的宗教义务，很多慈善机构和慈善家都在巴基斯坦匿名地低调地做事。要在人道主义的原则下以群体的形式或者尽个人能力帮助穷人，这样的概念奠定了巴基斯坦很多慈善机构和民间组织的基础。人道主义组织似乎与政府的交流最少，运营时倾向于和政府保持距离。②

　　以社区发展和服务为导向的 NGO，出现于 20 世纪 80 年代末期。由于当时政府未能履行传统的核心职能，满足民众基本的医疗健康、教育、水、卫生等需求，这些 NGO 开始为社区提供这些基本的服务。在这个分类下的NGO 会服务于公众或其他目标受益人。有的会收取少量的经费，但是目的不在于盈利，仅作为服务开支。巴基斯坦的阿迦汗教育服务（Aga Khan Education Services）、阿迦汗健康服务（Aga Khan Health Services）、阿迦汗基金会乡村支持计划（Aga Khan Rural Support Program）、肖卡特·哈努姆纪念信托基金（Shaukat Khanum Memorial Trust）以及公民基金会（The Citizen Foundations）等，都属于社区发展和服务型的 NGO。它们有正式的组织、

---

①　"Non-Governmental Organization in World Bank Supported Projects" in World Bank Report（Washington，D. C. ，1999）.

②　Researchcollective. org. 2004. "Civil Society and Social Change in Pakistan". Last modified June 2，2017. http://www. researchcollective. org/Documents/Civil_ Society_ And_ Social_ Change_ In_ Pakistan. pdf.

良好的结构以及专业的引导。它们为社会中的贫困人口和劣势人群提供广范围的服务。它们有自己的资金募集资源，同时也会申请政府的捐赠和拨款。这一类 NGO 在教育、医疗健康、性别、女性发展、农村发展等方面起到了变革性的作用。一些机构由于提供了创新性的服务而享誉国内外。比如阿迦汗基金会乡村支持计划以及奥兰吉试点项目，都属于巴基斯坦 NGO 的模范，它们在发展项目中支持着社区性组织，同时，让目标受益人群参与到发展项目当中，从而和当地社区紧密合作。① 这些 NGO 在为当地社区赋权，通过让当地民众参与到发展项目的执行和管理来提升他们的意识等方面，都起到非常关键的作用。除此之外，这些 NGO 也会通过分享它们在很多领域的专业知识来培训政府的官员；为注册的社区组织和当地 NGO 提供小型资金支持；建立社区支持组织，同时为注册的社区开发组织成员提供技术培训。由于他们在社会发展方面的重要作用，巴基斯坦政府一直支持这些 NGO 及其活动，甚至会为它们提供资金。

　　相对而言，可持续发展及宣传和政策类的 NGO 是新兴机构，但是在涉及巴基斯坦的政策问题、管理、腐败、性别、女性发展以及环境等领域开展对话及游说时非常有影响力。它们积极参与到媒体以及民间组织当中。此类 NGO 一些是国内或者地方性的；但是，很多属于国际宣传组织或者政策组织的分支或附属。这种类型的组织可以是独立的智库、非巴基斯坦的团体、非营利组织以及国际性组织。它们的关注重点是法律权利、女性问题、儿童问题、人权问题、民主政治、少数民族问题、反腐败问题、公共和政策研究，涉及社会、政策、经济等领域。它们通常会更具政治色彩，参与到政策制定、宣传以及公众政策方面的对话当中。它们会和政府、其他 NGO 和国际组织开展关于不同问题的对话，通常有着非常有效的地区和国际网络。这些独立的智库和政策机构，会为了教育群众以及影响政府的政策制定而开展研讨会、培训、工作坊、政策对话等。它们通常能言善辩，受到媒体和国际资金机构的支持。涉及社会、政治和其他社会相关方面的问题时，它们可以为了国家和私营组织，进行政策方面对话或者宣传、培训以及意识教育。然而，它们不会参与到任何在社区层面的实际执行的发

① Researchcollective. org. 2004. "Civil Society and Social Change in Pakistan". Last modified June 2, 2017. http://www.researchcollective.org/Documents/Civil_Society_And_Social_Change_In_Pakistan.pdf.

展项目或服务。①

巴基斯坦人权委员会（Human Rights Commission of Pakistan）、巴基斯坦立法发展和透明研究院（Pakistan Institute of Legislative Development and Transparency，缩写 PILDAT）、透明国际巴基斯坦分部（Transparency International Pakistan）、盖洛普巴基斯坦（Gallup Pakistan）等组织都属于国际宣传组织的分支或者是附属机构。在巴基斯坦，这些独立的非巴基斯坦本土的组织，通常关注着人权问题、民主、反腐败、公共政策研究等。诸如女性组织奥拉基金会（Aurat Foundation）这样的宣传小组，已经证明其在妇女权利和发展方面的催化作用。通过强大的游说和网络，奥拉基金会动员巴基斯坦女性行使她们的投票权，竞争在大选中为她们保留的席位。通过游说以及国内外的网络，它也让政府意识到，要制定支持女性的法律。此外，诸如巴基斯坦人权委员会、透明国际巴基斯坦分部以及其他类似的独立智库，虽然数量只有区区数百，但是它们在巴基斯坦国内以及国际上都是深受崇敬且颇具影响力的政策性组织。这样的机构通常是由非常专业且能言善辩的人所领导，它们会参与到可持续发展以及政策倡议的活动中。主要关注的问题有环境、生态系统、自然保护以及滥砍滥伐。这些话题通常和当地的社区的人民以及社区性机构有着密切联系。它们在教育和动员民众、让当地人民意识到保护自然资源和参与管理等方面有着重要作用。社区性机构、乡村组织等概念都是 NGO 带给草根阶层的重要概念之一。由此，水、森林、生态系统以及整个环境的资源能得到更好地管理。

NGO 也可以根据其运营水平而被分为地方、国内和国际性组织。地方NGO 运营的范围和资源都很受限，高度依赖外部资金来源。社区性组织就是如此，在当地有限的条件下进行运营。国内 NGO 资源丰富，结构良好。巴基斯坦和世界其他地区都有国际性 NGO 在运营，其母机构往往在美国、欧盟和海湾地区等国外地区。它们通常有着良好的结构而且非常复杂，由国际组织或其所在国家进行资金支持。救助儿童会、乐施会、凯尔国际、阿迦汗基金会、伊斯兰救助（Islamic Relief）、洛克菲勒基金会等就属于这种类型的 NGO，在全球范围以及巴基斯坦都有运营。这些国际 NGO 会为当地 NGO 和社区组织提供资金支持，也会为媒体、记者等各种组织提供能力

---

① "Non-Governmental Organization in World Bank Supported Projects" in World Bank Report (Washington, D. C. , 1999).

和专业性建设。同时它们还会和一些国内和当地的机构合作执行各种项目，介入社区层面的问题。这些主要来自美国、欧盟、日本、英国、澳大利亚的国际开发机构，是巴基斯坦最为活跃的开发机构。它们与 NGO、社区性组织以及政府机构在多个领域都有紧密合作。

发生灾害和紧急状况时，NGO 和救援组织往往比国家机构更冲锋在前。这样的行为塑造了 NGO 温和的形象，特别是人道主义援助以及救援性机构为那些受灾以及边缘化的群众提供救助，而这些事情政府机构虽然花了大量经费仍未能做好。在自然灾害、人道主义危机发生之时，这些受灾的群众只能指望 NGO 而非政府带来帮助。这表明民间组织已经取得巨大成就，它们在群众中比政府的公共机构更加有力地塑造了公信度。当发生人权问题时，这些 NGO 以及民间组织就会唤起公众的意识，同时动员民众去进行反抗，抵制国家对于有需要的民众的漠不关心。人权、女性权利、泼硫酸事件、儿童权利、工人权利以及其他很多概念都是由这些 NGO 引入公众以及媒体的讨论当中。

四 巴基斯坦的 NGO 管理体制

与 NGO 在巴状况类似，巴基斯坦 NGO 的法律框架也同等地复杂与模糊。NGO 这个术语应用广泛，却没有明确的法律定义。在当今法律和涉及发展的言论当中，所有致力于社会公益的且独立于政府的非政府组织都统称为 NGO。比如，就工作类型和运作水平而言，各类组织诸如信托基金、社团、合作企业、社会福利组织、专业协会和工会，在巴基斯坦国内的法律和主流舆论中都被称为 NGO。尽管目前巴基斯坦有关 NGO 管理的法律很多，但却缺乏一个针对地方层面和国家层面的 NGO 的集中管理机制。鉴于巴基斯坦多项有关 NGO 等非盈利部门注册的法律条款都制定于英属印度时期，长期以来包括 NGO 在内的私营部门变化甚大，巴基斯坦现行 NGO 管理体系是否依然有效？是否能作为解决问题的依据？这确实颇具争议。而针对 NGO 注册和管理等相关法律的更新修正问题，似乎巴基斯坦历届政府都没有给予足够的重视。

非政府以及非营利组织可以以社团、信托基金、社会福利组织和非营利公司的形式，在巴基斯坦注册并得到管理，它们有权参与到广泛的活动当中。大多数 NGO 的创建和运营都没有潜在的意图，仅仅是出于慈善的目的。① 有报道称，除巴基斯坦少数 NGO，其他大部分在运营中都没有明确的管理、经营责任和透明度。② 目前，至少有 6 部主要的法案与非营利机构及 NGO 在巴基斯坦的注册和运营相关：1860 年颁布的《社团注册法案》、1984 年颁布的《股份制公司条例》（第 42 章）、1961 年颁布的《志愿社会福利机构注册和管理条例》、1882 年颁布的《信托法案》、2001 年颁布的《收入税收条例》，以及最近 2015 年颁布的关于国际 NGO 注册和管理的政策。

1860 年颁布的《社团注册法案》是迄今为止巴基斯坦历史最为悠久且仍然有效的法案。它由英属印度颁布，适用于为了公众的利益而参与到广泛的活动当中的专业性、教育、文化组织的注册。按照这个法案注册的组织，大部分都是属于专业性、科学性、艺术团体以及实用知识的传播机构。目前，这部法律仍然适用于慈善团体和公益组织。1882 年的《信托法案》，为很多公共慈善和信托的活动提供了法律保护。但是，信托基金的注册是选择性而非强制的。③ 1961 年《志愿社会福利机构注册和管理条例》的颁布，是为了管理和协助承担各种公益活动的 NGO 的发展。这个条例基于社会福利的概念，强调时刻铭记社会当中的穷困人口需要制度支持，而非仅限于儿童、青年、妇女福利、人口计划、残疾人士福利、老年人福利和赤贫者福利等方面的慈善。如果机构想得到政府对活动的资金支持，需要按照该条例进行强制注册。很多机构选择注册就是为了得到国内外资金支持，而未注册机构不能享受这些待遇。

根据 1984 年颁布的《股份制公司条例》（第 42 章）的规定，NGO 可以注册为非盈利公司，虽然可以从活动中营利，但所获利益必须循环用于提升 NGO 的目标，而不能为公司股东或 NGO 谋取利益。2001 年颁布的《收入税收条例》，规定了在巴基斯坦运营的 NGO 和非营利组织享受税收减免政策。同时，如果有人向 NGO 或者非营利组织捐赠，那么捐赠者将享受减税政策。目前，大多数国内 NGO 和公益组织都是根据 1860 年颁布的《社团

① Siteresources. worldbank. org. 2002. "Law and Nonprofit sector in Pakistan". Last modified June 2, 2017. http://siteresources. worldbank. org/INTPCENG/Resources/wpaper3. pdf.
② "Non-Governmental Organization in World Bank Supported Projects" in World Bank Report (Washington, D. C., 1999).
③ Siteresources. worldbank. org. 2002. "Law and Nonprofit sector in Pakistan". Last modified June 2, 2017. http://siteresources. worldbank. org/INTPCENG/Resources/wpaper3. pdf.

注册法案》进行注册的。①

关于管理巴基斯坦 NGO、公益组织、信托基金和社团的现存法律，仍然有很多混乱和不明确的地方。首先，巴基斯坦现存有关非营利机构的法律，对于 NGO 和非营利组织并没有明确的定义。正是利用了这样的漏洞，很多 NGO 和慈善机构并没有依照任何法律进行注册。近期，政府承认了这样的模糊，认为关于 NGO 的法律缺乏清晰度和可靠性。根据政府公布的数据，38% 至 40% 的在巴运营的 NGO 没有依照法律进行注册。因而，在巴基斯坦，既没有关于 NGO 的可靠数据，也没有对其进行审计和问责的系统。②

由于现存法律太过模糊，漏洞太多，2015 年 10 月，巴基斯坦颁布了一部新的关于 NGO 的政策，指导所有国内和国际 NGO 重新注册。这部新法专门用于国际非政府组织的管理。按照规定，所有国际 NGO 的资金和运营都要进行注册，受到巴基斯坦的管理和监控。这样的政策史无前例，它是第一部为在巴基斯坦工作的国际 NGO 提供的全面政策框架。按照新法案的规定，所有在巴工作的国际 NGO 都必须在内政部重新注册。按照之前双边协议的规定，国际 NGO 曾需在巴基斯坦经济事务部进行注册。这部新法律引入很多新指导条例，它是史上第一部对国际 NGO 进行监控和管理的条例，即便这些组织在其原来所在国家没有注册，它们也必须重新在内政部进行注册。③ 国际 NGO 不大情愿接受新注册方案的管理，现在只有很少的机构进行注册。很多 NGO、伊斯兰宗教学校（Madrassas）等非营利组织都还未按照之前任何法律进行注册。政府声称，所有没有注册的机构给国家带来了麻烦，甚至有一些可能会涉及在巴进行恐怖主义资金募集。新 NGO 注册法的目标是控制恐怖主义集资以及某些机构在巴进行的可疑活动。根据新法规定，没有注册登记的 NGO 的银行账号和服务将会受限。④

NGO 和非营利组织可以在巴基斯坦政府各大部门进行注册。根据上述 2015 年颁布的新政策，社会福利部、特殊教育部以及各省的社会福利局都

---

① "Non-Governmental Organization in World Bank Supported Projects" in World Bank Report (Washington, D. C., 1999).

② Dawn. com. 2015. "Save the Children allowed to reopen Islamabad office". Last modified June 2, 2017. https://www.dawn.com/news/1190172/.

③ Interior. gov. pk. 2016. "See the official website of the ministry of interior for the new INGO policy". Last modified June 2, 2017. https://www.interior.gov.pk/.

④ Pakistanilaws. wordpress. com. 2012. "What is law and procedure for registration of NGOs in Pakistan". Last modified June 2, 2017.

属于注册和监管部门。联邦（中央）政府以及省级政府部门都可以为社会公益组织等非营利组织和 NGO 提供注册服务。目前由代理委员会办公室直辖的各省地区政府或地方政府以及省级社会福利部门也有权注册包括宗教学校和慈善组织等 NGO 或非营利组织。国内和国际 NGO 如果在联邦政府工作，就必须在联邦政府进行注册。按照 1961 年《社会福利条例》的规定，其他能负责地方和国内 NGO 注册和监控的部门有社会福利部、特殊教育部以及省级社会福利部门。按照 1860 年《社团注册法案》规定，各省的工业部的地区办公室也可以为组织提供注册。NGO 注册最基本的条件是，该机构必须通过其活动和项目为社会谋取福利——此处是指广泛的社会，而非仅是社会中特定的群体。

按照新国际 NGO 政策的规定，国际 NGO 应该在内政部进行注册。之前巴基斯坦和国际 NGO 签订的双边框架协议，要求经济事务部为国际 NGO 的注册负责。但是按照现行政策，NGO 需要向政府阐释其资金来源，此外，还需在巴运营之前，优先签署谅解备忘录。按照新法规定，国际 NGO 的注册有效期为 6 个月，但是如果它不遵守新法案规定，那么注册将予以取消。

根据 2001 年颁布的《收入税收条例》，所有注册过的本地和国际 NGO 以及慈善信托基金，都可能有资格享受某些领域的免税。对于慈善机构而言，只要它们获得的资金是循环用以提升慈善的目标的，它们就能特别享受几种形式的收入税收免除。并不是所有注册过的 NGO 和慈善组织都可以自动享有免税。NGO 需要向财政部提出申请，如果收入是来自财产、资本获取和经商活动，就不能免税。慈善机构或 NGO 应该在巴基斯坦中央委员会进行注册，才有资格享受免税。[1] 受益的 NGO 需要向中央委员会提交他们的年度审计报告，内含捐赠者、资金来源以及目标受益人群。《收入税收条例》同时也免除了捐赠者向机构捐赠款项的税费，作为对捐赠者的额外奖励。此外，之前提到数部法律都会对 NGO、慈善机构、公益组织的集资活动有所影响。比如，根据 1953 年的《慈善资金法案》，如果一个 NGO 或者是公益组织在进行公共的资金募集活动，那么它需要得到当地官员（主要是代理委员会）的许可。如果捐赠是从慈善家等私人来源获得的，或是

---

[1] Pakistanilaws. wordpress. com. 2012. "What is law and procedure for registration of NGOs in Pakistan". Last modified June 2, 2017.

政府及国内国际机构的拨款，就不需要任何机构的许可。① 2015 年颁布的新 NGO 法律，要求所有 NGO 向内政部公开资金来源。所有 NGO、社团、公益组织都有它们各自国家的法案、宪法、规定和运营实体，但当它们在注册国运营时，必须遵守当地的法律和条例规定。

这些 NGO 的资金来自何方？这是一个非常微妙的问题，因为很多 NGO，特别是小型 NGO 和慈善组织并没有公开它们的资金来源。在巴基斯坦运营的慈善组织和 NGO 的两大主要的资金来源是当地支持和国际资金。按照上述法律进行注册的 NGO 都有资格获得政府部门以及政府批准的国内国际捐赠者的资金支持。慈善机构高度依赖于当地的慈善捐助，比如个人捐赠者、天课和行善等宗教义务。发展良好的 NGO 和社区组织的资金来自政府和国际捐赠机构。来自于美国、日本、加拿大、澳大利亚、荷兰的双边和多边资助，往往通过这些国家开发机构进行管理，也是巴基斯坦 NGO 主要的资金来源。联合国、世界银行、亚洲开发银行等多边组织是医疗健康、教育、水资源、卫生、人口项目、排水灌溉、减贫项目等领域的主要资金供应方。联合国的机构也会为很多 NGO 提供支持和援助，为它们担忧的问题和项目进行宣传和网络建设。国际捐赠者捐助的资金主要以项目援助的形式提供。

美国国际开发署（United States Agency for International Development）、日本国际协力机构（Japan International Cooperation Agency，简称 JICA）、澳大利亚国际/海外发展署（Australian Aid，简称 AusAid）和加拿大国际开发署（Canadian International Development Agency，简称 CIDA）等国际援助和开发机构是支持巴政府和 NGO 的主要国际机构。按照双边协议，它们支持着很多领域的发展。比如，美国通过美国国际开发署巴基斯坦分支，与政府以及国内外 NGO 等私营机构展开紧密合作，开展了很多发展项目以终结赤贫状态，让有民主意向的团体实现其潜力。2009 至 2014 年，按照《克里 - 卢格 - 伯曼法案》（Kerry-Lugar-Berman Act）美国开展了对巴的民间援助，期间，通过美国国际开发署巴基斯坦分支向巴捐赠了 76 亿美元。资金主要通过巴基斯坦国内和国际 NGO 进行分配。

这些年来，国际开发机构倾向于通过 NGO 和社区组织向巴提供资助。

---

① Siteresources. worldbank. org. 2002. "Law and Nonprofit sector in Pakistan". Last modified June 2, 2017. http://siteresources. worldbank. org/INTPCENG/Resources/wpaper3. pdf.

主要因为巴政府机构使用资金成效低下，而 NGO 和社区组织对同样资金的利用更加高效。虽然如此，在巴运营的 NGO 仍需达到一些条件和要求才能获取这些海外资金。如要接受这些国际资助，资助方会设计受赠 NGO 的项目和目标，同时，按照国外开发机构的考虑进行调整。比如，自《克里－卢格－伯曼法案》实施以来，大量来自美国的资金涌入巴基斯坦，但是美国国会对巴政府能获得的资金比例有严格的限制和条件，美国国务卿每年会开出授权证书，确认巴基斯坦致力于铲除恐怖主义、极端主义，致力于采取措施抵制巴现存武装组织。[①]

在巴基斯坦社会发展领域进行项目运营时，当地社区和社区组织、国内外 NGO 以及国际开发机构之间有着强有力的联系和网络。然而，国际开发机构在巴基斯坦的竞争也日益激烈，因为它们想以各自的开发活动作为提升软实力和塑造形象的工具，以提升它们所属国家的形象。比如，美国国际开发署在巴媒体领域投入大量资金，正是建设软实力和公共形象的战略驱使。这些媒体会对巴基斯坦人民广而告之，宣传美国对巴经济社会发展的参与和贡献。在巴活跃的国际著名 NGO 有救助儿童会、行动援助（Action Aid）、阿迦汗基金会、英国文化教育协会（British Council）、乐施会、亚洲基金会（Asia Foundation）、伊斯兰救助、基督教社会服务（Christian Social Services）等，它们运营着各自的项目，也会支持当地的 NGO 和社区组织。这些国际 NGO 的资金来源主要是捐赠者、人道主义者以及所属国的国家拨款资金。

由于缺乏集中的监控体系和政策机制，NGO 很难在巴得到监控。2011年 4 月，美国哥伦比亚广播公司在节目"60 分钟"当中，报道了一项调查指出，主要在巴北部吉尔吉特－巴尔蒂斯坦工作的慈善组织"中亚协会"（Central Asia Institute），宣称关注女性教育问题，但是却被指控把莫须有或者别人建设的学校归功于自己。当时该慈善机构的执行理事也是畅销书《三杯茶》的合著者。据报道，他在书中编撰了他的慈善功绩，他在宣传图书上的开销超过了在巴基斯坦和阿富汗慈善建校的花费。有意思的是，这位合著者兼理事葛瑞格·摩顿森，由于通过他的慈善机构对巴教育事业做出的贡献，获得了巴最高荣誉——"巴基斯坦之星"（Sitara-e-Pakistan）奖

---

① Tribune. com. 2011. "Disbursement through NGOs: Pakistan seeks details of US aid". Last modified June 2, 2017. http://tribune. com. pk/story/168977/disbursement-through-ngos-pakistan-seeks-details-of-us-aid/.

章。① 摩顿森否定了该报道，称其为增加公司收视率的故事。

新政策是巴政府所做的首次尝试，想让所有的国际 NGO 在 2016 年 2 月之前，完成在内政部的网上注册。之前，按照双方签署的谅解备忘录，国际 NGO 的注册是由巴经济事务部完成的。按照新政策规定，国际 NGO 想要在巴运营，就必须通过内政部发布的安全检查，同时在注册时声明资金的来源。国内 NGO 在接受国外任何机构的资金之前，必须在政府完成注册。与此类似，所有国际 NGO 在接受经济援助等海外资金和捐赠（包括服务、物质和资金等）时，必须按照 2015 年的国际 NGO 政策，在运营和使用海外资金之前，于巴内政部完成注册。新政策的发布背后有很多原因。2014 年，一所学校发生的恐怖袭击导致将近 150 名儿童丧生，因而巴基斯坦政府决定采用国家行动计划（National Action Plan）以及其他措施来审查和监控 NGO 以及宗教学校。其中，新 NGO 政策的发布是政府需要采取的最重要的措施之一。此外，巴最高司法机关也指导政府彻查巴 NGO 资金来源。② 然而，很多国内外 NGO 仍然不情愿按照 2015 年的新政策重新注册。

五　NGO 在巴基斯坦如何运作？

NGO 在实现目标时的工作方式、运营、途径，都和政府部门有所不同。特别是以发展为导向的 NGO 会与当地社区紧密合作，让当地群众参与到 NGO 为其设计的项目当中，然而，巴基斯坦 NGO 丰富多样，项目的执行彼此又各具特点。本文选取了国际自然保护联盟（International Union for Conservation of Nature，简称 IUCN）以及巴基斯坦人权委员会（Human Rights Commission of Pakistan）这两个机构作为案例研究，来理解 NGO 实际的工作情况。前者是国际性非政府发展组织，在巴基斯坦等很多国家都有运营；而后者是在巴基斯坦运营的以宣传/政策为中心的组织。

国际自然保护联盟成立于 1948 年，是世界上最大且历史最悠久的全球环境组织，也是生物多样性保护、环境管理和生态问题等方面的权威。它在包括巴基斯坦在内的 160 个国家或地区都有活动。正如它的名字所示，国

---

① Agencies. 2011. "Three cups of tea: US author fabricated charity work in Pakistan". *The Express Tribune*. April 17.
② Dawn. com. 2015. "Provinces asked to scrutinize NGOs' sources of funding". Last modified June 2, 2017. https://www.dawn.com/news/1194987.

际自然保护联盟是一个多成员的联盟，独特地由政府和民间组织构成。它会为公共和私有机构以及 NGO 提供知识和工具，让人类进步、经济发展、生态系统和自然资源得到保护。① 国际自然保护联盟提供了一个平台，让各个利益相关方，包括政府、NGO、社区组织、当地社区群众、研究人员、科学家、志愿者、当地人民组织以及其他方，共同工作、思考、探索、研究，最终找到国际自然保护联盟所在社区中可持续发展所面临的环境挑战的解决方案。

国际自然保护联盟巴基斯坦分部成立于 1985 年，核心关注领域为环境、生物多样性的保护、自然资源保护。它和政府以及相关部门、当地社区紧密合作，构建巴基斯坦的可持续发展。据国际自然保护联盟巴基斯坦分部称，机构目前的关注重点是巴基斯坦海岸以及森林地区的生物多样性保护，解决在气候变化影响之下目前生态系统和生物多样性保护面临的挑战。该机构在巴基斯坦几乎所有的主要城市，诸如俾路支省的奎达、吉尔吉特 -巴尔蒂斯坦的吉尔吉特市等都有办公室，其员工在环境以及相关问题方面都有专长，这是因为巴基斯坦拥有世界上 4 个最重要的生态区域。

和其他开发组织一样，国际自然保护联盟巴基斯坦分部并非单打独斗，它和政府以及当地社区共同努力。作为一家并非源自巴基斯坦的开发组织，国际自然保护联盟巴基斯坦分部从政府、致力于可持续发展的当地社区等利益相关方获得大力支持。公私合作的伙伴关系是国际自然保护联盟等开发组织在巴基斯坦采用的独特发展途径，以便和政府、其他伙伴相支持者以及目标受益人紧密合作。将关于环境变化最新的科学知识与当地社区的经验相结合，国际自然保护联盟巴基斯坦分部成功教育并动员政府和当地社区，采取措施保护环境、生态多样性和整个自然。

通过与当地社区、民间组织和当地群众紧密合作，国际自然保护联盟巴基斯坦分部找到了巴基斯坦某些农村和城市、地区所面临的环境、生物多样性和生态问题。通过该机构的知识和专长，它试图让当地民众共同努力，为相关问题提供解决方案。比如，如果当地面临滥砍滥伐的情况，国际自然保护联盟巴基斯坦分部会联系政府和当地社区共同致力于解决这个问题。大多数情况下，会组织当地民众领导的地方委员会来控制树木的砍

---

① Iucn. org. 2016. "The Union". Last modified June 2, 2017. https://www. iucn. org/secretariat/about/union.

代。让当地社区参与保护的方案非常有效，因为民众会对环境有主人翁意识，也会感受到自己获得了主动权。在环境和当地社区面临的其他问题的决策过程中，政府也在采用类似的方法解决问题。

为了在利益相关方和社会中有效地传播信息，国际自然保护联盟在线上线下都有非常有效的传播机制。读者可轻易在机构官方网站找到项目的更新信息，网上还有无数关于其活动的报道。机构有专门的传播部门，旨在向公众传播信息。国际自然保护联盟巴基斯坦分部开展了研讨会、工作坊、培训等活动，还会和社区、媒体、政府官员、公众进行政策对话，以宣传机构所做之事。同时，它还在巴基斯坦的各个大学开展和支持各种国际会议、政策对话、研讨会，让学术界知晓有关环境保护和政策的事宜。机构也会鼓励年轻人，为他们提供志愿者会员资格，让其成为项目的一分子；为进行生物多样性、生态和保护问题等方面研究的人员提供资金支持。联盟和媒体有紧密的合作和交流，以传播关于巴基斯坦生态和环境所面临的挑战的信息和知识。联盟的官方网站提供关于性别问题、环境问题、生态系统等方面的年报、研究成果、视频、成功事迹、新闻发布会以及其他有用信息。这些信息传播的目标受众是联盟巴基斯坦分部国内外的关注者。国外的关注者主要是巴基斯坦之外的国家和利益相关方，它们的工作包括向国际自然保护联盟在瑞士的秘书处汇报。联盟的主要资金来源是国际捐赠者和伙伴机构的资助。它和数量众多的国际伙伴形成强大的网络，对方会为联盟的活动和项目执行提供资金和支持。跨政府组织、非政府组织、政府、多边组织、基金会、公司以及个人捐赠者构成了联盟的主要捐赠者和资金提供伙伴。①

本文选取的第二个案例是巴基斯坦人权委员会。它是巴基斯坦最受尊重、独立自主且最具影响力的非政府组织之一。委员会成立于 1987 年，是巴基斯坦最活跃、最为人民所接受的代表性人权组织。无论在巴基斯坦民主或不民主的政权管辖时期，它都坚定不移地争取着人权。巴基斯坦人权委员会对于人权事业的推动，在国内外都享有盛誉。它对人权的理念极具重要性。同时，委员会的领导人是巴基斯坦驰名海外的人权积极分子。

巴基斯坦人权委员会的核心领域基本涵盖了巴基斯坦民众生活所需的

---

① Iucn. org. 2016. "The Union". Last modified June 2, 2017. https://www.iucn.org/secretariat/a-bout/union.

各个方面，如教育、医疗卫生、环境保护等，以及多种人权理念，如人道主义价值观、民主价值观、面对基本人权被侵犯时所需的法律条例、如何应对政治迫害以及妇女儿童的暴力事件。它的活动丰富多样，旨在通过唤醒民众意识、动员人权氛围、参与巴人权的宣传和公共政策制定，以保护和促进基本的人权和自由。它是面临政府和非政府活动分子威胁却不屈服的民间组织之一，致力于《世界人权宣言》和其他相关章程、契约和协议的普及和执行。为了在乡村地区宣传人权的概念，委员会由人权积极分子专家和法律顾问领导，几乎在巴所有大型城市都有分支机构和办公室，与拉合尔市的总部紧密相连。这些分支机构和办公室积极参与到各自的区域工作中，代表总部、媒体和其他民间组织来关注、监控、收集和报告有关人权侵犯的事件。

作为巴基斯坦最为活跃的民间组织之一，巴基斯坦人权委员会下设办公室和特别任务小组，来监控和报告整个国家发生的人权侵犯事件。它会通过公关活动、游说和介入法院的审判，向民众传播关于人权的知识以及如何应对人权侵犯案件。委员会也在全国范围内组织研讨会、工作坊、调查活动、研究、问询和集会，通过办公室和行动组以及各行各业的参与人员来促进和保护人权。[1] 它同样也会在地区和地方级别开展公共会议，让当地社区群众参与评估立法机构（负责立法的政府部门）的表现以及职能。

巴基斯坦人权委员会也是很多国际人权组织的成员。它们共同合作，监管着《世界人权宣言》的执行，对政策和有效的立法和执法献计献策。委员会邀请国内外咨询专家赴巴，为巴人权积极分子安排能力建设的培训。在劳动节、妇女节、媒体自由日等特殊节日，巴基斯坦人权委员会全国的办公室还会组织集会、公众游行甚至抗议，来促进和保护人权。委员会所有的办公室，每周或每月都会开会讨论国内和地区的人权状况。

巴基斯坦人权委员会已经启动投诉小组，接受公众对人权问题的投诉和建议。除此之外，它的官方网站为普通大众、学生、研究人员和记者，提供了关于人权或者其他与人类生活相关的问题的大量信息、报告、建议。仅去年一年，委员会举行了大量活动、研讨会、工作坊和政策对话，涉及巴基斯坦的反腐败、极端主义、恐怖主义等各种问题。它定期会通过新闻

---

[1] Hrcp-web. org. 2016. "Human Rights Commission of Pakistan". Last modified June 2, 2017. http://hrcp-web. org/hrcpweb/about-hrcp/mission-vision/.

发布会向地方和国内媒体传播信息。人权委员会的很多积极分子，都会在英语和乌尔都语的媒体写作专栏。每一年，委员会都会发布关于巴基斯坦人权状况的年报。同时，还用自己的月刊和广播来传播关于巴基斯坦人权的知识。

六　NGO 与中巴经济走廊建设进程：前景如何？

最近数十年，NGO 在巴基斯坦如雨后春笋般涌现，承担了重要的社会和政治角色。它们的角色和关注领域，一开始只是开发领域，而后转移到巴基斯坦管理、民主、政策、决策等方面。它们通过游说、国内国际网络以及和其他民间组织联动，开始成为民众动员、当地社区的赋权、影响政府立法和决策过程的催化剂。NGO 对于各层次生活的方方面面都有涉及。它们关注的核心领域是教育、医疗健康、环境、性别、水资源、卫生、减贫、人口计划、管理、农村发展、基础建设发展、灾后重建、人权、生态系统、自然资源管理、年轻一代、农业、洪水和其他灾害、宣传等。毫不夸张地说，在巴基斯坦某些地方，政府未能很好地行使对当地人民的职责，而 NGO 却可以成为解决当地社区不同问题的媒介。它们在当地民众中获得了比政府机构更多的欢迎和接受。它们对很多领域的干预，进一步缩减了政府机构行使职能的空间；同时，弱化了政府主要的政治性角色。

近来，NGO 在巴基斯坦已经成为重要的社会、经济、政治领域的参与者。它们在不同层次都带来了变革，成为巴基斯坦公民社会当中不可或缺的一部分。由于 NGO 已经变成国际政治不可分割的一部分，它们享受着日益增加的主动权，同时，也对巴基斯坦等国政府的决策者日益尊重。[①] 即便是在社会经济的某些领域，政府未能行使职能；不同的国内外项目也会由政府外包给 NGO，因为它们能成功完成任务，NGO 称，通过教育和动员，为社会当中边缘化以及易受伤害的人赋权，让他们能够掌控自己生活和资源，过上体面可持续的生活，这是机构最主要的目标。

新自由主义的世界秩序催生了经济自由化和政治民主化政策，在此背景下，国际开发机构已经开始推动和鼓励私营非营利组织向巴基斯坦等多

---

① Mawlawli F. "New conflicts, new challenges: The evolving role for Non-governmental actors". *Journal of International Affairs.* 46 (1993): 391 – 413.

个发展中国家的贫困和边缘化人口提供比政府更高效的援助，执行它们的发展计划，提供社会服务。NGO 将国际开发机构的基金导向草根阶层，并用于社会服务以及发展活动，其媒介作用已经得到广泛认可，它更为高效、灵活，也带给群众更强的参与感。相比之下，在巴基斯坦等多数发展中国家，政府以城市为据点的政策倾向显得官僚化、僵化以及低效。①

最近几年，巴基斯坦 NGO 之间的网络也在日益增强。不同方向的 NGO 形成了联盟，为了共同的目标和抵制政府的某些政策，支持各自的运营以及公民社会的发展。拥有共同目标的 NGO 的水平连接，支持了独立的民间组织的发展，将不同机构的工作进行了整合。各个 NGO 和民间组织各做努力的工作新模式，让 NGO 的工作更加高效，因为它们会分享不同发展领域的经验，此外，也会分享它们的协同效应和财务问题。NGO 的网络以及联盟，能让 NGO 在一个更有力的工作环境中，致力于政治、社会、经济舞台上更广泛的领域。NGO 与民间组织的水平连接以及与社区组织的垂直连接，进一步强化了巴基斯坦的 NGO 领域，同时减弱了政治压力，还为 NGO 在更大的权力结构中提供了保护和正当身份。NGO 在巴基斯坦运营的网络以及它们和国际 NGO 的联系，为 NGO 带来更多的权利，能影响到巴基斯坦政府和政府在不同领域的决策。

巴基斯坦不同类型的 NGO 和民间组织，也表达了它们对人类行为干扰生态系统，引起生态系统退化的担忧。比如，有的 NGO 向法院提起诉讼，成功地发出机构的呼吁，指控权贵在海湾地区不加控制地捕猎鸟类。与此类似，也有 NGO 向司法部请愿，要求保护环境和生态系统。对此，法院也做出了支持 NGO 的判决。②

考虑到 NGO 在巴的重要角色以及中巴经济走廊的地缘政治重要性，NGO 很可能会涉及中巴经济走廊及相关项目在未来的进程。事实上，很多致力于环境和人权领域的 NGO，已经开始对中巴经济走廊和相关项目表示担忧。一些环境类 NGO 提出质疑，认为中巴经济走廊可能会给城市和农村地区带来环境影响和污染。最近，一家在巴基斯坦的国际环境 NGO 提出，

---

① Bano M. "Non-profit education providers vis-à-vis the private sector: comparative analysis of non-governmental organizations and traditional voluntary organizations in Pakistan". *Compare: A Journal of Comparative and International Education*. 38 (2008): 471 – 482.

② Tribune. com. 2015. "Protect our species: SHC orders authorities to stop illegal hunting of houbara bustard in Sujawal". Last modified June 2, 2017. http://tribune.com.pk/story/1016743/protect-our-species-shc-orders-authorities-to-stop-illegal-hunting-of-houbara-bustard-in-sujawal/.

中巴经济走廊及相关项可能给巴带来环境影响和污染；要求相关部门在巴执行中巴经济走廊项目之前，采取标准的环境保护措施。[①] 如果相关部门没有采取合适的措施，那么 NGO 可以动员当地社区和其他民间组织，进一步将这些问题政治化。由于中巴经济走廊及相关项目要在俾路支的瓜达尔进行，人权 NGO 也同样表达了它们对俾路支省人民搬迁问题的担忧；同时，它们要求政府尊重当地人民的感情，解决其担忧。[②] 从矿产资源的开采到地区的贫困状况，俾路支问题成为巴很多关心人权问题的 NGO 的重点担忧。如果它们担忧的问题没能得到解决，NGO 会动员当地社区，让这些问题在中巴经济走廊当中变得更加政治化。民间组织已经向巴基斯坦法院提起了诉讼，来抵制中巴经济走廊项目中，采矿公司对于环境的影响以及在俾路支省造成的环境退化。

最近，国际 NGO 们召开了各种论坛、工作坊和政策对话，让民众意识到中巴经济走廊可能带来的情况。比如，按照中巴经济走廊协议，巴基斯坦向中国进口燃煤能源技术、土壤腐蚀技术以解决俾路支省和吉尔吉特 – 巴尔蒂斯坦的自然环境和生态系统的破坏问题，对巴基斯坦和全世界的 NGO 和学术界而言，这些都是它们会关注和政治化看待的重要领域。比如，连接中国和巴基斯坦的喀喇昆仑公路，于 1976 年由中国修建。它带来了无数的机会，同时，由于巴基斯坦保护不周，公路修建造成一些历史建筑遗迹损毁。这个问题在巴基斯坦和世界其他地方举行的国际会议上，都引起了关注和讨论，因为公路的修建确实导致巴基斯坦很多建筑古迹被发掘和破坏。目前仍有大量人类学研究在探讨，20 世纪 60 年代中巴两国如何在修建喀喇昆仑公路时造成历史建筑遗迹的破坏。与此类似，有人担心在中巴经济走廊项目执行过程中，其他的建筑遗迹和自然环境可能遭到干扰破坏。

NGO 与巴媒体以及公民社会联系紧密。很多巴 NGO 都在对媒体人开展培训工作坊，对他们进行能力建设，培训他们如何对巴环境问题进行报道。NGO、社区组织、民间团体以及媒体之间有着强有力的联系。读者很容易发现，在几乎所有的 NGO 研讨会、工作坊，以及政治对话等活动中，媒体都

---

① Tribune. com. 2015. "CPEC impact: minister for making the trade corridor ecologically sustainable". Last modified June 2, 2017. https://tribune. com. pk/story/899514/cpec-impact-minister-for-making-trade-corridor-ecologically-sustainable/.

② Dawn. com. 2016. "Baloch concerns revisited". Last modified June 2, 2017. https://www. dawn. com/news/1273557.

有出席，为 NGO 向公众和目标受益者传播信息。同时，大量在巴智库、政策机构、NGO、民间组织等私营机构的工作人员，在巴精英媒体担任专栏作家。这些 NGO 有多样的方式，通过媒体和社区组织等，影响中巴经济走廊以满足它们的利益需求。作为各个环境国际会议的签约方，如果巴相关部门在中巴经济走廊相关的环境保护中，不能达到其职能要求，那么这些部门将受到 NGO 的干涉。

NGO 也是巴政治领域非常重要的政治角色。它们同媒体以及反对党派之间的联系，在游说立法机构以及政策决策过程当中，卓有成效。人权组织、独立智库是巴权力结构中重要的一环。通过它们的游说以及与巴民间团体等国内外组织的网络，在与公众利益相关很多领域，这些 NGO 都能对司法等政府部门施加压力和影响。正是由于这些 NGO 的网络以及巴民间组织的游说，才使得人权、女性、妇女和儿童权利、对妇女的暴力、信息获取权、教育权、工作场合的性骚扰、泼硫酸事件、少数民族的权利等社会热点问题得到立法保障或制裁。很多关注人权的 NGO 已经开始要求巴政府按照国际环境会议的要求，在执行中巴经济走廊及相关项目时，注意项目对巴基斯坦人民生活造成的气候变化和环境影响。对参与巴立法和政策决策过程的当地机构代表，国际 NGO 也同样展开了培训。①

随着新 NGO 法在巴基斯坦的实施，NGO 可能无法直接对中巴经济走廊及相关项目进行干预。因为新政策让 NGO 对干涉政治方面的问题有所顾虑。然而，考虑到仍然存在对中巴经济走廊的政治争执，NGO 能间接影响到民间组织、媒体以及反对派政党。此外，NGO 仍有潜力唤起社会群众对中巴经济走廊等与巴相关的问题的政治和社会意识。很多政治家都和 NGO 有着密切往来，在某种程度上，他们可能会影响到政府的决策。媒体产业也同样被国际发展机构渗透。它们在媒体广告方面花费了大量资金，作为构建软实力的武器。此外，还为新闻工作者提供大量的培训以及奖学金，用于海外学习。除了关注社会领域的发展，美国资助的一些机构也同样致力于社会不同部门的能力建设和培训。比如，美国国际开发署就为当地新闻工作者进行能力建设的培训，还为巴媒体人提供了一项久负盛名的奖学金，以资在美学习一年。类似完全由美国提供的奖学金，惠及巴官僚和政要，让他们赴美学习。此外，还培训了巴基斯坦的政治家，以进行有效的立法。

---

① "Words and Deeds", *The News International*, August 20. 2008.

考虑到巴不同政党、种族、宗教团体之间普遍对中巴经济走廊有政治性的争议，NGO 有可能通过动员当地民众反对中巴经济走廊，加剧中巴经济走廊的政治色彩。同时，巴基斯坦某些地区已经有民间组织在进行抗议，要求他们在中巴经济走廊项目当中应得的权利。[1] 这些年，巴基斯坦对 NGO 和捐赠人倾向一直在变，从 20 世纪 80 年代的女权问题到 2000 年以后的管理和公众动员问题，这些情况表明了 NGO 在巴政治当中日益重要的地位。[2]

七 结论

在巴基斯坦整个权力结构中，NGO 作为日益重要的社会和政治角色应运而生。这些年来，它们的角色已经从单一的发展参与者，转变为在多个领域高度关注着管理和公众动员的机构。在公共政策制定过程中，人权和宣传组织也成为最为卓越和有影响力的一方。巴基斯坦的社会领域鲜有 NGO 毫无涉足的。通过游说和国内外网络，它们在政策制定和执行等方面，成功对抗了政府。它们的干涉加剧缩减了巴政府部门的职能空间。NGO 在所致力的领域教化、教育、动员群众非常成功，给予民众权利，让他们质疑政府部门未能满足所辖民众基本服务需求的失败。虽然 NGO 声称是非政治性且非党派组织，它们的举措和方法却与此背离。它们会通过捐赠者设计的发展项目和干预措施，实现组织的目的和利益。最近 NGO 通过与国际 NGO 的结盟和网络，成功抵制了巴基斯坦很多 NGO 法案的颁布。

八 政策倡议

基于之前对 NGO 的论述，为了中巴经济走廊能在巴顺利执行和运作，本文就中巴经济走廊建设和 NGO 在巴的运营有以下建议。

1. 考虑到中巴经济走廊涉及的范畴、战略重要性以及项目通过的区域，未来，国内外 NGO 很可能会提出疑虑。同时，连接中巴两国的区域也是 NGO 高度渗透的地区，以丰富的动植物资源而蜚声世界。中巴经济走廊的

---

[1] Dawn. com. 2016. "Nationalist, religious groups to protest CPEC land Purchase". Last modified June 2, 2017. https://www.dawn.com/news/1260770.

[2] Bano M. "Contested Claims: Public Perceptions and the decisions to join NGOs in Pakistan". *Journal of South Asian Development*. 3（2008）: 87 - 108.

入巴门户吉尔吉特－巴尔蒂斯坦地区，是喜马拉雅、兴都库什山脉和喀喇昆仑山脉等世界最高山脉的交汇点，也是巴最大的水源地。这些地区非常独特，由于其生物多样性、生态系统、冰川、河流等资源，NGO 也高度关注着它们。如果没有在中巴经济走廊环境影响方面采取审慎的措施，项目可能会破坏自然环境。中国的西部地区也是如此，国际自然保护联盟等多个环境 NGO 也在那里工作，已经提出关于中巴经济走廊对于环境负面影响的担心。

2. 最近，国际自然保护联盟以及巴基斯坦环境保护局，已经表达了它们对中巴经济走廊环境影响的担忧，责令相关部门保证项目在生态系统以及环境方面的可持续性。国际自然保护联盟主席和巴联邦环保部长的会面，表明国际环境组织的担忧——如未采取合适措施，中巴经济走廊可能会对环境产生影响。在最新的行动中，巴基斯坦环境保护局拒绝向雷克特至伊斯兰堡（Raikot-Islamabad）段的高速公路发布修建许可。该道路是中巴经济走廊的组成部分，但是未能达到巴环保局的标准。[①] 关于道路的扩建以及可能带来的环境影响，巴相关部门并没有采取恰当的措施，国际自然保护联盟也表达了与巴环保局类似的担忧。现在急需与巴环保局合作，采取恰当的措施以缓解中巴经济走廊长期的环境影响。拒绝 NGO 的介入并非好的解决方案；和它们合作，向它们学习，让中巴经济走廊成为环境方面能迅速恢复的项目，这才是解决问题的唯一道路。

3. 根据世界银行最近发布的报告，巴基斯坦是世界上污染最严重的国家之一。如果不采取恰当的措施，中巴经济走廊很可能会加剧污染源。在巴基斯坦人权委员会最近的报告中，关于中巴经济走廊的环境影响以及巴气候变化，也推荐了巴政府必须采取的措施。因为，根据中巴经济走廊框架，460 亿美元款项的大部分将会用于能源和动力建设。巴基斯坦人权委员会同时也要求，在中巴经济走廊项目实施之前，必须进行环境测评。[②] 除非在巴环保局的协助和合作下，中巴两国采取明确有利环境的措施，否则，NGO 担心的这些问题可能会持续涌入民众的言论当中。更为重要的是，巴基斯坦是很多关于环境保护的国际法律、会议和条约的签署国，包括最近

---

① Dawn. com. 2016. "Pak-EPA denies clearance to portion of economic corridor". Last modified June 2, 2017. https://www. dawn. com/news/1165369.

② Hrcp-web. org. 2016. "Human Rights Commission of Pakistan". Last modified June 2, 2017. http://hrcp-web. org/hrcpweb/about-hrcp/mission-vision/.

在《联合国气候变化框架公约》第 21 次缔约方会议（COP21）上签订的关于国际环境变化的公约。因此，在中巴经济走廊项目实施过程中，应该牢记巴基斯坦已经签署的合约，必须履行国家的承诺，而非让民间组织忧心忡忡。一些民间组织积极分子已经向法院提起诉讼，状告采矿行业对俾路支省自然环境的影响。中巴经济走廊也是在法院对簿公堂的项目之一，因为对俾路支以及其他地方可能会有环境影响。要解决这些问题，必须在执行中巴经济走廊等大型项目时，满足国际环境保护的标准。目前没有任何细节披露，460 亿美元中有多少会用于环境规划和执行。如果能在中巴经济走廊框架下，为环境保护拨出特别款项，也许能受到 NGO 的大力欢迎。目前环境新闻工作者和积极分子已经在媒体提出，如果不采取相关措施，中巴经济走廊将会带来环境问题。

4. 在过去几年中，巴基斯坦频遭洪水、暴雨和自然灾害的突袭。这可能是全球环境变化在作怪。但是，最近证实冰川融化、动植物的改变以及天气强度的变化都影响巴基斯坦的气候变化。在执行中巴经济走廊诸如工业区等相关项目时，建议将这些担忧铭记在心。如果中巴经济走廊的基础建设不具备环境友好性，将会加剧人们担忧其对巴风景优美的山区带来的影响。

5. 在最近国际 NGO 组织的媒体培训工作坊中，环境专家和参与者都表达了对从中国引进的燃煤科技的担忧。他们将其称为"黑色癌症"，认为这种过时的技术会造成巴基斯坦的环境灾害。这项技术在中国也引起过太多的环境污染，所以中国已停用这项技术。因此，这项进口引起了各方严重关切。国际自然保护联盟巴基斯坦分部的全球副总主席以及开伯尔 – 普什图省绿色增长倡议组织（KPK' Green Growth Initiative）的主席，同样也提醒巴人民注意从中国引进的过时燃煤供能工厂，认为对巴而言，它是一项不可持续的技术。而按照国际条例和公约，巴基斯坦应该寻找可再生的技术。[①] 考虑到中巴经济走廊的长期影响，巴基斯坦应该采取可行措施解决目前的能源危机，同时兼顾这些措施可能会带来的环境问题。

6. 中巴经济走廊作为一项跨国界的发展计划，会穿过多样化的自然和人文地区，包括巴基斯坦比较敏感的吉尔吉特 – 巴尔蒂斯坦地区和俾路支

---

① Pakistanpressfoundation. org. 2016. "The case of climate change, Pakistan Press Foundation". Last modified June 2, 2017. http://www. pakistanpressfoundation. org/2016/03/the-case-of-climate-change/.

地区。这里有丰富多样的地形特征、地壳板块和地质环境、冰川、动植物资源、水资源、丰富的气候环境，人民具有多样的社会政治身份。因此，本文高度建议中巴两国需要对项目可能带来的长期环境、社会和经济影响，进行环境影响测评。如果发现中巴经济走廊及相关项目有负面影响，就应考虑可行的替换措施。

7. 中巴经济走廊在吉尔吉特－巴尔蒂斯坦地区和开伯尔－普什图省的土地征用问题，也需要得到友善解决。一些民间组织、民族主义者、宗教及政党，已经开始抗议为中巴经济走廊进行的土地收购。在吉尔吉特－巴尔蒂斯坦，地区和联邦政府将公共土地资源拨给中巴经济走廊使用，却而没有补偿拥有这些土地的当地社区。类似的情况在开伯尔－普什图省也比较普遍，其省政府未能为苏基克纳里水电站（Suki Kinari）项目获取所需土地。①

8. 为了中国在巴基斯坦未来的参与，中国应理解 NGO 以及民间组织在巴基斯坦的运营。很多其他国家，比如美国、日本、加拿大、澳大利亚也将为巴社会发展做出有效的贡献。它们将 NGO 作为软实力工具，在这些国家和民众中塑造有利的公众形象。各个国家及其 NGO，在巴基斯坦的软实力竞争越发激烈，以获取人民的信任，使民众接受这些 NGO 来源国的积极公众理念。在巴基斯坦的社会发展领域，虽然中国在巴国家政府层面上进行过捐赠，中国仍然在这一领域处于缺失地位。2010 年，巨大的碎石坠落，阻断了连接中巴两国的喀喇昆仑公路（提议中的中巴经济走廊也将从此通行）。由于罕萨河阻塞，喀喇昆仑公路也被淹没，与中国接壤的罕萨河上游社区受灾最为严重，与巴基斯坦和世界的联系被切断。由于巴基斯坦相关负责部门无法解救受灾社区，中国奔赴那里帮助受灾民众。但是，当时也有抗议和担忧称，来自中国的援助没抵达到需要帮助的社区和人民当中，因为巴基斯坦政府部门挪用了赈灾物资。如果当时来自中国的援助，能够通过当地社区和社区组织进行分发，将会更加有效、透明、公平。很多帮助受灾群众的国际 NGO 也是一种软实力战略，能赢得公众的支持。以此为鉴，俾路支省的瓜达尔等落后地区，可以作为中国支持当地社区组织谋求社会发展的试点。

---

① The frontierpost. com. 2016. "CPEC power project faces delay as land dispute drags on, The Frontier Post". Last modified June 2, 2017. http://www.thefrontierpost.com/article/397895/cpec-power-project-faces-delay-as-land-dispute-drags-on/.

9. 巴基斯坦的 NGO 是在草根阶层中传播西方政治和社会理念的无声工具，为西方观念塑造了有利的形象。人权、性别、女性权利、赋权、自然资源管理、社区发展以及与此相关的立法，都是 NGO 在巴传播的社会理念。中国至少可以在有限的范围内参与到社区组织的活动中，以期从民间组织中获得更多支持。中国在国家政府层面对巴有大量的捐赠，现在是时候涉足草根阶层。最近，民间团体和政党有小规模的抗议活动，要求吉尔吉特－巴尔蒂斯坦的能源项目交由中国工程师进行，因为巴政府从未完成过任何有公共重要性的项目。为了社会的发展，参与到吉尔吉特－巴尔蒂斯坦和俾路支省当地社区之中，能进一步提升中国在这些被忽略地区已有的公共积极形象。美国和其他国家在为巴 NGO 和社区组织，而非巴政府公共部门或者巴基斯坦政权，提供资金和民间援助，因为前者在草根阶层的干预方面更为有效。最近，CCTV 获权从巴基斯坦进行播报。这将成为中巴关系更为紧密的里程碑。但是，报道应该更关注民间接触交流和文化等话题，而非仅仅关注政治精英。

10. 最后一点，NGO 已经成为巴权力结构中的重量级选手，也是各种事件中唤起民众意识和对公众进行动员的媒介。它们战略性地参与到巴基斯坦的政治、媒体、学术和公民社会之中。因此，为了中巴经济走廊取得更大的成功，建议中方在解决 NGO 提出的关于中巴经济走廊的忧虑时，能与 NGO 协同合作。

缩略词

英文缩写	英文全称	中文全称
ADB	Asian Development Bank	亚洲开发银行
AKRSP	Aga Khan Rural Support Program	阿迦汗基金会乡村支持计划
AusAID	Australian Agency for International Development	澳大利亚国际开发署
CBOs	Community Based Organizations	社区组织
CPEC	China Pakistan Economic Corridor	中国－巴基斯坦经济走廊
CSO	Civil Society Organizations	民间组织
EU	European Union	欧盟
GB	Gilgit-Baltistan	吉尔吉特－巴尔蒂斯坦
HRCP	Human Rights Commission of Pakistan	巴基斯坦人权委员会

INGOs	International Non-governmental Organizations	国际非政府组织
IUCN	International Union for Conservation of Nature	国际自然保护联盟
JICA	Japan International Cooperation Agency	日本国际协力机构
KKH	Karakoram High Way	喀喇昆仑公路
NGO	Non-Governmental Organizations	非政府组织
NGORC	NGO Resource Centre	非政府组织资源中心
NPO	Non Profit Organization	非营利组织
KPK	Khyber Pakhtunkhwa	开伯尔－普什图省
Pak-EPA	Pakistan Environment Protection Agency	巴基斯坦环境保护局
SECP	Security & Exchange Commission of Pakistan	巴基斯坦证券交易委员会
UN	United Nations	联合国
US	United States	美国
USAID	United Sates Agency for International Development	美国国际开发署
WB	World Bank	世界银行

第十章　"恐怖→贫穷→修路"：中巴经济走廊的基建逻辑及其风险辨析

程中兴[*]

　　【内容提要】以"修路"为代表的基建能力，能否真正釜底抽薪，以消除"一带一路"所面临的恐怖主义风险呢？对此，主流话语的回答是相当肯定的。在他们看来，恐怖主义根源于贫穷，而要消除贫穷，道路等基础设施建设则是先行资本。作为"一带一路"的旗舰项目，中巴经济走廊所涉及的高达 460 亿美元的基建项目，遵循的正是上述"恐怖→贫穷→修路"逻辑。然而，来自中外的研究均表明：恐怖分子很多出身良好，穷国比富国更少输出恐怖分子，恐怖主义与贫穷并无直接的因果关联；与此同时，路修好了，也不一定能致富，甚至使贫穷地区的资源更为便利地流向富裕地区，进而拉大区域间的差距。可见，基于经济教条主义的中巴经济走廊基建逻辑存在着巨大的不确定性。不止如此，中巴经济走廊还要直面恐怖主义（巴为此成立了专业保护军队），并固化两国在恐怖主义事件上的空间关联性（时间序列存在协整关系），这一因互联互通而伴生的风险值得忧思。

　　【关键词】恐怖　贫穷　修路　基建逻辑　战略风险

---

* 程中兴，西南交通大学公共管理学院副教授，西南交通大学中国高铁发展战略研究中心副主任、西南交通大学交通社会学研究中心主任、四川省美国研究中心研究员。研究方向为交通社会学，区域经济社会发展。

一　问题的提出

"恐怖→贫穷→修路"，在相当程度上，可以说是"一带一路"旗舰项目——中巴经济走廊建设的基本逻辑。

一方面，向西开放所面临的最大战略风险非恐怖主义莫属。因为在可见的将来，"一带一路"沿线上尚未有哪个国家在战略上能够持久地威胁到中国，中国目前所唯一担忧的，对国家长治久安有深远影响的莫过于恐怖主义威胁，特别是以"疆独"为代表的恐怖主义势力。

另一方面，中华人民共和国成立后所形成的技术立国路线，在改革开放后进一步在实践中累积成举世无双的基建能力，特别是以高铁为代表的修路能力，契合了"一带一路"沿线国家最大的战略需要。可以说，正是这种能力加上中国庞大的外汇储备，"一带一路"倡议的"互联互通"才有现实基础。

问题是：以"修路"为代表的基建战略能力，能否真正从长远角度根除"一带一路"所面临的恐怖主义风险？主流话语对此回答是相当肯定的。他们的逻辑是：恐怖主义根源于贫穷，而要消除贫穷，道路等基础设施建设则是先行资本。正是在"恐怖→贫穷→修路"这一基建逻辑的指导下，中巴经济走廊所涉及的高达 460 亿美元的项目大都投资在基建领域（参见表 2）。

然而，恐怖主义真的根源于贫穷吗？路修好了，是否就能消除贫穷呢？事实上，"恐怖→贫穷→修路"的逻辑链条中不仅蕴含着巨大的不确定性，由此带来的战略风险也令人忧思。以下详述之。

二　贫穷导致恐怖主义？

将恐怖主义的产生归因于贫穷，首先来自于一种空间直觉。根据 1970 ~ 2015 年共计 45 年间恐怖事件的累积空间分布图，不难看出恐怖主义分布的两个重要空间特征：在经济上多属于贫穷地带，在宗教上居民多信仰伊斯兰教。①

---

① 参见马里兰大学全球恐怖主义数据库。

也许是基于上述空间直觉，美国前总统奥巴马认为，"极度贫穷为疾病、恐怖主义和冲突提供最理想的温床"，要解决恐怖主义问题，必须加大对贫穷国家的发展援助。然而，空间上的直觉是否能获得学理上的进一步支撑呢？

对此，基于社会科学中分析单位的层次，我们拟从三个维度（个体维度、组织维度及国家维度）展开对恐怖主义与贫穷之间因果机制的探讨。

首先，就个体层面来说。早在 1968 年，Becker 就提出了一个犯罪经济学解释框架[①]，认为一个人是否从事犯罪与他对犯罪收益与犯罪成本的评估、取舍有关。如果成本过大，人们就不会去从事犯罪，如果收益超过成本，人们会"理性地"去选择犯罪。然而，研究者们发现，[②] 尽管低收入者更可能"劫财"（property crimes），但以暴力为特征的犯罪（violent crime）却很少与经济收入相关联。[③] 以此进行类比，认为恐怖主义与贫穷也存在关联，并没有什么说服力。例如，自杀型恐怖袭击，显然不是因个体获得经济上的收入（个体已经死亡，无福消受）而激发的。尽管恐怖主义组织会允诺支付自杀者家庭抚恤金，但这种"空头支票"式的允诺能否兑现，作为"经济人"的自杀者（按照模型假定）也只能在天国的另一边进行遐想了。

Landes[④] 及 Todd Sandler 等人[⑤]也对上述解释框架进行了验证，结果发现，不同的恐怖主义分子对恐怖行为所带来的收益及成本认知会呈现非常大的差异，而且个体经济上的贫穷与其恐怖主义行动之间很少有直接的关联。

---

① Becker, Gary S. 1968. "Crime and Punishment: An Economic Approach." *Journal of political economy*. March/April, 76: 2, pp. 160 – 217.

② Isaac Ehrlich. 1973. "Participation in Illegitimate Activities: A Theoretical and Empirical Investigation". *Journal of Political Economy*. 81: 3, pp. 521 – 65. Richard B. Freeman. "Why Do So Many Young American Men Commit Crimes and What Might We Do About It?" *Journal of Economic Perspectives*. 10: 1 pp. 25 – 42.

③ Piehl, Anne Morrison. 1998. "Economic Conditions, Work, and Crime," in Michael Tonry, ed., *Handbook on Crime and Punishment*, edited by Michael Tonry, 302 – 319. New York: Oxford University Press. Christopher J. Ruhm. 2000. "Are Recessions Good for Your Health?" *The Quarterly Journal of Economics* 115: 2. pp. 617 – 650.

④ Landes, William. 1978. "An Economic Study of U. S. Aircraft Hijackings, 1961 – 1976." *Journal of Law and Economics*. 21: 1, pp. 1 – 31.

⑤ Todd Sandler, John T. Tschirhart and Jon Cauley. 1983. "A Theoretical Analysis of Transnational Terrorism". *American Political Science Review*. 77: 1, pp. 36 – 54.

鉴于 Becker 的个体层面解释框架缺乏说服力，研究者又从组织层面提出了一个基于经济社会学的解释框架。[①] 1999 年，Jefferson 等人就对"仇恨组织"（hate group）的特征进行了分析，他利用全美 3100 个县存在的约 300 多个被称为"仇恨组织"的资料，详细分析了这些组织与失业率、离婚率及所在县白人黑人间的个人平均收入差异之间的关系。结果发现，对"仇恨组织"的经济与社会解释，远不及其他外在的环境因素重要。[②] 无独有偶，Krueger 等人分析了德国 543 个县在 20 世纪 90 年代早期所发生的族群暴力事件，结果发现，暴力事件与人们的工资水平没有显著关联。[③] 此外，根据巴勒斯坦政策与调查中心（PCPSR）的调查资料，[④] 人们发现：在"9.11 事件"发生的前几年，即 1998 ~ 2000 年，居住在约旦河西岸及加沙地带的巴勒斯坦人的经济状况不仅没有恶化，反而呈现改善的趋势（表 10 - 1）。可见，当地的恐怖主义与贫穷并没有直接的关联。

表 10 - 1　PCPSR 关于约旦河西岸及加沙地带 18 岁以上居民的经济状况调查[⑤]

日期	失业率	近三年经济状况好转	近三年经济状态恶化	对未来三年经济状况乐观	对未来三年经济状况悲观
1995. 3	38%				
1996. 3	49%				
1997. 11	27%				
1998. 7 ~ 8	26%	37. 5%	31. 2%	50. 8%	29. 2%
1998. 10	29%				
1998. 11	24%				
1999. 1	25%				

① Kressel, Neil J. 1996. Mass Hate: The Global Rise of Genocide and Terror. New York: Plenum Press. Mark S. Hamm, 1998. "Terrorism, Hate Crime, and Antigovernment Violence: A Review of the Research". In: The Future of Terrorism: Violence in the New Millennium. Harvey W. Kushner, ed. London: SAGE, pp. 59 - 96.

② Philip N. Jefferson and Frederic L. Pryor. 1999. "On The Geography Of Hate". Economics Letters. 65: 3. pp. 389 - 395.

③ Alan B. Krueger, Jorn-Steffen Pischke. 1997. "A Statistical Analysis of Crime Against Foreigners in Unified Germany". Journal of Human Resources. 32: 1. pp. 182 - 209.

④ 参见：http://www.pcpsr.org。

⑤ 引自：Alan B. Krueger; Jitka Male#ková. Education, Poverty and Terrorism: Is There a Causal Connection? The Journal of Economic Perspectives, Vol. 17, No. 4. (Autumn, 2003), pp. 119 - 144。

续表

日期	失业率	近三年 经济状况好转	近三年 经济状态恶化	对未来三年 经济状况乐观	对未来三年 经济状况悲观
1999. 4	20%				
1999. 6	20%				
1999. 7	18%				
1999. 9	23%	39.2%	27.6%	50.4%	27.5%
1999. 10	17%				
1999. 12	19%				
2000. 1	23%				
2000. 2	19%	43.3%	24.6%	55.8%	27.2%
2000. 3 ~ 4	17%				
2001. 12	21%				

资料来源：PCPSR polls conducted at various times. http://www. pcpsr. org/en/search-data-files。

综上可见，无论在个体层面，还是组织层次上，贫穷与恐怖主义之间都非直接的因果关系。那么在国家层面是否存在贫穷与恐怖主义的因果关联呢？或者说，穷国是否比富国输出更多恐怖分子呢？美国著名的恐怖主义研究学者 Krueger 为此分析了 1997 ~ 2003 年的 956 个恐怖案例，结果发现：经济上最为贫穷、识字率最低的国家并没有输出更多的恐怖分子。如果限定于自杀性袭击案例，统计检验结果则是负相关。换言之，最穷国家是最不可能搞自杀性袭击的。[①]

即便如此，人们还是相信，贫穷是恐怖主义发生的重要诱因。例如，人们很容易发现，经济萧条是一国政治与社会冲突的催化剂。[②] 我们认为，贫穷虽非恐怖主义在统计学上的显著原因，却也可以部分解释（作为自变量之一）现实中某些恐怖主义的个案。因为统计学上的显著性检验告诉我们的永远是概率上的因果。

行文至此，我们发现，对贫穷与恐怖主义的空间直觉远非如此确定。

---

① Alan B. Krueger. *What Makes a Terrorist*: *Economics and the Roots of Terrorism*. Princeton University Press，2008.

② Paul Collier & Anke Hoeffer，2004. "Greed and grievance in civil war". *Oxford Economic Papers* 56（2004），pp. 563 – 595.

如果我们把空间放到中巴经济走廊区域来说，亦是如此。[①]

恐怖袭击最为严峻的地区，集中于巴基斯坦西北部的联邦部落辖区（FATA）与东南部的信德省（Sindh）。联系巴国的经济数据，我们可以很快发现一个很吊诡的现象：巴基斯坦恐怖主义最严重的两个地区，在经济上却处于两个极端：一个最穷（联邦部落辖区），一个最富（信德省）。其中，在联邦部落辖区，畜牧业和鸦片种植为主要经济来源，人均 GDP 仅为663 美元；而信德省是巴国的工业与金融中心，人均 GDP 达到 1500 美元。[②]显然，从空间上看，我们既可以联邦部落辖区为例，得出贫穷与恐怖主义存在直接因果关联的结论；但如果我们以信德省为例，又会得出恐怖主义与贫穷无直接因果关联的结论。究竟哪个正确呢？

2009 年春天，Graeme Blair 等人选取了巴国旁遮普、信德、俾路支及开伯尔 - 普什图等四大省份 6000 人进行了调查。[③] 调查规模空前，覆盖了广大农村地区，最后得出四个结论：

①被调查者在总体上对恐怖活动持消极态度；

②那些居住在恐怖活动频繁的地区，尤其是开伯尔 - 普什图省的居民对恐怖主义更为厌恶；

③相比于巴国中产阶级，巴国穷人更讨厌恐怖主义，讨厌程度是前者的两倍以上；

④城市贫困居民是所有居民中对恐怖主义最为厌恶的群体。

至此，我们基本上可以得出结论：认为贫穷是恐怖主义根源的观点值得商榷，通过减少贫穷来消除中巴经济走廊的恐怖主义风险未必如愿。2009年，美国克里 - 卢格 - 伯曼法案就建议向巴基斯坦提供 75 亿美元的援助，以打击恐怖主义。然而，7 年过去了，收益甚微。在中巴经济走廊建设的过程中，我们首先要克服的就是这种经济决定论背景下的教条主义。因为这正是恐怖主义已不断挑战，并且未来还要继续挑战的幻象。

---

① South Asia Terrorism Portal. http：//www. satp. org/satporgtp/southasia/images/Conflict_ Map. html。

② 根据巴国 2009 年的统计数字，巴国省级层面的人均 GDP 按高低排序为：信德省（Sindh）1500 美元 > 旁遮普省（Punjab）1200 美元 > 俾路支省（Baluchistan）757 美元 > 联邦部落直辖区（FATA）663 美元。

③ Graeme Blair, C. Christine Fair, Neil Malhotra, Jacob N. Sha. *Pakistan's Middle Class Extremists：Why Development Aid Won't Solve Radicalism?* https：//www. foreignaffairs. com/articles/pakistan/2011 - 07 - 11/pakistans-middle-class-extremists.

三 修路能消除贫穷吗？

"要想富，先修路"。"火车一响，黄金万两"。这些中文谚语恰到好处地诠释了战后发展经济的精髓。中国作为世界上最大的发展中国家，不仅奉为圭臬，而且在实践中逐步形成了举世无双的基建能力。在好莱坞电影《2012》中，最后挽救人类文明的"诺亚方舟"也由中国制造。尤为值得一提的是高铁，这个被誉为"改革开放以来中国发展出来的唯一可以改变整个 21 世纪国际国内政治经济基本格局的战略产业"[①]，可谓中国强大的基建能力的代表。不难发现，这种能力也进一步延伸到中巴经济走廊的 450.4 亿美元的合作项目中（表 10 – 2）。

表 10 – 2 中巴经济走廊项目一览表

序号	能源优先项目	预计投资额（百万美元）
1	Port Qasim Electric Company Coal Fired, 2X660, Sindh	1980
2	Sahiwal 2x660MW Coal Fired Power Plant, Punjab	1600
3	Engro thar 4x330MW Coal Fired, Thar, Sindh	2000
	Surface mine in Block II of Thar Coal Fired, 6.5mtpa, Thar Sindh	1470
4	Gawadar Coal Power Project, Gwadar	360
5	HUBCO coal power plant 1X660 MW, Hub Balochistan	970
6	Rahimyar Khan Coal Power Project, Punjab	1600
7	SSRLThar Coacl Block 1 – 6.5mpta Thar, Sindh	1300
	SSRL 2x660 MW Mine Mouth Power Plant	2000
8	Quaid-e-Azam 1000MW Solar Park, Bahawalpur, Punjab	1350
9	Dawood 50MW Wind Farm, Bhambore, Sindh	125
10	UEP 100MW Wind Farm, Jhimpir, Sindh	250
11	Sachal 50MW Wind Farm, Jhimpir, Sindh	134
12	Sunnec 50MW Wind Farm, Jhimpir, Sindh	125
13	Suki Kinari Hydropower Station, KPK	1802
14	Karot Hydropower Station, AJK&Punjab	1420
15	Matiari to Lahore Transmission Line	1500

[①] 高柏：《中国高铁与 21 世纪大战略》，社会科学文献出版社，2012。

续表

序号	能源优先项目	预计投资额 （百万美元）
16	Matiari to Faisalabad Transmission Line	1500
17*	Gaddani Power Park Project	
	（i） 2×660MW	3960
	（ii） Jetty + Infrastructure	1200
18*	HUBCO coal power plant 1X660MW, Hub Baluchistan	970
19*	Salt Range Mine Mouth Power Project including mining, Punjab	800
20*	Kohala Hydel Project, AJK	2397
21*	Pakistan Wind Farm II 2×50MW （Jhampir, Thatta, Sindh）	150
22*	Thar mine mouth oracle, Thar Sindh	1300
23*	Muzaffargarh Coal Power Project, Punjab	1600
24*	Gas Power Plant 525 MW	550
合计		34413

序号	交通基础设施项目	预计投资额 （百万美元）
公路		
1	KKH Phase II （Raikot-Islamabad Section）	3500
2	Peshawar-Karachi Motorway （Multan-Sukkur Section）	2600
铁路		
1	Expansion and reconstruction of existing Line MI – 1	3650
2	Havelian Dry port （450M. Twenty-Foot Equivalent Units）	40
合计		9790

序号	瓜达尔港相关项目	预计投资额 （百万美元）
1	Eastbay Expressway	140.60
2	Gwadar International Airport	230.00
3	Construction of Breakwaters	123.00
4	Dredging of berthing areas & Channels	27.00
5	Infrastructure for Free Zone& EPZs port related industries	32.00
6	Necessary Facilities of Fresh Water Treatment and Supply	130.00
7	Hospital at Gwadar	100.00
8	Technical and Vocational Institute at Gwadar	10.00
合计		793.00

续表

序号	其他项目	预计投资额 （百万美元）
1	Cross Border Optical Fiber Cable	44
2	DTMB	
	TOTLA	44
	中巴经济走廊投资额合计	45040

数据来源：根据巴基斯坦发改委网站公布的材料整理。

　　表 10 - 2 向我们展示了中巴经济走廊中的"交通扶贫"逻辑。不过，我们稍后分析表 10 - 2 所揭示的深层意蕴，先回答这样一个问题：路修好了，就能致富吗？

　　一生"志在富民"的费孝通先生晚年在考察京九铁路沿线时也曾提出这个问题。他以陇海线为例，该线路开通已近百年，可沿线的城市并没有发展起来。京九铁路要避免这个"酒肉穿肠过"而"油水没有留下来"的问题。[①]

　　事实上，在发展经济学领域，无论是的罗丹的"大推进"理论[②]，还是罗斯托的"经济起飞"理论[③]，都将交通视为经济增长的先行社会资本。然而，"交通先行"在广大发展中国家的实践中并没有产生预期的效果。我国学者张学良利用 1993～2009 年的中国省级面板数据和空间计量经济学的研究方法，计算出中国交通基础设施对区域经济增长的产出弹性值合计约 0.05～0.07，[④] 与 Aschauer[⑤] 运用新古典经济增长模型所得出的 0.39 相距甚远。与此同时，他发现，我国基建所产生的空间溢出效应明显。换言之，交通改善有可能使生产要素更方便地流向经济发达地区，从而拉大区域差距。这一点也为我国的人均 GDP 所佐证：西部大开发的 10 年，东、西部人均 GDP 差距从 2000 年的 7000 元，拉大到 2010 年的 21000 元。

[①]　费孝通：《从京九铁路通车说开去》，载《费孝通文集》，群言出版社，1999。

[②]　Paul Rosenstein-Rodan, "Problems of Industrialization of Eastern and South-Eastern Europe", *The Economic Journal*, Vol. 53, nos. 210/211, June-September 1943, PP. 202 - 211.

[③]　W. W. Rostow, *The Stages of Economic Growth: A Non-Communist Manifesto*, Cambridge: Cambridge University Press, 1960.

[④]　张学良：《中国交通基础设施促进了区域经济增长吗——兼论交通基础设施的空间溢出效应》，《中国社会科学》2012 年第 3 期，第 60～77 页。

[⑤]　Aschauer D A. (1989). "Is public expenditure productive?". *Journal of Monetary Economics*, 23 (2): 177 - 200.

不仅如此，修不同的路所产生的效果也不同。我国学者张光南等人运用中国 1989～2008 年省级面板数据探讨了"交通扶贫"的效果。研究发现中国"交通扶贫"工程中铁路和等外公路建设促进了经济增长并提高了区域经济的趋同速度，达到了减少地区经济差距和减贫的目标；而等级公路因过度投资而导致边际收益递减、挤出效应和交通腐败等经济损失，减缓了区域经济的趋同速度。[①]

至此，我们可以初步得出这样一个结论：修路是"扶贫"的先行资本，其效应有大有小，这一点毋庸置疑。问题在于"空间溢出效应"，由于这种效应的存在，修路有时候不仅起不到"扶贫"效果，反而可能加速域内资源的流出，拉大区域内外的差距。

回到中巴经济走廊项目上来，表 10 - 2 至少呈现了如下事实：巴基斯坦同中国一样，是个东西部失衡的国家。然而，中巴经济走廊的 450.4 亿美元不是去纠正这种失衡，反而加速了这种失衡。为什么这么说呢？

首先，巴基斯坦本身就是一个路网东西失衡的国家。不难发现，巴国的公路密度以首都伊斯兰堡与旁遮普为中心，向周边扩散；而铁路则是以旁遮普与信德为中心，向周边扩散。东、西部路网的密度差异显而易见。以巴联邦直辖部落区为例，目前道路密度仅为 0.17 公里/平方公里，远低于巴基斯坦全国平均水平（0.26 公里/平方公里）。再以俾路支省为例，俾路支省自然资源虽然丰富，但当地人的生活水平却长期低下，农村贫困率甚至增加了 15%。[②] 因此，当地人认为，历届联邦政府所谓的开发项目，其实质不是使当地人受益，而是对其资源的掠夺。例如，绝大多数公路建设是"为了让军队更方便地控制我们，让旁遮普人更容易掠夺我们……剥削正在借用发展的名义而进行"。[③]

其次，中巴经济走廊的建设也存在着东、西部失衡问题。观察者网曾刊发一篇报道，对中巴经济走廊的路线之争痛心疾首，字里行间表现出了因巴国国内政党内斗而延误中巴经济走廊建设而扼腕叹息。[④] 不过，如果作

---

① 张光南、张海辉、杨全发：《中国"交通扶贫"与地区经济差距——来自 1989 - 2008 年省级面板数据的研究》，《财经研究》2011 第 8 期，第 26～35 页。

② Qurat ul ain siddiqui, *Understanding Baluchistan*, http://news. dawn. com/wps/wcm/connect/dawn_ content_library/dawn/news/pakistan/balochistan/Understanding_ Balochistan_ qs.

③ Urmila Phadnis, *Ethnicity and Nation-building in South Asia*, New Delhi：Sage Publications, p. 177.

④ 梁桐：《中巴经济走廊，一带一路头炮何时真正打响》，观察者网，2015 年 6 月 3 日，http://www. guancha. cn/liangtong/2015_06_03_321901_ s. shtml.

者进一步分析中巴经济走廊的项目分布情况，就会发现，线路之争确实是中巴经济走廊项目布局失衡矛盾的反映。

其一，以项目数量算，在中巴经济走廊所涉及的 38 个项目中，有 9 个在信德省，6 个在旁遮普省，4 个在俾路支省，1 个在开伯尔 - 普什图省；东部 20 个，西部 15 个，其他地区 3 个。可见东西部在项目数量上存在着倾斜度。

其二，若以项目金额计算，上述东、西部失衡更为明显。明确在东部的项目金额达到 28.25 亿美元，西部项目金额只有 10.3 亿美元。东部是西部的近 3 倍。

其三，如仅从修路项目来看，涉及西北的公路项目有 26 亿美元，涉及东南的铁路项目有 36.5 亿美元。东部比西部超出 10 亿美元。

综上可见，中巴经济走廊的项目建设在促进巴国经济增长的同时，有可能会进一步拉大东、西部差距。这种差距所带来的"相对剥夺"现象无疑有违中巴经济走廊建设的初衷，并可能加剧巴国内部族群纷争。这对巴国脆弱的族群关系无疑是雪上加霜。

四 中巴经济走廊的基建风险

至此，我们发现，通过"贫穷"这一变量连接"恐怖"与"修路"的基建逻辑远非如此确定，"一带一路"，特别是丝绸之路经济带上所面临的恐怖主义风险，远非中国庞大的基建能力所能消除。甚至可能事与愿违。

首先，中巴经济走廊的基建本身就可能成为恐怖袭击的对象。巴基斯坦专门成立了保护项目的部队，本身就说明了这个问题。换言之，修路本身就为成巴国国内恐怖主义袭击的对象。我们以铁路为例（表 10 - 3）就可以看出这一点。

表 10 - 3　巴基斯坦攻击铁路的恐怖袭击事件统计（2000 ~ 2016）

年份	事件频数	死亡人数	受伤人数
2000	2	18	40 +
2001	0	0	0
2002	0	0	0
2003	0	0	0
2004	2	0	6

续表

年份	事件频数	死亡人数	受伤人数
2005	7	2	9
2006	0	0	0
2007	4	0	0
2008	0	0	0
2009	0	0	0
2010	11	3	3
2011	37	5	44
2012	30	12	89
2013	18	16	68
2014	8	29	157
2015	9	3	37
2016	6	8	23
合计	134	96	476 +

表 10 - 3 显示，巴国恐怖分子针对铁路的袭击在 2010 后开始进入高发期。中巴经济走廊的基建已经需要直接面对恐怖主义了。

不仅如此，人们还有理由担心，由于中巴互联互通的加强，也可能会进一步固化两国在恐怖主义问题上的空间相关性。通过分析来自美国马里兰大学的全球恐怖主义数据，我们发现，在恐怖主义频发的阿富汗、巴基斯坦这两个边界邻国中，只有中巴两国恐怖主义事件在时间序列上呈现较为显著的空间相关性。

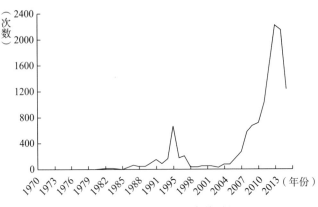

图 10 - 1　巴国恐怖主义事件时间图

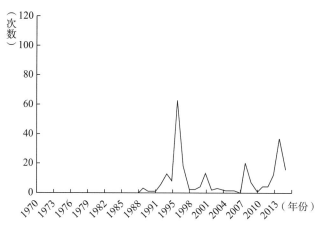

图 10 – 2　中国恐怖主义事件时间图

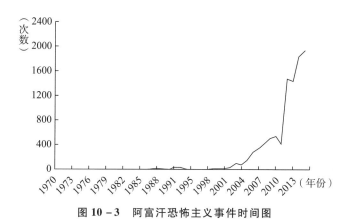

图 10 – 3　阿富汗恐怖主义事件时间图

　　比较图 10 – 1、图 10 – 2 后我们发现,虽然中国恐怖主义事件的发生数量与巴相距甚远,但在时间序列走势上却表现极为相似。再与图 10 – 3 比较,不难发现,阿富汗的恐怖主义事件一直呈上升趋势,中、巴两国则表现有波峰与波谷。这种空间再生产上的关联性有可能随着走廊的加速建设而变得日益突出,值得人们忧思。

五　结论

　　"一带一路"本质上是一种空间的生产,基建在其中扮演了重要的角色,背后是"恐怖→贫穷→修路"这样的逻辑链条。这一逻辑也首当其冲地体现在"一带一路"旗舰——中巴经济走廊的 450.4 亿美元的基建项目上。然而，恐怖与贫穷并没有直接因果关联，路修好了，也不一定能致富。在中巴经济走廊的基建政治背后，首先隐匿着一个基于经济决定论的教条主义。某种意义上，这种教条主义正是"一带一路"推进过程中诸多问题的根源。在这一点上，韦伯与马克思关于资本主义精神起源的对话无疑具有重要的启迪意义。

不仅如此，这一基建逻辑还隐藏了两大战略风险：首先，围绕中巴经济走廊项目而组建的保护军队，其行为本身已表明走廊项目已成为恐怖主义威胁的对象；其次，中巴两国恐怖主义事件的发生在时间序列走势上极为相似，这不得不让人们忧思，互联互通的加强，也有可能会进一步固化中巴两国恐怖主义的空间相关性。

第十一章　中巴经济走廊建设中的
新疆（喀什）

姑丽娜尔·吾甫力[*]

引　言

中国—巴基斯坦经济走廊（简称中巴经济走廊）起点在喀什，终点在巴基斯坦瓜达尔港，全长 3000 公里，是一条包括公路、铁路、油气和光缆通道在内的贸易走廊，也是"一带一路"极其重要的交会点，建设好中巴经济走廊对"一带一路"倡议实施将起到举足轻重的作用。正因如此，中巴经济走廊建设又被誉为"一带一路"的旗舰项目和样板工程。

国家三部委联合出台的《推动共建丝绸之路经济带和 21 世纪海上丝绸之路的愿景与行动》明确提出，发挥新疆独特的区位优势和向西开放的重要窗口作用，深化与中亚、南亚、西亚等国家交流合作，形成丝绸之路经济带上重要的交通枢纽、商贸物流和文化科教中心，打造丝绸之路经济带核心区。

响应国家提出建设丝绸之路经济带的战略构想，新疆维吾尔自治区政府确立了把新疆建设成为丝绸之路经济带核心区的战略定位。显然，作为中巴经济走廊起点的喀什，在新疆建设丝绸之路经济带核心区的过程中，具有不可替代的战略地位。如何契合这一战略定位，对于做好自身发展和

*　姑丽娜尔·吾甫力，维吾尔族，西南交通大学中国高铁发展战略研究中心特聘研究员，喀什大学教授，喀什大学巴基斯坦研究中心主任。研究领域：少数民族文化及边疆地区经济社会发展。

向西开放两篇大文章有着重要意义。

作为中国大陆第一个信仰伊斯兰教的地区，喀什在历史上积累了与中亚、南亚国家丰富的经济文化交流和各民族互通互联的经验，很好地处理了宗教信仰与世俗国家的适应，成功地实现了多元文化、多种宗教的融合，对这些经验进行研究、梳理和总结，显然能为中国的"一带一路"倡议顺利实施提供极具参考价值的"新疆范本"。

一　"中巴经济走廊"建设为喀什地区实现跨越式发展创造了良机

新疆喀什地处亚欧大陆中心，周边与8个国家接壤或毗邻，有5个国家一类口岸通商，具有"五口通八国，一路连亚欧"的区位优势。独特的区位优势，使喀什自然成为丝绸之路经济带和中巴经济走廊建设中的排头兵、核心区及桥头堡。中巴经济走廊建设至少为喀什及周边创造了五大历史机遇。

1. 政策突破的机遇。中巴经济走廊建设是国家战略，事关两国全方位合作大局，喀什作为核心区、前沿地，要承担起两国合作的重任自然需要特殊的政策作为支撑，尤其在经济、贸易、资源、能源和基础建设合作方面将能够享受到更加开放的政策支持，打破传统和常规将成为常态。

2. 基础设施改善的机遇。喀什与巴方交通基础设施条件落后，通道不畅。走廊建设最重要的是通道建设，打通人员、物资、信息和资金交流的通道，走廊建设将给喀什的城市、交通和物流等基础建设提供历史性的发展机遇，并使得沿线城市环境和设施在此带动下得到大幅度提升。

3. 市场开拓的机遇。首先是喀什与巴方两大市场有机结合，带来投资、消费和进出口市场的大幅扩容。其次借助通道联结起中亚、中东乃至欧洲和非洲更广阔的贸易市场，为喀什经济结构调整和产业结构升级创造了机遇。

4. 文化交融的机遇。中巴经济走廊的建成将使喀什再次成为东西方文化交汇之地，世界各国先进的文化在此交融，必将产生新的文化繁荣，为后全球化时代新的经济、政治、文化融合带来契机。

5. 周边国家发展新机遇。中巴经济互补性强，尤其在制造业、资源开发利用、消费品市场、基础设施建设等领域存在广泛的互补性和广阔的合作空间。中巴经济走廊建设可以把东亚、南亚、中亚、中东、北非、海湾地区等国家通过经济、能源合作紧密联系在一起，形成经济共振，促进共同发展。经济走廊的建设将惠及周边近 30 亿人口，将对整个地区的和平稳定与经济繁荣产生深远影响。

二　喀什地区在中巴经济走廊建设中面临的挑战

中巴经济走廊是"一带一路"倡议推进的"试点区"、战略成效"示范区"、战略实践"创新区"。作为其起点之一的喀什，在打造区域重要的经济中心、商贸物流中心、金融中心、国际经济技术合作中心的过程中，尤其是在承担创新实践的功能方面，还存在着一系列亟待突破的制约因素。

1. **经济基础薄弱**

（1）贸易环境有待改善

从区位上来看，我国东部珠三角、长三角和环渤海经济区，经过 30 余年的改革发展已形成了规模较大、发展相对稳定的经济圈，相邻的国家和地区市场化程度也相对较高，经济较为发达，外部贸易环境相对稳定成熟，而包括喀什经济开发区在内的我国西北地区的经济圈建设尚在起步阶段。中巴经济走廊沿线国家大多相对贫困，国民富裕程度不高。对外贸易发展状况不但与当地自身经济发展水平相关，也与相邻国家和地区的经济发展水平密切相关，周边国家相对落后的发展状况直接影响"中巴经济走廊"框架下喀什跨越式发展的进度。

（2）投资环境有待优化

外部投资是"中巴经济走廊"框架下实现喀什跨越式发展的重要推动力量。吸引外部投资需要良好的投资环境。从空间距离上看，喀什位于中国最西端，是我国唯一与巴基斯坦在地理上接壤的地区，通往中国内陆与沿海的路途遥远。虽然铁路、公路、航空交通都有了长足改善，但相对而言，所需时间成本和资金成本较高。从发展现状看，喀什地区仍处于建设起步期，其经济发展还处于较低水平。各项建设所需投入的资金、技术等要素需求较大且都处于初始状态，人力资本水平较低，基础配套设施也并不完善，而这些都需要长时间的积累。这些客观因素给投资环境带来的不利影响很难在短时期内彻底改变。

（3）产业结构有待提升

从喀什地区自身的经济基础来看，近年来虽然增长势头强劲，但由于基数低，经济基础还相当薄弱，区域和城乡发展不平衡，社会经济发展水平与全国相比仍比较落后，低素质劳动人口较多，就业压力大，缺乏大企业、大项目和知名品牌的支撑。从经济增长方式上看，喀什以原材料的生产和初级加工为主，深加工和高附加值终端产品生产相对薄弱，自身产业结构不尽合理，特别是未形成针对中巴经济走廊框架下推进喀什跨越式发展的行业及产业优势，自身技术水平及能力难以促使规模化生产的形成及扩大，产业聚集效应及产业集群在较短时间内还难以突出显现，仍以粗放型经济发展模式为主。

2. 金融业发育滞后

（1）增长模式亟待转变

经济发展程度影响金融发展规模。近年来，喀什经济一直保持较快的增长速度，尽管如此，经济增长方式却没有从根本上转变，致使当地金融业始终处于一种外延型规模扩张的增长模式，在金融总量不断增加的同时，金融结构未得到优化。

（2）周边金融合作有待加强

中巴经济走廊周边国家金融合作存在一些问题。当前，中巴经济走廊周边国家的金融开放程度以及金融机构的经营管理体制和风险控制模式差异较大，周边国家之间资金不能完全自由流动，因金融业管理模式的差异，互设分支机构推进缓慢。从中国与中巴经济走廊周边国家之间已经开展的各项金融合作情况来看，双边合作居多，多边合作较少；签订的合作协议居多，建立的合作实体较少；政策性的项目开发较多，商业性的项目开发较少；非约束型的合作平台居多，紧密型的合作平台较少。上述问题表明，与中巴经济走廊周边国家的区域金融合作还处于初级阶段，须加强实质性的区域金融合作。

（3）外汇结算方式有待突破

本外币结算仍以美元套算，市场汇率机制尚未形成。目前由于人民币与卢比之间的市场汇率没有形成，中巴贸易本外币结算仍是通过美元套算。据调查，巴基斯坦一些开办了巴基斯坦卢比兑换业务的地点，主要依据当地的外汇黑市行情，并参考巴基斯坦官方和民间比价确定办理兑换业务时的汇率。这种方式缺乏科学性，容易受外汇黑市的操纵和控制。当前两国市场缺乏一个相对稳定的双边本外币兑换基准价，给两国开展经贸往来使用人民币结算带来不利影响。

3. 人才短缺

人才是发展生产力的第一要素，人才短缺是当前推进中巴经济走廊战略的最大短板。中巴经济走廊战略的推进实施既需要党政管理方面企业管理、高层次高技能的人才，更需要国际化、跨文化、创新创业意识强的复合型和多种专业型人才。目前喀什地区因为高等教育和职业教育发展滞后等各种原因，上述人才大量短缺。

随着科技革命浪潮的汹涌澎湃，作为经济发展基本要素的人才已成为最富活力的"第一资源"，成为决定胜负的关键所在。谁占领了人才高地，谁就能占据事业的制高点，就能在国际市场的竞争中立于不败之地，就能在发展的道路上拔得头筹。喀什必须高度重视人才资源的培养、开发和使用，把求才、知才、用才、育才作为成功管理者的必备素质。

（1）"人才是活的资源"的观念在喀什尚未形成

在喀什无论是生产还是科研，每一环节都要以"人"为中心，其资金调配、资源配置都"因人而动"，人才在哪里其他的资源就流向哪里，要使生产要素配置始终处于最佳状态。喀什要突破被边缘化的困境，必须重视人才资源开发积累和吸引。

（2）"国际化人才"在喀什稀缺

喀什地区培养与使用人才很少与国际惯例接轨，未能按照参与国际竞争的标准来培养人才，使我们的人才不仅不能在国内大展宏图，也无法在国际上一争高下。从小学到大学，未形成国际化的社会文化氛围，师资力量欠缺国际化视野，上述这些因素都影响了喀什国际化人才的培养。

喀什目前未能充分认识到当今世界人才竞争无国界趋势，人才需求的紧迫感不强，难以应对和参与国际人才的竞争。人才竞争机制不健全，在全世界范围内吸引高素质人才加入到喀什经济社会发展建设的能力不足。

三　弥补喀什地区发展三大短板的措施及建议

为了更加有效地利用中巴经济走廊建设的机遇，喀什地区亟待采取措施弥补在经济基础、金融和人才三个方面制约其发展的短板。

1. 弥补短板之一：经济短板

（1）加快喀什经济开发区建设

充分发挥地缘、人文资源等优势和喀什作为亚欧大陆桥桥头堡的作用，积极探索内陆沿边地区开放型经济发展的新路子，坚持"外引内联、东联西出、西来东去"的开放战略，建立和完善优势互补、互利互惠、共同发展的区域合作开发新模式，举全区之力、集全区之智，努力把喀什经济开发区建成沿边开放创新实践区、区域重要的经济中心、商贸物流中心、金融中心、国际经济技术合作中心。以经济开发区为引擎，加快把喀什建成丝绸之路经济带的结合点、核心区、增长极和中巴经济走廊的廊桥。

（2）加快营造良好的发展环境

进一步把握好、运用好党中央、国务院、自治区关于新疆和喀什发展的各项特殊政策，落实好先行先试重大改革开放措施。深入研究政策体制机制创新，围绕建设法治政府和服务型政府，创新行政管理方式，深化行政审批制度改革，优化政府机构设置，努力使行政效率更高、服务效能更好、发展环境更优，为喀什经济建设创造最佳服务环境，为喀什建设注入不竭动力。

（3）加快向西开放的通道、平台、基地建设，形成全方位开放新格局

突出抓好水利、交通、能源等基础设施建设，增强经济发展后劲。加强基础设施互联互通建设，争取早日开工建设中吉乌铁路国内段，积极开展中巴铁路前期工作。充分发挥喀什国际航空港作用，积极组建喀什航空公司，加快塔县、莎车机构项目建设工作，加快开辟口岸基础设施建设，提高通关能力，创造便利的通关环境。依托喀什经济开发区综合保税区、空港经济区和广州新城、曙光国际等商贸园区，大力发展商贸物流产业。充分发挥"喀什商品交易会""喀什论坛"平台作用，不断扩大喀什对外影响力。着眼两个市场、两种资源，加快建设喀什经济开发区和中心城市。

（4）加大引进来"走出去"力度

用好差别化产业政策，创新"产业援疆"模式，加大招商引资力度，高水平承接产业转移。在周边国家设点布局建立经贸平台，大力支持喀什企业开辟中亚、南亚市场。培育壮大外贸企业，巩固提升主要贸易伙伴国市场份额，积极开拓新兴市场，扩大产品出口，鼓励进口资源类产品。争取在经济开发区设立中国—中亚自由贸易园区。加快国际旅游目的地建设，尽快把旅游业培育成为调结构、促就业、惠民生的战略性支柱产业和富民产业。

2. 弥补短板之二：金融短板

（1）推动喀什金融贸易区建设，提升喀什经济开发区影响力

喀什经济开发区是继上海陆家嘴金融贸易区之后，第二个被允许建设

金融贸易区的经济开发区。身处喀什经济开发区内的金融贸易区，其起步和成长期主要服务对象、业务发展、创新改革均依托于经济开发区发展的内在需求。经济开发区实力的提升将直接产生相应的金融服务需求，同时也为金融业发展创造了更加广阔的发展空间。随着经济开发区规模的扩大，金融贸易区内金融机构的业务也将随之拓展，并形成其内生发展动力，逐步成长为经济开发区重要的支柱产业。促进金融贸易区规模和影响力逐步扩大至周边地区及国家，形成事实上的金融中心，并成为经济开发区的重要标志，带动经济开发区向更高水平迈进。

（2）加强与"中巴经济走廊"周边等国家商业银行间的合作

积极推动金融机构互设分支机构，鼓励我国金融机构向巴基斯坦和中亚国家的银行等金融机构投资入股。

（3）稳步推进金融市场开放和创新，提升区域金融竞争力

研究建立适应共建中巴经济走廊的现代化金融机构体系，着力消除制约区域内金融机构开展合作的制度、政策等障碍；鼓励区域内金融机构根据自身实力、市场定位等情况，推动金融机构开展业务创新，鼓励开展国际银团、跨国并购等新型贷款方式，加大对区域内企业的金融支持力度。积极推动离岸人民币金融创新，不断完善试点业务制度，进一步推进银政、银银、银企项目落实，抓好试点政策的监管与风险防范，力促新疆喀什经济社会加快发展。

（4）继续推广双边贸易本币结算，促进贸易投资便利化

以中巴经济走廊建设为契机，进一步完善相关本币结算协议，加快本币结算基础设施建设，研究现钞跨境流动机制，搭建货币跨境结算平台，促进双边货币在区域间的有序流动，降低对第三方货币的依赖和汇率风险。稳步开展人民币对巴基斯坦等国家货币挂牌交易和兑换业务。根据双方需要，继续与有关国家签订本币互换协议，支持本币互换资金用于跨境贸易和直接投资。

3. 弥补短板之三：人才短板

喀什地区只有结合经济社会发展形势，及时更新人才开发观念，才能够真正培养适合社会经济发展的人才。僵化封闭的人才培养模式难以适应瞬息万变的时代发展需要。

（1）树立正确的人才观

不拘一格开发、选拔和使用人才。"一带一路"倡议能否取得成功，最

根本上取决于能否发现、培养和产生一大批目光敏锐、视野开阔、思想开放、具有创新思维和脚踏实地的拓荒者。在这个过程中，大学、科研机构和文化团体承担着更大的责任。展望未来，在"一带一路"倡议具体实施过程中，必须下大力气做好"一带一路"大学联盟、智库网络、人才基地等基础能力开发工作，唯有如此，才能真正为"一带一路"建设注入源源不断的强大动力。

（2）拓宽人才开发途径

整合内部资源。把"民心相通"放到首要的位置上，首先是国内民心相通，疆内民心相通，喀什地区民心相通。加强人才交流合作，促进人才合理流动。在整合现有资源的基础上，依托大学、党校和行政学院等教学培养机构，迅速建立目标明确、机制完善、高效实用的"一带一路"人才培养体系，不断培养适应"一带一路"要求的一大批领导人才、管理人才和专业人才队伍。作为一个日益全球化的大国，在近年来"走出去"战略推动下，中国已经积累了丰富的内部资源，包括教育资源、文化资源等。然而，这些资源分散在各个部门、各个地方以及各个系统之中，特别是受计划经济时期建立起来的人事、户籍管理制度限制，这些人力资源不能形成优化配置的规模优势，更无法实现根据国家战略需求和社会市场需要实现自由流动。甚至有些地方实行人才保护主义，为人才的自由流动设置种种障碍，无法实现中国内部资源的整合。由此导致的一个后果是，一些真正熟悉"一带一路"的专业人才无法获得参与"一带一路"的机会，而一些项目、资源和机会被一些并不了解"一带一路"的单位和人员所垄断，严重制约了"一带一路"倡议的实施。事实上，"一带一路"对喀什地区很多人来说还是一个新事物。一些人员在"一带一路"研究工作中属于"门外汉"或者"半路出家"。既然如此，要想真正对"一带一路"做出创造性的积极贡献，就需要沉下身来做扎扎实实的研究，既不要"抢跑"，也不要"妄议国是"。从国家来说，需要建立将社会资源转化为"一带一路"人才资源的体制机制，着眼于培养一大批投身"一带一路"的人才，将地方各级政府、中央各部委、军队系统、国有企业和大学等各路群豪聚集起来，为"一带一路"倡议提供强大的人才保证和智力支持。挖掘境外资源。"一带一路"是新常态下中国与沿线国家共同提供的国际公共产品，要本着共商、共建、共享的原则，积极挖掘境外其他沿线国家的人力资源，要在人力资源和人文交流上互联互通。沿线国家有着复杂的国家和多样化的文明和文化，各自有其特色和优势，在共建"一带一路"上存在着广阔的互补性。长期以来，中国对外开放更多强调学习国外先进技术和管理经验，在吸纳境外人才资源上还存在明显不足，除了派出留学生学成归来参加经济社会建设外，直接吸纳其他国家人力资源方面还与其他发达国家存在较大差距。"一带一路"尽管是由中国倡议提出的，但真正完成还需要汇聚天下英才，特别是一大批来自其他国家的人才积极参与。今后，中国应该在吸纳外国留学生、专业技术人才、管理人才、领导人才上多下功夫。通过制度创新，营造吸引各方面人才纷至沓来的优良环境，组建一支强有力的境外人才大军，为"一带一路"建设服务。开发新兴资源。"一带一路"是一项宏伟的世纪工程，没有现成的经验可以借鉴，必须通过改革创新，不断开发新兴人力资源。高端人力资源管理者能够在工作中抓住影响建设发展的关键部位和要害问题，独辟蹊径，实现突破，在改革与发展中建功立业。

（3）调整人才资源质量结构

南疆地区人口数量虽然相对较丰富，但是人力资源质量不高，结构也不合理。在喀什地区人才开发过程中，优化人力资源结构，提高素质是重中之重。随着"一带一路"建设的推进，国民经济结构不断相应发生变化，调整喀什地区人才结构的任务十分紧迫。人才结构的调整，在宏观调整方式上，将会更多地重视市场机制的作用，同时辅之以法律的、行政的手段。将会更重视部门间的协调配合，建立喀什人才结构调整与南疆和中亚经济结构调整相协调的动态机制，根据经济结构与产业结构调整的要求，调整人才的专业结构和能力结构、能级结构和地域分布，以期有效盘活人才存量，最大限度提高人才增量，不断提升人才素质。通过人才结构的调整，解决人才短缺与过剩并存的问题，使整个人才队伍具有更强的创新意识、创造能力，推动"一带一路"建设，提供人才储备。

（4）促进国家之间、地区之间的人才流动

在"一带一路"建设中，中东部地区高素质优质人才的流入能够为喀什地区补充人才数量，提高人才质量水平。国家正在实施的"西部之光"人才计划是中科院特设的区域人才计划。该计划原为响应国家西部大开发战略而推出，1997年起，由中共中央组织部和中科院共同组织实施，有效支持和培养了一大批扎根西部的院内外科技人才。修订后的"西部之光"人才计划将紧密围绕国家"一带一路"建设，为西部地区的科技人才队伍建设注入新的活力。

加强国家之间人才流动，通过留学、互换培养、企业外派等方式促进人才开发。只有长期在国外留学、工作的经历，才能真正了解、理解所在国的社情民意，这一原则对于国内"一带一路"所经过的关键地区同样有效。要求培养出既具有学科专业能力，又具有实地获取信息、分析信息能力，符合"一带一路"倡议需要的、知行合一的新型人才。

中央三部委发布的《推动共建丝绸之路经济带和21世纪海上丝绸之路的愿景与行动》称："扩大相互间留学生规模，开展合作办学，中国每年向沿线国家提供1万个政府奖学金名额。"培养沿线国家的年轻精英人士对中国的感情是巩固、加强双方友好关系的必要举措。同时向沿线国家派遣留学生与访问学者也极为必要，国家公派留学基金也应向"一带一路"沿线国家倾斜，培养、派遣愿意了解、有志学习、积极投身"一带一路"建设的本国人才。

（5）促进职业教育改革发展

在国家"一带一路"倡议背景下，南疆经济社会发展，产业结构转型，人才培养着眼点和着力点也应随之转变。国家战略背景下，教育需要先行，职业教育是南疆地区人力资源开发的重要途径和根本保障。国家和新疆"十三五"规划，南疆职业教育受到高度重视，援疆工作不断聚焦于南疆职业教育发展的现状和发展未来，以谋求创新发展共识。如何大力提升南疆职业院校办学水平，促进职业教育专业布局更加优化，实现职业教育人才培养为南疆社会所需的人才。切实保障南疆职业教育教师队伍素质的全面提高，南疆职业学校自我可持续发展能力显著增强，加强职业院校服务区域经济产业发展的能力，为建成具有新疆特色的现代职业教育体系提供重要支撑。张春贤书记指出："发展现代职业教育，对于提升劳动者素质、促进就业创业、改善民生、加快经济结构转型升级、推进丝绸之路经济带核心区建设都具有十分重要的意义"，"在新疆要优先发展教育，南疆是重点，职业教育是突破口。"推进职业教育实践创新、理论创新、制度创新，是实现各项事业科学发展的重要基础。随着"丝绸之路经济带"战略的逐步实施，新疆产业结构将会发生一系列变化，由原来的传统型产业向创新型、智能型产业转变。人才的发展需要跟随社会现代化水平共同发展。

全面协调发展新疆现代职业教育，构建南疆特色现代职业教育人才培养模式，提升农牧业劳动力素质，全面发展提升青壮年劳动力就业综合能力。在人才培养中重点发展农民职业教育培训，职业技能教育，创业教育，民族特色手工艺培训，民间艺术人才开发，建构具有南疆少数民族和多民族特色的职业教育人才培养创新模式。在职业教育人才培养模式建构中加入创业教育，双语教育，民族手工艺教育，民族艺术教育（美术、舞蹈、音乐等），符合南疆地区实际，严格结合本地区实际进行调查研究，具有很强的学术价值。本课题的预期科研成果对南疆教育的发展具有积极作用，对南疆人力资源质量的开发，人力资本的积累和人力资本结构调整，以及劳动者就业都具有重要的促进作用。

南疆属于少数民族聚居区，民族手工艺和民族文化源远流长，通过对职业教育人才的培养，改善本地区人力资本结构，促进民生保障就业，推动少数民族边疆地区发展与国家发展协调一致，对于全面实现小康社会，促进人类共同进步有重要的意义。南疆职业院校必须改变传统观念，构建具有本土化特色的职业教育体系，适应南疆经济和社会发展需要。着力推动民间传统手工艺传承人才培养模式改革，促进顶尖民间艺术人才开发培养，逐步形成具有南疆特色和民族特色的民族职业院校传承创新的现代机制。

（6）开发"一带一路"建设急需的人才

一是大力培养国际化人才。国际化的人才无疑是喀什经济转型能否成功的关键要素之一。国际化的人才绝不仅仅是外语人才。当前大喀什地区更缺乏的是具有开放的国际视野、国际工作背景、国际金融、国际法律、国际会计、国际贸易的领军性人才、领导性的综合人才。培养国际化人才，才能够在"一带一路"建设中发挥人才对社会经济发展的重要推动作用。"一带一路"倡议的实施，需要大批具有较强的专业知识、较高的企业管理水平和通晓外语的国际化人才。应该把国际化人才培养提高到战略高度，重视、支持并积极寻找对策。高等院校需要结合"一带一路"倡议实施进行外语、法律和财务等人才培养计划再设计。

二是大力培养跨文化人才。我国需要掌握"一带一路"沿线国家语言尤其是与喀什相邻的国家语言，对世界各国社会制度、文化习俗和价值观念等重要因素深度了解的跨文化人才。历史传统、语言文字、社会制度和宗教信仰等方面存在巨大差异，沿线各国如何消除文化隔阂，在增信释疑基础上加强合作意愿、完善合作方式。着力于培育精通中外文化的"跨文化人才"，国家有关部门已制定了系统的跨文化人才培养计划，特别加大了对"一带一路"沿线中小国家语言和文化人才的培养力度。

三是大力开发创新创业人才。喀什地区自古以来就有贸易传统，维吾尔族从阿拉伯人那里学到做生意的秘诀，促使喀什成为14、15世纪中亚的经济文化中心。在喀什地区大力开展创新创业，培养创业人才具有得天独厚的优势。喀什地区自古为丝绸之路古道，这里是物资流转的节点，商业意识和商业氛围良好。促进以创业带动就业，安居乐业，坚持以就业为导向的人才开发策略。创业人才培养和创业文化的营造需要政府和社会共同努力，积极参与，提供激励和扶持政策，宣传培育良好的创新创业社会环境。

四　喀什独特的区位优势和与中亚、南亚国家交往的"喀什经验"

喀什周边与巴基斯坦、塔吉克斯坦、吉尔吉斯斯坦、印度、阿富汗等八国接壤或毗邻，到新德里、伊斯兰堡、杜尚别、比什凯克等周边国家首都，公路运输距离比到乌鲁木齐还近，航空均在一个半小时以内，"五口通八国，一路连欧亚"的独特地缘优势在国内罕见。喀什地处两个13亿人口的中间地带，东边是国内的13亿人口，西边是中亚、南亚、中东、东欧等国家，大约也是13亿人口，喀什是连通这两个13亿人口大市场最便捷的国际大通道。

1. 地缘优势

喀什在丝绸之路经济带空间布局中区位优势浑然天成。喀什处于丝绸之路的南通道，自广州经长沙、重庆、成都、青海格尔木、由若羌进入新疆，经和田、喀什，南下印度洋沿岸的瓜达尔港，是一条极具战略意义的通道。喀什地处欧亚大陆中心，是古丝绸之路南北两道交汇的国际商业城市，也是国家新丝绸之路南通道上极具战略意义的重要节点城市。

2. 经济文化交往优势

喀什自古以来与中亚、南亚有悠久的交往历史和传统，即使是在当代，这种传统仍在保留、发展，可以为中国"一带一路"经由中亚、南亚通向世界奠定较好的基础。

（1）经济交往。喀什与中亚各国，特别与巴基斯坦和阿富汗的民间往来十分频繁。这些国家要从中国喀什进口大量肉制品、水泥、服装、果蔬等产品。可见喀什传承坚持了鲜活的与中亚、南亚的民间自觉自愿交往、能够达到凝聚人心、文化互通共荣的目的，这是"一带一路"倡议的目的，因此，关注喀什历史上与中亚国家的关系及其地位，关注喀什今天与中亚、南亚国家的特殊的民间交往模式，可以给国家提供很好的"一带一路"建设的经验。

（2）文化艺术交流。喀什作为维吾尔文化的中心，其悠久的历史中，许多民间叙事长诗、民间著名诗人都与中亚、南亚国家共享、有许多共同的文学话题、民俗话题，有丰富的对话交流的历史和经验。以及彼此之间频繁的音乐绘画艺术交流交往。喀什具有中国特色的、地方民族特色的伊斯兰教，为伊斯兰文化的中国化奠定了基础，可以为中华文明与伊斯兰文明提供经验，为中国与中亚、南亚伊斯兰文化的交流提供较好的范式。

（3）民族交流。目前喀什民间与中亚国家、巴基斯坦等国家民众之间在经贸往来过程中催生的巴基斯坦等国居民在喀什通婚、定居相关情况较好，与维吾尔民众和谐相处，已经有较好的民间的凝聚人心的基础。但是目前这样较好的文化交流交往的良好氛围并没有得到足够的重视和利用。

五　由喀什经验引发的几点思考

古老的丝绸之路首先起源于经济、贸易交流的需要，但是文化的沟通、交流、融合成为古老丝绸之路对人类文明最大的贡献，也是丝绸之路的魅力所在。从喀什本身来说，国家"一带一路"倡议给喀什插上了腾飞的翅膀。我们需要反思历史、把握当下，重启对话机制，利用宗教、文化艺术、民俗及民间贸易等方面的独特优势和曾经有过的成功经验，积极助推国家"一带一路"倡议，发挥示范作用，主动作为，在国家战略中彰显核心区地位。从整个国家的"一带一路"倡议的推进来看，在国家层面，应该重视喀什近千年来的丝绸之路交往交流、与周边国家互惠互利的经验，在开展经贸往来的交流的同时，做好与沿线各民族的民心沟通、文化交融工程，确保国家"一带一路"倡议能有效推进，造福人民。

在国家"一带一路"倡议构想提出之前，中国已经为南疆和喀什地区的对外开放、扶持教育经济文化发展、深层次改善民生提供了很多政策保障。因此，面对"一带一路"倡议发展机遇，喀什自然不应错过。深刻反思总结喀什经验，可以在以下几个方面做些具体努力：

1. 探索维护国家地区和平新思路

充分发挥喀什在构建丝绸之路经济带中"纲举目张"的效应，与中亚、南亚各国更好地加强联合、互利合作，打击恐怖主义和暴力极端主义，为区域和平和稳定提供保障。喀什地区的稳定、发展，能为中国的"一带一路"倡议实施提供"新疆地方经验"。作为中国大陆第一个信仰伊斯兰教的地区，喀什历史上很好地处理了宗教信仰与世俗国家的适应、融合，很好地处理了多元文化、多种宗教与伊斯兰教的融合，同时培养了有较高科学文化知识、深厚文学功底和极深宗教造诣的思想家，成为当时中亚西亚和南亚的思想文化中心，有"小麦加"的美誉。在与周边伊斯兰国家的"一带一路"倡议推进过程中，喀什应大力促进教育协同发展，经济贸易发展，文化交流合作，民间互通互联，民心相通。特别是在目前伊斯兰世界基本被隔离在经济全球化和区域经济一体化进程之外，导致了一系列区域问题和发展问题的产生。喀什和该地区的交流合作能够消除国际上对我国"一带一路"倡议的偏见，促进地区和平。其成功经验可以为中国促进世界和平提供良好的话语权。要突出"一带一路"倡议倡导的和平、包容、共赢的发展理念。强调政治上相互信任尊重，经济上平等互利，文化上共赢这样的话语权阐释"一带一路"。也就是说，喀什地区的稳定、发展，喀什与周边国家的和平交往，能为中国的"一带一路"倡议实施提供"新疆地方经验"，这些经验亟待研究、梳理、总结。

从宗教、文化的视角，总结历史上新疆反对宗教极端势力的经验和存在的问题、伊斯兰文化中国化过程中国与家意志相适应、与多元文化相融合的经验和历史教训，包括挖掘历史文献资料，使喀什在"一带一路"倡议与沿线伊斯兰国家互利共赢的建设中、在国家间反恐合作的工作中，发挥桥梁纽带作用，并由此完成民族文化和社会的现代化、世俗化转型。

2. 传承喀什特色文化艺术

极具特色的传统文化与鲜活并极具生命力传统艺术为喀什增添了神秘光彩和内在动力。建设喀什丝绸之路经济带核心区结合点、增长极和区域中心，需要保留并发展这种传统特色，真正成为"一带一路"倡议下喀什发展的核心内在动力。喀什可考虑在"一带一路"倡议总体规划下，制定实施"一带一路"核心区建设专项基金。积极开展"细节"研究，特别是关于喀什曾经或正在进行的对中亚、南亚的民情、社会、文化、舆论等的研究，为大战略提供可参照的资料。总结梳理喀什经验，把深化人文交流、实现民心相通提高到事关"一带一路"倡议成败关键的位置。对已有的交往交融的历史文化资源进行专门的整理，如与中西亚、南亚共享的特色民族文化节日、文化节、丝绸之路文化遗产保护与传承项目合作、中西方文化在喀什交融互动的过程中的相关问题研究等。提升喀什在"一带一路"倡议中发展的软实力，充分彰显喀什极具魅力的特色文化艺术。

为了更好地传承喀什地方特色文化，需要重视传统艺术人才和民间艺人的挖掘和培养，并将这种特色文化通过现代化教育传承下去，促进维吾尔传统文化艺术在"一带一路"倡议中走向世界。在"一带一路"倡议背景下，喀什的发展必须更新思路，创新观念。传统文化与现代文明的结合，手工艺人精湛的传统手工艺与现代维吾尔文化艺术设计有机集合，这些都离不开教育对人才的培养和重视。总结喀什以往的经验，大力创新技术教育理念，保护传统文化，通过中职和高职以及高等本科教育和研究生教育，培养具有喀什特色的多层次人才，将喀什地区的民间艺术人才培养起来，将传统喀什特色艺术传承下去。

3. 适应中巴经济走廊建设，加强新疆的思想文化建设

第一，知识分子应积极主动建构中国特色伊斯兰话语体系，参与世界宗教文化对话，在思想博弈中争取主动权。知识分子应该有效整合，并有计划的认真梳理总结近千年以来维吾尔族信仰伊斯兰教的中国化、本土化经验，使之服务于新疆社会稳定和长治久安，服务于国家"一带一路"倡议，这不仅是目前最为迫切的任务，也是能否在南疆基层真正推进"去极端化"的关键，是我们能否将"正信挤压、文化对冲"开展下去的思想保障。知识分子要消除与宗教对立、对抗的思维（思想），在充分了解伊斯兰教经典、伊斯兰教目前的世界性困境、中国伊斯兰教特点的基础上，多对话、多沟通。这需要我们有关领导干部与知识分子改变思维方式，在去极端化过程中充分重视维吾尔族近千年来伊斯兰教本土化、民族化、中国化的过程中的经验和教训，特别是在现代化、国际化背景下维吾尔族文化、维吾尔族伊斯兰教面临的当代困境和难题，为我们今天解决民族宗教问题、推进世界和平提供参照。

第二，重视和培养一批少数民族知识分子参与国家及新疆重要思想的理论建设工作。有关部门要进一步积极推动新疆伊斯兰教高水平研究队伍建设，特别要加强新疆少数民族宗教人士和宗教研究者队伍建设。如果没有信仰伊斯兰教民族研究者的参与，新疆伊斯兰教的研究及其对策将会有偏差。在此过程中，参与者要逐渐完成从民族身份到国家身份、从民族话语到国家话语和国家视野的转变，为新疆的思想理论创新做出积极贡献。

这也有助于弥补中国内地有关新疆问题研究者的先天不足，为国家提供来自民族内部的原始信息、客观的分析和相对真实的咨询依据。

第三，进一步提升基层干部服务或与知识分子合作研究的能力和水平。经过不断努力，基层干部的工作作风有了很大转变，基层干部确实付出了常人难以想象的艰辛。但是一些地方基层干部中依然存在管理能力不足、思想空虚不思进取，工作中的极端形式主义、极端教条主义等，这是尽快清除"极端化"的另一重要领域。因此，要加强基层干部治理能力的培养，注重拓宽他们的视野，提高他们的管理能力，提升他们的社区治理水平。通过参与、帮助知识分子开展相关田野调查等研究活动的方式，逐步达到剔除形式主义，解决理解问题上的片面等问题，杜绝不加任何学习消化的层层传达的形式主义的思维方式和工作方式，同时也能为知识分子进行新疆去极端化工作研究提供相关保障。

附录：

专题调研报告：中巴经济走廊在喀什实施中的
效果、存在的问题及其思考

本调研旨在了解民众对国家"一带一路"倡议特别是中巴经济走廊建设的态度，了解中巴经济走廊建设在喀什的实施和推进效果、存在的问题，提出相应对策，为国家战略的顺利实施和推进，为自治区、喀什地区中巴经济走廊建设提供咨询和决策参考。

本次调查由喀什大学课题组组织实施，主要对喀什市普通市民，包括高校教师、政府工作人员、个体工商户（喀什东巴扎商人）、家庭妇女、高校大学生、研究生等不同职业、不同年龄段、不同民族的市民进行随机抽样调查，运用文字、图片、音频、视频等多媒体形式来获得第一手数据资料。

本次调查 2015 年 3 月 1 日启动，2015 年 5 月 31 日截止，为期 3 个月时间，前期对 135 位市民进行采访，特别是对高校教师、公务员、作家、高校本科学生、研究生等进行深入访谈。

一　群众基础好，民众支持率高

1. 在我们的调研中，喀什民众对国家"一带一路"倡议普遍支持理解、态度积极，表明国家"一带一路"倡议和中巴经济走廊建设具有良好的群众基础。我们访谈了135位喀什市民，其中对国家"一带一路"倡议了解的占54%；对"中巴经济走廊"建设了解的占26%。虽然有些市民不太了解政策，但也支持"一带一路"和"中巴经济走廊"政策（分别是22.6%和25%）。

2. 民众对国家"一带一路"倡议和中巴经济走廊建设态度积极，普遍肯定国家和政府的作为。85.8%的市民对喀什未来有信心（其中，37%为非常有信心，47.8%为有信心），愿意推介喀什、宣传喀什。

3. 喀什民众对国家"一带一路"以及中巴经济走廊建设给喀什未来经济、社会、就业带来发展有信心，相信政府能做好（非常有信心的为36%，有信心占48%）。

4. 喀什民众普遍认为国家"一带一路"倡议和中巴经济走廊战略与自己的生活有关，与家庭的未来和幸福息息相关（认为"一带一路"倡议与自己生活有关的为78%，其中，认为与自己及家庭未来有关的占68%，认为与自己关系非常密切的为10%）；认为中巴经济走廊建设与自己生活有关的为72%。不论国家"一带一路"倡议，抑或是中巴经济走廊建设，群众认为未来会给自己的生活带来较大变化的都占到70%以上。

5. 喀什民间与巴基斯坦在喀什的商人之间关系融洽。喀什有巴基斯坦人员超过百位，我们与在中西亚国际贸易市场经商的三位巴基斯坦人进行访谈，他们的汉语、维吾尔语等都不好，做的是小本生意，但周围的维吾尔商人对他们和蔼、包容、乐于帮助，他们对在喀什经商很有信心。由此可见喀什民众开放包容的心态，能与国家现代化建设和谐发展相适应。

二　存在的问题

1. 喀什地区对"一带一路"倡议、中巴经济走廊的宣传力度、宣传方式等亟待加强改进（近七成到八成的市民认为喀什"一带一路"倡议和中巴经济走廊战略推进力度和强度不够）。以2016年1月1日~4月30日喀什地区的党委机关报《喀什日报》报道内容、报道方式为例，4个月《喀什日报》与"一带一路"倡议和中巴经济走廊建设相关的稿件仅8篇（2篇短讯，6篇深度报道，其中由该报记者所采写的新闻稿件仅2篇，即2篇短讯，其余6篇深度报道均来自外稿，新华社通稿4篇、经济日报稿1篇、人民网稿1篇）。在我们的调研中，群众获取国家"一带一路"倡议和中巴经济走廊建设的信息主要是从中央电视台（29%）和课堂（27%），而从喀什电视台、《喀什日报》、喀什街市上的各种广告获取的信息却非常少。此次调研显示，民众对中巴经济走廊的不了解程度较高（占74%）。这是需要喀什地方政府关注的问题。

2. 在项目设计、规划等方面，政府规划设计、高端会议活动较多，但政府在与群众对话、发动群众参与等方面做得不够；比如群众一针见血地指出喀什地区没有看到任何一块有关"一带一路"和中巴经济走廊建设的户外广告牌，更没有关于巴基斯坦方面的介绍性的宣传。据我们的调研，喀什近40%普通市民对国家"一带一路"倡议不了解甚至一无所知，70%的市民对中巴经济走廊战略不了解，市民对中巴经济走廊战略的认知程度落后于对"一带一路"倡议的认知。

3. 喀什各类人才缺乏，这成为喀什"一带一路"倡议、中巴经济走廊建设最致命的短板。

截至目前，调研团队对193位喀什民众（主要为年轻人，60%为少数民族）的调研数据显示，喀什户籍市民表示愿意留在喀什工作人数为72人，不愿意留下工作的人数为41人，没有考虑过和不确定的人数为80人，各项占总人数的比例分别为37.3%、21.2%、41.5%。由以上数据可见，喀什户籍市民未来留在喀什工作的意向不是很明显，大部分对未来不确定或不愿意留在喀什工作。

调研团队对246位非喀什户籍市民的调研显示，未来打算留在喀什工作的人数为59人，不愿意留在喀什工作的人数为87人，未考虑和不确定人数为100人，各项占总人数的比例分别为24.0%、35.4%、40.6%。由以上数据可见，绝大部分非喀什户籍民众未来工作意向不在喀什。

同时还值得注意的是，喀什本地一些中职院校、高校对中巴经济走廊建设推动喀什就业、人才需求分析等方面政策的预测研判、宣传谋划不是很到位。

4. 从对喀什个体工商从业者（主要为喀什中西亚国际贸易市场的个体从业者）的调查情况来看，国家的"一带一路"倡议和中巴经济走廊建设，还应该更进一步考虑当地民众收益。据初步统计，喀什中西亚国际贸易市场有1579家店铺，大体上分为旅游品纪念专区、民族乐器区、工艺品区、刀业区、干果等17个专区。本次调研中，调研人员走访了近百家店铺，70%的个体从业者表示，目前的营业收入只能够维持生活，除去店铺租金，纯利润严重下滑，往年每年营业额至少在 12 万元以上，现在只有五六万元。20% 的店铺商人认为自己店铺目前处于亏损状态，目前没有选择关店主要是因为想继续坚守，希望未来生意会好起来。

店铺亏损的主要是一些成规模的大店（综合性工艺品店，以出售玉器、皮货、地毯、中草药等民族产品、进口产品为主，他们的进货渠道比小型店铺要宽泛很多），由于店铺规模较大，面积在 200 ~ 300 平方米，每年的租金相对较高（20 万 ~ 30 万元左右）。由于生意较差，这些成规模的店铺往往亏损最为严重，收支极不平衡，再加上商品出售不出去大量积压，资金无法及时回流，影响采购新的产品，商户往年经常去国外采购商品，现在基本上去得很少了，次数明显减少。10% 的店铺商人觉得生意还可以，这个主要以干果等食品业为主。

5. 较好的民意基础和群众的支持率没有得到关注和有效利用。喀什几个世纪以来与周边国家和睦相处的"喀什经验"没有得到重视和利用，没有成为国家与巴基斯坦等伊斯兰国家交流沟通的经验。喀什作为中国大陆第一个信仰伊斯兰教的地区，历史上很好地使宗教信仰与世俗国家适应、融合，很好地使多元文化、多种宗教与伊斯兰教相融合，能为中国"一带一路"倡议的实施提供"新疆地方经验"。特别是在目前伊斯兰世界基本被隔离在经济全球化和区域经济一体化进程之外，导致一系列区域问题和发展问题产生的时期。喀什和该地区的交流合作能够消除国际上对我国"一带一路"倡议的偏见，促进地区和平，其成功经验可以为中国促进世界和平提供良好的话语权。也就是说，喀什与周边国家和平交往、为国家的"一带一路"倡议实施提供的"新疆地方经验"，并没有引起重视和加以利用。

三　对策建议

1. "一带一路"倡议和中巴经济走廊建设，要激发当地民众的参与热情，要与本地人民的福祉结合起来，要有益于解决喀什和巴基斯坦走出贫困。要使战略的实施与新疆当地社会进步和实现长治久安、本土文化传统得到保护、现代文化得以健康培育和发展、有益于本土人民的福祉等结合起来，使国家战略的实施建立在培育和发展人民对人民的交往和友谊上，使之有厚重的本土社会支持基础，以减少和避免可能发生的"负面影响"，为国家"一带一路"倡议提供示范和借鉴。

2. 把深化人文交流、实现民心相通提高到事关中巴经济走廊建设成败的关键位置，让文化交流、民心相通先行，为国家战略的推进做好舆论宣传，消除隔阂和障碍。喀什可考虑在"一带一路"倡议总体规划下，设立"一带一路"核心区建设专项基金。积极开展"细节"研究，特别是关于喀什曾经或正在进行的对中亚、南亚的民情、社会、文化、舆论等的研究，为大战略提供可参照的资料。总结梳理喀什经验，对已有的交融的历史文化资源进行专门整理，如与中西亚、南亚共享的特色民族节日、文化节日、丝绸之路文化遗产保护与传承项目合作、中西方文化在喀什交融互动过程中的相关问题研究等，提升喀什在"一带一路"倡议中的软实力，充分彰显喀什特色文化艺术。

3. 为世界和平发展提供反恐新途径。中巴经济走廊不仅是交通、商贸、能源等交流的桥梁，更是民心与民心之间的桥梁。从宗教、文化的内部视角，探讨伊斯兰文化的中国话语、中国特色，为国家提供来自伊斯兰文明内部的柔性联合反恐机制，这能为中国从根本上解决当前伊斯兰世界无法适应现代化进程中出现的矛盾和问题赢得世界话语权。

4. 进一步加大对喀什大学的政策支持，填补国家在中巴双边经贸文化以及国家安全研究领域中的不足。使喀什大学成为"一带一路"急需人才的培养基地，成为喀什地缘政治、经济、交通等研究的一个思想库，也可以填补国家在中巴双边经贸文化以及国家安全研究领域中的不足。喀什大学需要进一步开放办学，与周边国家加强文化交流与学术科研合作，广招周边国家留学生；在巴基斯坦建立孔子学院；培养小语种翻译人才；大力开展中亚、南亚研究，为国家的"一带一路"倡议做好前沿舆情分析、为提升喀什的整体实力培养高层次人才。

第十二章　民生援疆经验及其对中巴经济走廊建设的启示

——基于上海对口援助喀什地区的分析

王　斌*

【内容提要】正确总结民生援疆经验，是实现以社会建设带动民心相通、促使中巴经济走廊平稳推进的题中之意。民生援疆的经验在于将发展社会事业作为援疆工作的重要组成部分，实现改革红利的全面共享。民生援疆旨在增强新疆可持续发展能力，实现"援疆""稳疆""兴疆"的有机融合，推动经济和社会的双向进步。从民生援疆的经验出发，中巴经济走廊建设需要做好以下四点：坚持"以人为本"，落实共建共享；满足民众需求，获得支持认同；推动"人城互动"，加强协调发展；形成社会合力，激活组织参与。总之，在正确总结民生援疆经验的基础上，大力建设中巴经济走廊，将有效推动"一带一路"的良性发展与畅通运行。

【关键词】民生援疆　"一带一路"　中巴经济走廊　对口援疆　喀什地区

一　民生援疆何以指导中巴经济走廊建设

中巴经济走廊是"一带一路"的先行项目，也是我国向西开放的战略

---

*　王斌，社会学博士，西南交通大学中国高铁发展战略研究中心讲师，研究方向为城市社会学。

性大动脉。当前，国内社会科学界对中巴经济走廊的研究并不多见，① 现有论述主要集中在宏观的国家战略布局、② 国际贸易开展③和潜在风险预判等维度。④ 虽然这些研究对中巴经济走廊的建设起到了一定的指导作用，但其中仍存在两个较为突出的问题。一方面，当前的研究大都选择性地忽视了国内现实及相关经验；另一方面，学者们也很少从社会建设的维度来看中巴经济走廊的未来发展与规划。事实上，我国对外援助经常陷入困境的原因也与以上两个因素相关。由于缺失全球社会治理的思路、再加上没有很好地将国内扶贫经验反思性地应用到国外，单纯依靠基础设施建设的援助模式在受援地时常遭遇到质疑。⑤ 从这一角度来看，中巴经济走廊也关联到中国在境外的基础设施兴建的问题，如何避免我国对外援助的传统困境，便成为本文研究的一条核心线索。因此，我们必须意识到，中巴经济走廊要平稳发展，就必须将国内经验与社会建设的维度相结合。或者更进一步讲，我们要从社会治理的维度来重新梳理国内经验，进而提炼模式并深度应用到"一带一路"沿线的具体实践之中。

具体而言，中巴经济走廊是涉及中国和巴基斯坦两国的大型工程，这种"双边性"要求我们不能总将眼光放在巴方。缺少对本土建设经验的关注和分析，事实上也很容易致使对外战略的失误。从这一角度来讲，喀什作为中巴经济走廊的国内起点，在很大程度上决定了这条国际大通道的畅行程度。更为重要的是，喀什又地处南疆中心，社会经济较北疆更为落后，各省市的支持对喀什地区的发展有着至关重要的影响。因而，分析援疆模式在喀什产生的实际效应，既有利于我们理解喀什社会经济的现实情况；又有利于我们将以支持喀什为代表的援疆经验，应用到中巴经济走廊的建设中，进而帮助我国政府、企业和社会组织更加有效地"走出去"。

值得一提的是，援疆并不仅仅是经济上的支持，更是一场现代意义上的社会民生建设，这与"一带一路"倡议促进沿线国家民心相通的宗旨不

---

① 笔者于 2016 年 7 月 12 日在中国学术期刊网络出版总库，以"中巴经济走廊"为篇名搜索学术论文，得到的结果是：论文总量 75 篇，单篇下载量最高为 858 次，单篇引用率最高为 11 次。

② 陈继东、张建全：《中巴经济走廊在"一带一路"建设中的定位》，《新疆师范大学学报》（哲学社会科学版）2016 年第 4 期。

③ 程云洁：《中巴经济走廊建设中的贸易深化研究》，《开发研究》2015 年第 4 期。

④ 胡键：《"一带一路"战略构想及其实践研究》，时事出版社，2016，第 136 ~ 138 页。

⑤ 孔永乐：《中国与西方对非洲援助的义与利》，《二十一世纪》2011 年 2 月。

谋而合。具体而言，中巴经济走廊虽起于经济要素的交换，但随着制度通道的打通，环境、人文、非传统安全等社会领域的交流将愈益重要。[①] 实际上，习近平总书记早在 2014 年就已指出社会建设在"一带一路"推进过程中的重要性，他说道："在思考和规划互联互通项目时，需要坚持以人为本，听取基层民众意见，增加基层民众收入，着力解决他们用电、饮水、医疗、上学、就业、上网等现实问题。"[②] 同时，高柏教授也在理论分析上进一步丰富了该观点，高柏指出：以高铁作为技术支撑的"一带一路"倡议不单关涉技术和政治，更是一项系统性的社会工程；否认这一点，中国就将在全球竞争中面临重大挫折，国家利益也会随之严重受损。[③] 故此，从社会事业、社会效益和民生发展的角度来打造中巴经济走廊，更能为"一带一路"提供可持续的发展前景。

总之，中巴经济走廊作为"一带一路"建设的重要组成部分，我们对它的探讨显然不能片面地把眼光局限在经济和政治的收益之上，更不可忽略对喀什地区，尤其是各省市援助喀什所获经验的分析。只有在正确总结对口援疆、特别是民生援疆经验的基础上，我们才能以社会建设带动民心相通，实现与"一带一路"沿线国家共同现代化的目的。基于此，本文将从四个层面展开论述：①在"一带一路"和中巴经济走廊建设的语境下，勾勒出喀什地区"十二五"期间社会经济发展的基本信息；②简要介绍各省市对口援助喀什的现状及存在的风险；③以上海援疆工作为例，分析民生援疆的内容、特点及其成效；④归纳民生援疆对中巴经济走廊建设的启示意义。

二　喀什地区的社会经济现状

（一）喀什简介

喀什地区总面积 16.2 万平方公里，包括 1 个经济开发区（喀什经济开

---

① 卢光盛、邓涵：《经济走廊的理论溯源及其对孟中印缅经济走廊建设的启示》，《南亚研究》2015 年第 2 期。

② 习近平：《联通引领发展，伙伴聚焦合作——在"加强互联互通伙伴关系"东道主伙伴对话会上的讲话》，《人民日报》2014 年 11 月 9 日。

③ 高柏：《中国高铁的集合创新为何能够成功》，《人民论坛·学术前沿》2016 年第 10 期。

发区）、1 个县级市（喀什市）、11 个县（疏附县、疏勒县、英吉沙县、岳普湖县、伽师县、莎车县、泽普县、叶城县、麦盖提县、巴楚县和塔什库尔干塔吉克自治县）。截至 2015 年底，该地区总人口已近 450 万。喀什地区具有特殊的资源优势，是全国最大的优质棉生产基地，是全国重要的干鲜果基地，蕴藏着丰富的石油天然气和矿产品资源，极具开发潜力。2010 年，《中共中央国务院关于推进新疆跨越式发展和长治久安的意见》以及《国务院关于支持喀什霍尔果斯经济开发区建设的若干意见》相继颁布，喀什地区开始步入新的发展阶段。

从地理位置上看，喀什地区的战略地位也十分重要。喀什与吉尔吉斯斯坦、塔吉克斯坦、阿富汗、巴基斯坦、印度等八国接壤或相邻，具有"五口通八国，一路连欧亚"的独特地缘优势，是丝绸之路从中亚、南亚进入中国的第一线，也是中国通往中亚、南亚、西亚和欧洲最便捷的国际大通道。喀什与巴基斯坦山水相连，是中巴陆路商贸的天然门户，具有发展贸易与经济技术合作最优越的条件与基础。在中央印发的《推动共建丝绸之路经济带和 21 世纪海上丝绸之路的愿景与行动》中，喀什被列为中国—中亚—西亚经济走廊主要节点城市，喀什经济开发区也被确定为重要产业园区。随着"一带一路"的推进和中巴经济走廊的贯通，喀什地区的节点城市优势和廊桥战略地位会愈益突出。按照国家的战略部署，喀什地区将努力建成丝绸之路经济带核心区的结合点、增长极和区域中心，该地区"一桥、一线、三基地、五中心"① 的建设格局正在加速形成。

（二）喀什社会经济现状

"十二五"期间，喀什地区的社会经济得到了快速提升。地区生产总值实现跨越式发展、产业结构持续优化、对外经济贸易平稳增长、居民收入稳步提高。

1. 生产总值规模不断提高，经济发展保持较高增速

进入新世纪以来，喀什地区经济实现了平稳快速的提升。2000 年，喀什地区的国民生产总值仅为 74 亿元；2002 年后，地区生产总值的年平均增

---

① 一桥指的是"中巴经济走廊廊桥"，一线指的是"中国—中亚—西亚能源资源陆上通道"，三基地指的是出口产品制造加工基地、进口能源资源储备加工基地、商品集散贸易基地，五中心是指经济合作中心、贸易物流中心、金融中心、文化旅游中心、医疗服务中心。

长率在 12% 以上。即便是在 2010 年后全国大部分地区经济发展放缓的情况下，喀什依然保持了两位数的年均增长率，经济发展势头向好。2015 年，喀什地区实现生产总值 780 亿元，比 2010 年的 375 亿元增加了 108%。总体上讲，喀什地区"十二五"末的生产总值比"十一五"末翻了一番，以较快的速度实现了地区经济的跨越式增长。

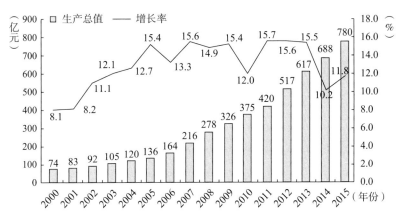

图 12 - 1　喀什地区 2000 ~ 2015 年生产总值及增长速度
数据来源：喀什地区 2000 ~ 2015 年国民经济和社会发展公报。

2. *产业结构不断优化，初具现代产业雏形*

随着生产总值的逐年提高，喀什地区产业结构也实现了优化升级。"十二五"以来，喀什地区三次产业结构比例由 2010 年的 34.4∶30.1∶35.5 调整为 2015 年的 29.1∶30.8∶40.1，整体呈现第一产业下降、第二产业稳定、第三产业上升的趋势。这一产业结构虽然距我国东部城市仍有一定差距，但也基本符合了现代化的产业发展规律。

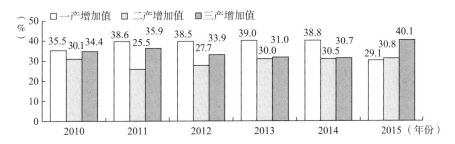

图 12 - 2　喀什地区 2010 ~ 2015 年三次产业结构比例统计图
数据来源：喀什地区 2000 ~ 2015 年国民经济和社会发展公报。

3. 对外贸易逆势增长，中巴经贸合作恢复并持续向好

2009 年的国际经济危机令喀什的边境贸易出现下滑趋势，全年完成进出口贸易总额 10.14 亿美元，较 2008 年下降 39%。2010 年又再次受到吉尔吉斯斯坦国内骚乱、塔吉克斯坦经济低迷、中巴公路交通中断等多重因素的影响，全地区边贸进出口持续下滑，进出口总额 9.15 亿美元，较 2009 年下降 9%。但随着国内利好政策向喀什地区的转移以及"一带一路"倡议的提出，该地进出口贸易总额在 2011 年后开始回升，2015 年达到了 11.54 亿美元。喀什地区与巴基斯坦之间的贸易也在 2010 年遭遇重创后得以迅速恢复，2015 年两地间的贸易额为 3935.9 万美元，同比增长 92%。喀什地区与巴基斯坦的贸易总额在 2010 年到 2015 年的具体数值如下图所示。

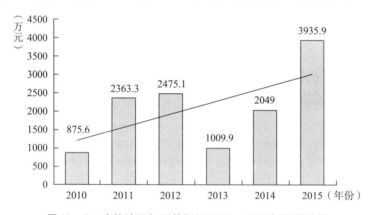

图 12 - 3　喀什地区与巴基斯坦 2010~2015 年贸易总额
数据来源：喀什地区商务局（招商局）内部文件。

4. 城乡居民人均可支配收入逐年增加，人民生活水平不断提高

"十二五"期间，喀什地区城乡居民人均可支配收入逐年增加。2011 年，城市居民人均可支配收入和农村居民人均可支配收入分别为 13553 元和 4270 元，而在 2015 年，这两个数据则分别达到了 20662 元和 7201 元。城市居民人均可支配收入年均增长率为 10.4%，农村居民人均可支配收入年均增长率为 13.7%。

三　各省市对口援助喀什的概况及隐忧

费孝通先生曾指出，随着工业化在中国发展的提速，农业占国民经济的比重会进一步降低，处于边疆的少数民族地区与内地和沿海的发展差距

图 12 - 4 喀什地区 2011 ~ 2015 年人均可支配收入
数据来源：喀什地区 2011 ~ 2015 年国民经济和社会发展公报。

也将持续加大，各民族要实现繁荣平等就必须依靠民族间的团结和互助；因而，我们要依照"'先进帮后进'的原则办事，先进的民族从经济、文化等各方面支持后进的民族的发展。国家对少数民族地区不仅给优惠政策，而且要给切实的帮助"。[1] 费孝通的这一论述，为我国支援边疆的政策提供了坚实的理论支撑。

（一）新中国成立以来援疆政策的嬗变

支持新疆地区发展和建设无疑是我国支援边疆的重要内容，它深刻展现了我国团结互助民族政策的成效与优势。历史地看，开发和发展新疆的思潮自清中叶伊始，而后于民国逐步成型。[2] 新中国成立后，中央政府高度重视新疆工作，新疆工作也一直具有特殊的战略地位。事实上，横向的对口援疆与纵向的国家财政资金转移和政策支持相比，更具灵活性与针对性。因此，对口援疆政策愈益成为主流，它的形成亦是一个长期的动态过程。有论者指出，对口援助是一项极具中国特色的宏观调控和区域互助模式，它于 20 世纪 50 年代发轫，20 世纪 60 年代初步实施，最终在 1979 年通过中央 52 号文件以国家政策的形式确定下来。[3] 20 世纪 90 年代以来，为解决我国区域经济发展不均衡的问题，各省市支援新疆也成为西部大开发的配套性和常规性政策。

1990 年代中期至今，我国援疆工作的重点也经历了阶段性的变化：第

---

① 费孝通主编《中华民族多元一体格局》，中央民族大学出版社，1999，第 34 ~ 35 页。
② 张力：《近代国人的开发西北观》，《中研院近代史研究所集刊》1999 年总第 18 期。
③ 李娜：《对口支援喀什现状调查及对策研究》，《新疆社会科学》2013 年第 4 期。

一阶段主要以"干部援疆"和"智力援疆"为主；第二阶段以"项目援疆"和"经济援疆"为要；第三阶段则初步形成了"横向到边、纵向到底"的多层次、宽领域、全方位援疆模式，经济、人才、科技、教育、医疗、文化援助并行，各地的对口援疆日益项目化和特色化。① 2005 年 4 月《中共中央办公厅、国务院办公厅关于确立有关省市、企业与新疆维吾尔自治区南疆四地州和新疆生产建设兵团在南疆三个师对口支援关系的通知》的出台，标志着各省市对口支援新疆的初步成型，随着《关于进一步促进新疆人事工作的意见》《国务院关于进一步促进新疆经济社会发展的若干意见》等文件的颁布，对口援疆工作继续深化；直至 2010 年 3 月底，全国第一次对口支援新疆工作会议在京召开，19 省市对口援疆的格局才基本得以固定。②

（二）各省市"十二五"期间对口支援喀什的情况

对口援疆重在南疆、难在基层，作为南疆腹地的喀什向来都是援疆工作的关键。自 1997 年始，相继有山东、天津等省市对口援助喀什地区。2010 年新一轮援疆工作调整了援助和受援关系，上海市、深圳市、广东省和山东省与喀什结成了对口支援的关系。"十二五"期间，四省市对口援喀的资金逐年增加。2011 年到位的援喀资金为 358172 万元，而这一数据在 2015 年则上升到了 487415 万元，上升了 36 个百分点，更比 2010 年的投入增加了 9 倍之多。

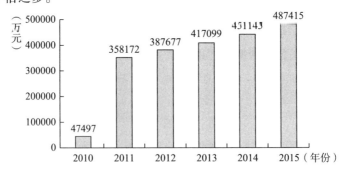

图 12 - 5　2010～2015 年四省市对口援疆到位资金总额
数据来源：喀什政府信息网（网址：http://www.kashi.gov.cn/Item/31721.aspx）。

---

① 陈宏：《论新中国成立以来的援疆政策》，《新疆师范大学学报》（哲学社会科学版）2012 年第 6 期。

② 杨富强：《"对口援疆"政策回顾及反思》，《西北民族大学学报》（哲学社会科学版）2011 年第 5 期。

　　五年里，四省市计划援助喀什地区资金共计 209.5 亿元，实际到位资金达 220 亿元（含试点年 5.4 亿元和深圳市支持喀什大学建设资金 4 亿元），累计实施援疆项目 1495 个。①

表 12 - 1　"十二五"期间四省市对口支援喀什情况

援喀省市	对口支援地区	援喀资金总额（亿元）	援喀项目总量（个）
上海市	喀什地区巴楚县、莎车县、泽普县、叶城县	92.34	650
深圳市	喀什市、塔什库尔干县	38.5	126
广东省	喀什地区疏附县、伽师县、兵团农三师图木舒克市	63.27	125
山东省	喀什地区疏勒县、英吉沙县、麦盖提县、岳普湖县	47.25	453

　　注：由于各省市的统计时间可能早于喀什地委的对相关项目的统计，因此在援喀资金和援喀项目的总和与各省市的统计有一定出入。具体数据请参见喀什政府信息网中刊载的各省市"十二五"援疆工作成效报告。

　　资料来源：喀什政府信息网（网址：http://www.kashi.gov.cn/Category_949/Index.aspx）。

（三）"对口援喀"的潜在问题及表现

　　近年来，随着喀什经济特区的建立，大量投资开始涌进喀什，该地区经济社会的发展面貌得到了巨大改善。尤其是在"一带一路"倡议提出和中巴经济走廊得以推进之后，喀什地区在工业化、城市化和信息化建设等方面，都驶向了新时期的发展快车道。但由于喀什地区地缘、宗教和民族问题较为复杂，经济快速增长所引发的社会变迁往往蕴藏着强烈的社会矛盾。四省市"对口援喀"在化解部分难题的同时，实则也引发了各类社会风险。比如，各省市近年来支援喀什的力度都有不同程度的提高，而这些总量不断加大的援喀资金也开始向城市化的相关领域聚焦；于是，喀什在新城建设的速度和规模上都步入了前所未有的增长期。但由于喀什地区自身的产业基础薄弱、城市人口有限，城市新区在建成之后，往往会导致两方面的后续疑难：一是产业发展的低水平重复；二是高楼耸立却无人居住的空心化尴尬。

　　一方面，由于新一轮对口援疆采取的是"结对"帮扶形式，各个援疆施助方之间缺少信息交流，甚至有时还会产生相互竞争的尴尬。一些重大

---

　　①　喀什地区发改委：《喀什地区"十二五"援疆工作成效》，喀什政府信息网，http://www.kashi.gov.cn/Item/31721.aspx。

项目较易出现重复建设，产业同质化和生产总值虚高的危机随之出现，这也造成资源浪费、生态破坏和产业基础难以持续的困难叠加局面。截至2013年，新疆的水泥产能达到6300万吨，钢铁产能达到2400万吨，远超本地市场需求，产能过剩危机日渐显露。再加上钢材、水泥等项目本身就是高耗能、高污染行业，在产能过剩造成资源浪费的同时，也会进一步加大对当地生态环境的伤害。另外，在我国正处于经济"新常态"，产业同质和产能过剩也意味着将快速地被市场淘汰。但喀什地区又因为自身经济底子薄、产业基础差，大规模的去产能势必影响到当地群众的就业和收入，一旦处理不好就会直接威胁民族地区的社会稳定和长治久安。因此，缺乏社会规划的低水平产业建设，必然降低对口援疆所能发挥的正向拉动作用。

另一方面，援喀资金开始流向房地产行业之中，"被动城市化"现象初显。"十二五"期间，喀什的经济发展得到了迅速的提升。喀什地区2015年末全区总人口达449.92万人，是全疆第一人口大区，占新疆总人口的19%。但喀什地区面积广，农业占比大，人口居住分散，城市常住人口少，城镇化水平仍然较低。据统计，2011年喀什常住人口城镇化率22.3%，低于新疆平均水平21.2个百分点，更低于全国水平29个百分点。2015年，喀什常住人口城镇化率也只有24.23%，低于全国同期水平近32个百分点。2011年至2015年喀什城镇化速度年均增加仅为0.6个百分点，城镇化率增长迟缓、部分年份甚至还出现城市化率逆势下降的情况（见图12-6）。由此可见，喀什地区的城镇化现状是：城镇人口有限、城镇化水平低、建城规模小。为提高喀什的城市化水平，援喀资金开始大量地涌进城市的基础建设（尤其是房地产）之中。一系列新城相继开工，产业园区、写字楼、

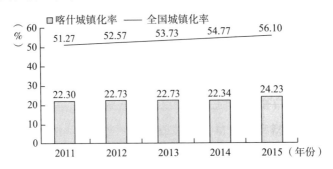

图12-6　2011~2015年喀什地区与全国城镇化率比较图

数据来源：2011~2015年喀什地区统计年鉴与全国统计年鉴。

商品房小区等紧锣密鼓地开建，城市建设投资力度不断加强，喀什市城市规模持续扩大。其中给当地居民造成最大影响的还是商品房和安居工程。但是，新建楼房的配套设施较差，水、电、气、交通路网、教育设施等并未跟上新房建设的速度，这导致当地民众不愿迁入新居，新社区面临空心化的尴尬，基层社会也遭遇到了日益严重的"被动城镇化"困局。

在喀什调查期间，笔者对一些汉族干部进行了访谈，他们在肯定喀什新城建设成果的同时，也道出了对各省市"援喀"项目向房地产领域涌入的看法。受访者普遍认为修建新房本来是改善民生的重要举措，但也要考虑到一些具体的社会文化因素，喀什地区的民族关系决定了它不能简单地走内地城镇化的老路；引导群众入住新社区，是一个较为缓慢且需要细下功夫的过程，从其他的柔性侧面入手才能达到援喀效果最优化的目的。

因而，为贯彻第二次中央新疆工作会议的相关精神，援喀必然要围绕着"社会稳定和长治久安"的总目标来展开工作，将援喀资金和项目进一步向基层倾斜，向切实保障和改善民生的领域倾斜，向困难地区和贫困人口倾斜。民生援疆的重要意义由此凸显。

四　民生援疆的内容、特点与成效：以上海对口援喀工作为例

关注民生是我国传统社会思想的优秀遗产，同时也是中国特色社会主义的制度特征。自十六大以来，重视发展社会事业和改善民生是中国共产党执政理念的一次重大提升，这改变了我国经济增长和社会发展之间的非协调性。[①]"民生"在我国社会政策制定上开始占到了越来越重要的地位。具体到援疆工作来看，根据 2010 年中央新疆工作的决策部署，新一轮援疆战略将重点放在了保障和改善民生之上，着力帮助各族民众解决教育、卫生、就业、住房等基本民生问题，大力培育本地优势产业发展，以推进新疆的跨越式发展和长治久安。由于各地通过发展民生事业支援喀什的举措较多，为更加清晰地阐释和表达，本节就将以上海对口援喀的具体举措为例，简要说明民生援疆的内容、特点与成效。

---

①　温家宝：《关于发展社会事业和改善民生的几个问题》，《求是》2010 年第 7 期。

(一) 民生援疆的主要内容

根据新一轮中央援疆工作的指示，对口援疆资金的 70% 以上要用于服务民生的工程和项目。在此过程中，上海也确定了"民生为本、产业为重、规划为先、人才为要"的总体思路，将民生放在了突出的位置，重点围绕就业、教育、人才三大任务，统筹医疗卫生、安居富民工程和基础设施建设等方面。

1. 加强教育投入，提升教学质量

对于落后的边疆民族地区而言，提高居民的平均受教育水平既是加强民族团结的要义，又是实现跨域式发展与社会长治久安的必要条件。因此，民生援疆的先行环节必然是加强教育投入、提升教学实效。"十二五"期间，上海支援喀什教育资金达 124910 万元，实施教育援疆项目 85 个。仅 2014 年，上海对口支援喀什地区四县的资金就达到了 3 亿元左右，开展了 20 多项教育设施设备项目的建设。这些教育项目的资金投入主要集中在以下几个方面。一是教育基础设施的配套，这就包括了新建或扩建教育园区、购置教学设备、建设素质教育基地等。二是教师队伍的建设，上海市对口支援新疆工作前方指挥部 (以下简称上海"前指") 加大了对双语 (维吾尔语与汉语) 教育的师资培训。在 2011 至 2015 年间，每年按人均 1.15 万元的标准，完成了对 2000 多名教师的双语强化训练和教学实习。三是定向招生培养，上海 10 余所高中和 20 余所全日制普通高校每年分别定向招收喀什学生 2000 名和 200 人。另外，上海"前指"先后组织了 1243 名新疆大学生赴沪参加为期 1 年半至 2 年的培养锻炼。四是搭建沪喀职教联盟，将上海新疆两地 70 余个职业院校、企业、行业协会、管理部门，整合成联盟会员单位，打通了校企合作、人才互联、资源共享的渠道。

2. 发展医疗事业，提高人民健康水平

喀什地区的卫生资源配置不合理，公共卫生事业发展迟缓，因此，提高医疗卫生水平就成为民生援疆的重要构成。2010 到 2014 年，19 个对口支援省 (市) 开展卫生援疆专项规划项目 299 个，落实资金 35 亿元，主要支持新疆卫生医疗机构基础设施建设、医疗设备购置、卫生计生人才培养、卫生信息化建设等方面。"十二五"期间，上海共安排卫生援喀资金 77833 万元，实施卫生援疆项目 72 个，支援力度处于同期各援疆省市的前列。上海的卫生援疆主要从以下几个方面进行。一是完善卫生机构基础设施建设，建成莎车人民医院门诊医技楼、叶城县独女儿童中心及妇幼保健计划生育中心、泽普县人民医院内科楼、巴楚县人民医院住院楼等一批重大基建项目。二是购置紧缺医疗设备，上海"前指"完成了 1200 个卫生室标准化建设和乡镇卫生院基本检查和治疗设备配置，并安排专项资金配置"三降一提高"（降低传染病发病率、孕产妇死亡率、婴幼儿死亡率、提高人均寿命期望值）急需设备。三是建设卫生信息化平台，帮助受援地区建成覆盖全域的居民电子健康档案、电子病历系统，实现居民健康管理和就医信息的相互联通。四是打造沪喀医疗技术交流机制。上海浦东、闵行、宝山、静安四区与莎车、泽普、叶城、巴楚四县结成一对一的技术帮扶，在此基础上，南疆新型医疗联合体得以成立，远程会诊、双向转诊以及人才培养、教学合作等项目成功开展。

3. 完善配套设施，改善居住条件

"十二五"期间，对口支援喀什的四省市累计安排援疆资金 45.6 亿元，支持建设安居富民房 39.2 万套、定居兴牧房 6420 套以及住房配套设施。上海的民生援疆也把"安居富民"和"定居兴牧"作为提升居民生活质量的首要任务。2010 年至今已累计投入近 20 亿元，到 2015 年底已建设完成 17.5 万户"富民安居"房和"定居兴牧"房，约有 90 万农牧民因此受益。上海的援建数量占喀什地区 12 个县市的 40%，涉及近 60 个乡镇和 800 余个村庄。值得一提的是，改善居住条件并非简单地"建房子"和"造小区"，而是要全方位地为居民提供可持续生计，使其能留得住、过得好。一方面，上海"前指"加大了基础设施的投入，提升住房配套建设。单一的新房并不能让喀什居民获得真正的实惠，只有完善的配套设施才能为他们的生活提供便利。仅 2014 年，上海援助四县的基建配套资金就达到了 14587 万元，占当年全地区同类资金的 75.5%。配套资金着重解决水电、公路、生活娱乐设施等问题，努力将新房建造和社区营造紧密地结合起来。另一方面，上海"前指"还把"安居"和"乐业"融汇在了一起。上海对口支援的泽普县和叶城县就践行了"富民安居"工程与特色产业相结合的理念，通过将极具喀什特色的民居与庭院经济和旅游业同步联动的方式，令新居与新业相互配套、互为促进。

4. 建立交流机制，丰富文化生活

历史地看，文化交流是促进民族融合、加强国家认同的关键举措。大力推进汉族文化和维吾尔族文化之间的互动，也是实现我国"多元一体"

民族关系的内在要求。就文化生活而言，民生援疆的重点是促进民族文化互融，在以现代文化作为引领的基础上，对传统文化和生活方式进行潜移默化式的扬弃，从而令当地的文化软实力得以提高、非物质文化资源得以维存、地区形象得以重塑。"十二五"期间，上海共安排了5000万元用以支持喀什地区的文化建设，除建成巴楚县广播电视台塔、叶城县电视台演播厅等重点基建项目之外，推介喀什地区的系列文化产品也不断被开发和向外传播。电视剧、微纪录片、动漫电影、音乐剧、话剧、丛书、地图册等文化产品逐一亮相，这在塑造喀什文化、展现喀什风情和宣传喀什旅游等方面发挥了巨大作用。另外，沪喀两地文化交流及援建常态机制也得以形成，"我们喀什好地方""上海·喀什文化周""沪喀儿童手牵手"等大型文化交流活动相继展开。上海"前指"还免费提供并资助翻译由上海卫视播放的各类综艺节目，并聘请专家团队协助喀什电视台打造《喀什我最牛》等节目，积极引导当地居民的文化生活。更为重要的是，通过发展文化产品、健全文化阵地和宣传普及进村入户，现代文化能在一定程度上对冲极端化的宗教思想，进而起到"稳疆""兴疆"的功用。

5. 理顺产业结构，提高就业水平

就业是民生的根本，促进就业也是发展民生事业的基础环节。喀什地区由于交通物流、产业配套、基础设施等建设较为落后，再加上少数民族群众正规稳定就业意识不强，招工难和就业难的问题并存。民生援疆在很大程度上就是为了帮助新疆群众发展生产、提高就业能力，使民众能够自主地创造幸福生活，共同实现中华民族伟大复兴。"十二五"期间，上海援疆工作在"产业"和"就业"两个方面下足了功夫，共安排资金230864万元，实施产业援疆项目208个。对口受援的四县共建成工业园区44.2平方公里，吸纳就业达2万余人。上海的民生援疆在"以产业促就业"方面有三大特点。一是将外向型的招商引资和内向型的企业培育相结合。为了避免新建工业园区的空心化，上海"前指"加强了招商引资的力度。一方面，努力促成上海张江、金山化工园区、莘庄开发区、宝山工业区等参与四县工业园区的合作共建；另一方面，也大力推动诸如服装、机械组装、林果加工、畜禽养殖、专业工装等领域的知名企业落地喀什地区，并着力培育当地极具开发价值的旅游业和特色林果业，进而增强产业"造血"功能，以尽量适应居民技能的方式提升就业质量。二是将集中就业和分散就业相结合。工业园区的修建是集中就业的重要途径，而发展蔬菜大棚、畜禽基地、手工刺绣等产业，则是以分散的方式灵活带动本地群众就地就近就业，这也符合少数民族社区的实际情况和生活习惯。三是将大众创业和自主就业相结合。支持受援四县的民生创业园和企业孵化基地，实施沪喀创业援助工程，组织上海众创空间联盟等创新创业孵化平台、专业机构和专家志愿团，为各孵化企业提供针对性的创业指导和咨询。

（二）民生援疆的突出特点

民生援疆是一个系统的工程，它绝不是仅"就民生而论民生"，而是将社会事业建设作为援疆工作的主要构成，促使发展成果惠及群众，实现改革红利的全面共享。因此，从本质上讲，民生援疆是一种追求、一种理念，更是一种治理方式，它要求我们将资金援疆、产业援疆、技术援疆、智力援疆、基层治理和组织建设等进行优化整合、有机匹配，以"组合拳"的方式，夯实受援地区社会经济发展的基础，进而增进人民的整体生活水平和幸福感。从上海"民生援喀"的模式中，我们可以看到民生援疆具有以下四个方面的特征。

1. 民生援疆注重内生动力培养，旨在增强地区的可持续发展能力

可持续发展是各国在治理过程中达成的全球化共识。中国可持续发展的战略总目标是实现经济、社会、文化、政治和生态建设的全面协调。我国的社会经济发展越来越注重可持续性，当前"五大发展理念"的形成既是对可持续发展的中国话语表达，更是对可持续发展的进一步丰富与深化。事实上，在对口援疆过程中，"输血"（外来援助）和"造血"（内生动力培育）的关系向来是中央政府及对口支援省市关注的重中之重。增强新疆的自我"造血"能力、促进新疆的内生优势发育与可持续能力发展构成了援疆工作的根本任务。但新疆的可持续发展也面临着极为严峻的挑战，尤其是对于地处南疆的喀什地区而言，自然环境受限、产业基础薄弱、创业支持体系差、就业氛围不足等都是影响其自主发展能力的关键因素。从这一角度出发，民生援疆的首要特征就是在尊重客观规律的基础上，以谋长远的方式突破上述发展瓶颈。值得注意的是，培养内生动力必须实现援疆工作重心从硬件建设到功能建设的内涵化提升，通过打基础、强基层、惠民生、促稳定的援疆思路，在扩大就业、改进民生、夯实产业等方面多下功夫，避免涸泽而渔的激进化发展模式，在保证受援地区社会稳定与长治久安的前提下，搭建地区发展平台、释放地区发展潜能。

2. 民生援疆将"援疆""稳疆"和"兴疆"有机地结合起来

党的十六大以后,"稳疆兴疆,富民固边"成为我国新世纪以来新疆工作的重要战略指导。因而,对口支援新疆的最终目的就是要促使新疆的长期稳定和富足繁荣,"援疆"与"稳疆"和"兴疆"须臾不可离。特别是民生援疆对于"稳疆"和"兴疆"更有着极强的增促作用。一方面,民生援疆将重点放在了教育、安居、医疗等人民得实惠的方面,这对争取绝大多数少数民族同胞的支持、稳定基层社会起到了十分关键的作用。第二次中央新疆工作会议指出,社会稳定和长治久安是新疆工作的总目标,也是建设新疆的着眼点和着力点;要坚定不移地推动新疆更好更快发展,同时也要将发展落实到改善民生、惠及当地和增进团结之上,让各族群众切身感受到党和政府的关怀与温暖。民生援疆在"稳疆"上的重要性受到党和国家的肯定,其重要性越发凸显。另一方面,民生援疆还注重建立长效的民生保障机制,持续地营造出民众能直接感知的生活幸福感。比如,通过建成稳定的劳动力就业培训制度、创业园区项目、双语教学课程设置和新型医疗联合体等,"兴疆"的成效在一系列"授人以渔"的民生工程中得以稳步提升。长远地看,以民生援疆实现"稳疆""兴疆",能把稳定和发展有机地结合起来,使援疆工作更为精准、援疆效益更加突出。

3. 民生援疆推动经济增长与社会建设的双向进步

党的十六大以来,统筹经济社会同步均衡发展成为主旋律,我国经济社会发展"一条腿长、一条腿短"的问题不断得到调整与解决,大力推动公共服务和改善民生成为社会建设和社会治理的务实之举。民生援疆的本质就是要通过各省市的援助,实现新疆长治久安与跨越式发展的有机统一。换言之,民生援疆的实质内容就是推进新疆社会建设和经济发展的双向进步。一方面,一些旨在提升居民家庭收入的产业快速奠定,大部分劳动力通过就业培训都能获得稳定的工资性收入,这对老百姓得实惠有着十分正面的提升功能。另一方面,民生援疆又不止于经济建设,其在社会建设上的成效更甚。民生援疆着力解决与民众切身相关的文教卫生、公检司法、基层组织和公共服务等方面,力求建立结构完整、覆盖所有居民的社会保障和社会服务体系,真正做到病有所医、老有所养和学有所教。当然,民生援疆所具有的社会建设功能并不简单地局限在公共服务之上,它更能卓有成效地稳定基层组织和基层阵地的建设。通过建成各类服务中心、培训社会工作者和支持志愿者入村上门等事项,在发展民生事业的同时也提升社会治理的维稳能力和长治久安的组织基础。

4. 民生援疆实现了以融入的方式打造认同式发展的目的

中国是一个多民族的国家，各民族对于中华民族的认同也就显得特别重要。而对于新疆、特别是对南疆地区而言，民生援疆在很大程度上就是为实现当地民众对国家、政府和中华民族的整体认同。认同有两个方面的基础含义：一是指绝对的相同性，二是指具有连续性的特殊性质。[①] 所以，认同既意味着相似，又暗含了区别。费孝通指出，我国的 56 个民族都要实现双重的民族认同，即同时认同于本民族和中华民族；本民族的认同是亚级别的，而中华民族的认同则是其升华，这两类民族认同能够共存且相互促进。[②] 基于此，我们认为：认同式发展是一种以人为本、尊重文化差异，旨在增进民族团结的发展模式，它必然不脱离于民众的幸福感知、内在诉求和文化背景。民生援疆注重"强基层"和"惠民生"的工作方法，在充分尊重民族同胞意愿的基础上，因地制宜地开展极具特色化、针对性的援助工作，进而形成融入本土社区、普惠当地民众、适应社情民意的认同式发展形态。当然，认同式发展除了要保证各族同胞共享经济社会进步成果之外，同时还注重在相互交流的基础上，发挥现代文化和现代生活方式的引领作用，以增强发展的实效及共同的对话空间。

（三）民生援疆的成效

"十二五"期间，上海的民生援疆取得了巨大的成效，对口支援四县的社会事业建设成效可观、人民生活水平改善显著。受援的大部分地区农民人均纯收入比"十一五"末翻了一番以上，文教卫生、公检法司和公共服务等县、乡、村三级基础设施和服务功能基本完善，关系到人民群众切身利益的教育、医疗、就业、文化等方面的问题得以有效解决。同时，城乡安居、城乡供水、城乡低保、路网建设和贫困助学等惠民、富民工程的实施，也令受援四县群众的生活环境得到明显改善（部分指标可见表 12 - 2）。

---

① Xie Wenjing, "Virtual Space, Real Identity: Exploring Cultural Identity of Chinese Diaspora in Virtual Community". *Telematics and Informatics*, vol. 22, iss. 4, 2005, p. 396.

② 费孝通主编《中华民族多元一体格局》，中央民族大学出版社，1999，第 34~35 页。

表 12 - 2 　上海对口支援四县的民生和社会事业部分指标

主要指标	莎车县	巴楚县	叶城县	泽普县
2015 年农村居民纯收入（元）	6020	7463	8192	8845
农村居民纯收入比"十一五"末增加（元）	2395	3792	4587	5174
2015 年城镇居民人均可支配收入（元）	17189	18250	16800	17784
城镇居民人均可支配收入比"十一五"末增加（元）	8010	5439	3989	5731
"十二五"完成安居富民房（万户）	7.25	3.57	4.62	1.96

资料来源：《上海市对口支援新疆喀什（四县）"十三五"规划（2016—2020 年）》。

　　民生援疆的成效不光反映在各类数据和指标上，它更呈现在人民群众的评价和感知之中。在跟随上海社科院左学金教授团队走访喀什的几个创业街道和工厂集聚区时，笔者访问了部分维吾尔族群众。其中一名在纺织服装工厂上班的女工告诉我们：参加就业培训后直接上岗工作，每月的固定收入对她家庭的帮助十分巨大；不光是就业情况的改善，周边的医疗、教育和交通条件的便利性提高，都令她的生活水平与幸福感得到了极大程度的提高。因而，民生援疆能有效提升当地民众的生活质量，同时也可以满足其自我建设美好生活的愿望，这为实现喀什地区的繁荣稳定提供了坚实的群众基础。

五　民生援疆对中巴经济走廊建设的借鉴与启示

　　事实上，对口援疆与"一带一路"的建设有着十分紧密的关联，从某种层面上讲，做好援疆工作就是为"一带一路"倡议做好准备。笔者认为，对口援疆与"一带一路"发展有如下三个相通之处。一是打造"互通互联"的本质相通。"一带一路"首先就是一个旨在提高各区域联通畅达程度的国家战略。在国际层面，"一带一路"要实现中国与亚欧大陆经贸往来的通畅；在国内层面，它则是为了达到东、西部在基础设施和体制机制上的通达。从这个角度上讲，对口援疆也是为了推动西部边疆与内地的有效联通，并在长远上服务于"一带一路"的未来发展。二是助推资源对接的内容相通。"一带一路"的建设内容包括促进经济要素自由有序流动、资源高效配置和市场深度融合，通过与沿线各国的友好合作，共同打造开发、包容、均衡、普惠的区域经济合作架构。① 对口援疆的内容与此类似，它关注的内容同样是推动新疆经济社会建设，以实现与内地在资金流、人才流、信息流和技术流上的有效对接。三是实现"共同现代化"的目的相通。"一带一路"的最终目的是维护全球自由贸易体系和开放型的世界经济格局，通过共商、共建、共享的现代化，建立利益共同体、命运共同体和责任共同体。与此相应的是，对口援疆也是旨在通过我国东、中部省市的支持和帮助来带动新疆的现代化建设，落实改革红利共享和区域协调发展。

当然，笔者并不否认，对口援疆与"一带一路"倡议之间还有许多的特殊性值得我们仔细比较。但"一带一路"倡议要真正走出国门，需要有国内的相关经验和知识积累作为支撑，两者间的相通之处因此在现阶段更具反思和总结的必要。尤其是伴随着中巴经济走廊的建设提上日程，同受伊斯兰文明影响的巴基斯坦和喀什地区之间的距离将进一步被缩短，深挖"民生援疆（喀）"的模式和经验，无疑会对作为"一带一路"先行项目的中巴经济走廊起到十分关键的启示作用，这也能有效降低项目建设的风险，实现平稳而精准的战略推进。以下，笔者将归纳民生援疆工作对中巴经济走廊建设提供的相关借鉴内容及启示意义。

（一）坚持"以人为本"，实现共建共享、公平正义的现代化

十六届三中全会提出了"坚持以人为本，树立全面、协调、可持续的发展观，促进经济社会和人的全面发展"的科学发展观。自此，"以人为本"成为我国制定国际国内政策的一项重要标准。2015 年 10 月，习近平在亚洲政党丝绸之路专题会议上指出："一带一路"建设奉行以人为本、造福于民的宗旨，将给沿线各国人民带来实实在在的利益。从这个角度来讲，民生援疆既丰富了"一带一路"发展过程中以人为本的内涵，又为其提供了具体的工作抓手和建设指引。以人为本不是一句空话，民生援疆深刻地展现了以人为本理念对区域现代化所发挥的正向功能。因此，只有将以人为本切实贯彻到中巴经济走廊建设的各阶段中，该项目才能真正得到沿线人民的欢迎和支持，才能成为永续中巴人民友好关系的象征性纽带。结合民生援疆的经验来看，我们认为中巴经济走廊以人为本的建设理念应体现

① 柯银斌：《"一带一路"的本质是"共同现代化"》，载赵磊主编《"一带一路"年度报告：从愿景到行动》，商务印书馆，2016，第 62 页。

在以下两个方面。一是遵循共建共享的原则。中国和巴基斯坦两国虽然是全天候的战略合作伙伴，但两国毕竟在政治制度和主流文化上有所差别。以人为本就是要最大限度地尊重当地民众的宗教信仰和生活习惯，以求同存异地构建美好生活为未来图景，号召沿线民众共同参与走廊建设。二是遵循公平正义的原则。中巴经济走廊是中巴两国共同的交流通道，公平正义是保持走廊持续发展的重要因素。只是我们在此处讲的"公平正义"并非简单地局限于经贸和政治领域，而是希望通过走廊建设实现沿线地区的社会公正。要实现这一目的，中巴经济走廊就必须超越"经济"，从密切联系民生的教育、医疗和文化等社会事业出发，在激活市场的同时也积极为民众提供全面发展的机会和权利。

（二）满足民众需求，通过发展民生事业获得支持与认同

我们虽一再强调发展民生事业对促进社会稳定、维护民族团结的重要作用，但必须指出的是，并不是所有的民生工程都能被基层民众接受。换言之，民生并不必然催生"民心"，连接两者的"中间变量"是民众在具体文化环境中的特定需求。只有在有针对性地满足了沿线民众现阶段生产生活迫切需求的基础上，中巴经济走廊才可能发挥其营造共同体的宏远目标。事实上，无论是"一带一路"还是中巴经济走廊建设，厘清需求都是我们开展工作的第一步，缺失对沿线国家民众的需求分析，"一带一路"便难以走出国门。还值得注意的是，需求不应只从国家的视角出发，不能简单地将其框定在两国资源、能源、市场和技术之间的交流和互促之上，而更应该"自下而上"地从社会的角度来满足两国民众的具体需要。从民生援疆的经验中，我们看到，通过满足人民群众的物质、精神需要，社会稳定和长治久安便能较为平稳地实现，这对地区经济的跨越式发展也有着极为重要的推动作用。因此，中巴经济走廊的建设也必须重视民生事业，并将满足民众的基本需要和发展诉求作为评价"一带一路"倡议推进的硬指标。相关数据显示，巴基斯坦在 2012 年和 2013 年的人均 GDP 分别为 1266.4 美元和 1282 美元，[①] 而喀什地区在 2012 年和 2013 年的人均 GDP 则分别为 12500 元和 14660 元。从这一数据的对比来看，较之于喀什地区的现状而

---

① 黄慧群主编《"一带一路"沿线国家工业化进程报告》，社会科学文献出版社，2015，第 97 页。

言，巴基斯坦的社会经济发展更为落后，当地民众的需求也会更倾向于基础性的医疗、就业和教育等方面。因此，"民生援疆（喀）"的相关服务及其经验可以应用到中巴经济走廊建设的过程之中；同时，我们还要特别重视当地民众需求的动态性变迁，以更具针对性和有的放矢的方式来满足发展需要。

（三）推动"人城互动"，加强新城建设和新人培育的协调性

"一带一路"倡议的推进必然会加强沿线城市的转型升级，促使其外向型开放经济的高速发展。具体到中巴经济走廊来看，走廊经济的建成也必将释放巴基斯坦沿线城市的巨大潜力。城市是当前社会经济发展的综合体，大型城市所具备的资源聚合体能有效整合物流、信息流、资金流和人才流。从 2010 ~ 2013 年的数据来看，巴基斯坦处于工业化初期中段，农业占国内生产总值的比例为 24% 左右，该国当前的经济结构正由以农业为基础向以服务业为基础转型，[①] 其城市化水平自然相对较低。中巴经济走廊工程的发展必将为沿线城市带来新的机遇，新城建设和旧城更新的项目也会随之发生。但根据我们在对口援疆过程中的经验来看，当资金大量涌入欠发达地区的城建，特别是房地产行业之后，重复建设和产业空心化的风险便难以规避。当然，我们并不否认城市发展对于中巴经济走廊的重大价值，不过民生援疆的经验提醒我们要将城市和作为主体的人融汇在一起，即把新城建设和新人培育并置起来、同步发展，这样才能真正实现现代化的真谛和人的全面解放。"新城"容易理解，那么何谓"新人"呢？从某种程度上讲，现时代的"新人"就是新市民，他们拥有更能适应市场的技能以及更加开放、包容的心态。民生援疆在培育新人方面取得了一定的成果，其中，教育事业发展、"产业带动就业"和文化常态交流发挥了尤其重大的作用，这部分经验也可应用到中巴经济走廊的建设过程中去。比如，我国在协助巴基斯坦兴建基础设施的同时，通过教育和就业培训等方式来提升该国相关人员的技能水平。与此同时，建立两国民间文化的常态化交流机制，发挥文化中"濡化"和"涵化"的功能，推动中巴文化的和谐互动，提升彼此间的文化认同。这一方面能弥补经济和政治交流的不足，另一方面也可

---

① 黄慧群主编《"一带一路"沿线国家工业化进程报告》，社会科学文献出版社，2015，第 97 页。

通过"启民智"的方式减少项目建设中的社会阻力,由此对走廊发展大有裨益。

(四) 形成社会资源合力,强化中巴社会组织参与积极性

民生援疆重点在"民",此处的"民"既指民众,同时又意味着民间。脱离了民众,民生便失去了依归;而丧失了民间,民生则不会有活力。从上海的民生援疆经验来看,上海"前指"主要以政府购买服务的方式,鼓励、引导并支持本地社会工作组织进驻受援四县社区和乡村提供服务,以形成多方互动的社会资源合力,不依靠政府单方面的大包大揽。进而充分发挥了社会组织在社会治理和社会建设中所发挥的功能和实效,拉近了各族人民之间的心理距离。民心相通也是"一带一路"倡议的内在目标之一,更是中巴经济走廊建设的题中之意。因此,要实现民心相通,单靠政府的推动显然是不足够的;而且尤为严重的是,这种单向度的政府行为有时甚至会引起基层民众的误解。有论者就曾指出:在中巴经济走廊的建设过程中,我国不能再单一地兴建基础设施和市政工程,因为这些项目往往不能给当地民众营造出直接、深刻的"中国善意";相反,通过两国社会组织间的交流,一些灵活而全面的互动便能有效开展,由此才能为民众带来"被需要"和"被尊重"的感受。[1] 当前,巴基斯坦正在成为一个更加流动的社会,大量的流动人口和大规模的城市化都使得公民具有了新的行为与思考模式;该国的逊尼派和其他少数派别已开始审视自己的宗教,原先那些相互隔离的群体逐渐走向融合,巴基斯坦社会内部发生着激荡的巨变。[2] 巴基斯坦迅疾的社会变迁为中巴两国社会组织间的互动、合作与交流创造了条件。从民生援疆的现有经验来看,两国社会组织可以从志愿者活动、慈善项目和社会工作交流等入手,以服务为媒介塑造中国的正面形象,进而通过社会组织形成资源合力,最大限度地争取民众的理解和支持。

六 结语

长期以来,我们一直认为"丝路兴则喀什兴"。但就目前的形势来讲,

---

① 赵磊:《一带一路:中国的文明型崛起》,中信出版集团,2015,第183页。
② Hastings Donnan, PninaWerbner (eds.) *Economy and Culture in Pakistan: Migrants and Cities in a Muslim Society.* Palgrave Macmillan, 1991, p. 2.

这句话反过来亦成立，因为"一带一路"的推进和中巴经济走廊的建设都赋予了喀什地区日益重要的战略地位，"喀什兴则丝路兴"似乎更能说明其作为当前"一带一路"建设的关键节点所在。当然，喀什之"兴"不仅仅是经济的繁荣昌盛，更是指当地经济社会的全面发展。因而，维持新疆的社会稳定和长治久安不仅是我国新疆工作的总原则，也是保证"一带一路"顺利实施的基本前提。以上海为代表的援喀省市，将民生援疆的理念和做法融入到了实际的工作、规划和项目之中，从而为新疆的社会安定和经济发展营造出了良好的氛围。再进一步来讲，"一带一路"倡议是中国话语的一次全新表达，它以"带""路""桥""廊"等一系列极具中国特色的词汇，传递了平等包容、民心相通的"非极化"和"非中心化"理念。从这个层面上讲，这要求我们不能再简单地挪用国外的理论或做法，正确总结民生援疆经验并实际应用，才是助推中巴经济走廊大发展的关键步骤。

习近平总书记在第二次中央新疆工作座谈会上指出："对口援疆是国家战略，必须长期坚持，把对口援疆工作打造成加强民族团结的工程。"与此相对应的是，中巴经济走廊的建设也隶属于"一带一路"倡议，它的最终目标是达成中巴两国的共同现代化。所以，借鉴民生援疆的经验带动巴基斯坦经济社会的全面发展，是实现中巴经贸往来的常态化、紧密化和纵深化的题中之意。总的来讲，以中巴经济走廊为先行项目的"一带一路"建设绝非一个口号，更不是中国凭一己之力开展的"独角戏"。为了促使"一带一路"倡议能够稳健地走出去，我国学界必须紧密地关注前沿动态，并跟踪性地对其进行综合实证研究，为更好地推进"一带一路"提供有力的理论支撑和可行的政策建议。

中巴经济走廊大事记

2013 年 5 月 22～23 日，李克强总理访问巴基斯坦，首次提出要打造一条北起喀什、南至巴基斯坦瓜达尔港的经济大动脉；建设中巴经济走廊，旨在进一步加强两国互联互通，促进两国共同发展。

2013 年 6 月 5 日，巴基斯坦国民议会选举巴基斯坦穆斯林联盟（谢里夫派）领导人纳瓦兹·谢里夫为巴政府总理。谢里夫发表施政演说表示，巴基斯坦愿意同中国扩大战略合作，建造连接中国西部和贯穿巴基斯坦南北的公路和铁路主干道，打造中巴经济走廊。

2013 年 7 月 3～8 日，巴基斯坦总理谢里夫对中国进行访问，进一步确认了中巴经济走廊的重要意义，双方发布了《关于新时期深化中巴战略合作伙伴关系的共同展望》。两国总理签署了《中巴经济走廊合作备忘录》，一致同意成立联合合作委员会，制定中巴经济走廊远景规划和短期行动计划，重点实施交通基础设施和沿线经济开发区等支点项目建设，发挥骨干支撑作用，扎实有效推进。

2013 年 8 月 27 日，中巴经济走廊远景规划联合合作委员会（联委会）在巴基斯坦首都伊斯兰堡举行首次会议。联委会就交通基础设施建设、能源、投资等中巴经济走廊的关键问题进行了深入探讨。

2013 年 8 月 28 日，巴基斯坦总理谢里夫会见由中国国家发展和改革委员会副主任张晓强率领的中巴经济走廊远景规划联合合作委员会中国代表团。谢里夫表示，巴基斯坦高度重视巴中友谊，将中巴经济走廊置于最优先地位。双方对经济走廊的规划和优先项目的实施进行了深入交流。

2013 年底，习近平主席提出"一带一路"倡议，中巴经济走廊作为"一带一路"的有益补充，战略重要性进一步提升。

2014 年 1 月 7 日，中巴能源工作组第三次会议暨中巴经济走廊能源工作组第一次会议在北京召开。会后，双方共同签署了《中华人民共和国和巴基斯坦伊斯兰共和国能源工作组第三次暨中巴经济走廊能源工作组第一次会议的会议纪要》，在核电、电力、煤炭、可再生能源领域达成多项共识，并一致同意成立能源规划工作组，研究制定中巴经济走廊能源合作规划。

2014 年 2 月，巴基斯坦总统马姆努恩·侯赛因访华期间，中巴双方同意加速推进中巴经济走廊建设，这标志着中巴经济走廊这一"世纪里程碑"项目将步入"快车道"。

2014 年 2 月 19 日，中巴经济走廊远景规划联合合作委员会第二次会议在北京举行。双方就加强经济走廊的规划编制、优先推进项目，以及在交通基础设施、能源和信息技术等领域的务实合作交换了意见，取得了广泛共识。

2014 年 5 月 6 日，卡西姆港 1320 兆瓦火电项目奠基仪式在巴基斯坦南部城市卡拉奇举行，这是中巴经济走廊能源领域的首个项目。该项目由中国电力建设集团和卡塔尔投资银行共同投资开发，建成后将极大地缓解巴基斯坦电力短缺的局面，项目预计 2017 年底投产发电。

2014 年 5 月 22 日亚信峰会后，习近平会见巴基斯坦总统马姆努恩·侯赛因，指出目前中巴各领域合作不断取得新进展，强调双方应该重点落实好瓜达尔港和拉合尔轨道交通项目。侯赛因表示中巴经济走廊建设进展顺利，巴方愿为加快实施有关项目提供便利，并且希望双方加强电力合作。同时，两国元首还共同见证了《中国和巴基斯坦关于拉合尔轨道交通橙线项目的政府间框架协议》的签署。

2014 年 8 月 22 日，中巴经济走廊交通基础设施联合工作组在北京举行了第二轮会议。会议就中巴经济走廊项目下交通基础设施项目建设充分交换了意见，达成诸多共识，并在一些关键问题上取得实质性进展。

2014 年 8 月 27 日，国务院总理李克强在中南海紫光阁会见巴基斯坦人民党联合主席、前总统扎尔达里。李克强强调，中方愿同巴方一道，建设好中巴经济走廊，同地区相关国家推进"一带一路"建设，促进经济一体化，造福各国人民。扎尔达里表示，在双方共同努力下，中巴经济走廊以及瓜达尔港等重点项目建设正在逐步推进。

2014 年 8 月 27 日，由中国经济联络中心与巴基斯坦信德省投资委员会共同举办的中国—巴基斯坦经贸投资推介会在北京成功举行。会议期间，中巴双方企业代表通过对话交流和项目洽谈，在基础设施、能源化工和商品贸易等领域达成了一系列合作共识。

2014 年 8 月 29 日，中巴经济走廊远景规划联合合作委员会（联委会）第三次会议在北京举行。会议主要听取了第二次联委会成立以后的工作进展及下一阶段安排，并达成了广泛共识。

2014 年 11 月 8 日，国务院总理李克强在人民大会堂会见巴基斯坦总理谢里夫。李克强指出，中巴经济走廊为两国务实合作搭建了战略框架，是中国同周边互联互通的旗舰项目。谢里夫表示，巴方愿同中方落实好中巴经济走廊等重大合作项目，促进两国和地区的共同发展。会见后，两国总理共同见证了《中巴经济走廊远景规划纲要》以及经济、技术、能源、金融、工业园、信息通信等合作文件的签署。

2014 年 11 月 10 日，巴基斯坦驻中国大使馆在北京举行巴基斯坦石油和天然气行业推介会。巴基斯坦驻华大使马苏德·哈立德表示，油气行业合作可作为中巴经济走廊的旗舰项目，为推动两国乃至地区的和平、繁荣做出贡献。

2014 年 11 月 29 日，由中国葛洲坝集团承接的巴基斯坦 E35 高速公路项目开工仪式在巴基斯坦开伯尔·普什图省的哈桑阿卜杜勒镇隆重举行。E35 项目是巴基斯坦制定的国家贸易走廊高速公路的一部分，将与中巴经济走廊的主线喀喇昆仑公路（也叫"中巴友谊公路"）相连接，建成后将有利于改善巴基斯坦国家公路网的运输效能，扩大中巴两国间的货物贸易。

2015 年 2 月 15 日，中巴经济走廊能源项目推进会在北京召开，国家能源局副局长张玉清与巴基斯坦外交部国务秘书法塔米共同主持会议。与会双方围绕加快解决两国能源合作存在的一些问题、进一步推进中巴经济走廊能源合作项目建设等议题深入交换了意见。

2015 年 3 月 28 日，国家发改委、外交部、商务部联合发布《推动共建丝绸之路经济带和 21 世纪海上丝绸之路的愿景与行动》，将中巴经济走廊提升到新的战略高度。

2015 年 3 月底，新疆特变电工股份有限公司下属新能源公司在巴基斯坦东部旁遮普省巴哈瓦尔普尔地区投资 2.1 亿美元的太阳能项目正式投产发电。该项目也是中巴经济走廊建设在电力能源领域取得的最新成果。

2015 年 4 月 1 日，中巴经济走廊能源工作组第二次会议在巴基斯坦首都伊斯兰堡举行。此次会议主要是为了进一步推动中巴经济走廊能源项目建设，磋商解决当前项目遇到的问题。

2015 年 4 月 8 日，中巴经济走廊委员会成立仪式在巴基斯坦首都伊斯兰堡举行。该委员会的目标是汇聚各界力量，为走廊的建设提供支持，并推动中巴两国在技术等方面的交流与合作。此外，委员会还计划设立不同的专项委员会，涉及经济商贸、安全和能源等领域。

2015 年 4 月 8 日，中国电力建设集团公告称全资子公司中水电海外投资有限公司拟与卡塔尔 AMC 公司以 BOO（Building-Owning-Operation）模式共同投资建设巴基斯坦卡西姆港燃煤应急电站项目，项目总投资高达 20.85 亿美元。该项目属于"中巴经济走廊早期收获清单"所列项目，且被列为中巴经济走廊能源项目合作协议中的优先实施项目。

2015 年 4 月 15 日，"一带一路"中巴经济走廊战略研讨会在中国（海南）改革发展研究院召开。中国和巴基斯坦两国官员、学者、企业家围绕"一带一路"建设与中巴经济走廊建设展开讨论。

2015 年 4 月 19 日，习近平在对巴基斯坦进行国事访问前夕，在巴基斯坦《战斗报》和《每日新闻报》发表题为《中巴人民友谊万岁》的署名文章，再一次强调"两国正在稳步推进中巴经济走廊建设"。

2015 年 4 月 20~21 日，国家主席习近平对巴基斯坦进行国事访问，双方决定将中巴关系提升为全天候战略合作伙伴关系，确定了以中巴经济走廊为中心，以瓜达尔港、能源、交通基础设施、产业合作为重点的"1+4"合作布局，为中巴关系下阶段发展做出战略规划。双方共签署了 51 项合作协议和谅解备忘录，其中超过 30 项涉及中巴经济走廊；达成总值 460 亿美元的能源、基础设施投资计划。习近平和谢里夫还通过视频为 5 个发电厂项目揭幕，标志中巴经济走廊建设全面启动。

2015 年 4 月 20 日，在国家主席习近平访问巴基斯坦期间，国家铁路局局长陆东福与巴基斯坦铁道部国务秘书、铁路委员会主席帕尔文·阿格哈共同签署了《中国国家铁路局与巴基斯坦伊斯兰共和国铁道部关于开展 1 号铁路干线（ML1）升级和哈维连陆港建设联合可行性研究的框架协议》。1 号铁路干线升级和哈维连陆港建设，是中巴经济走廊远景规划联合合作委员会确定的中巴经济走廊交通基础设施领域优先推进项目。

2015 年 4 月 20 日，中巴经济走廊优先实施项目——中兴能源巴基斯坦旁遮普省 900 兆瓦光伏地面电站正式开工建设。该项目是目前全球范围内规模最大的单体太阳能发电项目，也是迄今为止中国企业对海外光伏项目最大规模的投资。

2015 年 4 月 20 日，丝路基金、中国长江三峡集团及巴基斯坦私营电力和基础设施委员会在伊斯兰堡共同签署了《关于联合开发巴基斯坦水电项目的谅解合作备忘录》。根据该《备忘录》，丝路基金将投资入股由中国长江三峡集团控股的三峡南亚公司，为巴基斯坦清洁能源开发，包括该公司的首个水电项目——吉拉姆河卡洛特水电项目提供资金支持。

2015 年 5 月 21 日，东方电气集团东方汽轮机有限公司、东方电机有限公司与山东电建三公司在青岛签订巴基斯坦卡西姆港 1320 兆瓦火电项目设备采购合同，标志着中巴经济走廊的"优先实施项目"正式启动，项目建成后有望大幅缓解巴基斯坦电力短缺的局面。

2015 年 5 月 22 日，中巴经济走廊国际学术研讨会在北京召开，来自中国和巴基斯坦两国的众多专家学者、政商界代表参加本次研讨会，共话中巴经济未来。会议围绕中巴经贸合作的前景与展望，以及如何健康有序地推进中巴经济走廊的规划与建设等议题展开讨论。

2015 年 7 月，为了消除部分省份对中巴经济走廊项目选址的忧虑，巴基斯坦召开全党派大会，联邦政府要求规划委员会研究出台中巴经济走廊东、中、西线配套公共发展项目（PSDP）四年规划。

2015 年 7 月 27 日，中国对外贸易 500 强企业俱乐部与巴基斯坦驻华大使馆共同举办了"一带一路"中巴经济合作大会。会上，中巴两国代表围绕"中巴经济走廊的中国制造业机遇"的主题展开发言。

2015 年 8 月 11～12 日，中国和巴基斯坦各界代表相聚中国新疆克拉玛依，共同出席中巴经济走廊（新疆·克拉玛依）论坛。论坛以"共商中巴合作，共建繁荣走廊，共享和谐发展"为主题，共签署了 20 项合作备忘录，总价值约 103.5 亿元人民币，同时通过了《克拉玛依宣言》。

2015 年 8 月 25 日，中巴经济走廊能源工作组会议在北京召开，国家能源局副局长张玉清与巴基斯坦水电部常务秘书达嘎共同主持会议，与会双方就中巴经济走廊能源项目建设等事宜进行了深入磋商。

2015 年 8 月 28 日，在巴基斯坦旁遮普省巴哈瓦尔布尔地区，中兴能源有限公司投资建设的 900 兆瓦光伏地面电站项目中的首个 50 兆瓦项目已基本完工，预计 2017 年全部建成。

2015 年 9 月 11 日，由国家开发银行主办，四川省商务厅、成都市政府外事办、成都市国资委协办的"中国－巴基斯坦投资合作对接会"在成都顺利召开，巴方有关部委及主要金融机构代表、四川省部分企业代表参会。会上，各方就中巴经济走廊远景规划、巴基斯坦基础设施投资及贸易机会等话题进行了深入交流探讨。

2015 年 9 月，中断 5 年的喀喇昆仑公路北段全线建成，将为中巴经济走廊建设提供重要交通保障。

2015 年 11 月 11 日，巴基斯坦政府正式向中国海外港口控股有限公司移交瓜达尔港自贸区 2281 亩（约合 152 公顷）土地的使用权，租期 43 年。这项计划是价值 460 亿美元的中巴经济走廊投资计划的一部分，意在通过基础设施建设、能源和运输项目加强中国西部与阿拉伯海的联系。

2015 年 11 月 12 日，中巴经济走廊远景规划联合合作委员会第五次会议在巴基斯坦卡拉奇召开。此次会议的重点是进一步落实中国国家主席习近平 2015 年 4 月访问巴基斯坦的成果，推动中巴经济走廊建设。

2015 年 11 月 17 日，由中国驻巴基斯坦使馆和巴基斯坦智库巴中学会联合举办的中巴经济走廊媒体论坛在巴基斯坦首都伊斯兰堡举行。中巴两国媒体就如何加强双方合作进行了深入交流与研讨。

2015 年 12 月 21 日，中国和巴基斯坦合作实施的塔尔煤田二区煤矿和电站项目在北京签署融资协议。该项目总投资超过 20 亿美元，是中巴经济走廊乃至巴基斯坦首个煤电一体化项目。

2015 年 12 月 22 日，中巴经济走廊两大公路项目——卡拉奇至拉合尔高速公路（苏库尔至木尔坦段）和喀喇昆仑公路升级改造二期（哈维连至塔科特段）商务合同正式签署，项目合同金额分别为 28.9 亿和 13.15 亿美元，分别由中国建设股份有限公司和中国交通建设股份有限公司承建，建成后将极大地便利巴基斯坦的南北交通往来。

2015 年 12 月 31 日，"中巴经济走廊——2016 中国产能合作友好访问团"新闻发布会暨大型纪录片《巴铁》启动仪式在巴基斯坦驻华大使馆举行。该活动自正式筹备以来，得到了中巴政府及众多商协会的支持。

2016 年 1 月 10 日，中国长江三峡集团承建的卡洛特水电站主体工程在距伊斯兰堡 50 多公里的吉拉姆河畔开工建设。这是中巴经济走廊首个水电投资项目，也是丝路基金的首单资助项目。项目建成后每年将为巴基斯坦提供逾 31 亿千瓦时的清洁能源，有效缓解巴电力短缺问题。

2016 年 1 月 15 日，巴基斯坦政府决定成立中巴经济走廊建设指导委员会，以更好地推进中巴经济走廊建设。委员会在巴基斯坦计划和发展部下设立办事机构，负责协调中巴经济走廊建设中各省工作和信息共享。

2016 年 1 月 22 日上午，中国驻巴基斯坦大使孙卫东同巴基斯坦经济事务部常务秘书塔里克·巴杰瓦在巴首都伊斯兰堡签订瓜达尔市总体规划项目开展立项前期可行性研究协议。根据协议，中方将对巴基斯坦瓜达尔市总体规划项目开展立项前期可行性研究。巴方负责提供可行性研究所需项目基础信息，指定专门部门或机构配合中方工作，并对中方提供的可行性研究技术成果进行确认。

2016 年 2 月 23 日上午，中国援助巴基斯坦议会大厦太阳能光伏发电项目在巴首都伊斯兰堡的国民议会举行启用仪式。该项目是中国商务部首个经援国外的光伏项目，是中巴友谊的标志性工程之一，受到两国领导人特别关注。2015 年 4 月 22 日，中国国家主席习近平与巴基斯坦总理谢里夫曾共同为该项目揭牌。

2016 年 4 月 11 日，塔尔煤田二区块煤电一体化项目在巴基斯坦信德省基地正式开工建设。这是中巴经济走廊首个开工建设的煤电一体化项目，也是巴基斯坦首个使用本地煤炭发电的大型发电项目，项目建成后对于缓解其用电紧张局面具有重要意义。

2016 年 4 月 28 日，国家发改委主任徐绍史在京会见来华考察中国交通基础设施和产业园区发展的巴基斯坦计划发展部长伊克巴尔。徐绍史强调，2016 年是中巴经济走廊早期收获项目进入全面实施的一年，双方应以此为契机，全面深化走廊各领域务实合作，推动走廊建设持续稳定发展。伊克巴尔表示，在双方共同努力下，中巴经济走廊正从伟大的战略构想逐步转为现实。

2016 年 4 月 28 日，"一带一路"中巴经济走廊投资建设合作论坛在北京举办。在本次论坛上，中国对外承包工程商会、巴基斯坦边境工程组织，以及中巴投资有限责任公司分别签署了合作协议。参会代表们分别就巴基斯坦投资环境、行业政策、企业与项目对接等主题展开深入的讨论交流。

2016 年 4 月 28 日下午，喀喇昆仑公路改扩建二期项目（雷科特—伊斯兰堡段）正式奠基。该项目总长 487 公里，由于工程量大，总造价高，中巴双方本着先易后难的原则协商确定将该项目分为三个阶段实施：第一阶段为赫韦利扬至塔科特段，第二阶段为赫韦利扬至伊斯兰堡段，第三阶段为塔科特至雷科特段。

2016 年 4 月 30 日，首趟中国至巴基斯坦公铁联运货运班列——"临沂号"开行，班列从山东临沂出发，先通过铁路运送到新疆喀什，再经公路将货物转运至巴基斯坦瓜达尔港，全程 8000 多公里。

2016 年 5 月 6 日，中巴经济走廊最大交通基础设施项目——卡拉奇至拉合尔高速公路（苏库尔至木尔坦段）开工仪式在巴基斯坦信德省苏库尔地区举行，这标志着中巴经济走廊交通基础设施领域合作取得重大进展。该项目建成后将极大地改善巴基斯坦的交通状况，成为连接巴基斯坦南北的经济大动脉。

2016 年 5 月 16 日下午，国务院总理李克强在人民大会堂会见巴基斯坦陆军参谋长拉希勒。李克强指出，中巴经济走廊不仅是两国务实合作的旗舰项目，也有利于地区的发展与繁荣。中方赞赏巴政府和军方对走廊建设顺利推进的大力支持。拉希勒表示，巴军方珍视中巴友好关系，希望中巴经济走廊早日建成，愿全力维护两国合作的安全环境，为中巴经济走廊建设提供安全保障。

2016 年 5 月 19 日，中巴跨境光缆项目开工仪式在位于巴基斯坦北部的吉尔吉特镇隆重举行。该项目是中巴经济走廊建设的早期收获项目，主要包括铺设 820 公里的管道光缆，新建 9 个机房及相关配套设备供应与安装调测服务，预计将于 2018 年完工。项目建成后，将为中巴两国通信提供另一条备用线路，有助于提升两国网络的互联互通。

2016 年 5 月 20 日，由中国驻巴基斯坦大使馆主办，中国经济网和巴中学会承办的第二届中巴经济走廊媒体论坛在北京举行。论坛的主题是"深化媒体合作，为中巴经济走廊搭建信息平台"，来自中巴两国政府、学术界和媒体的 100 多位嘉宾出席了论坛。

2016 年 5 月 31 日，巴基斯坦中电胡布超临界燃煤电站 EPC（Engineering Procurement Construction）合同在北京正式签署。这是中国能源建设股份有限公司目前装机容量最大的海外超临界燃煤电站 EPC 总承包项目。该电站投产后，将有助于打破电力短缺对中巴经济走廊贯通的制约，进一步加强中巴全天候战略合作伙伴关系。

2016 年 5 月 17 日，在巴基斯坦驻华大使馆举行的新闻发布会上，巴基斯坦三军公共关系处主任兼军方发言人阿西姆·萨利姆·巴吉瓦中将介绍了中巴经济走廊的建设情况，并对中巴经济走廊建设过程中最受投资者及建设者关注的安全问题做出了回应。

2016 年 8 月 13 日，巴基斯坦 M4 高速公路（绍尔果德至哈内瓦尔段）项目在巴东部旁遮普省绍尔果德地区举行开工仪式，这标志着亚洲基础设施投资银行（亚投行）在巴基斯坦投资的首个公路项目正式破土动工。该项目融资额超过 2 亿美元，建成后将贯通旁遮普省费萨拉巴德和木尔坦，对改善巴基斯坦交通基础设施和消除贫困具有重要意义。

2016 年 8 月 17 日，巴基斯坦信德省首席部长穆拉德分别会见信德省农业委员会和农业协会。信德省农业委员会代表表示，农业发展是中巴经济走廊建设的重点利益所在，省政府需推出切实可行的计划以使本省农业在走廊建设中获益最大化。

2016 年 8 月 16～18 日，中国乌鲁木齐海关与巴基斯坦吉尔吉特 - 巴尔蒂斯坦海关在喀什举行会谈，双方边境海关就落实 2016 年 5 月签署的《中巴边境海关工作会谈联合申明》的文件精神、建立边境海关合作机制、加强政策宣传、建立情报交换机制、加强信息互换等方面的问题达成共识。此次边境海关会谈旨在推动和落实中巴经济走廊建设，加强边境海关合作，促进中巴双方贸易发展。

2016 年 8 月 29 日，中巴经济走廊峰会暨走廊博览会在伊斯兰堡巴中友谊中心举行。本次活动是庆祝中巴建交 65 周年系列纪念活动的组成部分，也是中巴经济走廊从构想到落实 3 周年庆典。活动期间，中巴两国有关机构和企业介绍了中巴经济走廊的进展情况和发展成就，并就进一步挖掘中巴经济走廊潜在发展机遇、吸引投资等进行研讨。

2016 年 8 月 31 日，中国外交部发言人华春莹在例行记者会上回应了因中巴经济走廊会经过有争议的巴控克什米尔地区，印度一直持反对意见的相关提问。

2016 年 9 月 1 日，中巴合作建设的巴基斯坦瓜达尔港自由区奠基仪式在瓜达尔港港区隆重举行。瓜达尔港自由区的启动，标志着瓜达尔港建设从港区向工业园区扩展，进入新的发展阶段。

2016 年 9 月 1～7 日，来自上海、浙江、江苏、山东的近 30 名民营企业家从临沂出发到中巴经济走廊进行商务考察。期间，考察团不仅受到了巴基斯坦各界的欢迎与接待，更感受到了"一带一路"倡议、中巴经济走廊建设给这个国家带来的发展热情。

2016 年 9 月 20 日，巴基斯坦伊斯兰堡政策研究所在伊斯兰堡酒店举办中巴经济走廊全国性研讨会，会议围绕"中巴经济走廊：为巴基斯坦和区域各国带来宏观和微观红利"这一主题展开,巴基斯坦前外交官、专家学者和青年学生等百余人出席活动。

2016 年 10 月初,巴基斯坦国内复杂的政治局势使有关中巴经济走廊的投资严重受阻,中方发表声明希望巴方主要党派能够化解冲突,尤其要在中巴经济走廊的重点省份俾路支省安抚民众,确保中方项目能够顺利进行。

2016 年 10 月 14 日,由中国国际问题研究院主办,主题为"加快推进中巴经济走廊建设、助力构筑中巴命运共同体"的智库研讨会在北京召开。会上,中国和巴基斯坦的智库学者共同就中巴经济走廊建设的前景和难点进行研判交流。

2016 年 10 月 17 日,巴基斯坦计划发展部长伊克巴尔表示,巴政府筹资 215 亿卢比成立了特别部门专司走廊项目保护,中方对走廊建设安全部队(SSD)的部署进度高度关注,部队部署还需中央与地方政府进一步协商。

2016 年 10 月 29 日,约 50 辆卡车组成的中巴经济走廊联合贸易车队从新疆喀什出发,沿着中巴经济走廊抵达戒备森严的俾路支省,并于 11 月 12 日抵达瓜达尔港。这是首次有贸易商队成功从北到南穿越巴基斯坦西部地区,也是中巴首次合作组织商贸团队经巴基斯坦到达瓜达尔港。

2016 年 11 月 13 日,中巴经济走廊联合贸易车队首次试联通活动在巴基斯坦西南部俾路支省瓜达尔港隆重举行。此次贸易车队试联通活动的成功举办,标志着中巴经济走廊正式从概念成为现实,掀开了本地区互联互通新的一页。

2016 年 12 月 6 日,由巴基斯坦巴中学会主办的中巴经济走廊信息网在伊斯兰堡正式启动,该网站旨在为中巴经济走廊参与者提供全面和权威的信息。中巴经济走廊信息网由巴基斯坦总统侯赛因提议创办,并于 2015 年年底投入试运行。网站计划提供英语和乌尔都语服务。

2016 年 12 月,中国国家电网公司下属中国电力技术装备有限公司表示,将参建中巴经济走廊上最大的高压直流输电项目。这条输电线路是中巴经济走廊的一部分,从巴基斯坦信德省海得拉巴附近默蒂亚里县的一座换流站开始,最终到达旁遮普省拉合尔市附近的南卡那萨哈巴。

2016 年 12 月 29 日,中巴经济走廊远景规划联合合作委员会(联委会)第六次会议在北京召开。会议指出,2016 年中巴经济走廊建设取得积极进展。根据中巴经济走廊建设进展,双方进一步充实与完善了联委会机制,适时成立瓜达尔港联合工作组和产业合作联合工作组,加强对中巴经济走廊建设的统筹与协调。

中巴经济走廊简介：中巴经济走廊是李克强总理于 2013 年 5 月访问巴基斯坦时提出的，要打造一条北起喀什、南至巴基斯坦瓜达尔港的经济大动脉，推进中巴两国的互联互通。这条经济走廊的建设旨在连接新疆维吾尔自治区与瓜达尔港的高速公路、铁路，以及石油和天然气的管道，进一步加强中巴互联互通，促进两国共同发展。2013 年底，习近平主席提出"一带一路"倡议构想，中巴经济走廊作为"一带一路"的有益补充，其重要性进一步提升。2015 年 4 月，在习近平主席国事访问巴基斯坦期间，中巴双方决定将中巴关系提升为全天候战略合作伙伴关系，确定了以中巴经济走廊为中心，以瓜达尔港、能源、交通基础设施、产业合作为重点的"1 + 4"合作布局，开创了中巴经济走廊建设的新局面，启动了迄今为止中国最大的海外投资计划——中巴经济走廊计划，该计划投资高达 460 亿美元，涉及基础设施项目、能源、农业、教育、电信等领域。2016 年以来，中巴经济走廊建设在交通基础设施及能源等领域取得积极进展，成果显著。2016 年 11 月 13 日，中巴经济走廊联合贸易车队首次试联通活动的成功，标志着中巴经济走廊正式从概念成为现实，这对于中巴经济走廊和中巴关系都具有重要意义。

鸣　谢

　　本课题是西南交通大学中国高铁发展战略研究中心（简称中心）2016～2017 年的重点课题之一。我们感谢西南交通大学为中心提供的科研经费和对外合作平台。

　　本课题得到了多位兄弟院校学者的支持，没有他（她）们的支持，这本书将会非常不同。我特别感谢中心的兼职研究员们对本书做出的贡献，因为这些贡献都涵盖独特的领域，因此丰富了本书的内容。

　　我还要感谢中心的常务副主任甄志宏博士在统稿过程中数度编辑的努力，以及各位作者不厌其烦的反复修改。

　　本书的观点以及可能包含的错误，都由作者们自行负责，与提供帮助的人无关。

高　柏

2017 年 8 月 11 日

图书在版编目（CIP）数据

中巴经济走廊的政治经济学分析／高柏等著. —— 北京：社会科学文献出版社，2017.9
ISBN 978 - 7 - 5201 - 1058 - 7

Ⅰ.①中…　Ⅱ.①高…　Ⅲ.①区域经济合作 - 国际合作 - 政治经济学 - 研究 - 中国、巴基斯坦　Ⅳ.
①F125.535.3

中国版本图书馆 CIP 数据核字（2017）第 155773 号

中巴经济走廊的政治经济学分析

著　　者／高　柏　甄志宏 等

出 版 人／谢寿光
项目统筹／谢蕊芬
责任编辑／隋嘉滨　谢蕊芬

出　　版／社会科学文献出版社·社会学编辑部（010）59367159
　　　　　　地址：北京市北三环中路甲 29 号院华龙大厦　邮编：100029
　　　　　　网址：www.ssap.com.cn
发　　行／市场营销中心（010）59367081　59367018
印　　装／三河市尚艺印装有限公司

规　　格／开 本：787mm×1092mm　1/16
　　　　　　印 张：21.25　字 数：359 千字
版　　次／2017 年 9 月第 1 版　2017 年 9 月第 1 次印刷
书　　号／ISBN 978 - 7 - 5201 - 1058 - 7
定　　价／89.00 元

本书如有印装质量问题，请与读者服务中心（010 - 59367028）联系